铁路货运组织与物流管理

曲思源　编著
张　诚　主审

ZHEJIANG UNIVERSITY PRESS
浙江大学出版社
·杭州·

图书在版编目(CIP)数据

铁路货运组织与物流管理/曲思源编著. —杭州：浙江大学出版社，2022.9

ISBN 978-7-308-22995-1

Ⅰ. ①铁… Ⅱ. ①曲… Ⅲ. ①铁路运输—货物运输—组织工作②铁路运输—货物运输—物流管理 Ⅳ. ①U294.1

中国版本图书馆 CIP 数据核字(2022)第 159313 号

铁路货运组织与物流管理

TIELU HUOYUN ZUZHI YU WULIU GUANLI

曲思源 **编著**

责任编辑 石国华

责任校对 杜希武

封面设计 刘依群

出版发行 浙江大学出版社

(杭州市天目山路 148 号 邮政编码 310007)

(网址：http://www.zjupress.com)

排　　版 杭州星云光电图文制作有限公司

印　　刷 广东虎彩云印刷有限公司绍兴分公司

开　　本 787mm×1092mm 1/16

印　　张 20.25

字　　数 490 千

版 印 次 2022 年 9 月第 1 版 2022 年 9 月第 1 次印刷

书　　号 ISBN 978-7-308-22995-1

定　　价 68.00 元

序

伴随着改革开放的步伐，从探索起步到创新发展，我国现代物流业务规模和物流企业群体日趋成熟。近几年，我国开始围绕建设“物流强国”的目标，全面推进物流高质量发展。作为现代物流的重要组织形式——铁路物流，在我国国民经济中的地位非常重要，其具有系统、庞大和复杂的特征。目前，铁路物流正处于深入优化运输供给侧结构性改革阶段，需要谋求高质量发展，逐步跻身世界一流的铁路货运物流企业。在此背景下，需要对我国铁路货运组织和物流管理在实践中取得的经验进行系统提炼和分析，并使之成为理论，以便再进一步指导实践，并在实践中得到进一步完善。

2004—2007 年，我在上海交通大学攻读博士学位时，和老同学曲思源在上海相聚甚多，谈论内容最多的就是中国现代物流的发展。我研究的是物流企业，他研究的是铁路物流企业。我们有共同的愿景，都希望我们国家的物流能得到可持续发展。2014 年 11 月，由中国物流学会、中国物流与采购联合会主办的第十三次中国物流学术年会在上海召开，来自全国物流领域产学研各界的 1100 多名代表参加。那一年首次设立青年论坛，曲思源博士以“长三角货物快运组织发展策略”为题，从铁路货物快运方式开行背景、货物快运概念方案分析、存在的问题和优化创新策略四个方面进行演讲，经过专家点评、观众提问、专家打分、微信投票等环节，最终成为三位青年论坛新锐奖获得者之一。从那时起，他从物流青年论坛走出，投身铁路物流实践，逐步积累、分析和提炼我国铁路货运组织改革和物流发展的典型经验和做法。

随着铁路货运改革的进一步推进，我们需要借鉴国外铁路物流发展的运营管理经验，结合我国区域经济发展、货运市场的状况，以客户需求为中心，以市场为导向，不断地研究我国铁路货运组织结构、业务流程、运营组织优化等接地气的方案。中国铁路上海局集团有限公司运输部的正高级工程师曲思源博士是一位杰出的实践者。他从事铁路运输实践与研究二十多年，曾在北京交通大学、西南交通大学、同济大学等国内一流大学的交通运输专业求学。从饮水思源到同舟共济，从知行合一到宁静致远，他虽然工作繁忙，但笔耕不辍。

长三角地位的重要性和特殊性，决定了其铁路货运发展现代物流的创新与实践经验、清晰的思路和技术方法具有示范和推广作用。曲思源博士结合长三角铁路运输一线实践，融合“互联网＋”、物联网、大数据、网络化、智能化的时代发展需求，不断总结铁路物流运营组织与管理的相关规律，为我国铁路货运与物流管理知识的普及提供了一些实用的思路和方法，为读者提供了这本关于铁路货运组织和物流管理从理论到产业实践的综合学术著作。

著作是知识精华的沉淀，需要辛苦地总结和提炼。曲思源博士将其独特的观察与思考奉献给大家，他对学术的坚持和努力值得高度赞扬与肯定。全书理论阐释与案例剖析结合，深入浅出，娓娓道来，值得从事铁路货运和物流管理领域研究的学者、高校教师和相关专业学生参考借鉴。我对这本书的出版表示衷心的祝贺！本书能让专业人士和社会人士了解我国铁路货运物流运营管理特色、发展现状和未来趋势，希望更多社会人士关注我国铁路物流事业的发展！

中国物流学会副会长

天津大学管理与经济学部教授

刘伟华

2021 年 10 月

前　言

21世纪伊始，我国加入世界贸易组织（WTO）。那时候我在铁路现场工作已近十年，正巧有机会到西南交通大学攻读硕士学位。伴随着改革开放的步伐，我国开启了物流理论与实践发展的“新纪元”。“什么是物流、如何界定物流企业、物流行业到底要做哪些基础工作”等问题是这一阶段研讨的热门话题，同学们都在努力学习物流新理念和新知识。物流热之后，带来的就是冷静和思考，我国物流业到底该怎么走？以往铁路被公众习惯性称呼为“铁老大”，形象地体现了铁路客货运输组织及服务与市场脱节的情况。我国铁路货运物流到底要发展成什么样子？又如何去改变和可持续发展？逝年如水，发展到今天，我看到了我国物流发展的速度，新理念、新实践、新技术层出不穷，我国物流业基础设施建设不断完善，物流秩序更加顺畅，货运效率持续提升，物流新业态不断创新，同时中欧班列异军突起，开放合作更加紧密，我国物流业为全球经贸发展贡献智慧与力量。

物流改变世界，创新货物运输组织已经成为铁路运输业适应新形势发展的必然趋势和重要战略选择。我国铁路货物运输正在深入推动铁路企业经营理念、机构设置、生产组织、经营方式等方面的变革和创新，以客户需求为中心，以市场为导向，整合资源，把过去依靠计划组织运输，转变为根据市场需求组织运输，建立敞开收货、实货装车、随到随办的运输组织模式，以此推动铁路运输组织由生产型向生产经营型转变，加快向现代企业转型发展步伐。

2014年11月，为学习物流发展的新理念和新知识，我第一次参加了中国物流学会学术年会，获得首届青年论坛精锐奖，这给了我极大的精神鼓励。从那时起，每年的中国物流学会组织的学术年会，我都去旁听，现代物流发展的新思路不断地启发着我。而且，每一年我都有机会在论坛中演讲，讲述我国铁路货运最新的发展动态，如高铁快运、中欧班列、铁路物流基地设计建设等，特别是2017年我在合肥的会议上，连续做了两场论坛演讲。此时，我已清楚地认识到：铁路物流应该在大物流背景的前提下，结合自身的实际情况，不断发展壮大，其正在与现代物流融合发展，并且已在向智慧物流阶段发展，但我又感觉到自己太笨、灵感太少。2018年在南昌的第十七次中国物流学术年会上，我又看到了我国冷链运输发展的势头。当时我不自觉地回忆起20世纪90年代初我在北京交通大学读书时，铁路冷链运输正处于高峰状态，可是随后，就像被打入了冷宫。如今，它重新焕发生机，我自然地总结出一些发展策略，希望铁路冷链运输能发光、发热，打下一片新天地。我还想说的是：当时念书时很羡慕经济管理系物资管理专业的同学。如今，这个专业已改为物流专业，交通学院和经济管理学院也都有物流这个专业，应该各有侧重点，我觉得也需要融合。再看我当时学习“铁路货运组织”课程时，一是没有用心学，二是没有实践，也就没学明白。可当初用的课本，现在很多地区还在用，课本中的知识体系并没有因为物流业的发展和铁路货运改革进行相应的完善。可以说，到目前为止，尚未有研究者对铁路物流有一个系统、全面的介绍。由于对铁路物流认识不同且不足，对铁路物流活动的理解也各异，物流的理念未能全部运用到运营实际，甚至有许多铁路物流实践者还认为铁路运输就是铁路物流。

值得一提的是：在每一年的物流学术会议期间，我都偶然又必然地遇到我的大学班主任——曾经教我"铁路货运组织"课程的尚尔斌老师，他现在是中国物流学会的理事。每一次的畅谈，他所讲的物流行业最新的动态和理念以及技术方法，让我的思路均有了提升。但铁路物流具有特殊性，需要学习和借鉴现代物流的理念和技术方法，包括国外先进的经验和教训，我国铁路货运组织发展和物流管理应该有清晰的发展思路。在知行合一上，我感觉有难度，也面临新挑战，就是如何提炼出符合运营组织实际的铁路货运理论，并写出相关书籍。

再穿越到我在东北铁路工作的时候。那里当时还是以货运为主、客运为辅的经营格局，我在工作上关注最多的是铁路货运。等到我工作调动到了长三角地区，这里的高铁发展得迅猛，我突然觉得高铁"高大上"的光鲜外表，似乎掩盖了铁路物流的发展。实际上我国铁路货运物流的发展也是稳中有进的。于是，不忘初心，在出版了几本高铁运营管理方面的专著后，我再次拿起笔，想出版一本铁路货运组织方面的书，并努力将之打造成精品。于是，我开始按照经典的 MBA 教材的写法，努力做到理念新颖、知识点多、可操作性强、理论和实践相融合，并要具有引导作用，而且几年内也不会过时。按照这些标准来撰写这本铁路物流书，我要展示的是我国铁路货运向现代物流发展的各种举措的全貌和动态。本书的内容基本上是几年来经验的积累，题材来源于长三角铁路运营组织管理方面的科研课题、管理课题及成果以及我撰写的获奖论文和调研报告等。根据发展铁路货运物流运营组织与管理发展的动态和趋势，我做了修订与补充完善，使之更加系统化和体系化，把长三角铁路货运组织与物流管理精细、超前管理等理念、技术、方法加以总结、提炼、分析，力争展示特色。中国铁路郑州局集团有限公司的张怡负责第 1 章 1.4 节和第 7 章的内容写作，上海局徐州职工培训基地的彭齐坤对本书的终稿做了修订。

目前，铁路货运组织与物流发展的大趋势基本上已经定位，前景发展无限。本书内容主要包括 2 篇，第 1 篇是铁路货运与现代物流融合，是铁路货运正在做的基础工作；第 2 篇是铁路货运向智慧物流发展，这是铁路物流的发展方向。我从现代物流的概念入手，紧紧围绕铁路物流改革实际，以长三角铁路物流改革做法和举措为背景，面对存在的问题，将理念的提升、货运产品、运力资源调配、物流组织新理念和新方法、技术支撑、具体的措施融合在一起，并且在各章中都补充了案例分析。这些是本书的特色所在。整体上看，2 个篇章内容有部分交叉，现代物流必然是向智慧物流发展，智慧物流又应用物联网、云计算、大数据、移动互联网、人工智能等技术，丰富了现代物流的理念和方法。

我的研究来源于实践，也服务于实践，并重视存在的问题。种种机缘，促成了本书的最终完稿。我们常常讲从理论到实践，再从实践到理论，现在我们希望从实践到实践，更希望从实践回归理论。没有工作岗位平台以及捕捉新事物的动力，我将不会有铁路货运物流知识的积累。本书是多人智慧的结晶，我只是抱着感恩、感悟、感想的心态博采众长。长三角地区的铁路货运组织与物流管理的知识点交织融合在一起推动着我进步，促使我成长，我的视野也不断扩展。我曾多次到同济大学、上海海事大学、上海商学院等地讲解铁路物流知识，讲述现代物流和智慧物流发展的大背景下的铁路货运和物流的改革问题以及中欧班列、多式联运问题。讲座也是学习的过程，它使我对铁路物流运营管理的认识逐步加深。

本着"大物流"的思维，我精心设计框架和内容，按照铁路现代物流发展的时代特征，根据问题导向，分析经典案例，进行归纳总结、提炼和升华，并使之系统化和体系化。在研究和写作的过程中，我参阅了大量的国内外文献资料，以有建树的专家学者的成果铺垫了本书的基础，同时，也得到了很多同人的热心帮助和支持。我相信时间的力量，世界上从来没有一蹴而就的事情。写这部书是顺其自然，是全力竭尽后的不强求。本书仅积累资料就用了5年时间。本书由华东交通大学交通运输工程学院张诚教授主审。2018年11月份在南昌第十七次中国物流学术会议上，我遇到张教授。张教授是最早研究我国铁路货运与现代物流转型的学者之一，我们彼此观念和思路一致。2021年12月，在南宁隆重举办的中国物流学会第二十次全国物流学术年会上，我应邀做了“铁路货运组织与智慧物流发展现状及趋势”的主题报告，报告的框架就是围绕这本书的脉络展开，也算把发挥铁路绿色低碳优势、为实现碳达峰和碳中和目标广而告之！

铁路货运组织与物流管理创新是一个永无止境、不断完善的过程，需要持之以恒地努力，许多问题需要我们随着实践的发展做更深入的研究和总结。但本人学识有限，长三角铁路货运组织和物流管理创新的内容非常丰富，书中不妥之处在所难免。专家就是专于一业、精于一事者，希望专家、学者提出宝贵的意见和建议以便本书在再版时修订完善。

希望本书的出版能为我国物流事业的发展尽点微薄之力！本书也献给我的家人，是他们无私的奉献，才让我有时间静下心来，不断补充和完善这本专著。铁路物流组织实际上就是把货运组织、车流组织和现代物流以及智慧物流有机地融合在一起。对铁路货运物流的认识问题，路漫漫其修远兮，吾将上下而求索！祝愿我国铁路货运事业发展越来越好！

曲思源(syqu0453@163.com)

2021年9月

目　录

上篇　铁路货运与现代物流融合

下篇　铁路货运向智慧物流发展

上篇

铁路货运与现代物流融合

第1章 现代物流与铁路物流发展

铁路是国家重要的交通基础设施，是资源型和环境友好型的运输方式之一。货物运输是连接生产端与消费端的重要纽带，是建设现代化经济体系的重要支撑。铁路货物运输通常可用“黑货”和“白货”表述。“黑货”是指煤炭、铁矿石、钢材、焦炭、石油等能源和原材料货物；相对应而言，除“黑货”之外的零散货物通常称为“白货”。

1.1 现代物流概念及主要特征

1.1.1 物流与现代物流概念

20世纪初期，物流的概念最早在美国形成，当初被称为 physical distribution(即“PD”)，译为汉语就是“实物配送”或“货物配送”。经过了几十年的发展，20世纪80年代物流的内涵得到拓宽，运筹学(operations research)开始应用于与物流相关的所有经济领域，即对生产、销售、消费及废弃物回收等社会再生产过程中发生的物流活动进行全面管理。

中华人民共和国国家标准《物流术语》(GB/T 18354—2006)对物流(logistics)的定义为：“物品从供应地向接收地的实体流动过程。根据实际需要，是将运输、储存、装卸、搬运、包装、流通加工、配送、信息处理等基本功能实施有机结合。”可见，物流由运输、存储、装卸、搬运、包装、流通加工、配送及信息处理等多项基本活动组成，是将物品按照客户的要求从供应地向需求地进行转移。物流运营就是将这些既相对独立又相互关联的活动组织起来，进行一体化的处理和运作。进一步从这八大功能分析物流组织：运输和储存是最重要的功能，装卸和搬运必不可少，流通加工是增值最高的功能，配送则对物流发展至关重要，信息加工是现代物流的主要标志。物流运营就是对物流活动的规划、组织、协调和控制。

按照不同的角度，可以进一步分析物流的分类。如：物流按照活动的业务性质可分为生产、供应、销售、回收、废弃物流；按活动的地域范围可分为城市、区域、国际物流；按物流活动的主体可分为企业、第三方物流；按照物流活动领域可分为流通业、工业和农业物流。

现代物流是物流发展的新阶段。现代物流是将运输、仓储、库存、装卸搬运、包装以及信息等物流功能综合起来的一种新型的集成式管理互动，其任务是尽可能降低物流的总成本，为顾客提供最好的服务。从使用技术的角度看，现代物流又是在传统物流的基础上，利用新的信息技术手段如云计算、大数据、互联网等，对物流信息进行科学管理，从而使物流速度加快，准确率提高，减少库存，降低成本，增强了物流活动的透明度，延伸并扩大了传统的物流功能。

1.1.2 现代物流与传统物流的区别

传统物流一般指产品出厂后的包装、运输、装卸、仓储，而现代物流提出了物流系统化管理的概念。以企业物流为例，现代物流从采购物流开始，经过生产物流，再进入销售物流，使物流活动的范围向上下游两端延伸，使企业的物流活动与社会化物流活动有机地结合在一起。现代物流包含了产品从"生"到"死"的整个物理性的流通全过程，是对整个物流活动进行的全面的管理。传统物流与现代物流之间的区别主要表现在如下方面：

传统物流只提供物品的简单位移，在这一过程中基本不改变物品的状态属性等；服务对客户需求的响应是被动的；服务往往不具有统一的标准，同一类型的服务过程不可复制；实施过程中更多地依靠人为把控；侧重点到点或线到线的服务；单一环节的管理。

相对于传统的仓储和运输等单独运行的物流环节而言，现代物流强调各种仓储、运输方式的系统集成，打破了运输环节独立于生产环节之外的行业界限，突出了定制化服务的内容。现代物流能够在实现物品空间价值的基础上，在流通过程中进行必要的加工，增加其服务的附加价值；所提供的服务具有主动性质，往往是引领并跟进客户需求；注重服务的规范化和标准化，所提供的服务内容可以重复实施；利用先进信息技术，可实现透明化管理；注重构建服务网络，通过规模化运作来提升运作效率，降低服务成本；注重整体性，强调可集成性，并利用全局思维对服务进行优化和改进。

传统物流通过运输调度、资源计划、装卸管理、站场管理、运单管理、安全监控等环节，围绕着运输仓储展开；现代物流通过订单、资源调度、运输过程、全程服务等环节，围绕客户需求展开等。

1.1.3 现代物流的主要特征

现代物流的特征体现在管理、经济和服务三个方面。

1. 管理特征

(1)目标系统化。以实现客户满意为第一目标，以企业运营绩效整体最优为目的，以物流信息为管理手段，在尽可能低的总成本条件下实现既定的用户服务水平，并追求效益和成本优势的动态平衡，并由此创造企业在竞争中的战略优势；通过统筹、协调和合理规划物流活动中的各要素，控制整个商品的流动，以达到总的效益最大和成本最小的目的，同时满足用户需求不断变化的要求。

(2)整体最优化。从系统的角度统筹规划一个公司整体的物流活动，处理好物流活动与商流活动及公司目标之间、物流活动与物流活动之间的关系，不求单个活动的最优化，但求整体活动的最优化。

(3)反应快速化。物流服务提供者对上游、下游的物流、配送需求的反应速度越来越快，前需时间越来越短，配送间隔越来越短，物流配送速度越来越快，商品周转次数越来越多。

(4)功能集成化。着重于将物流与供应链的其他环节进行集成,包括物流渠道与商流渠道的集成、物流渠道之间的集成、物流功能的集成、物流环节与制造环节的集成等。

(5)服务系列化。强调物流服务功能的恰当定位与完善化、系列化。除了传统的储存、运输、包装、流通加工等服务外,现代物流服务在外延上向上扩展至市场调查与预测、采购及订单处理,向下延伸至配送、物流咨询、物流方案的选择与规划、成本控制策略建议、货款回收与结算、教育培训等增值服务;在内涵上则提高了以上服务对决策的支持作用。

(6)作业规范化。强调功能、作业流程、作业、动作的标准化与程序化,使复杂的作业变成简单的易于推广与考核的动作。

(7)手段现代化。随着计算机技术、通信技术、卫星定位、物联网、云计算、大数据、人工智能等一体化技术的普遍应用,现代物流能够逐步实现自动化、机械化、数字化和智能化,并能进一步上升到智慧化。

(8)组织网络化。通过构建完善、健全的物流网络体系,网络上点与点之间的物流活动保持系统性、一致性,以实现现代物流的发展要求。

(9)经营市场化。采用市场机制经营运作方式,无论是企业自己组织物流,还是委托社会化物流企业承担物流任务,都是以"服务—成本"的最佳配合为总目标,谁能提供最佳的相应的组合,就选择谁的服务。随之,物流的社会化、专业化已经占到主流,第三方物流也得到快速发展。

(10)信息电子化。现代物流过程的可视性明显增强,物流过程中库存积压、延期交货、送货不及时、库存与运输不可控等风险会逐步降低,同时供应商、物流商、批发商、零售商在组织物流过程中的协调和配合以及对物流过程的控制也得到加强。

2.经济特征

(1)资源整合和优化。"互联网+"时代的企业发展往往面临着两种对立的选择,整合发展是必然的趋势。资源整合会使互补型的企业资源得到充分利用。物流企业之间共同开拓市场,共同开拓信息来源,共同增强各自在市场上的竞争力,还能有效降低物流系统运作成本,提供高效、优质的综合服务来满足各种灵活多变的物流需求。

(2)集成管理与科技创新。虽然科技创新意味着大量的资本投入,但在激烈的市场竞争条件下企业必须通过这种方式保持竞争力。企业能够有效实现物流运作的一体化整体设计和系统集成服务是其在现代物流经营中获取利润的重要来源。更加注重集成式的管理与先进科学技术手段的应用,能够减少物流运作过程在时间和空间上的消耗,加快物流速度,提高物流运作效率和利润。

3.服务特征

强调专业化和集成化相结合、自动化和网络化相结合、服务市场化和国际化、系统的高度柔性化。

(1)多元化。物流企业进行业务多元化发展,扩大服务范围,能够增加盈利点。同时,服务范围的扩大,能使企业为客户提供服务组合,增强客户服务的定制性和可选择性,给客户更多的主动权。但同时需要注意的是多元化带来的风险,可能导致企业资源分散,影响服务质量。

(2)综合化。综合化是现代物流企业的发展方向。专业化的服务是指在某一特定的服务上拥有很强的服务能力,综合化的服务是指物流企业能够提供多样化服务,满足综合性的服务需求。综合化的物流企业则更好地满足网络化和多元化的物流服务需求。随着供需双方合作不断加深,服务模式的日趋完善,专业物流公司更加注重按照客户供应链的布局实施个性化的物流资源配置,提供个性化的物流解决方案。

1.2 我国物流发展现状及趋势

与我国的改革开放同步,我国物流业40余年的发展,经历了从理念传播、实践探索、产业地位确立到创新发展的全过程。

1978年11月,当时的国家物资总局组织有关部门赴日本考察,首次将“物流”的概念引入我国。同年12月,党的十一届三中全会拉开了我国改革开放的序幕,物流在改革开放中逐步得到发展。1979年6月,中国物资工作者考察团到日本参加第三届国际物流会议研讨活动。随后,介绍物流知识的专业文章和物流专业著作相继出现或出版,通过引进、借鉴国外物流理念,我国物流实践开始起步。

1991年“八五”计划提出“发展配送中心”,由物资部、国家体改委先后在无锡、上海、武汉等地开展物资流通综合改革试点。1992年,党的十四大确定建立社会主义市场经济体制,传统生产和流通企业破除“大而全”“小而全”的模式,逐步扩大物流外包,改善物流管理。同时,跨国物流公司开始“试水”中国物流市场,带来先进的物流理念、技术和模式。此时,国有、民营、外资物流企业出现了“三足鼎立”的共同发展局面。深圳、上海、天津等地还将物流列入支柱产业或新兴产业。1999年11月,国家经贸委与世界银行召开现代物流国际发展会议,提出“现代物流作为国民经济的重要产业和国民经济新的增长点”这一理念。

21世纪伊始,现代物流开启了“新纪元”。2001年3月,国家经贸委等六部委联合印发《关于加快我国现代物流发展的若干意见》,这是我国政府部门就物流发展发出的第一个专题文件。2004年8月,国家发展改革委等九部门联合发布《关于促进我国现代物流业发展的意见》。2005年,由政府部门领导、行业协会牵头的物流标准、统计制度、企业评估、科技进步等行业基础性工作体系初步建立。2006年3月,十届全国人大四次会议通过的《国民经济和社会发展第十一个五年规划纲要》,将“发展现代物流业”单列一节,标志着物流业的产业地位正式确立。2009年3月,国务院发布第一个物流业发展专项规划《物流业调整和振兴规划》,纳入当年“十大调整和振兴规划”。此时,我国社会物流总额、社会物流总费用、物流业增加值的增长幅度都在20%左右,物流企业集中度也显著提高,涌现了一批做大做强做优的物流企业。

2011年,国务院部署促进物流业健康发展工作,为破解物流业发展中遇到的政策障碍,印发了“物流九条”。2014年,国务院发布《物流业发展中长期规划(2014—2020年)》,把物流业的产业地位提升到基础性、战略性的高度。2015年党的十八届五中全会提出了“创新、协调、绿色、开放、共享”五大发展新理念。其中,创新就是落实国家“互联网+”战略部署,深入开展理论、技术、模式、业态和体制机制等创新;协调是建立新平衡,促进区域、城乡、各种运输方式、产业链环节等均衡发展;绿色是推进物流绿色、低碳和可持续发展,推行绿色运输、仓储、包装和配送,重视逆向和回收物流,做好资源循环利用;开放是配合“一带一路”建设要求,适应主动开放市场的需要,建设配套的国际物流服务网络,提升国际物流服务能力;

共享就是探索“共享经济”新模式，整合供应链、延伸产业链、提升价值链，完善行业治理体系。

从 2013 年开始，资本和技术“双轮驱动”成为物流业发展的突出特点。2015 年，物流互联网平台成为投资热点。2016 年以来，政府有关部门陆续出台以“降本增效”为核心的支持物流业发展的政策措施。2017 年，党的十九大报告为新时代物流业的发展指明了方向。同一阶段，物流业上市、融资、兼并、重组、跨界整合；物联网、大数据、云计算、人工智能有效应用，物流企业科技创新能力显著提高。现代供应链、智慧物流、多式联运等新模式、新技术和新业态加快普及，在电商、快递、汽车、冷链等细分市场领域，出现了追赶或超越世界领先水平的一批标杆企业。2018 年，国务院把物流业降本增效作为督查工作的重点之一，物流业的产业地位逐步提升，营商环境持续改善。

2019 年，国家发改委提出物流业是支撑国民经济发展的基础性、战略性、先导性产业，物流高质量发展是经济高质量发展的重要组成部分，也是推动经济高质量发展不可或缺的重要力量。2021 年 12 月，中央经济工作会议提出：要深化供给侧结构性改革，重在畅通国内大循环，重在突破供给约束堵点，重在打通生产、分配、流通、消费各环节；加快形成内外联通、安全高效的物流网络。

我国物流发展总体认识如图 1.1 所示。

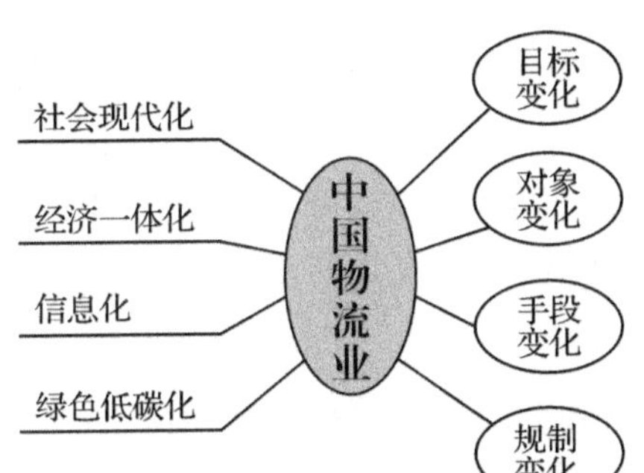

图 1.1　我国物流发展总体认识

当前，建设“物流强国”是新时代赋予新物流的新使命。中国虽已成为有全球影响力的物流大国和全球最大的物流市场，但距离“物流强国”还有一定的差距，主要表现在：现代化程度不高，物流成本偏高、质量效益不佳，中高端、体系化、集约式物流服务与供应链服务等问题较为突出；物流行业之间、地区之间物流运行能力和效率还存在不平衡的现象；物流供需衔接较弱，基础设施网络配套还不够齐全；物流市场治理体系和能力还有待加强；效率变革、动力变革和质量变革的任务还很艰巨。

1.3　铁路货运需求发展现状及趋势

在我国货运体系中，铁路具有举足轻重的地位，铁路货运的发展与经济社会的发展相互依存、相互促进。

1.3.1 铁路货物运输的种类

铁路货运产品主要由大宗直达、普通、小件快捷、集装箱及特种货运产品五大类构成。

1.大宗直达货运产品

(1)基于不同运输品类的直达货运产品。直达运输能够提高铁路运输效率,但直达运输产品需要装车地具备稳定的货源和装车能力。随着铁路大客户战略的提出和实施,铁路已与能源、物资类生产企业建立了大客户机制,在货源的组织和装车能力方面已具备直达列车的条件。基于货物品类的直达运输产品形式有石油、煤炭、钢铁、矿石、矿建、木材、棉花和水泥直达列车等。

(2)基于运输组织方式的直达货运产品。按照直达货运产品的运输组织方式,可按装车地到卸车地间、局管内和跨局、企业与铁路、企业与企业之间进行直达货运产品的组织,其直达货运产品形式分为三类:

①装车地—卸车地直达列车,包括双向空车循环、单向空车始发、双向重车循环和单向重车始发直达列车。

②局管内—跨局直达列车,包括管内大宗空车、管内大宗重车、跨局大宗空车和跨局大宗重车直达列车。

③铁路—企业直达列车,包括路企直通、路企直通循环、企企直通循环和企企直通列车。

2.普通货运产品

普通货运产品是指服务于时效性要求较低、货源较分散、需要沿途技术站进行解编作业的货运产品,其主要形式有直通、区段、技术直达、装车地直达列车。

3.小件快捷货运产品

行邮行包和五定班列货运产品主要面对具有高附加值的小件快捷货运产品的运输。其中,行邮行包产品形式包括特快行邮专列、行包快运专列和快速行邮专列;五定班列可根据实际需要,按照货物类别开发出适合运输需求的新产品——海鲜、小汽车、牛奶和集装箱班列等若干类特色产品形式。

4.集装箱货运产品

集装箱运输作为一种高效的运输方式,在水上、公路和航空运输中均被广泛采用。集装箱运输的货运产品形式可按照集装箱列车用途及运输组织方式进行细分。集装箱列车用途的产品形式包括冷藏、罐式、通用和牲畜集装箱班列;运输组织的产品形式包括分组、快运集装箱列车、普通车集装箱列车等。

5.特种货运产品

为特定货主提供专门的货物运输产品是货物运输物流化发展的一大特色,特种货物运输作为铁路货物运输的一个重要组成部分,由于其运输的特殊性,其产品形式主要有冷藏、阔大超限和危险货物列车。

1.3.2 铁路货运主要客户分类

铁路的货运种类众多,产品丰富。铁路货运主要客户有以下几类。

(1)港口、大型厂矿企业。铁路货运承担国民生产基础资料的运输责任,大型煤矿、钢铁、矿厂等企业的发送业务仍是铁路货运主要运量。而港口主要以铁水联运业务为主,近年来集装化运输发展迅速。此类型客户主要通过专用线(专用铁路)进行发运,具有运量大、运输周期稳定等特点。

(2)其他固定中小企业客户。该部分客户发送量主要由铁路特定列车产品承包商及其他生产制造企业的长期、较为固定的发送需求形成,是"白货"类货物的主要来源,也是铁路货运的重要组成部分。

(3)零星或临时发货客户。该类型客户的特点有发送量小、发送地点分散、发送需求临时或单一等,其主要发送货物是"白货"类。

1.3.3 铁路货物运输组织过程

1. 运输组织模式

我国铁路形成的是一种资源限制条件下的调度指挥型货物运输组织模式,货主把货物交付到铁路车站,随后的运输组织是铁路内部的生产过程。这种组织模式直接影响到服务质量和市场竞争力。由于铁路运力资源紧张,货物运输呈现"限制型"特点,运输组织模式以计划为主。现行铁路货物运输组织模式是以货物列车编组计划为基础,在实际运输指挥过程中,将货物运输全过程划分为若干个列车运行区段,按货物列车编组计划规定的列车种类组织满轴编组,选择列车运行图相应的运行线组织列车运行、货物输送。由于在满轴集结方式中,列车重量或长度的要求是基本的限制条件,尽管在计划中已经按照列车的运行图确定了列车的出发时刻,但常常因为列车编组达不到运行图所规定的长度或者重量,导致列车不能正点出发,货车在站间的输送过程选择的编挂车次、在技术站的车流衔接都是随机的,反映了铁路货物运输过程组织的计划性较差。这种计划性差可导致货主无法具体掌握货物运到时限,铁路企业也没有条件向货主承诺货物运输时间。同时,货物列车运行又受调度指挥人员能力水平和主观因素的影响,货物运到时间不确定,协调工作量大,管理成本高,从而进一步影响技术站作业效率和列车在区间的运行秩序。同时,对货物运输的多样化需求和货物运输服务质量也重视不够。

2. 货物运输过程

我国铁路以运输生产为中心,在运输管理上偏重路网的技术协调,基于服务特性的面向客户的营销与运营协调则较少。国铁集团负责全路日常客货运与车流组织、编制全路调入日班计划等工作,各个集团公司服从国铁集团在全路网运营上的统一调度和指挥。虽然统一指挥降低了各个集团公司之间过轨运输的交易成本,但却不可避免地会影响到作为铁路运输企业的集团公司去开展适合当地市场的市场营销。同时,国铁集团直接控制着跨局列车的调度指挥,拥有几乎全部铁路货车,并负责主要货源(如煤炭)的装车以及调配空车。

我国铁路货物运输组织一般都是按照"坐商收货、按图行车"的组织策略进行的,并按照日班计划进行具体的运输组织工作。货物被吸引至铁路后,按照铁路运输计划进行装车和在途运输,铁路运输模式的基础是货物列车的编组计划,根据货物列车的编组计划,按照满轴、牵引定数等原则将货流组织成车流,再将车流组织成列流,结合货物运输整个过程列车运输区段的划分,选择与列车运行图相适应的运行线,以完成列车运行及货物输送。铁路货物运输组织过程如图1.2所示。

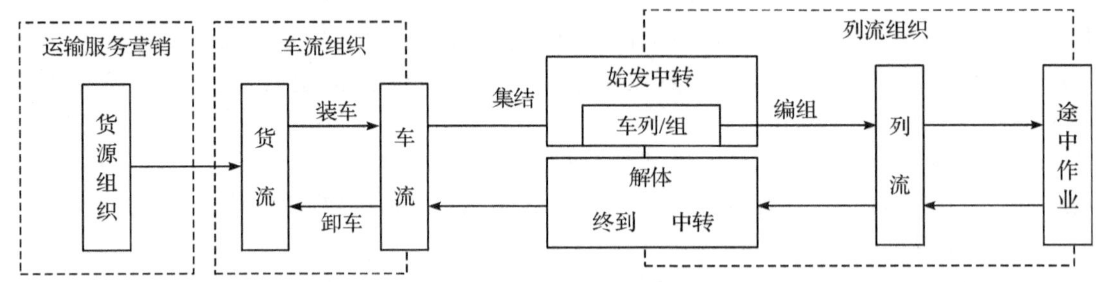

图 1.2　铁路货物运输组织过程

我国现有的铁路货物运输组织以调度指挥型为主,计划主导型为辅。调度指挥型的运输组织是指日常的调度指挥占运输组织的主导地位,即在列车编组计划与列车运行图的指导之下,根据日常运输组织工作的实际情况,通过调度指挥的日常工作计划来具体组织列车的运行,列车运行的结果与计划编制水平及指挥水平有着直接关系。传统运输模式主要是以调度日班计划确定的货运、列车、机辆工作计划,作为车流调整的主要依据,调度日班计划对各局(各站)装车去向、排空(配空)数量、重车流向和机车调整做了明确的规定,具有指令性的特点。传统运输模式的操作流程为:请求车→承认车→配空→装车→重车挂运→卸车→指令性排空。

3.货运作业流程

我国铁路货运现行的作业流程主要包括受理作业流程,运到货物交付作业流程,货运车辆配送、挂运与途中运输业务流程。

(1)受理作业流程。客户到货运营业厅领取货运订单,填写后提交车站,车站计划员受理客户填写的整车货运订单,并提交到货运营销与生产管理系统(freight marketing and operation system,FMOS);订单审批通过后,车站计划员将批准号及办理期限通知客户;客户将关联批准号的运单提交车站计划员;车站计划员根据运单提交请车计划,上报至调度部门;调度部门根据汇集的请车计划依情况在权限内自行审批或向更高一级主管部门申请审批,审批过后下达日班计划;计划员根据下达的日班计划,通知客户将货物送至车站;车站对货物进行称重和装车等作业,同时托运人交付运费、装卸服务费、保险费等费用;收取货票及领货凭证,交给托运人,同时将货票信息提交至运转车间;运转车间对货物进行编组发送。

(2)运到货物交付作业流程。货物到达车站后,由运转室人员通知货运外勤人员取货票;外勤人员凭货票检查运到货物是否符合记载,然后将货票转给货运内勤人员;内勤人员按货票记载的方式通知收货人,收货人接到通知后到车站查询,然后凭到货通知和发票到货运营业厅和多经部门办理缴费手续;凭收费单和领货单到仓库领取货物。

(3)货运车辆配送、挂运与途中运输业务流程。各装车站在确定装车计划后根据站内现有的空车数量由运转部门向集团公司调度所申请配车;集团公司调度所根据集团公司管内车辆的分布情况和各站的装车计划,决定是否配车及配车时间;运转部门将车辆送到货场,然后由外勤人员安排装车;货物装车完毕后,外勤人员通知运转部门取车,并根据列车运行图编发列车;列车出发需满轴;到达货运车辆在中间站由集团公司行车调度安排甩车,再由车站运转部门通知外勤人员。其过程与配送空车的流程大致相同。

铁路货物运输基本作业如图 1.3 所示。

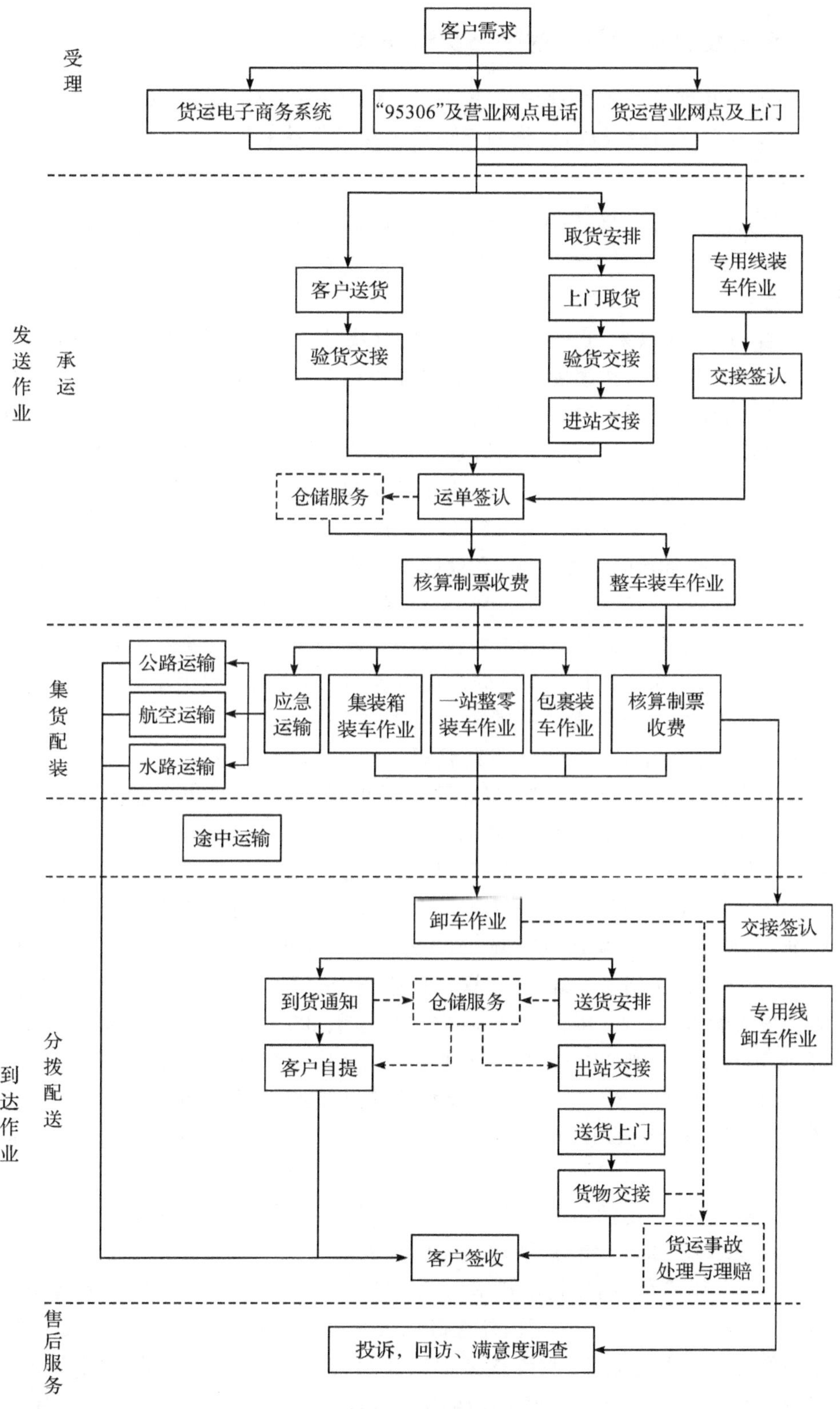

图 1.3　铁路货物运输基本作业

1.3.4 经济转型升级背景下的铁路货运现状

近年来,虽然我国铁路路网规模突飞猛进,但铁路货运在发展中还不能很好地适应社会、市场需求以及铁路自身发展,面临的货物需求发展背景主要有如下两个方面。

1.“黑货”需求下降明显

铁路具有大运量、长运距、低成本、绿色环保的运输优势,在大宗、大流量的中长以上距离的客货运输方面具有绝对优势,为社会提供了始发直达、技术直达、直通、区段、小运转列车等货运产品。

从20世纪90年代以来,我国高速公路和民航获得了巨大发展,对铁路运输形成了越来越明显的竞争。但是,铁路在国民经济中的支柱作用和在我国综合运输网络中的担纲作用是其他运输方式难以替代的。有关资料显示,目前,中国大量长途大宗货物运输和中长途旅客运输主要由铁路承担,铁路每年完成的旅客周转量占全社会旅客周转量的1/3以上,完成货物周转量占全社会货物周转量的55%,保证了国民经济平稳运行和人民群众生产生活需要。但近年来,铁路货运量下滑作为一个现象受到了广泛关注。

大宗物资是铁路货运的主要货类,在铁路运量中占有很高的比重。从铁路分类货源占比来看,煤炭、矿石、石油、钢铁、粮食、化肥等是最适合铁路运输的大宗物资,占铁路货运量的90%左右。在经济增速放缓的同时,我国部分传统行业产能过剩现象突出,大宗产品、工业生产价格持续下降,煤炭、钢铁、水泥等行业需求萎缩,效益大幅下滑。2011年以来,随着宏观经济增速放缓,我国铁路货运量增速呈现明显下降趋势,2013—2015年铁路货运量绝对值连续两年下降。其中,2015年铁路完成货运量33.6亿吨,同比下降11.9%,货运周转量23754亿吨千米,同比下降13.7%,跌幅再创近年新高。铁路货物运输的发送量由原来的30%~40%,逐渐地下降到了2016年的7.5%。

在铁路的货源结构中,煤炭占比较高。随着中国的环境治理、能源结构调整、产能结构调整,以及煤炭使用量的变化,近几年来铁路在以煤炭为代表的物资用量上一直处于下滑状态。2014年,铁路的整个煤炭运量下降3000万吨,2015年下降了2.1亿吨,铁路总体货运量2010—2013年都是负增长。煤炭、钢铁等行业产能过剩,发展陷入困境,对下游的铁路货运业产生了很大影响。2014年,全国铁路完成货运量38.1亿吨,其中:煤炭22.9亿吨,占60.1%;金属矿石3.9亿吨,占10.2%;钢铁及有色金属2.05亿吨,占5.4%;三项合计共占铁路货运量的75%以上。2015年铁路煤炭发送量20亿吨,同比下降12.7%,跌幅明显。与此同时,钢铁及有色金属、金属矿石、矿建材料等大宗物资铁路运输量均出现一定幅度的下降。

从运量上看,铁路货运量与货物周转量近年均呈下降趋势,在社会总货运量及周转量中占比逐年下降。2005—2013年,铁路货运量与周转量均保持稳步上升的趋势,其中,货运量由26.9亿吨增至39.7亿吨,年均增长率为5.0%;周转量由20726亿吨千米增至29174亿吨千米,年均增长率为4.4%。由于国外经济危机使得市场需求不旺盛,同时我国产能过剩,特别是公路货运的不规则竞争,使得铁路货运量及周转量从2013年开始同步出现下滑趋势。2016年,铁路货运量33.3亿吨,货运周转量23792亿吨千米,相比2013年分别下滑16.0%、18.4%。2016年9月,交通运输部、公安部联合治理公路超载,发展绿色交通,推动公路运量向铁路转移。随着铁路货运改革的深入开展以及国家政策的支持效果初显，2017年铁路货运大幅度反弹，同比增长 10.7%。尽管运量还是低于 2013 年的水平，但与 2016 年相比降幅已经收窄，铁路货运量及周转量开始呈现上升趋势。从市场份额上看，与其他运输方式相比，铁路在全国货运市场中占比持续走低。2017 年，铁路货运量及周转量在全国货运市场中占比分别为 7.8%、14.0%，相比 2005 年已分别下降了近 7%、12%。2017 年，煤炭运量占比最大，约为 51%；金属矿石其次，约为 13%；集装箱和钢铁运量各约为 6%；矿建材料、石油和化肥产品运量分别占 5%、4%和 4%。

从中国铁路上海局集团公司来看，2007—2012 年，上海局货运周转量占管内三省一市的份额由 6.64%下降到 3.4%。这与铁路在综合交通运输体系中所处的骨干地位和作用极不适应。客观上这是因为国家经济结构调整和经济增速放缓，大宗物资运输需求下降，但最重要的原因是铁路货运不适应市场需求，缺乏竞争力，需要加快铁路走向市场步伐，把铁路低成本、节能环保的优势发挥出来。

2.“白货”需求增幅明显

零散货物是铁路拓展货运市场的重要方向。客户对铁路运输的时效性、安全性、经济性、便捷性等提出了更高的要求。长期以来，由于铁路以运输为主，市场化、物流化发展缓慢，造成铁路与社会物流发展差距逐渐加大。受宏观经济形势影响，铁路货源结构在我国经济增长新常态下发生急剧变化，铁路货运面临有效货源不足等困境，煤炭、冶炼等大宗物资等“黑货”需求乏力，而集装箱、行包快运、零散、快捷物流等“白货”物流需求持续旺盛。零散货物具有需求分散、单批量小、附加值高、时效性强等特点，对物流质量要求极高。铁路货运量增长速度与公路运输、快件运输形成反差，社会物流流向零散和快件的趋势明显。与大宗物资运输萎缩相比，2013 年以来，高附加值货物占铁路运量的比重不断上升，由 2013 年的不足 1.0%上升至 2017 年的 11.1%。

2014 年全面恢复中断了 6 年之久的零担业务后，当年铁路零担货运量实现 454 万吨。2016 年 5 月铁路实施新的列车运行图后，当月零散货物快运实现日均发送 12.17 万吨，同比增长 184.5%；批量零散货物快运日均装车 7934 车，同比增长 56.9%。

还要看到，目前铁路集装箱运输占比较低，铁路运输的比较优势尚未得到有效发挥，市场需求变革与铁路供给间的不均衡，导致铁路无法与其他运输方式融合发展。集装箱装运的货物品类涵盖了全部 26 大项品类，其中矿建、钢铁、化工、饮食、工机运量占 50%以上。随着经济转型升级，全社会高附加值货物运量已占社会运输总量的 20%左右，年平均增长速度达到 7%以上，且大部分要依托集装箱运输。而近些年铁路集装箱发展虽然有所提速，2011—2015 年，铁路集装箱运量从 489 万 TEU(标准箱单位)增长至 535 万 TEU，发送货物吨数由 9351 万吨增长至 1.05 亿吨，年均增速为 2.9%，但与其他运输方式相比，铁路集装箱运量约占铁路货运量的 10%，距离 20%的目标还存在较大差距，更是远低于发达国家铁路 30%～40%的水平。同时，我国铁水联运量占港口集装箱吞吐量不到 3%，也处于较低发展水平。其中，我国主要铁水联运沿海港口仅营口港超过 10%，多数港口在 5%以下，也远低于国外港口铁水联运占比。

1.3.5 铁路货运需求变化的主要原因

1. 我国经济处于增速换挡时期

当前，国家持续加大经济结构调整、能源结构调整的力度，我国经济整体处于增长放缓周期，能源、原材料生产领域产能过剩，煤炭供大于求的状况更为突出；基础设施领域投资规模缩减，消费需求不旺。同时，我国工业处于由大到强转变的重要时期，加工制造业在工业中的比重不断增加，而采掘业、原料工业等基础工业的比重相应萎缩，工业经济增长的驱动力日益由资源密集型产业转向劳动密集、技术密集和资本密集型产业。坚持扩大国内需求特别是消费需求的方针，促进经济增长由主要依靠投资、出口拉动向依靠消费、投资、出口协调拉动，由主要依靠第二产业带动向依靠第一、第二、第三产业协同带动转变。

铁路货运需求与工业化阶段密切相关。随着经济社会的发展，货物运输需求也发生很大变化。国民经济宏观调控、经济结构优化并进入动力转换阶段、“三去一降一补”宏观政策的实施，使得社会大宗物资运输需求呈持续下滑态势，铁路传统优势领域受到冲击。2000—2011 年是我国重化工业加快发展阶段，在重化工业的推动下，我国经济实现了快速发展。这一时期，我国铁路货运弹性系数在大多数时间里接近于 1，平均为 0.73。随着重化工业阶段基本结束，加快产业转型升级，推动产业迈向中高端，提升产业核心竞争力，成为我国经济发展的重要任务。在这样的发展背景和趋势下，传统的重工业在国民经济结构中所占比重不断下降，战略性新兴产业和现代服务业的比重将不断提高。产业升级和结构优化将推动货运量进一步下降，大宗原材料、能源等物资的运输弹性系数不断降低，对于大宗货物占主体的铁路货运来说，这一影响是长期性的和趋势性的。

可见，铁路货运量的变化受多种因素影响，主要体现在以下两个方面。

(1)新常态下我国经济正在发生结构性变化。服务业从 2013 年开始超过了制造业占比，而服务业对物资运输的需求相对较小，导致货运市场需求下降。我国的工业化已经步入中后期，不少地区已基本完成工业化，制造业、重工业增速回落，大宗货物运输需求减少。例如，占铁路大宗货物运输份额一半以上的煤炭运输，因煤电需求减少和传统制造业产能过剩，相应的煤炭选择需求减少，铁路货运量随之下降。从行业内部看货运量的下降也与铁路自身的运输组织水平及服务质量有一定的关系。

(2)我国经济周期性处于下行时期。近年来铁路货运需求下降是短期因素和长期因素叠加所造成的。铁路货运需求受经济周期的影响较大，且铁路货运作为国民经济景气程度的先行指标，往往先于经济增长指标出现波动，并且其波动幅度往往大于整体经济的波动幅度。因此，在经济下行周期，铁路货运需求出现了大幅度下滑的局面。其中，我国经济周期下行是造成铁路货运需求下降的主要原因。从国际来看，2008 年国际金融危机以来，世界经济整体上仍处在危机后的修复阶段和发展方式的转换阶段，全球经济陷入深度调整，新的增长动力尚未形成。新兴经济体经济普遍低迷，全球贸易增速偏低，大宗商品价格低位震荡，地区政治冲突加剧，世界能源格局深刻变化，我国远洋运输需求增速放缓。据国际货币基金组织(IMF)统计，2015 年全球经济增速为 3.1%，低于上年的 3.4%。据世贸组织统计，2016 年全线的贸易增速将连续第五年放缓，为 20 世纪 80 年代以来最差表现。伴随“一带一路”倡议和“长江经济带”发展等战略的深入推进，我国全方位对外开放格局进一步稳固，对外贸易和投资的范围将进一步拓展，我国与中亚、高加索、东欧等内陆地区间的贸易将极大提升，大陆桥国际铁路货物联运量将快速增长，推动中西部中心城市的大陆桥国际铁路货物运输量快速增长。

2. 其他运输方式的转移与分流

我国公路承担了过多的中长距离货物运输，货运量和货物周转量占比长期维持在高位，造成铁路和水运集约安全、能耗低、低排放的比较优势未能充分发挥。以公路货运为主导的发展方式虽然在通达性与时效性上有较好保障，却是建立在货车司机长期高强度劳动的基础之上，同时要付出高昂的环境和安全代价。长期以来，我国货物运输总体结构呈现“公路持续增长、铁路逐年下滑、水运保持平稳”的发展态势。随着公路货运市场对个体运输户敞开大门，公路运输以其机动、灵活、廉价等优势快速占领市场，从 1984 年到 2017 年，公路承担的货运量、货物周转量在综合运输体系中占比分别由 47.2％和 5.3％提高到 79.3％和 48.6％，与此同时，铁路承担的货运量、货物周转量占比则由 38.5％和 72.7％逐年下滑至 7.9％和 19.6％。而水路货运量占比基本保持在 20％～30％，货物周转量占比在 8％～14％之间浮动。航空运输由于载运货物容量与载运工具的特殊性，其货运量、货物周转量在综合运输体系中占比微乎其微。加快推动我国货运结构调整，尤其是实现货物由公路与铁路合理分担十分必要。

3. 城市群发展带动快递业发展

产业结构调整、新兴产业和业态发展、居民消费结构升级等因素促使各类“白货”运输需求持续快速增长，铁路货运需求结构变化显著。城市群建设将推动城市规模的扩大，旧城区扩建改造，城市基础设施及其他配套设施建设需求快速增长，由此带动相关原材料和基建产品运输需求的增长。同时，城市化过程中演变起居民消费能力提高和消费升级，将极大带动汽车、家用电器等耐用消费品需求快速增长。因此，城市群地区作为未来我国货运需求的主要增长点，其大宗产品和制成品的运输需求还将持续增长。由于我国疆域辽阔、运距长，铁路凭借在运输能力和运输价格上的优势，在城市化过程中还将面临一定的大宗货物运输需求和潜力较大的工业制成品运输需求。

东部城市群的高附加值货物运输需求随着产业转型升级快速增长。高加工工业、高技术工业、服务业等产业将在东部城市群中占有更高的比重。同时，随着电子商务的发展，东部城市群居民的消费需求也将呈现持续快速增长态势。未来，由收入增长、新业态、消费升级等因素推动的高附加值货物运输需求将持续快速增长，其中东部城市群是增长的重点区域，铁路通过推出电商特快班列、高铁快运、特需列车等快捷货运产品，开展电商快递业务，能够凭借自身的速度和运价优势，从高附加值货物运输需求增长中获得新的业务增长点。

受内需扩大的带动，快速消费品、食品、医药、家电、电子等与居民消费相关的物流市场保持较高增长。高附加值“白货”运输需求快速增长，客户对快捷、准时、方便的服务需求越来越高，对运输服务的要求也越来越高。铁路货运组织由于自身管理不足，货运效率也不高，提供个性服务能力差，形成了“白货”运输短板。同时，中西部地区在城镇化发展、承接东部产业转移、建设产业基地等方面还有较大发展潜力，未来在大宗货物和工业制成品方面的运输需求还将进一步增长。由于地处内陆，铁路对于中西部地区城市化和承接产业转移具有重要支撑作用。中西部城市群地区的铁路货运需求剧增。

1.3.6 我国铁路货运需求发展趋势

近年来，经济进入新常态，煤炭、铁矿石等大宗商品运输需求呈下滑趋势，铁路货运量持续下降，长期以“黑货”为主的铁路货源结构发生了改变，“白货”的运量比例逐渐上升。在“白货”市场，面对其他运输方式的激烈竞争，铁路要坚持以市场需求为导向，提高产品竞争力，以获得更大的市场，从而承担更多运量，促进全社会物流成本降低。

当前，我国铁路货物周转量的市场份额为20.7%，仅为公路的50%，而美国铁路货运的市场占比达32.9%，俄罗斯的占比达46.1%，我国铁路货物周转量的市场份额与其他铁路发达国家相比较小。2019年我国社会物流总费用占GDP的比重为14.7%，比世界平均水平高出3.8个百分点(美国、德国、日本一般为8%～9%)，其中运输成本占物流成本的50%，运输结构不合理是运输成本高、社会物流成本高的重要原因。据测算，铁路货物周转量占比每提高1个百分点，可降低全社会物流成本在GDP当中的比重为0.05个百分点，铁水等多式联运占比每提高1个百分点，社会物流总费用将降低0.9个百分点。有关研究显示，铁路单位货物周转量的能耗和污染物的排放仅为公路的1/17和1/13，铁路每增加1亿吨货运量，可比公路完成同等运量节省能耗约110万吨标准煤，减少二氧化碳排放约270.6万吨，节能减排效果非常明显。有关分析显示，在交通事故和环境污染等外部成本中，铁路仅占1.9%，而航空占61%、公路占91.5%。不合理的运输结构不仅增加能源消耗，还增加环境污染、交通事故、道路拥挤等大量社会问题。

近期来看，在我国经济和产业结构调整、区域发展和对外开放格局条件下，铁路应对“白货”运输需求特点的运输组织和经济组织的系统性变革，还存在诸多制约因素，铁路货运的需求结构，尤其是货运量意义上的运量结构，将基本保持稳定状态，这也就意味着大宗货物仍将在铁路货运需求中占有主体地位，“白货”的运量规模和比重难以实现量级上的突破。从中长期看，伴随我国产业转型升级和铁路供给侧结构性改革的基本到位，运输市场秩序日益规范完善，铁路“白货”运输的比重将出现显著变化，有望接近乃至超过传统大宗“黑货”运输，成为铁路运输和物流收入的重要来源。

从当前至2030年是我国产业结构调整和转型升级的关键期，材料工业在工业结构中的比重将逐步降低，高端装备制造、重化工业、新材料、新能源、生物医药、新一代信息技术等战略新兴产业制造业的比重将逐步提高。由于产业升级和结构调整任务艰巨，我国产业转型升级不可能在短时期内完成，我国铁路货运需求仍将处于低速增长阶段，不会过早地结束上升趋势。

从大趋势和中长期看，未来一段时期，我国经济增长潜力仍然巨大，在2030年前将继续保持中高速增长态势。我国经济增长依然会有强大的需求拉动力和很强的供给支撑力。同时，能源消费需求总量还将进一步增长，推进城镇化过程的基本建设投资需求还将进一步增长。

我国铁路货运需求增长趋势是与经济发展阶段，尤其是工业化进程紧密相关的。铁路货运需求增长得快与慢、正增长与负增长，主要取决于产业结构尤其是工业结构的变化情况。在我国经济和产业完成转型升级任务、全面实现工业化之后，铁路货运需求增长可能会由正转负，将呈现下降趋势。即便是进入后工业化时期，疆域广阔、人口众多、资源分布不均等基本国情也决定了我国对铁路货运将长期保持较高的依赖性。同时，新兴产业和服务业发展也会催生新的铁路货运需求，铁路货运需求不会出现大幅度、快速下降的局面，而是从最高水平逐步、缓慢下降，最终可能会类似美国那样，铁路货运分担率稳定在一定的水平上，铁路长期在货运领域发挥重要作用。

(1)货运总量。未来 30 年，我国工业化和城镇化还在发展，且区域发展不平衡，总体看铁路货运量需求仍然会有所增长，但增速呈明显下降趋势。预计到 2035 年，货物发送量将达到 55 亿吨以上，是 2019 年货运量的 1.3 倍。铁路货运量是否增长还将受到政策影响，如果像发达国家那样出台更有力的引导支持铁路运输、深度调整运输结构的政策及法规，大力促进中长距离货运和大宗货运向铁路转移，铁路货运量还会有较大提升空间，将在 2035—2050 年之间出现峰值，峰值水平在 60 亿～65 亿吨。

(2)货运结构。受经济结构优化和产业转型升级影响，货运强度下降将成为未来的必然趋势，货运结构将发生趋势性变化，大宗货物运输预计在 2025—2035 年之间达到峰值后基本稳定，高价值、小批量、多批次、强时效的“白货”需求快速增长，铁路集装箱运输及快捷运输将成为货运需求新增长点，将促进铁路货运量稳中有升。其中：

①高附加值货源占比上升。从“十一五”时期开始，电冰箱、洗衣机、汽车、微机、手机等高附加值货物产量增速远远超过大宗产品的产量增速，特别是高技术含量、高附加值、高时效性货物，在全社会货物运输品类结构中的占比将持续上升，而大宗货物的占比则相应下降，货物运输的基本格局将逐步由数量增长型向价值增长型转变。铁路货物运输的主要矛盾也将由单纯的运能和运量之间的矛盾，转变为运输需求与有效供给之间的矛盾。

②集装箱内陆运输的占比会逐步增加，集装箱总运输需求将呈现增长态势。随着城市化的全面推进，大城市之间的适箱货物需求将会有较大幅度的增长。另外，信息化、物联网等技术的发展，使集装箱在途跟踪、全程运输管理、场站管理等精细化管理水平进一步提高，增加了集装箱运输的安全性、便捷性，客观上也促进了集装箱运输的发展。

1.3.7 “公转铁”政策环境对我国铁路货运发展的影响

随着公路、水运近年来的快速发展，运输市场竞争日趋激烈。尽管铁路集装箱运量增速高于全路平均水平，但由于集装箱运量基数较小，所占全路货运量的比重始终在 3%以内，仅由 2002 年的 2.5%增加到 2012 年的 2.8%，增长不足 0.3%。与其他运输方式相比，铁路集装箱运输量增速不高，所占比重呈逐年下降趋势。以广州至上海运输门到门 20ft 集装箱为例，水运价格为 3600 元，运输时间为 5 天；公路运输价格为 8750 元，运输时间为 1.5 天；铁路运输价格为 7600 元，运输时间为 5～10 天。水运凭借航班多、价格低，公路凭借速度快、门到门服务便捷等优势分流了绝大部分铁路货源，低附加值货物选择了水运，高附加值货物选择了公路。

目前，我国超 70%的货运量由公路完成。应充分考虑各种运输方式的适配性，调整优化运输结构模式，将大宗货物以公路为主的运输方式转变为货物运输多样化和多式联运运输方式，以有效提高运输组织效率，优化物流市场格局，降本增效。公路运输方面除了超载等违规运输给铁路带来竞争外，汽车大型化发展的趋势也与铁路运输形成有力竞争。目前 25 米长的平板车已经在使用，不超载的情况下其载重有 40 吨，体积为 $255m^3$/车(铁路 40ft 集装箱容积为 $54m^3$，不到一个汽车平板车体积的 1/4)，具有装运轻抛货物的绝对优势。在调整运输结构方面，要减少中长距离公路货运量，增加铁路货运量。发挥铁路和水运在大宗物资中长距离运输中的骨干作用，加大货运铁路项目建设和投入；显著提高重点区域大宗货物铁路水路货运比重，提高沿海港口集装箱铁路集疏港的比例；在环渤海、山东沿海和长三角地区，沿海主要港口、唐山港、黄骅港等煤炭集港改由铁路或水路运输；还要加快推进大宗货物集疏港，由汽运转向铁路运输。既要做好中长距离货运由公路运输转向铁路运输的工作，又要做好“公转铁”两端公路的短途接驳。我国沿海港口的公路货运比例较高，铁路货运比例较低，运输结构不合理，大大制约了交通运输效率的提升。目前我国铁路、水运、公路单位周转量运价比(普货)约为 1：0.13：2.6，能耗比约为 1：0.7：5.2，碳排放比约为 1：1.3：10.9，铁路运输在实现绿色、低碳新经济目标的要求下，显现优势。2018 年的前 11 个月，国家铁路货物发送量达 29.16 亿吨，同比增长 8.8%，创最高水平。我国“公转铁”战略的实施，将重新调整我国陆路运输的格局和主要动力方式。

2018 年 4 月，中央财经委员会第一次会议明确提出“运输结构调整，减少公路运输量，增加铁路运输量”。6 月，国务院常务会议原则通过推进运输结构调整三年行动计划，提出以推进大宗货物运输“公转铁”为主攻方向。7 月，国务院印发《打赢蓝天保卫战三年行动计划》。10 月，国务院办公厅印发《推进运输结构调整三年行动计划(2018—2020 年)》(以下简称《行动计划》)，提出以深化交通运输供给侧结构性改革为主线，以京津冀及周边地区、长三角地区、汾渭平原等区域为主战场，以推进大宗货物运输“公转铁、公转水”为主攻方向，减少公路运输量，增加铁路运输量，加快建设现代综合交通运输体系。2018 年起，在全国范围实施铁路运能提升、水运系统升级、公路货运治理、多式联运提速、信息资源整合、城市绿色配送等六大行动。

在公铁联运方面主要问题有通道不畅、衔接不顺、联运链条不通、信息化协同发展水平不高等短板问题，导致全社会物流成本仍然偏高，未能有效实现合作。铁路与公路物流信息没有共享平台，也没有统一的物流信息系统，各自独立，未实现互联互通，大物流的信息格局还未达成共识；多式联运占比低，集装化运输占比低，“公转铁”未能合理分工和有效衔接；在部分高价值的货源竞争上，低价扰乱运输市场的行为还时有发生，损害了物流企业各方正常的利益，也不利于物流市场的健康发展。另外，众多中小企业、个人客户还未充分享受铁路物流带来的各种安全、便利、经济等优惠和红利。这也是当前各种运输方式共同发展面临的普遍问题。

“公转铁”不会一蹴而就，将经历一个相对漫长的过程。一是“公转铁”专用线建设前期，由于基础设施不足，建设速度可能相对会慢一些。二是铁路的运力运量暂时还没有调整出来。从国际经验来看，铁路的吨千米平均运价约为 0.15 元，而公路运价往往是其 3～5 倍。铁路虽然基础运价低，但大部分企业没有专用线，还要产生两端的汽车运输费和火车装卸费等。此前的数据也显示，2008 年至 2017 年，尽管铁路货运量从 33 亿吨提升到 36.9 亿吨，增加 11%，但其在全社会货运中的占比却从 13.2%下降到 7.8%；特别是在大宗煤炭、焦炭和矿石运输中，占有低运价、低能耗等比较优势的铁路货运并未在市场中占优势。

1.4　铁路现代物流现状及发展策略

1.4.1　我国铁路物流的发展历程

1. 萌芽起步期

自新中国成立以来，随着铁路网的逐渐完善，我国铁路货运场站也逐渐发展，并逐步形成了覆盖全国的铁路货运场站网络。进入 20 世纪 80 年代后，公路运输迅速发展，铁路运量出现了下滑态势。铁道管理部门重点进行了零担运输集中化改革，“七五”期间停办了 2000 多个车站的零担业务，全路大部分区段取消了沿途零担列车，“八五”期间又重点进行了整车集中化运输的理论分析和局部试点工作，整顿了加冰冷藏车办理站和危险货物办理站。

20 世纪 80 年代，部分铁路局结合多元经营发展实际开始尝试修建用于企业开展铁路延伸服务的经营基地；90 年代后，铁路多元经营系统为有效缓解铁路货场能力不足的问题，开始大规模建设适应经营需要的自有货场，但普遍规模较小、设施简单。与此同时，铁道管理部门推出多份规范性文件，积极鼓励货运场站拓展服务功能，强调车务段和二等以上货运站要以货场中的相关部门为基础，成立货运营销机构；鼓励发展货场办市场，以形成新的物流集散地，盘活存量资产，有效吸引货源。

在理论研究和部分铁路局试点的基础上，从 1996 年开始，铁道管理部门在全路推行货运业务集中化，要求停办日均装卸车数在 1 车以下的 565 个车站的货运业务，将平均站间距延长到 14 千米。1997 年停办日均装卸车在 3 车以下的 1042 个车站的货运业务，到“九五”末封闭日均装卸车数小于 5 车的车站货运业务，将平均站距延长到 22 千米左右，货运营业站保留 2500 个左右。在货运业务集中化办理、关闭小型货运场站的同时，铁路货场自身也在不断提升服务水平，以实现增运增收，更好地应对激烈的市场竞争。

总的来说，这一阶段的发展以传统货运场站为主、多经物流基地为辅，在公路运输迅速崛起的背景下，形成了优化既有货运场站布局、拓展货场服务功能的发展特色，但并未形成自上而下、具有全局指导性的统一布局优化方案，拓展服务功能多从提升自身收益的角度出发，“以客户为中心”的服务理念尚未形成。

2. 探索发展期

2003 年，国家发改委联合铁道部研究提出了国家《中长期铁路网规划》，并于 2004 年 1 月经国务院常务会议讨论通过。2003 年 3 月，国家发改委批复“全国铁路集装箱中心站总体规划方案”，明确了全国铁路集装箱中心站的建设方案，提出规划建设上海、昆明、哈尔滨、广州、兰州、乌鲁木齐、天津、青岛、北京、沈阳、成都、重庆、西安、郑州、武汉、大连、宁波、深圳等 18 个集装箱中心站，以及 40 个左右靠近省会城市、大型港口和主要内陆口岸的集装箱专办站。铁路集装箱中心站具有综合物流和多式联运的各项功能，如仓储、拆拼箱、加工、包装、配送、商贸、信息处理等，是以铁路集装箱服务为主导的综合物流基地，是铁路物流中心的重要表现形式。

2003 年 12 月，铁道部正式组建中铁集装箱运输有限责任公司、中铁特货运输有限责任公司、中铁快运股份有限公司,这标志着铁路专业运输管理体制改革开始了新的探索,对于铁路物流发展融入现代物流理念,实现快速发展具有重要而深远的影响。在此之后,由三大专业运输公司主导,建设了一批具有典型物流运作特色的行包行邮基地、商品车物流作业基地和专办站。

这一阶段,传统货运场站业务集中化工作继续推进。2003 年以来,一些运量较小的货运站已经被逐渐整合,铁路货运努力实现"集中受理、优化装车",提高资源利用水平和管理效率。至 2006 年,5 万吨以下的货运站已减少到 925 个,平均每 100 千米营业里程上的小型货运站个数由 2001 年的 2.56 个下降为 1.26 个,小型货运站在路网上的密度减少了大约 50%,货车周转时间由 2001 年的 5.08 天缩减到 4.92 天,铁路货运效率有了显著提升,适应了现代运输物流的基本需求。铁路货运场站的布局调整向着集中化、大型化方向发展,符合铁路物流中心的总体发展方向,并已取得较为明显的成绩。

2006 年,全路运输工作会议提出"两整合、一建设",即整合零担业务、整合运量小的货运站,建设战略装车点(后称为大型装车点),进一步推进货运场站布局优化调整。同年,铁道部开始大力推进以大型装车点为重点的物流节点建设,鼓励开展运贸、代理、仓储、流通加工、配送等物流服务。大型装车点是为保障大宗货物运输、缓解货运场站能力不足而兴起建设的。它以稳定的货源条件为基础,要求大宗物资货源量达到日均 1 列以上、单一品类年运量达到 150 万吨以上,并配有智能化的装载系统,具有大容量的仓储能力,以及高效率、规模化的作业方法,成为铁路物流中心的又一重要表现形式。至 2010 年底,全路已经建成大型装车点近 710 个,这些装车点的货物发送量约占全路货物发送量的 40%以上。

2006 年,《铁路"十一五"发展规划》指出,要加快落实"集装箱物流中心"建设规划。这是在铁路系统的规范性指导文件中首次出现"物流中心"这一专业名称,表明铁路系统已正式接受"物流中心"的理念并加以推广,并在全国初步形成了铁路集装箱运输节点网络。

2006—2008 年,铁道部针对"铁路现代物流中心建设发展规划、发展时机和发展模式"开展了系统研究,提出了铁路现代物流中心功能结构体系、空间布局宏观规划方案、建设发展模式和运营管理模式等系列研究成果。2007 年,铁道部在青藏铁路建成通车的基础上启动了西藏那曲物流中心的规划设计和建设工作。2008 年,厦门前场特大型货场按照现代物流中心的理念开始了前期市场分析和可研设计。自此,不同铁路局针对货运场站转型升级、多经物流基地,专业运输公司针对行邮行包基地、集装箱物流中心、商品车作业基地等各种形态的物流中心展开了较为广泛的探索实践。

在这一阶段中,铁路物流的表现形式不断丰富,三大专业运输公司构建了一批具有现代物流发展理念的物流节点,形成了多元化发展的特点。但受经营体制的影响,不同经营主体所规划建设的不同物流节点间缺乏有效的沟通与合作,重复建设、资源利用不足等现象开始出现,如何规范引导既有节点向着合理化、可持续方向发展成为摆在铁路系统面前的重要问题。

3. 系统发展期

2011 年,铁道部在前期研究与探索的基础上,制定并发布了《铁路"十二五"物流发展规划》(以下简称《规划》),明确提出了我国铁路物流中心布局方案,要求"十二五"期间在规划的全国性 42 个铁路物流节点城市、区域性 98 个铁路物流节点城市,建设 80 个左右一级铁路综合物流中心、160个左右二级铁路综合物流中心、300个左右专业型铁路物流中心。《规划》对于铁路物流中心的发展途径也给予了明确的说明:"新建货运场站和铁路物流企业经营基地均应按照物流中心要求进行规划建设,既有货运场站和铁路物流企业经营基地应逐步向物流中心转型,以推进信息化、改善铁路线路、装卸机械、堆场仓库、场内道路和拓展现代物流服务功能为重点进行改扩建;对于受各方面因素制约、发展空间不大的货场,采取关、停、并、转等措施进行优化整合。"《规划》既指明了铁路货场向现代物流中心转型的发展方向,又为各铁路局开展铁路物流中心选址规划提供了可遵循的宏观布局依据。2012年以来,各铁路局和专业运输公司针对铁路物流中心的设计、建设与运营服务等后续重点工作展开了系统性的实践。

1.4.2 铁路物流及其特征

铁路物流是物流的一个分支,是对铁路干线或者铁路相关服务开展物流活动的综合性过程。铁路物流是在铁路基础上发展的物流,是以物流为载体,以发展铁路业务为目的的一种运作模式,它的作用在于将物流与铁路更好地结合。铁路物流是在国内外现代物流业迅猛发展、铁路生产力布局不断调整、运输能力不断释放的情况下产生的,以铁路货运场站等资源为基础,融合现代物流与供应链管理和服务理念,为客户提供以铁路运输为主的全方位、一体化现代物流服务的空间场所,其既可作为铁路自身提供物流服务的场所,同时也可作为公共性物流基地吸引相关物流企业入驻共同开展物流服务。

1. 主要特征

(1)网络性。铁路通过网络协调运作实现产品位移,网络是点和线连接形成的集合。铁路物流的基础设施网络由实现空间效应的线路和实现时间效应的节点组成。我国铁路现处于工业化发展阶段,资源分布与工业布局东西错位的空间格局、众多的人口基数等客观实际要求我国必须有一个发达完善的铁路网,实现主要干线大能力通道、干支结构合理、点线能力配套的综合运输网络。

铁路运输生产组织是一项专业性很强的技术,有集中调度指挥、按图行车、运输进款清算、承担社会公益性等基本特点,不仅涉及线路、车站,还有编组站、区段站等不同技术要求的作业单位,货运能力涉及点上装卸车能力、线上运输能力、编组站能力及空车配送能力等,远比其他行业复杂,彼此之间的能力配套和充分利用,各环节的协调和配套会影响整个运输生产组织的效率,应将网络连通作为铁路物流一体化的前提,不断提高铁路网络每一方面及相关环节的作用和效率。

(2)干线性。铁路干线运输能力是铁路物流的主能力,它是铁路物流的重要支撑,承担着铁路运输的重要任务,是铁路运输的基础。铁路干线具有运输强度大、里程较长、汇集和辐射范围广等特点,这是铁路运输优于其他运输方式的主要特点。

(3)重载性。重载运输是我国铁路货运的主型产品,也是铁路物流的发展趋势。为适应货运市场变化,满足大宗货物运输对铁路的需求,提高铁路运输市场竞争力,各国铁路纷纷开展重载运输。铁路重载化运输是指在先进的铁路技术装备条件下,扩大列车编组,提高列车载重量的运输方式。相较于其他几种运输方式,铁路具有运量大、成本低的特点,可通过专用线与大宗货物产地或港口无缝连接,实现大宗货物运输的一体化。

(4)环保性。在诸多交通运输方式中,铁路能耗较低、能源结构合理、机车牵引电气化程度逐渐加深,是污染较小、占地较少、安全有保障的交通方式,在发展绿色物流上具有先天优势。据统计,在各种交通工具的单位能源消耗中,私人小汽车是铁路的9倍,飞机是铁路的6倍,公共汽车是铁路的4倍。1条铁路相当于5条4车道高速公路的运输能力。因此,发展铁路绿色物流是趋势,也是各种运输方式重组格局后,铁路物流凸现优势的根本。

2.铁路物流基本功能

(1)货物运输。运输功能是现代铁路物流基本功能之一。为满足客户对运输方式和运输时间的要求,铁路物流应利用既有设施设备(铁路线、列车等)或通过租赁/购买一定规模的运输工具,组织运输作业,在规定的时间内以高品质低价格将商品运达目的地。

(2)货物包装。包装是指在物流过程中,使用适当的材料、物品和技术,以维护商品安全,便于商品运动的技术经济行为,通常分为运输包装和销售包装。铁路物流的包装主要是指为了提高作业效率、减少装卸和运输过程的货损而对商品进行包装作业,主要是对销售包装进行拼配、组合和加固,以形成适合于运输和配送作业的组合包装单元。

(3)仓储功能。仓储是物流过程中的中心环节,是指利用仓储设备对商品进行高效的计划、组织、控制和协调,从而保证商品的使用价值,及时满足市场需求。仓储可以克服物品生产与消费在时间上产生的差异,从而保持物品的使用价值,满足市场的需求。由于铁路具有强大的运输能力,通常情况下经由铁路运输的货物大都具有种类多、批量大的特点,因此,铁路物流中心应当具备强大的储存能力,为到站以及中转货物提供储存服务。另外,铁路物流的储存功能具有多样性,涉及货物的推放式存储以及仓库存储等多种方式。

(4)流通加工。流通加工是指在铁路商品流通过程中,为更好地适应销售市场需求、节约运输资源、提高物流运作效率、减少物资变化的一种重要的配套物流服务功能。为了适应销售市场的需求变化,铁路物流可以与固定的生产制造商或分销商长期合作,为其完成一些加工作业,如条形码生成、贴标签、分割和剪切材料、组配零部件以货拼装集装箱等作业。

(5)配送。铁路物流的配送功能是指根据客户多样化需求,组织运输方式和运输路线,安排货运计划,为客户选择承运人并确定配载方法,在规定时间内将指定的商品运达准确的地点,实现"门到门"服务。一般情况下,对大型企业而言,其货物运输主要依托铁路专用线,利用铁路专用线进行货物的配送,这一点是传统铁路物流配送模式的扩展,是铁路物流中心的优势和特色。在铁路运输两端的配送方式有以下三种形式:利用铁路专用线与其他运输方式相结合的配送模式;利用大型企业的铁路专用线,直接对其进行配送服务;利用公路运输或其他运输方式进行除铁路之外的运输,并做到"门到门"的配送服务。配送作业在铁路物流中心的作业流程中具有两个方面的内容:依据货主托运时的运单,对已经到达目的站的货物进行送货;依据客户的需求,对于那些需要运输的货物,进行上门取货服务。

(6)装卸搬运。装卸搬运功能是指在同一地域范围内,为改变货物存放状态和空间位置所进行的作业活动。具体来讲,就是对货物进行垂直或水平位置移动,以及改变其支撑方式的作业活动。装卸搬运功能是铁路物流必备功能之一,由于铁路节点装卸能力有限,为加快商品在铁路物流的流通速度,提高整体物流运作效率,应该对既有货运站的装卸线进行调整和改造,并配备专业化的装载、卸载、堆放和出入库等装卸搬运机械,合理设计装卸搬运流程,降低货损率。

(7)多式联运。多式联运是指经由两种或两种以上的运输方式，将货物运至目的地，多式联运经营人将货物的全程运输分为几个运输区段，每个区段的承运人分别通过一次托运、一份单证、一次计费、一次保险共同定成货物“门到门”的全程运输，最终达到运输成本最小化的目的。铁路物流以铁路运输为主，同时发展多式联运功能，主要包括公铁联运和海铁联运等与铁路运输相关的联合运输方式。

(8)信息处理。发展铁路物流时，应合理利用既有货运站的信息处理系统，结合发展现代物流服务所需要的各种物流信息，构建铁路物流的信息系统。通过采集、传递、分析、发送各种物流信息，为货主提供物流作业明细和咨询信息，目前铁路货运仅能提供对车的粗略跟踪信息，而对于货物在站点的状态信息客户无法得知，信息在不同部门无法共享。发展铁路物流要增加信息系统的服务功能，应与供应链上下游企业实现信息共享，从而提高铁路物流的作业效率，实现对全程物流活的系统化和集成化管理。

(9)增值服务。铁路物流的增值服务功能主要有以下几种类型：

①信息咨询服务。由于铁路物流拥有数量极为庞大的各种物流信息及强大的信息处理能力，因此铁路物流可以利用这些信息，在为客户提供物流服务的同时，为客户提供物流系统设计、物流解决方案设计等相关业务咨询服务。

②物流金融服务。物流金融服务是物流服务和金融服务的结合产物。铁路物流发照免费服务功能可以通过仓单质押等形式为企业融资，从而缓解企业资金链压力，提高铁路企业的竞争力，吸引更多的客户企业通过铁路物流处理商品运输与中转。

③商品展示。随着铁路物流的进一步发展，铁路物流可以利用所了解的商品信息优势，以及集中各种信息的优势，为客户提供商品展示、交易、客户洽谈等服务，拓展铁路的物流增值服务。

④结算。铁路物流的结算功能是对运输服务功能的延伸，即铁路物流中心代替货主向收货人收取结算费用。结算功能在代理和配送作业量大时效果较为显著，设立该项功能可以提高铁路物流的服务质量。

⑤物流服务集成。传统的物流服务运作模式往往是单一功能的，难以满足客户多样化、个性化需求。相比之下，物流服务集成不仅能提供仓储、运输、搬运、装卸、包装、信息处理等基本物流服务，还能提供诸如订单理赔、物流方案的选择与规划、贷款回收与结算等增值性服务，以及设计物流解决方案等。

⑥物流方案设计。铁路物流的方案设计是指铁路物流可以按照客户要求以及客户特定的业务流程，为其设计物流解决方案等。

1.4.3　我国铁路物流的发展现状

我国铁路系统在铁路建设中引入了现代物流理念，逐步建设了一批有别于传统货运场站的物流节点，并在实践中取得了较好的成绩。

1. 铁路物流规划建设工作扎实推进

根据《铁路“十二五”物流发展规划》中提出的全国、区域、地区三级物流中心布局方案，各铁路局铁路物流选址规划与建设工作稳步推进，铁路物流节点网络进一步完善。如南宁、昆明、兰州等铁路局分别对管内铁路物流进行了分级分类规划。铁路物流分级分类规划是铁路物流规划与建设中的关键环节，对铁路物流进一步建设有重要的支撑作用，有利于我国铁路物流规划建设及后续运营的快速推进与实施。

2. 功能和设施设备配置初步规范

为进一步推进铁路货运场站向物流中心转型，适应物流市场的需要，铁道部运输局在上海铁路局、成都铁路局出台的铁路货场、专用线货运设备、设施建设相关指导意见的基础上，积极推进铁路物流中心功能和设施设备配置等相关指导性文件的起草论证工作。至 2013 年 3 月，先后发布了《铁路标准化货场管理办法》《铁路运输装卸机械发展政策措施》《关于加强铁路货运设施建设的指导意见》《铁路货运标识暂行技术规范》《铁路货运标识暂行技术规范》《关于铁路货运场站功能和设施设备配置的指导意见》等文件，对铁路物流中心设计与建设发展提供了较好的规范指导。其中，《关于铁路货运场站功能和设施设备配置的指导意见》明确了铁路物流中心基本功能、增值功能以及辅助功能的具体内容，从选址要求、功能设置、功能区划分与平面布置、货运物流设施设备、信息化等方面对铁路物流中心的平面布局规划与设计建设工作提出了具体的指导意见；基于提高货物门到门运输联运中转和全程物流节点服务效率的理念，在有机吸纳铁道部计划司、建设司、工程鉴定中心的意见建议基础上，文件详细制定了铁路物流中心内仓库宽度、面积，站台宽度、高度以及道路硬度等重要设计建设参数。这对铁路系统建设铁路物流中心、推进铁路货运场站转型升级发挥了重要指导作用。

3. 信息化建设取得阶段性进展

近年来，铁路货运信息化建设不断推进，货运管理和客户服务水平也相应提升。铁路货运场站陆续应用了条码技术、EDI(electronic data interchange，电子数据交换)、RFID(radio frequency identification，射频技术)、MIS(management information system，管理信息系统)、GPS(global positioning system，全球定位系统)、GIS(geographic information system，地理信息系统)等；车站综合管理系统、车号识别系统、列车预确报系统、运输调度信息系统、铁路办公信息系统不断完善，增强了铁路物流在准时性、货物追踪、车辆识别、信息提取和查询等方面的技术保障，为优化作业流程、提高货运与物流作业组织效率和服务及管理水平奠定了基础；铁路口岸站推广应用了口岸信息平台，实现了与海关、质检部门的信息交换。

2012 年 9 月 20 日，铁路货运电子商务平台在全路范围内投入使用，基本实现了货运需求网上受理，同时为客户提供了业务办理、运力资源公示、信息查询等多样化服务，使铁路运力更加公开、公平地服务于客户。铁路货运电子商务平台的全面推进改变了传统铁路货运场站的生产作业和经营管理方式，实现了铁路货物的装卸、运输组织一体化管理，适应了现代物流的市场需求，有力地推动了铁路传统货运场站向物流中心的转型升级。

4. 营销及全程物流服务理念迅速推广

为适应货运组织改革的需要，实现从以大宗货物为主的货物运输向全方位物流承运转变、从按计划组织运输的生产模式向与市场经济相适应的生产经营模式转变，各路局积极引入现代营销理念，制定并实施货运营销组织方案。通过简化手续、拓宽渠道、敞开收货，取消了货运计划申报、请求车、承认车等繁杂手续，有力地提升了铁路物流中心服务。同时，铁路系统大力发展全程物流，整合运输与物流服务资源，快速构建“门到门”运输体系，推动铁路物流中心延伸功能，在现有装卸、仓储的基础上，积极拓展上门取货装车、送货到门卸车、短

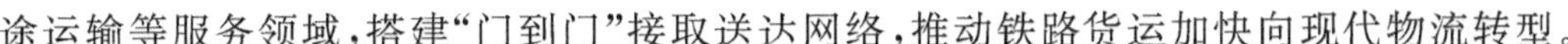

途运输等服务领域，搭建“门到门”接取送达网络，推动铁路货运加快向现代物流转型。

1.4.4 我国铁路物流发展中存在的主要问题

铁路物流经过多年的发展，努力转变发展方式、积极转变发展观念，挖掘物流资源、拓展服务功能，逐渐从计划经济走向市场经济。但面对改革的新形势，还面临着诸多问题。

1. 基础设施能力不足，服务功能有待完善

随着经济的快速发展，城市中心区空间急剧扩张，许多传统铁路货运场站和线路被包围于城市中心，如北京铁路枢纽内的和平里站位于二环路内、广安门站位于二环路和三环路之间，逐渐被居民区、商业区包围，使得其转型升级为铁路物流中心的发展空间严重受限，面临急迫的外迁需要。此外，与当前铁路大规模路网建设相比，铁路物流中心建设速度则相对缓慢，尚未形成良好的铁路点线协调能力，甚至影响了准时制列车的开行，需加快落实《铁路“十二五”物流发展规划》中关于铁路物流中心布局的方案。

同时，铁路物流的服务功能体系有待进一步完善。铁路货运场站的服务功能仍具有明显的传统货运服务特色，依然以货运基本功能为主，缺少仓储、配送、流通加工、包装等多样化的物流增值服务，与现代物流和供应链理念要求的服务功能相比，依然存在较大差距，难以适应当前市场从“少批次、大批量、长周期”向“多品种、小批量、多批次、短周期、及时性”转变的物流服务要求。

2. 经营范围亟待拓展

铁路货场的经营范围受到限制，不能经营仓储、加工、包装等现代物流服务，与“货运向现代物流转型发展”的要求还有一定的差距。

随着国民经济的发展，物流市场需求逐渐向包装、加工、“门到门”全程物流等多种延伸服务拓展。同时，随着我国铁路路网的大规模建设，铁路运能得到逐步提升，铁路运输计划的供需状况也将随着运能的提升发生变化，争取更大的服务市场、吸引更多的货源将逐渐成为铁路货运场站经营管理的重要目标，铁路货运场站运营管理的内容也需逐渐向延伸性物流服务发展。而我国铁路货运、行包、装卸、货代等部门仍处于分散经营状态，组织机构多、管理层次多，由此使得运营管理工作中的信息流不畅，整体协作性差，加大了货运作业成本，从而影响了铁路货运与物流集约化经营优势的发挥和铁路物流服务的拓展与运营。

3. 技术装备水平有待提高

铁路物流技术装备的应用规模和现代化水平仍有待提高，具体表现为技术装备数量不足、质量不高和配合不力三个方面：作为现代物流高效搬运和装载工具的托盘没有在铁路物流中心广泛应用和推广，龙门吊、正面吊等大型机械化装卸工具在铁路各物流节点装备的数量也不足，相当数量的货运场站仍以人力装卸为主，不仅装卸效率不高，而且安全保障不足；铁路物流节点内存在很多超期服役、技术状态不良的设备，机械化、自动化和智能化的先进装备的应用仍然不足；各种设施设备相互衔接配合不力问题在铁路物流中心表现明显，例如，由于站台、各类货车车底板高度不尽相同，且缺乏托盘等搬运工具的配合，多数叉车作业衔接不畅，影响了效率。

另外，适应铁路货运经营的相关职业岗位、服务铁路物流管理工作的技能型专门人才也出现了阶段性短缺。

1.4.5 铁路现代物流概念及发展的必要性

铁路是传统的物流企业，铁路物流是指物品从供应地向接收地的实体流动中，依托铁路的点、线集合，发挥铁路基础设施和生产运营两个层面的网络经济特征，将运输、储存、装卸、包装、搬运、流通加工、配送、信息处理等功能有机结合来实现用户要求的过程。铁路物流是物流的一个类别，因此其活动规律也要服从物流活动的普遍规律，但铁路物流又具有自身的行业特点，发展铁路物流要对其系统的发展需求、特点、内涵、结构、流程、运营模式等进行相关理论和方法的深入研究，发展铁路物流特色服务。

现代物流理念的实质是以市场为导向，以客户的需要为服务准则，以最优化的资源配置来实现成本最低、效率最高的目标，从而实现物流企业与客户的双赢。铁路现代物流的特点就是通过资源整合和合理调配以提升其服务水平并降低成本，为铁路占领市场、扩大份额提供支撑。铁路部门提出了推进铁路货物运输向现代物流转型的企业目标，就是要以满足客户需求为要旨，以信息化为支撑，通过发展全品类物流、提供全流程服务、开展全方位经营、实行全过程管理，实现运输、仓储、加工、信息服务等业务的融合发展。

铁路现代物流依托铁路货运发展而来，应具备传统铁路货运作业的基本功能，同时为了满足现代物流发展要求，还应具备相应的物流服务功能。铁路物流功能可以分为基本功能和增值功能。面对物流服务集成供应商，由其全面负责组织、管理、协调并提供“一站到位”的综合服务。

铁路现代物流特点主要有：运作与管理的系统化和集成化、运作与管理实现信息化、物流服务实现社会化和综合化、物流服务价值导向顾客化。铁路现代物流发展定位：创新、协调、绿色、开放、共享。充分发挥铁路在综合交通体系中的骨干作用的具体举措：在铁路企业自身能力方面，需要提升延伸服务能力、扩展综合服务能力、完善末端配送能力；在产品和功能方面，需要发展综合物流、电子商务物流、供应物流和物流综合管理与服务等。

铁路运输企业要充分发挥绿色环保、集约高效、运力强大的比较优势，发展铁路现代物流，使铁路骨干作用和其他方式集散作用有效衔接，推动铁水、公铁、铁空等多式联运发展，促进货运合理回流，切实降低全社会物流成本，为实体经济发展提供强大的运力支撑，形成完善的现代交通运输体系，全面提升综合交通与现代物流效益效率，为更好满足人民日益增长的美好生活需要提供坚强有力的运输保障。推进铁路现代物流企业建设既是破解当前铁路运输矛盾的途径，也是铁路企业改革发展的方向。

铁路发展现代物流是由铁路天然特性决定的，也是交通运输体系网络与联运体系完善和绿色环保等现实发展的要求。铁路现代物流企业则是依托铁路开展现代物流服务的综合性服务企业，还带有社会公益属性。

(1)铁路对现代物流发展的促进。铁路是国家的重要基础设施、国民经济的大动脉和大众化的交通工具，是现代物流的重要支柱产业，在物流建设和发展中有着举足轻重的作用。铁路发展现代物流是发挥铁路优势、降低社会物流成本的客观要求。发展铁路现代物流，既是更好地发挥铁路在综合交通运输体系中的骨干作用，发挥铁路安全便捷、低成本、全天候、绿色环保优势的客观要求，又是深化铁路改革、实现铁路运输创新发展的重要举措。

(2)有利于铁路引入市场化经营机制。纵观各国铁路改革的成功经验，普遍是以市场为导向，对运输企业进行公司化改造，引入市场化经营机制。目前，我国铁路所进行的体制改革就是铁路企业市场化运作的基础性改革，在基础性改革迈出坚实一步后，铁路发展现代物流，可以更好地推动综合物流服务与运输生产的分离，使物流服务率先走向市场。

(3)有利于增强铁路运输核心竞争力。铁路发展现代物流，有利于细分铁路服务市场，有助于铁路运输企业增强服务意识、提高服务质量，改善铁路企业的市场形象，在铁路运能逐渐释放、供需关系转换的背景下增强企业的核心竞争力，从而在运输市场赢得优势。特别是随着分销服务、运输服务、仓储、货运代理等服务对外开放以后，国际大物流企业资本、技术、管理优势极其明显。铁路运输业只有紧跟发展潮流，快速提高企业核心竞争力，才能为自己赢得更广阔的生存和发展空间。同时，加快铁路物流设施设备现代化，多元投资物流基地建设，扩充铁路通道能力、枢纽点线能力，提升设施衔接水平，提高枢纽效率，共同推进设施设备的标准化、专业化，加快基础设施建设、联运产品创新，并融入现代物流运输体系，放宽市场环境，支持物流企业一体化运作和网络化经营，完善铁路现代物流信息系统，推广多式联运信息平台建设，利用高铁、行邮、市域铁路能力开展快速货运，运输组织模式创新，多杠杆调控(财政、税收、管理)扶持多式联运，统筹规划多式联运基础建设。并通过建设储配物流中心、打造煤炭一体化供应链、加强煤炭物流信息化建设等措施，进一步降低煤炭等大宗物资物流成本，以准时制运输、直达班列和定制化服务为核心推进大宗物资运输服务升级。加强铁路与上游企业的联动。煤炭、矿石、粮食等大宗物资是工业生产和国家安全的基础，也是易受国家宏观经济政策影响的行业。铁路部门应主动与大宗物资上游企业建立沟通机制，尽量平抑运输需求波动，减小大宗物资运输需求的时间不均衡性。同时紧密对接国家宏观经济和产业政策，做好运能适度储备和运输组织，保障国家重点物资的应急运输和战略调运需求。

(4)更有效地参与市场竞争。面对激烈的市场竞争，铁路发展现代物流，要提高服务质量和大宗物资末端接驳运输组织优化，增强铁路与公路相比在便捷性和灵活性方面的竞争优势，以便更好地为用户提供契约式综合物流服务，吸引更多的用户选择铁路。此举还有利于铁路现有的生产企业形成稳定的客户群，有利于其扩大物流市场份额，增强市场竞争力。在物流业快速发展的今天，信息技术已被置于重要位置，特别是在多式联运中，信息技术对于提升货物运输、转运、衔接效率至关重要。

(5)增强铁路的综合服务实力。铁路物流作为一个综合服务行业，不断提高客户服务水平是其一直追求的目标。发展现代物流有利于铁路运输企业利用现有优势，将服务向两端扩展延伸，发展一条龙式的物流综合服务，以服务客户为目标，针对不同产品设计集仓储、运输、搬运、装卸、包装、信息处理等基本物流服务为一体的综合物流服务，逐步提高铁路的综合服务能力和盈利能力。

(6)培育新的经济增长点。铁路运输企业发展现代物流，可以通过整合物流资源，为客户提供一体化的解决方案，实现运输服务的增值，其利润空间远大于单纯的运费、仓储收入，已成为铁路运输企业提高经济效益的新途径。

但与现代物流企业相比，铁路货物运输尚存在以下差距：

(1)现代物流企业一般是向用户提供全面的服务，而铁路运输代理企业则只提供铁路运输代理服务，从服务范围、服务质量上，铁路运输企业很难与现代物流企业竞争。

(2)一般大型的现代物流企业都有遍及全球的集结、配送节点，运输工具的选择灵便自如，而铁路运输企业的运输工具比较单一，在经营的灵活性上显然不够。

(3)现代物流企业已建立起功能完善、面向社会的电子商务网络,实现各类信息的快速传递,情报活动高效准确,而铁路运输企业在信息化建设方面还远不能满足需要。

综上所述,现代物流的发展前提是信息化基础设施的建设,必须加大云计算、大数据、物联网、智能终端等基础设施的投入,建信息化平台,构建物流信息网络,提高铁路物流智慧化水平。充分发挥"95306"网站作用,并加大网站宣传推广,广泛联系各生产企业、销售企业及终端客户上线,加大信息发布和产品交易力度,扩大网站客户数量和交易规模。加快铁路物流信息平台建设,开展货运票据电子化业务,推进铁路相关信息系统互联互通,实现数据共享,促进业务流程再造,让铁路物流运行更加顺畅、整体效率进一步提升。同时,加强与港口、生产制造商、物流商、海关等的数据交换与信息共享,实现铁路与社会物流信息资源有效整合,根据客户的实际需求,完善客户服务平台,拓展服务内容,提供货物追踪查询和投诉受理等服务,改善客户体验。建立客户资源管理系统,实现客户信息高度共享与充分利用,运用大数据技术按产品、行业、区域、客户价值等进行客户群细分管理,为开展个性化、定制化服务提供技术支撑。

1.4.6 发展铁路现代物流的有利条件

1. 政策优势

铁路运输是国民经济的大动脉,几十年来国家一直对铁路的发展给予高度的关心和支持,在行业保护性措施、铁路建设融资、技术改造、铁路改革的政策环境等方面给予支持。铁路改革持续深化,相继实施了政企分开、公司制等重大改革,企业发展动力和经营活力大幅提升。2019 年铁路部门按照政企分开、政资分开和公平竞争原则,紧密结合铁路行业特点,进一步扩大优质存量资产债转股、股权资本上市融资和吸引增量资本直接投资比重,切实降低资产负债率;通过多层次、多渠道的股份制改造,加快构建现代企业法人治理体系,理顺控股投资公司与资本运营公司的权责与管理关系,推进法治化市场化经营管理机制建设;探索多元投资、股权监管与专业化经营管理优势合作互补、优化资本经营效率效益的实现形式,进一步增强国铁资本的影响力和控制力,创新体制机制,促进铁路高质量发展。在全球倡导低碳经济的大环境下,铁路运输作为一种更节能更环保的运输方式受到更多的关注与支持,必将成为现代物流中一种不可或缺的运输方式。同时,铁路对外开放的广度和深度不断拓展,我国铁路国际影响力和竞争力显著提升。

2. 硬件设施

铁路货运具有统一的全国铁路路网体系和现代化的货运技术设备,为发展现代物流提供了网络化的基础设施和坚实的设备保障。改革开放 40 多年以来,我国铁路已经形成了世界上最现代化的铁路网和最发达的高铁网;铁路服务经济社会发展能力显著增强;铁路科技创新取得重大突破,成功构建了具有完全自主知识产权的高速、普速、重载三大领域铁路技术标准体系,总体技术水平迈入世界先进行列,部分达到世界领先水平。复线率和电气化率分别达到 50%和 60%。货车车辆达到时速 120 千米技术标准,70 吨级及以上通用货车占货车保有量的 30%。大能力区际干线和煤运通道基本满足跨区域货运需要,煤运通道总能力达到 30 亿吨以上。并且铁路拥有遍布全国的 6000 多个车站,总面积达 1100 多万 m^2 的货场仓库,较为完备的装卸搬运机具,众多与企业相连的专用线,以及相当规模的集装箱运输体系。

3. 软件资源

完善的规章制度、丰富的经验技术以及客户资源，为铁路货运发展现代物流提供了重要的软件资源。铁路货运业作为专业化的运输企业，在货物的装卸、保管、储存、运输，以及客户需求等方面具有丰富的专业知识和管理经验，在多年的发展中形成了一套相对完整的经营管理制度。随着经济的发展，社会对物流服务的需求日益增长，铁路货运发展现代物流有着广阔的市场空间。同时，铁路在服务"一带一路"建设，在深化"精准扶贫"、服务乡村振兴等方面发挥的作用越来越突出。

4. 网络规模

现代物流业是一个前期投资很大的行业，需要大量网络运营投资。我国铁路不管从总量还是密度都名列世界前茅，铁路网遍及全国。线路、站点、仓储、场地构成了从事现代物流所需的物流实体网络，同时，铁路建成并投入使用了多套涉及铁路运输、经营管理等方面的信息系统。发达的路网运营能力和信息管理系统为铁路搭建了一个基础良好的信息网络平台，网络规模优势确立了铁路物流市场的主导地位。

综上所述，铁路运输服务具有的独特优势如图 1.4 所示。

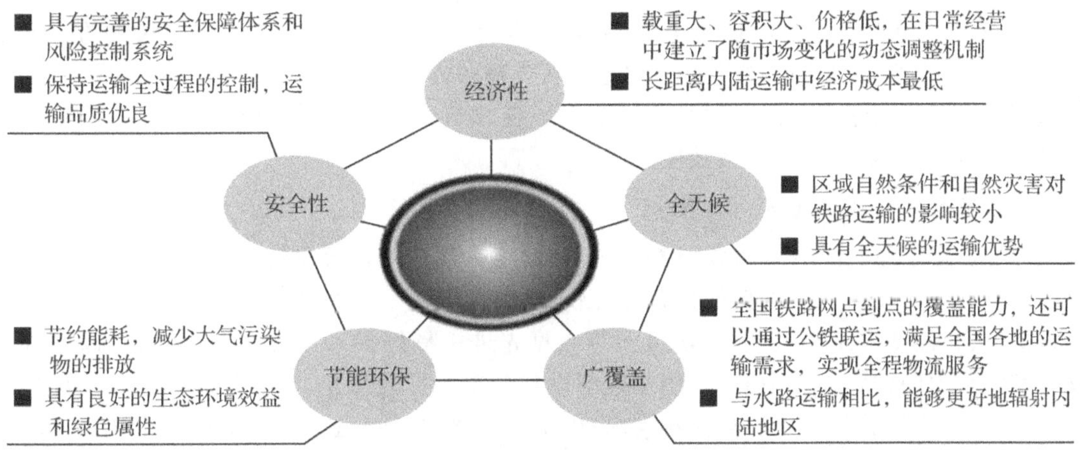

图 1.4　铁路运输服务具有的独特优势

1.4.7　我国铁路物流的发展趋势

2013 年 6 月 15 日，中国铁路总公司正式实施货运组织改革，推动铁路货运全面走向市场，从而实现货运物流一体化发展。在改革货运受理方式、大力发展铁路"门到门"全程物流服务的形势与要求下，铁路物流的发展将朝着建设合理化、功能多样化、装备现代化、办理便利化、服务全程化等方向进一步发展。

1. 物流中心建设向合理化方向发展

为贯彻落实《铁路物流"十二五"发展规划》中铁路物流中心的布局方案，各路局加大对既有货运场站的改造提升，以信息化和拓展现代物流服务功能为重点，重新审视、调整铁路货场的定位、布局、分工和功能设置，更新货场设计理念，加快建成一批现代化的铁路物流中心。同时，各铁路局协调机制的建立又将大力推进全国铁路物流中心的联合发展，提高铁路物流中心综合服务水平，进一步加快铁路物流网络资源集聚，促进铁路物流规模化、集约化发展。

为符合综合运输体系建设要求和现代物流发展需要，加快货运组织改革进程，全面提升铁路全程物流服务能力，各铁路局加强铁路物流中心与相关基础设施的有效衔接，加快建设联运中转设施，大力发展以海铁联运、公铁联运等为主的多式联运，增强各种运输方式物流设施的衔接和配套，促进完善综合运输网络布局，从而提高物流资源使用效率和物流整体运行效率。

2. 服务功能向多样化方向发展

面对客户全程物流服务需求，铁路物流中心将强化运输、装卸、包装、仓储、配送、信息管理等功能的供应链管理与衔接，并且对物流运输实行功能系统化、组织一体化的综合管理，最大限度地为顾客提供全过程、综合性、高质量的增值服务，从而满足顾客多方面的需求。同时，铁路物流中心将积极拓展新的服务范围和经营项目，不断提高铁路货运经营层次和利润水平，将铁路货运从原来的交通运输节点转变为内涵更广、层次更高的物流网络节点。

按照《关于铁路货运场站功能和设施设备配置的指导意见》（铁运〔2013〕57 号）的要求，铁路物流中心在巩固完善货物到发、中转、装卸搬运等基本功能的基础上，必将拓展仓储、堆存、配送、联运、包装、流通加工、金融物流等增值功能，积极探索自营、外包、联盟的发展模式，以确保中心所承担的货物交付任务能以最合理的方式、尽可能小的成本来完成；除此之外，完善工商税务、银行、海关等配套功能，以方便物流中心核心功能的实现，以吸引更多的客户，产生经济与物流活动集聚效应。

3. 技术装备向现代化方向发展

传统货运场站转型升级为铁路物流中心，必将带动铁路传统货运设备的改造升级，陈旧落后、超期服役、技术状态不良的设备将加快淘汰。叉车、龙门吊、正面吊、堆垛起重机、旋转式起重机、超偏载检测装置、动态轨道衡等大型先进机械的投入力度也会不断增强；在拥有较大发展潜力的铁路物流中心，有望加速建设和改造一批立筒仓、预冷设施和立体仓库等现代物流设施，从而满足客户的多元化需求；电子汽车衡、自动分拣设备、堆垛起重机、叉车、托盘等多种现代物流设备也有望配备齐全；无线射频识别、煤炭专用抑尘设备等低能耗、轻污染的高科技装备亦将广泛应用。

(1)集装箱运输得到发展。集装箱运输是一种先进的综合性运输方式，它具有安全、迅速、方便和高效等特点，能将产、供、运、销系统地联成一体，从根本上改变货物运输的装、运、卸不协调，运输费用高、速度慢、质量差等落后状态，也为装卸作业机械化、自动化、标准化创造了必要条件。只有突破铁路封闭式系统运输格局，铁路联运才能发展成为全球供应链支持体系中一个不可或缺的重要部分。现阶段就是要将铁路系统的发展与水运、空运、支线公路以及其他专业的服务支持作为一个相互连接的整体考虑，实现“门到门”服务，把“门到门”“站到站”“站到门”运输作为铁路货物运输的组成部分，实行一条龙服务、一个部门管理、一个窗口受理、一口价收费、一张货票核收、一本账核算、一套系统控制。

(2)物流可视化系统发挥重要作用。可视化技术的应用和系统开发将是铁路运输物流在未来市场竞争中取得优势的一个重要手段。物流供应链管理已建立了通畅快捷的信息平台。随着铁路系统信息网络的不断完善、互联网信息共享体系不断形成，铁路物流业务的可视化系统将得到广泛开发和应用，如通过安装卫星导航终端设备，卫星导航系统将提供高可靠性、高精度的定位、测速、授时服务，促进铁路运输的现代化，实现货物的全程跟踪与管理。

(3)物流设备的性能将大幅提高。物流设备的性能大幅提高主要体现在以下方面：铁路货运车辆向重载化发展，进一步提高了铁路物流的规模优势；铁路通过提高运输速度，不断缩小与航空运输、公路运输的差距；货运场站装卸搬运设备的自动化，提高铁路物流网络在节点的物流能力。

(4)物流专业化水平需进一步提高。根据客户需求就是物流的目标这一要求，铁路过去的按计划行车正在逐渐转变为按需组织行车。其中，"实货制"以电子商务平台为依托，实现货运业务网上办理，为货主提供最方便的货运服务。通过这种运输方式可以随到随办，提高商品流通效率，维护货物运输安全。同时，"实货制"便于收集货物运输信息，了解货物运送的目的地，方便了解货物的市场需求情况，掌握货物的供应。

4. 业务办理向便利化方向发展

当前中国铁路总公司所实施的货运组织改革的重要任务之一便是改革货运受理方式，做到"简化手续、拓宽渠道、敞开受理、随到随办"，给客户提供最直接、最方便、最快捷的服务。而传统的铁路货运站基本作业包括受理、验收、制票、承运、装车、整理换装、货票交接、卸车、货物交付和搬出等，托运人要按照铁路规定完成其他多项工作，如进货、取货、货物包装、货车或集装箱的施封及特殊货物作业等。在改革的推动下，铁路物流的业务受理必将发生重大变革，从烦琐的现场办理到电子商务下的"我要发货"一键受理，业务受理进一步向便利化方向发展；而铁路物流内相关管理系统通过与 12306 有效链接，可实现快速响应客户需求、增加客户满意度；同时，作业内容和服务方式将由客户决定，货物发送前由铁路物流中心负责取货、仓储，途中作业由铁路物流中心组织开展以铁路运输为主的多式联运服务，货物到达后由铁路物流中心组织货物的分拣、配送等作业，在整个过程中还需要按照客户要求提供包装、流通加工、信息处理等多种物流增值服务。

5. 全程物流服务能力显著提升

全程物流服务需要铁路运输企业深入客户供应链，结合客户产销节奏设计服务内容。按照货运组织改革的要求，全程物流要重点突破"站到门""门到站"的运输配送阶段，因此，承担末端配送的铁路物流将会改变过去基于运力配置运输资源的经营理念，深入分析客户的需求，全面利用运输、仓储以及社会物流资源，为客户提供便利、高效、不易被替代的全程物流服务。同时，铁路物流的网络化经营优势将会日益明显，积极对接全国性、网络化的大型制造、商贸等企业，承担其他物流企业难以实现的全程物流业务，展开深入联动，灵活采用整合手段进一步提升铁路物流中心网络的广度和服务能力，并在实践中不断完善全程物流服务的网络分析、开发等方案解决能力，灵活应对不同客户对全程物流的需求。

发展铁路物流是关乎铁路货运生存发展与社会物流服务体系完善的重要内容，大力发展铁路物流，推动多式联运，变车流集结为货流集结以提高铁路货运整体服务水平和市场竞争力，将有助于在全国范围内尽快形成物畅其流、快捷准时、经济合理、功能完善、用户满意的社会化、专业化的现代物流服务体系，进而推动我国物流园区的健康可持续发展。

1.5 案例分析:我国铁路货运组织改革及向现代物流融合取得的成效分析

1.5.1 我国铁路货运组织存在的主要问题

发达国家的实践经验表明,组织变革、服务创新、信息化是铁路货运发展的必经之路,也是发挥铁路规模经济、网络优势,提升铁路货运经营效益的必然选择。发达国家铁路在货物运输能力相对充裕、各种运输方式竞争相对激烈的情况下,在货运产品、运输组织、技术手段等方面拥有成功的经验。发达国家铁路非常重视市场营销,在运输产品设置、服务全过程始终贯彻“面向客户组织生产和营销”的管理思想,采用发达的通信及信息技术建立货运客服中心,全面负责客户服务、市场营销、产品设计及定价,在客户服务便捷化、多样化和提高铁路应时服务水平等方面效果显著。铁路运输企业的经营宗旨是:以经济效益最大化为目标,以客户服务为中心,突出市场需求导向,对货物运输申报、审批等作业手续和内部流程进行合理简化,以信息化平台为载体进行联络反馈,力求实现集约化经营,获取规模经济效益。

我国铁路货运得到了长足发展,但随着我国经济、产业、产品结构的调整,以及其他运输方式的竞争,铁路货运的市场份额逐步下滑,货源种类日趋萎缩,我国铁路货运在激烈的市场竞争中正面临着严峻挑战。同时,结合铁路货运供给侧,货运结构发展取决于各种运输方式设施布局、装备应用、市场主体、运输效能、比价关系、服务规则等生产要素与生产关系的供应水平。总体来说,铁路货运市场化运作体系尚未完全建立。铁路企业虽然实现了公司化改造,确立了市场经营主体的地位,但是传统管理模式没有实质性改变,市场观念没有有效确立,铁路货运市场化的运作体制尚待完善。

1. 组织机构复杂

铁路系统庞大复杂,政策性高度集中,受计划经济影响严重,面对不同客户、不同市场的具体情况难以适应以至于很难把握好。长期以来,铁路一直沿用计划经济条件下形成的货运组织方式,与市场经济发展不相适应的问题十分突出,铁路实行车皮计划管理,客户发货要申报月计划、请求车,需要与铁路多个部门联系受理和装车,手续繁杂,审批周期长,客户感到很不方便。由于长期运能紧张,铁路主要承担关系国计民生的大宗物资运输,不能很好满足其他货物运输需求,在敞开收货、随到随运、快捷运输等方面与社会期盼差距较大。货运服务理念落后、方式单一,主要从事传统的“站到站”运输业务,“门到门”运输服务发展滞后,上门取货、送货比重很小,难以满足客户对全程物流的需要。

铁路企业仍然沿用传统的组织结构,不符合面向客户的理念,也不利于协调内部各部门的管理工作,严重制约着铁路整体的统筹。同时,条块分割、利益格局及经营资源的分散,使得市场营销、生产组织、站场作业、客户服务等环节缺乏协调,难以形成整体,不适应现代物流集成化服务的要求。我国铁路传统的货运组织结构根据职能设置,各个部门相互独立,协调难度较大,没有一个部门对运输进行全程管理,从而导致客户无法实时地了解货物的当前所处位置及运输状况,不能准确地预测货物到达时间,这不利于流程高效顺畅的运作。我国铁路运输系统采用纵向三级管理模式，由国铁集团、铁路局集团公司、基层站段三级构成。国铁集团为决策层，各铁路局集团公司为目标层，基层站段则为执行层。除了纵向三级管理模式外，还采用车、机、工、电的横向管理模式，对运输生产要素进行分别管理。铁路传统的组织机构存在如下问题："一对多"式的信息传递，对下层管理者发号施令，阻碍了组织内外信息沟通；组织结构层次过多，效率较低；组织比较刚性，对外界环境变化不敏感等。

2. 场站设施及技术装备条件相对落后

物流基地设施设备利用率不高。受宏观经济形势、货源阶段性不足等因素影响，部分物流基地的设施设备利用率不高。

货运站物流设备设施能力不足。很多货场的仓储能力不足，限制了仓储经营服务，造成货源流失。有的物流公司没有自己的仓库，货物运到站后需要一段时间存储，当货场仓储能力有限时，物流公司就会放弃承揽更多的货物，造成货源流失，同时由于仓储能力有限，物流公司仓储服务商要求得不到满足，集货能力受到限制。

装卸机械化程度低。需要优化装卸机械与设备配置，提升装卸机械化水平。目前，铁路运输的粮食、化肥、水泥等大宗货物的装卸作业主要靠人力完成，效率低、成本高。

3. 网络优势资源尚未发挥效力

铁路系统虽拥有完善的铁路网络，但网点条块分割，运输组织、场站仓储运用和中转分拨等作业环节缺乏紧密的无缝衔接。铁路现代物流是基于客货分线的发展环境，在铁路网络覆盖的时间和空间内，由铁路物流中心、铁路物流网络、铁路物流企业、作业人员、信息系统等子系统构成的，彼此相互联系、相互作用的有机整体。铁路物流系统既具有铁路运输系统的传统优势，又拥有现代物流系统的先进特点；这是一个开放性系统，需与诸如公路、水路、航空等其他物流系统广泛联系、共同发展，且具备由低层次向高层次演化的系统特性。

4. 铁路货物运输信息化程度不高

铁路物流在组织方式、技术手段等方面的信息化程度和现代物流企业差距还很大。铁路货运信息技术支撑不能满足市场需求，信息相当滞后，仅服务于内部管理人员和作业岗位人员。在面向现代物流市场，开展门到门全程物流运输服务，在全方位服务理念和信息技术拓展方面取得了一些进步，但距离信息网络技术统领作业全过程管理和全透明信息服务还有很大差距。要巩固和加快发展铁路货运，除主管部门采取必要的政策支持，在资金、科技投入上予以保障之外，提高经营管理水平是重要的方面。在市场经济条件下，铁路货运纵然具有众多优势，但由于我国现代综合运输体系正在逐步建立和完善之中，铁路优势有可能被其他运输方式所转化。因此，只有通过提高经营管理水平，优势才能得以巩固和发挥。

5. 运价机制及管理体制仍需深化改革

铁路运价优势不明显。货运价格长期实行政府定价，除铁路运价外各种杂费名目和收费主体过多，运费构成复杂，货主感觉运价不透明。上述这些情况与市场需求不相适应，严重制约了铁路货运发展。铁路局集团公司发运收费严格按照铁路运价规则执行，价格浮动机制有待健全；铁路运输组织技术作业环节多，两端接驳短、次数多，地方铁路、工矿企业和物流园区的铁路专用线公用费用较高。在 800 千米以内的铁路运价不具备明显优势，对中距离货运吸引力较小。

两端物流费率随行就市的难度较大。目前,“一口价”由全程运输各环节的费用加总而成,在一定程度上限制了两端物流环节价格的灵活性。两端物流费率调整所需时间较长,难以跟上市场变化的速度;两端物流费率采用统一的简化定价模式,难以应对客户千差万别的个性化需求和区域物流市场竞争需要。如接取送达统一规定起码里程为10千米、站内和上门装卸费率仅按品类设定等,而在实际操作过程中,接取送达费用与装卸车时间、装卸方式、货物性质、包装程度等都有很大关系。例如,相同的重量,粮食与钢材的接取送达价格往往相差较大。因此,统一的基价模式不利于接取送达业务的实际运作,造成站段层面与接取送达合作单位之间的协调困难。

部分品类运价不适应中短运距市场竞争需要。如钢材、集装箱、木材、小汽车、水泥等品类的中短途运输,铁路门到门运价仍处于劣势。例如,600千米以下运距集装箱公路门到门运费大多低于铁路,600～1000千米运距公路和铁路运价差别较小,1000千米以上运距铁路门到门运费才具有一定优势。

6.货运服务不适应现代物流发展要求

货运服务品种较为单一。铁路货运以大批量整车、集装箱运输为主,特别是取消绝大多数车站的零担业务后更无法满足高频度、小批量的个性化运输服务。而且目前铁路货运的服务项目仍以运输、保管、装卸、搬运等传统基本服务为主,与现代物流相关的包装、配送等延伸服务没有得到开展。

办理手续繁杂。货运受理过程需要客户在营业厅不同窗口、货场等地方多次办理有关手续。其中,客户需要在不同时间分三次到营业厅办理订单填写、运单填写和缴费业务。货物的交付仍然是以各部门为出发点的串联式交付,信息与资料的传送由铁路内部多个部门的多名人员奔走接力完成,造成了人力、财力和精力的浪费。

服务质量有待提升。两端物流服务有待提升。集货和配送两个直接接触客户的环节服务有待提升,客户满意度有待提高,与现代物流企业还有差距。

7.传统铁路货运组织存在着矛盾

铁路装车计划与客户发运计划的矛盾。在传统的运输组织下,由客户在需要装车的前一天提报需求即“请求车”,铁路根据预计的运输能力下达装车计划即“承认车”。受能力紧张区段车流限制、设备故障、施工、水害等各种因素的影响,铁路实际运输能力有一定的波动性,常常遇到某个方向能力紧张状况,客户的运输需求时常难以得到满足。

稳定的客户物流预期目标与不确定的铁路运输过程的矛盾。传统货运组织模式下的铁路运输具有不确定性,既不能完全保证按照客户的要求按期发货,也不能保证货物按期运达,无法满足客户稳定的物流预期目标。

跨方式设施设备衔接不畅。港口、园区、矿区、生产制造等企业与铁路衔接水平较低,一些物流园区、生产企业由于机械化的装卸设备和标准化运载单元配备不足,导致铁路装卸线利用率较低,甚至闲置。个别港区码头纵深不足,大宗货物堆存空间有限,铁路与水路之间的转运环节不畅。

与其他运输方式空间分离,与周边城市功能不尽协调,货运网络有待进一步完善,铁路货运网络覆盖广度不够,通达深度不足,客货混跑铁路运营组织问题制约通道能力,通道技术标准不匹配,货运支线设施能力不具备,场站能力不足,铁路与其他方式衔接的设备匹配和作业流程效率有待提高，多式联运信息系统薄弱，物流服务体系不完善。

运输组织模式有待优化。铁路运输适应市场需求响应相对滞后，“门到门”服务的便捷性、准时性、快速性有待加强。港口铁路疏运组织水平较低，我国主要矿石接卸铁路疏港比例仅为23%。另外，铁路运输产品体系不够丰富，铁路快运、沿江班列、多式联运等有待进一步发展。

我国铁路货运能力不足。变化的物流市场需求与铁路均衡的运输组织方式的矛盾。铁路日常运输组织的一项重要工作是协调，在传统的运输组织模式下，为避免运输主要环节时紧时松，造成能力过度紧张或空废现象，货流和车流协同度不够。我国近几年随着高速铁路、普速铁路网络的快速建设和发展，铁路货运能力有所释放，但部分货运专线如大秦线等富余能力已经不多，一些繁忙干线通过能力饱和，部分工业大省钢铁、电力、汽车制造等企业铁路专用线、翻车机、装车楼等设施建设进度较慢。“随到随办”的兑现难度仍较大，零散“白货”在车站停留时间过长。目前，在我国铁路货车的旅行时间中，约70%的时间在车站停留，其中装卸货物作业时间约占35%。由于零散“白货”装车比较分散，在紧张区段频繁进行车辆作业，影响运输能力。

零散货运业务开展比较困难。重拾零担业务是货运改革的一项重要措施，在零担货运宣传，办理站点完善、摘挂列车开行等方面做了许多努力和探索。但由于零担货运业务停办时间较长，公路物流发展迅猛，已形成相对固定的市场格局；同时，铁路零担货运服务网络不适应市场需要，组织过程复杂，运输时效性差，市场竞争能力比较弱。

铁路货物运到时限不具备竞争优势，不能很好地适应市场需求，主要表现在：铁路不同运距的运输时间普遍比公路长，不具备运输时效性优势；货物运到时限不稳定，相同始发终到站的不同批货物的送达时间不一致，容易打乱客户的生产、销售安排；对客户提供的货物追踪信息不准确，使客户难以及时了解货物运行情况。

综上所述，铁路要在中长途、大宗、高中档、特种货等领域的货运竞争中全面取胜，首先要提高运送速度，保障运输时限。其次还需调整货物列车结构，依据货物的不同档次、运送要求，在扩大输送能力的同时，实现货物列车的多档次、多元化和多样化，适应现代物流的发展需要，以拓展铁路货源，扩大在货运市场中的份额。此外，要特别重视铁路货运管理的信息化建设，提升铁路货运的科技水平，逐步建立技术先进、功能可靠、保障有力的铁路货运信息系统，提高货运服务的电子化和网络化水平。

可以预见，随着货流总量的扩张，运输环境、服务质量、效率效益等因素越来越为货主所重视，货运市场的竞争也会集中到安全、快捷、方便、准时、经济等多个服务方面。在当前运输市场激烈竞争的条件下，我国铁路物流基础设施的标准化程度低，物流意识淡薄，物流人才缺乏。要充分利用货场资源和丰富的物流节点优势，加大复合型物流专业人才的培养和引进，不断增强建设现代物流的紧迫感以及加快铁路货运物流化的发展步伐，融入现代物流供应链管理体系中，使货运站除了实现基本功能外，还要实现延伸服务功能和配套增值服务功能。

1.5.2 货运组织向现代物流转型与融合发展策略

1.铁路货运向现代物流转型的思路

物流化已经成为世界各国铁路货运的发展趋势，对物流理解应当是以市场为导向的一体化的规划、组织、实施与控制。我国铁路现阶段尽管受到运输能力的制约，物流从整体上发展相对迟缓，但不同货物种类的运输在相关领域向物流转型已有所发展，只是侧重点不同，需要结合我国铁路货运向物流转型过程中的实际情况提出可操作性的措施。

铁路货运是使用铁路列车运送货物的一种运输方式，主要承担中长距离、大数量的货运，在没有水运条件的地区，以铁路运输来代替汽车运输将大大降低运输成本，增加社会经济效益。在我国经济由高速增长阶段转向高质量发展的新阶段，铁路货运加快转变发展方式、转换增长动力显得更为重要。

随着铁路管理实行政企分开，国铁集团也以全新的理念进入货运市场，铁路货运服务也得面向市场、面向客户，从而改变原有的粗放型管理，向物流化、快速化、产品化及服务信息化的方向发展。要推进铁路运输与现代物流融合发展，创新模式、先行先试，坚持"融合、创新、绿色"发展理念，以满足社会物流需求为导向，以融合发展为核心，充分发挥市场主体作用，创新业态模式，发展多式联运，实现多种运输方式信息共享，更好地服务社会经济发展。

以创新发展和规范严谨的工作态度，推进铁路运输与现代物流融合发展，在提供铁路货运优质服务的前提下，通过市场化运作，充分发挥铁路局集团公司货运经营性资源的作用，发展"互联网＋"物流和多式联运，实现扩大运输市场份额、提升运输服务水平、开发运输产业链延伸服务的目标。

2.我国铁路货运发展融入现代物流的基本原则

铁路现代物流企业必须以市场为导向，充分利用铁路运输绿色、高效、全天候的优势特征，建立完善现代化企业管理体制，优化铁路物流集约、高效的运行模式，满足区域各产业发展的物流需求，为区域经济发展提供强大的推动力。

(1)市场化引导

铁路货运的物流化。目前铁路货运单一的运输或仓储服务已经很难适应市场需求，而现代物流运送准时化(just in time，JIT)、精益管理等理念，通过发挥信息技术能动性，将分割的物流环节有机地结合成一个整体，为客户提供低成本的个性化服务和增值服务，以在供应链中形成上达原材料下达消费者的全程性服务网络，这与铁路货物联网技术与应用研究运发展的瓶颈相吻合。发展现代化铁路物流是铁路货运发展的必然。我国铁路应适应这一发展趋势，发展物流化运输，并将其作为铁路货物运输的一个新的经济增长点。通过与市场需求相对接，与地方经济社会发展规划相配套、相适应，拓展铁路物流服务链，增加多元经营收入。一方面，通过建立物流基地或大型装车点开展运贸一体化经营，依托运输优势打造集采购、运输、仓储、加工于一体的专业物流企业，从而拓宽经营范围和利润增长点。另一方面，切实发挥物流延伸服务的主体责任，依托物流基地，通过自营、联营等方式开展接取、包装、装卸、仓储、配送、加工"一条龙"服务，完善全程物流的流程和标准，改进服务质量，为货主提供便捷规范的物流服务。

铁路货运快速化。各种运输服务根据市场需求，围绕快捷货运开展了许多货运方式，铁路货运市场受到其他运输方式强热冲击，市场份额逐步下降，因此，铁路发展快速货运是市场经济发展的必然要求，也是铁路行业参与货运市场竞争，扩大市场份额，提高经济效益的客观需要。

铁路货运产品化。铁路货运产品的设计与营销对于提升货运市场份额和增加竞争力具有重要的作用。铁路货运产品不应仅作为一种运输形式，而应将其作为一种具有完整特性的产品来生产与运营；铁路货运不应再局限于依托两根钢轨的“站到站”的运输生产，而应发展“门到门”的全程物流服务。同时，应建立与市场接轨的生产和销售组织体系，划分生产和销售界面，客户只需在销售环节将货物交给铁路，而铁路的装卸、接发和调车是铁路的生产过程。

销售引导市场化。需要铁路通过充分的市场调查及分析了解客户需要，落实敞开受理、直接办理，实行物流服务市场化“一口价”，提高铁路物流服务质量。充分利用板块化、精准化、营销等多种融合手段，开展网格化的物流需求普查，对重点货源和特色产品进行开发，推动运作模式由内部生产型向外部服务型转变。

铁路货运服务信息化。企业服务过程信息化可以加快各环节间信息的流动与转变，增加了信息透明度与公正性，减少人工操作带来的时间长、误差大等问题，能够适应未来市场的信息需求。同时，基于互联网、物联网等技术手段的服务信息化流程，除了让客户享受线下实体店、电话等传统途径的服务外，还能提供更为方便、快速的服务，能满足客户对多元化办理途径、简单业务流程和快捷办理过程的服务期望。

(2)多样化服务

为提高铁路物流产品竞争力，需要设计多样化的物流服务。对不同客户在运输时限、运输价格等方面的不同需求，推出不同的运输服务；除了提供“站到站”“站到门”“门到站”“门到门”等传统的运输服务，围绕延伸货运服务链条提供仓储、装卸、包装、加工、物流金融、物流方案设计等物流服务；开展物流总包及保险包，根据客户提出的物流需求，为客户制订个性化、全方位的物流解决方案。深度介入企业内部供应链，开展企业内部生产物流分析，扩展企业内部生产物流市场。

(3)网络化经营

网络化经营是指铁路现代物流企业以市场需求为导向，综合考虑各项影响因素，以运作网络为支撑，通过运用先进物流手段和服务方式，统筹内外部资源，与多点多线物流企业或部门开展合作。铁路现代物流的转型发展需要网络化布局的支撑，通过科学规划，有序推进运输通道、点线配套、物流中心等物流基础设施建设。加强与地方物流规划、物流资源的衔接，全面推广集装化、机械化装备，完善物流基础设施网络。

要实现网络化布局，主要做到以下三个方面：打造节点网，打造覆盖广泛、层次清晰、结构合理、功能完善的铁路物流网络和特殊送达网络；打造班列网，在铁路物流节点上开行符合市场需求的海运班列，进一步实现区域联动和跨局合作；打造服务网。通过不同节点之间物流总包等跨局服务，在矿石、煤炭等传统大宗货源基础上，主动适应区域物流变化，优化资源配置。

3. 货运组织发展对策

推动铁路运输与现代物流融合发展既是降低企业运行成本、保持我国经济竞争优势的需要，也是铁路物流企业建设的发展方向，我们要加快推进铁路与公路、航空海运等全面融合，通过有序的市场竞争，实现社会物流的合理分工，共同优化交通运输服务结构，为我国经济持续健康发展提供运输服务保障。铁路货运发展是一个复杂的经济社会系统，既受到社会生产环境、经济发展水平、铁路基础建设等多种因素的综合影响，又能在一定程度上反映经济的发展状况。随着近年来经济增长速度趋缓、产业模式的升级、经济模式的优化，货运需求呈现出多样化的特征，对时效性和可靠性的要求越来越高，铁路货运面临着严峻的市场环境和竞争压力，铁路应采取适合自身发展的模式，推动铁路运输服务的创新发展。

（1）优化管理体制

以解放思想为引领，在观念转变上求深化。深化铁路市场化改革。利用企业制度建设、放开铁路竞争性业务领域的价格管制和准入限制、引入竞争机制等措施，构建若干专业化运输企业，落实铁路运输企业市场主体地位，从体制机制上促进铁路市场化发展。铁路企业切实按照现代物流理念，围绕市场需求，来优化现行的管理体制。现代物流服务的要求已经不是单纯的货物位移，还要求能够适时追踪货物的方位以及提供其他增值服务。可是在目前的“前店后厂”的经营管理模式下，在铁路货运的具体环节中，结合部的管理还有一些不顺畅之处，诸多环节的不确定性，使得直接面向客户和市场的货运中心很难通过合约或公开的对外承诺来提供有保障的服务承诺，这就很大程度上削弱了铁路货运的竞争力，管理体制的进一步优化和改革需要铁路局集团公司和国铁集团出台相应的措施，这是一个从内部提升货运竞争力的突破口。

建立健全物流发展的激励考核机制，积极开展物流评价；建立完善跨局沟通协作机制，明确发到站之间沟通内容、流程、标准以及仲裁方式，提高接取送达服务质量及作业标准，避免因到站服务质量问题导致货源流失。

作为现代物流企业，要加强对国家、地方政府、国铁集团等有关物流政策、制度、计划、建议的学习研究，了解掌握、用好用足物流政策，借助政策优势，针对性推进铁路物流园区、物流基地、物流设施装备、物流信息系统等的建设和物流人才的培养，使铁路企业能够适应社会发展需求，降低物流成本、提高经营效益。

（2）构建物流网络体系

在全国铁路当中大多数从事物流的企业是铁路局集团公司兴办的多种经营企业，主要从事与铁路运输相关的现货业务，对物流过程的其他环节如货源组织、加工、存储、配送涉及较少，功能单一，不能形成完整的物流供应链，抵抗政策风险的能力差，铁路要从生产企业和商业流通企业着手，参与企业生产过程和流通过程，并与其建立战略伙伴关系，以实现连续性、长期性的协作。加速与商品集散地、大型货物配送中心、大型超市集团和批发市场的联系协作，向高新区、保险区、自由区挺进，加大对新型高科技产品、高附加值产品的承运，以中型货运站为主，以小型货运站和代办点为辅，全方位、多渠道构建物流代理市场，构筑与海陆空相连接的立体式“大交通”格局。

（3）创新和完善铁路货运的市场营销机制

在计划经济体制下，我国铁路的营销管理方式使得铁路货运企业生产与营销分离、产品与市场脱节。再加上其他运输方式的激烈竞争，铁路货运在运输市场中的份额逐年下降，铁路要改变这种局面，就必须建立适应市场经济的营销机制，采取适应市场经济的营销策略，深入研究市场需求，提高自身服务质量，尽快走向市场，提升在运输市场所占的份额。

“白货”运输需要面对大量的中小客户，根据客户的不同需求灵活地安排运输计划，这恰恰又是铁路的弱势所在。而此番货运组织改革确实改变了常规的方法，提出了“简化受理、随到随办、规范收费、热情服务”的承诺，从根本上解决铁路货运服务方面存在的问题，加快了铁路走向市场的步伐。

根据市场需求的变化，货运部门进行多方面营销尝试，落实“货车要重载、物流要“门到门”的“以人为本”的“无缝隙运输”发展思路，经营好物流化的货运新产品。建立健全市场营销体系。树立面向市场、服务客户的营销理念，建立既能完全服务于客户又能协调运输生产的市场营销机构，培养专业化的营销队伍，特别是营销人员应同时具备现代营销、客户关系管理的专业技能和铁路货物运输业务知识。

创新铁路货运生产以及服务方式。要实现运力配置公开透明，对运输条件、信息查询等方面进行完善，提升客户对产品运输过程的可知性，简化业务办理流程，为客户提供建议等互动沟通服务，做好运力信息公开、业务咨询、投诉理赔等工作。

(4)优化运输产品结构

铁路应从被动满足需求转向主动迎合需求，可根据市场需求开发具有针对性的铁路运输产品，依靠铁路产品和服务特色，提高运输服务质量，从而吸引大量货源转向铁路运输。该产品设计理念下的具体措施主要有：实施定制化战略，根据市场对货运产品性质特性、时效性、经济性、安全性等因素的不同侧重，针对不同的地区、客户、商品等多样化的运输需求，充分发挥铁路运输全天候、规模经济、绿色环保、安全性高等优势，提供与竞争者不同的、更受顾客青睐的产品和服务，满足顾客的个性化需求。

国际运输业发展历程和现代物流理论表明，货物运输市场从纵向看，分为高、中、低三个层面：高端市场是运输代理业，中端市场是仓储、运输保险业等，低端市场即是运输业本身。我国铁路由于长期执行计划经济模式，因此在经营、战略、发展理念、经营理念方面比较滞后。长期以来，我国铁路货运工作重点偏向运输业的低端市场，运输的货类结构偏重大宗散货，开行的运输产品中以低运价低回报率的产品居多。

(5)加快货运系统信息化建设

加快建设和完善铁路货运信息系统，发展铁路货运电子商务。继续完善货运服务信息平台，推广网上货运受理和物流服务等业务，实现货运服务的公开、公平、便捷、高效。充分利用铁路货运具有的市场影响力和客户群，通过发展铁路货运的延伸服务，扩大市场影响。

从运输市场变化、内部改革、货运组织形式等实际出发，针对客户的需求，在整合现有铁路货运相关信息系统的基础上，构筑铁路物流信息中心平台，发挥整体网络优势。研发单据电子化，建立高度可信赖的数据交换平台，满足货物运输的商务运作和日常操作，消除运单数据人工输入，减少运输成本和运输时间。

全面整合铁路货运信息，加大对已开发应用的各信息系统的整合力度，增强专业管理功效和信息共享的覆盖面，逐步完善、整合各类货运信息系统，通过平台的整合实现铁路企业与用户、制造商及相关单位链接，实现资源共享、信息共用，对运输各环节进行实时跟踪、有效控制与全程管理。同时，发展铁路货运电子商务，可以向客户提供联机销售服务，帮助铁路货运企业建立用户支持系统，使客户能够对货物运输实行监控，有利于拓展市场份额，打开新兴市场。

(6)推进铁路货运作业流程优化

铁路货物的发送、途中运输、达到交付的流程手续复杂，办理时间长，导致货物的运达时间延长。货物运输时间的无法保障，让铁路在对送达速度要求高、附加值高的货物市场上丧失了大部分的市场。同时流程的繁冗也带来了铁路内部作业手续的繁多，一个流程的完成涉及多个环节多个部门多个人员，其中还存在着各个环节衔接时间长的情况，这些现象使得铁路部门办事效率低下，也导致了铁路部门资源的浪费，从而很大程度上影响了铁路经营效益的提高。

铁路部门改进了货运的受理流程,实现了对现有的货运受理流程的根本性改变,原有承运人与客户面对面的服务,改为网上服务,实行现车预订,减少了人为的干扰和参与,真正体现了公开公平、先到先得的原则。因此,铁路企业在进一步完善货运受理的同时,急需改进现有的货运作业流程,去除冗余环节,改变串联作业方式,并加强各个环节之间的衔接,从而提高铁路内部工作效率,保证货运的送达速度,可以吸引对送达速度要求高的货源,保证大客户的货物送达速度,从而改变铁路在货运市场上的形象。

(7)完善服务体系

作为铁路运输方要以满足货主需求为目标,进一步提升服务标准。以货主需求为目标,是现代铁路货物运输的基本要求。铁路运输企业要想在大运输市场竞争中取得胜利,就必须树立以铁路特色服务赢得市场的观念,变"管理顾客"为"服务顾客",加强对货运产品全过程和各环节的跟踪服务,全面提高服务质量。同时铁路企业要保证所运输货物的安全,并建立合理快速的赔偿机制,对客户发生的意外损失,能够及时予以赔偿,打造中国铁路良好信誉服务形象。也就是说,铁路企业以安全、快速、准时、优质、高效、方便、全方位服务为原则,对现有的运输组织体系进行优化,由粗放式管理向集约式管理转化。为此,需要引入在途信息实时跟踪查询服务,构建相应的信息平台,及时获取市场信息并做出迅速响应,实现对货物运输的全程管控。又如,可为客户提供更完善、细致的一体化运输服务;强化铁路货运场站多式联运;解决铁路运输"最后一公里"短板;继续探索多式联运,在设施衔接、信息联通、产品供给上,主动与其他交通运输方式融合;构建完善集装箱运输网络,与适箱货源相对接;探索总包物流服务的营销模式,承揽大客户物流总承包业务,实现由单一"承运人"向物流"运营商"的转变;等等。

1.5.3 我国铁路货运改革方向

作为国家的重要经济命脉,国铁集团的公司制改革一直备受外界关注。长期以来,我国铁路运输一直处于"限制型"状况,为加快铁路货运规模化生产、集约化经营进程,铁路实施"一主两翼、两线三区域"战略,通过改变运输组织理念,不断创新货流、车流、列流的组织方式,实现了铁路货运组织改革的新突破。面对经济发展的新形势,我国铁路在实行政企分开后顺势而为,推进货运组织改革、发展现代物流,在方便受理、实货运输、价格改革、服务产品、信息服务、运输组织、多式联运等方面采取了多种措施,最大限度满足市场需求,实现增量增收。在铁路货运组织改革的推动下,铁路运输企业建立起以市场为导向的服务理念和管理体制,以更灵活的定价方式、更完善的物流服务、更丰富的运输产品带动铁路货运新发展,实行灵活产品设计、发展集装箱运输、开展增值服务是我国铁路货运的发展方向。铁路物流的发展必将克服体制和能力的不足,随着市场经济的深化取得更大的发展。

适应货运及物流市场变化,以市场为导向的铁路货运经营管理新模式的含义可概括为:适应电子商务时代客户需求变化,应对货运、物流市场竞争的需要,用现代市场营销理念、物流系统理论指导改造传统铁路运输管理组织架构,组建"前店后厂"运营新模式,推进铁路货运经营管理模式由"内部生产型向外部营销型"转变;以满足客户需求为中心,从面向客户服务的角度创新铁路货运组织管理,构建铁路货运电子商务平台,改进货运组织模式,再造铁路货运组织业务流程,满足客户对全程物流需求,开展以"门到门"运输为基础的全程物流服务，延伸铁路货运服务链条；强化铁路货运仓储、配送等功能，丰富铁路货运及物流产品，促进铁路从运输商向物流商的转换；运用系统营销组合策略，全面提高铁路货运服务质量和铁路货运市场竞争力，扩大铁路货运在物流市场的占有率，提高企业经济效益。

铁路货运改革是把过去依靠计划组织运输、运输市场服从运输计划的生产模式，改为根据市场需求组织运输，按照敞开收货、实货组织装车、随到随运的运输组织模式，运输组织由内部生产型向市场导向型转变。同时，铁路企业多元化经营格局发生了重大变革，打破了改革开放几十年来货运延伸服务由非运输企业经营的格局，将货运延伸服务及其他与运输相关的物流业务纳入运输部门统一管理、一体化经营。

铁路货运改革是一个全面、持久、深刻变化的改革，是一个优化、调整、转型、升级并行的过程。在我国货物运输中，铁路应正确定位，找准重点发展方向，以便集中利用有限的资金和能力，分层次、有重点地发挥铁路货运的独特优势，巩固和发展其在运输市场中的地位。通过对我国铁路货运改革发展和对国外铁路货运发展趋势的分析，铁路货运改革的战略应以市场为导向，以客户为中心。铁路局集团公司应加快推进货运经营管理架构改革，形成货运基础工作、市场营销两条主线。

以货物受理为界限，分清前店后厂，前店要以客户为中心，完善客户服务，提高货运服务质量，后厂要根据客户的要求来组织运输生产，提高运输效率；要按照货物运输的需要，调整管理方式和运输模式，及时响应运输市场的需求，在服务理念上，重视提供服务的全面性和及时性，要求以客户需求为中心，以降低客户物流成本为目标，为客户提供定制的全程解决方案。

面向客户的货运组织改革。为了实现铁路货运受理方式的改革，解决货运办理时间过长，手续繁多复杂等问题，国铁集团在各铁路局集团公司成立了货运营销中心，主要负责集团公司货运营销工作，内设市场部、营销部、综合部等部门，并将货运订单受理职能划出，成立货运受理室，统一受理货运订单。

货物装卸车组织协调工作划交铁路局集团公司调度所，把货运营销和运价政策运用工作划交货运营销中心。货运营销中心集中处理用户的货运需求，实现了货运业务的“网上受理、全程服务、自愿选择、公开透明”，最大限度地为货主提供方便快捷的货运服务。同时改变原来的根据运输计划受理客户需求的模式，形成了以客户为中心，根据客户需求编制运输计划的运输模式。

服务保障体系的改革。服务保障由粗到细。以前的铁路货运，是货主将所发的货物送到火车站，然后自己办理发货等一系列烦琐手续，货物到站时，提货人自己到站来取。铁路发展“门到门”全程物流服务，同时，装卸站提供良好的设施，提供便于进出货和装卸车组织的免费固定仓库货位。收费实行统一的站到站价格和取送货价格，一条龙运作，预约签单式服务收费，“人性化”服务。改革货运受理方式。推行货运电子商务平台，简化手续、拓宽渠道、敞开受理、随到随办，给广大客户提供最直接、最方便、最快捷的服务。改革运输组织方式。实施“前店后厂”“实货制”运输，根据客户的运输需求编制运输计划，及时安排装运。

职能机构的改革。机构设置由重复到精简。围绕货运组织的管理机构很多，如何避免职能重叠给货主带来的不便成为此次货运改革要解决的现实问题。上海局成立了货运营销中心货运受理室，统一受理上海局货运订单；调度所负责提供运力保证，协调装卸车组织；货运处作为业务主管部门主要负责货运、装卸安全和专业管理，并承担日常营销和运价政策运用，服务于货主，实现货运组织由生产型向市场导向型转变。

规范货运收费。严格执行国家的运价政策，坚持依法合规、公开、透明收费。从以往铁路货物运输流程来看，多部门管理、多项杂费的征收，使得铁路运价不能真实体现在客户一方，而繁多的办理环节也使铁路运输效率不高，直接影响了商品的流通速度。将过去各类零杂的货运收费统一为“一口价”，明确收费项目和价格，对费用实行一次性收取，有效堵住了乱收费的窗口，减少客户的成本支出。同时，对货运运力实行阳光操作，公正、公开配置。

1.5.4 铁路货运改革重点

2013 年 6 月，铁路推行货运组织改革的重点就是保证“黑货”运输、赢回“白货”市场。随着全路推行零散货物快运和批量零散货物快运，逐步建立了针对 152 个小品类散货的市场化定价体系，由铁路局集团公司按照“紧贴公路价格，覆盖可变成本”的原则，自主确定铁路运价。针对散货，按照低于公路 5%～10%或 5～10 元的标准确定铁路运价，对于连续稳定的运量或一次性较大的运量，还可以单独实施议价，由铁路运输企业与客户协商运价；针对散货以外的大宗货物，由铁路运输企业在国铁集团关于竞争性一口价有关文电的规定下，组织调研市场、测算价格、提报方案，协调各铁路局集团公司实施竞争性一口价项目。2015 年 4 月，铁路部门做出了“深化铁路货运改革，推动铁路向现代物流转型发展”的决策，提出“力争用 3 年左右时间将铁路发展成为世界一流的现代物流企业”的目标。

铁路货运的改革在面向市场，以客户为中心，开展市场营销，发展电子商务的同时，改进和创新铁路货运内部作业流程，提高作业的效率，满足客户对于货物时效性的要求，提高铁路在货运市场中的竞争力。在货运改革取得阶段性成果的基础上，以全品类物流、全流程服务、全方位经营、全过程管理为主攻方向，持续深入推进铁路现代物流建设，将铁路发展成为我国领先、世界一流、最具市场竞争力的现代物流企业，更好地服务经济社会发展。当前重点抓好以下 4 个方面的突破：

在现代物流信息化建设上取得新突破。深入贯彻落实国家“互联网＋”战略，持续深化物流信息化建设，建好、用好“95306”网，优化平台服务功能，完善网上支付、交易结算、保证金等服务，充分发挥区域市场服务功能作用，使之成为企业俱乐部、商品大展台、交易大市场，在实现铁路货运增量、更好满足客户物流需求上取得更大实效。

在开拓物流市场上取得新突破。按照发展全品类物流的思路，进一步稳定和扩大大宗货源，拓展“白货”市场。优化区域循环和跨区域直达快运列车开行，打造货物快运品牌，推进全品类物流总包和契约化运输，深度开发“白货”物流市场，拓展专业物流和特色物流业务。与大中企业紧密对接，深入推进货运营销区域联动，研究制订物流一揽子解决方案，与企业签订运输协议或物流总包合同，保持铁路运输在全程服务和全部费用上的竞争优势，使铁路运输融入企业物流链。

在发展集装化运输上取得新突破。继续扩大集装箱办理站和货物入箱品类，争取 3 年内全路建成 2000 个集装箱货场，90%以上货物品类入箱运输。加快技术装备创新，为集装化运输创造更好条件。打通铁水联运、公铁联运链条，力争 3～5 年内铁路集装箱总规模达到 100 万只，运量达到货运总量的 20%以上。拓展国际联运业务，组织开行全国对欧洲单个节点城市的往返中欧班列，远期开行覆盖我国和欧洲全境的往返中欧班列。

在货运产品供给方面，铁路除继续努力保持在大宗物资运输方面的传统优势和市场份额外，为适应货运市场发展趋势和需求结构变化，围绕多式联运（集装箱）、专业物流、散货快运、中欧班列等快速增长的运输需求，细分目标市场，精准设计产品，实现运量增长和市场份额企稳回升。集装箱产业属劳动密集型行业，劳动力的低成本优势使中国在世界范围内拥有比较优势。我国的铁路和公路的集装箱率为 6%左右，还远低于全球 75%的水平，集装箱化仍有很大的发展潜力。我国集装箱运输业发展带来的巨大需求量将使集装箱制造业拥有良好的发展空间。

在缩短运到时限上取得新突破。适应广大客户需求，以压缩运到时限为目标，以实现准时快捷运输为重点，全面改革货物列车运行图管理，形成适应市场的货物列车开行全新模式。向客户提供差异化运到时限服务，对外公布和承诺运到时限；对货物实行全程追踪盯控，为客户提供货物全程追踪查询服务，切实提高铁路的市场竞争力。

1.5.5　货运改革发展技术保障措施

实行敞开受理、直接办理。按照方便受理、敞开收货的原则，全面改革货运受理方式，取消了长期以来的计划申报、请求车、承认车等复杂手续，取消了煤炭等大宗货物运输立户管理，取消了货物品名、重量、体积、件数和批量等办理限制，取消了订车订舱、货运代理等中间环节，彻底打破了原有的运输计划管理模式，除法律法规明令禁止运输的货物外，全部敞开受理、直接办理。为畅通货运受理渠道，增加和拓展了电话、手机、互联网、营业网点等多种方式，努力为客户提供便利，只要客户有运输需求，即可直接办理发货。

推进物流信息化建设。贯彻落实国家“互联网＋”战略，把拓展电子商务物流作为铁路向现代物流转型发展的重点，推进实施。国铁集团自主开发投用了集网上营销、网上交易、信息交互、行业资讯、物资采购与招商等功能于一体的“95306”网，B2B 和 B2C 商品交易平台、区域服务市场、大宗商品交易、货运电商受理、运费报价、货物全程追踪等功能全面投产，打造了面向地方政府和企业的 31 个省(区、市)服务市场，以大宗交易促装车上量、以线上服务促运输发展方式转变的作用逐步显现。同时，促使货运站业务经营管理从粗放型向集约化转变，逐步实现仓库立体化、拆零商品配货电子化、物流功能条码化、配送过程无纸化，并建立自动补货系统，为货主提供全过程、全方位、综合性、系统性的物流服务，在效率最大化的同时达到效益最大化。

开展全品类物流。实行“实货制”运输，打破传统的计划型货运组织模式，以客户需求为工作指令，把办理完手续的“实货”作为运输组织的依据，构建起符合市场需求的铁路货运组织体系。适应快速增长的“小、快、零”和“白货”运输需求，恢复了多年不承运的零散货物业务，组织开行了区域循环、跨区域直达货运快运列车，发展行包和高铁快运业务。加快推进集装化运输，扩大入箱品类，开展上门装箱、拼箱、掏箱服务，实现铁水、公铁联运无缝衔接，促进集装箱运量增长。以降低企业库存和物流成本为目标，融入企业生产链、供应链、销售链，组织路企直通运输，开行大宗货物循环列车，满足企业需求，稳定大宗货源。

提供全流程服务。以强化“门到站”“站到门”两端接取送达服务为重点，将传统的“站到站”运输拓展为“门到门”全程物流服务。集中铁路自有短途运输资源，通过公开招标充分利用社会物流资源，构建全路接取送达服务网络，形成具有市场竞争力的接取送达时间标准和价格体系。目前，全路 2000 多个货运站已具备接取送达能力，“白货”接取送达服务占货场到发量的 1/4。与生产制造、商贸等企业对接，研究制订包括运到时限、“一口价”、送货上门等服务的一揽子物流解决方案，拓展物流总包业务。从铁路货运的市场来看，全国 75%的煤、66%的矿石、62%的钢铁都是通过铁路运输予以保障，占了整个铁路货运量的98%；而电子电器、农副产品、日常百货等“白货”仅占2%。

推行“一口价”收费。对铁路货运收费进行清理和规范，重新公布货运收费项目和标准，实行一口报价、一张票据、一次收取。在此基础上，按照紧贴市场、覆盖成本的原则，对零散货物实行按实重计费和完全市场化的“一口价”，对大宗货物严格执行落实“一口价”，形成与市场紧密衔接的运价调整机制，保持铁路价格优势，促进社会物流成本降低。2014年9月，随着全路推行零散货物快运和批量零散货物快运，逐步建立了针对152个小品类零散货物的市场化定价体系，由铁路局集团公司按照“紧贴公路价格、覆盖可变成本”的原则，自主确定铁路运价。2014年11月起，为了稳定货源、拓展市场，针对批量品类以外的货物，分管内、直通运输出台了竞争性一口价相关要求。针对散货，按照低于公路5%～10%或5～10元的标准确定铁路运价；对于连续稳定的运量或一次性较大的运量，可单独实施议价，由铁路运输企业与客户协商运价；针对大宗货物，铁路运输企业组织市场调研、测算价格、提报方案，协调各铁路局集团公司实施竞争性一口价项目。

1.5.6 铁路货运改革成效

实施“互联网＋”战略，提高物流信息化水平。自主开发了网上营销网络——线上交易、信息交互一体的中国铁路“95306”网，开发了网上营业厅服务平台与物流场站信息系统，全面深化物流信息化建设。广泛应用互联网大数据等技术推进货运从受理到生产管理，一直到追踪电子支付、调动指挥全程的深度融合，为客户提供更好的体验。此外，还建立了专门信息系统来支撑铁路两端的送达服务，并且利用定位追踪装置，实现了实时监控。通过“95306”网可以对货物状态进行全程追踪，同时实现与海关及相关港口、部分大型生产和物流企业的数据交换。

加快现代物流基地建设，提高物流基础服务能力。《铁路物流基地布局规划及2015—2017年建设规划》出台，三年建成538个物流基地。同时对商品汽车集装箱、冷链及城市配送中心等专业性的物流基地进行了布局规划，建设108个商品车物流基地、82个冷链物流基地。按照规划，三级铁路物流基地建成后，可基本覆盖通达铁路的地级以上城市，经济百强县，大部分国家及经济技术开发区所在的城市，国家新型工业化产业基地所在城市，商贸物流示范城市共同配送试点城市，基本链接“一带一路”、长江经济带和京津冀地区三大国家战略规划的相关城市。

创新合作模式，实现融合共赢发展。铁路加强与社会物流合作，实施融合衔接，打通“最后和最前一公里”。通过积极鼓励与推进主要港口、大型的物流园区、工业园区引入铁路专用线，打通“最后和最前一公里”，根据客户的需求量身定制全程物流解决方案，并且全力兑现铁路服务承诺。同时，积极推进多式联运的发展，大力开展多式联运集装化运输模式。同时铁路积极研发运输装备，更好地推进多式联运的发展，完善及时送达的服务体系，与物流企业开展紧密的合作，建立两端接取送达服务体系。另外，铁路由过去站到站，转变为现在为客户提供全程的门到门运输服务。铁路通过与社会物流企业的紧密合作，2500多个车站已经具备了整车集装箱和零散货物的门到门服务能力。

加大铁路创新研发投入，提升物流装备水平，如自主研发了20ft 30吨的集装箱，用于满足散装货物的装运需求，以满足市场需求；研发了1.5吨的小型集装箱，以主要满足汽配、食品、饮料的零散货物市场需求，实现门到门的运输；针对冷链运输的需求我们推出了“1＋8”新型车组，已在大连、青岛港口投入使用，进行运营。

拓展国际物流，打造中欧班列的国际品牌。按照“一带一路”倡议，配合发改委、海关总署、国家质检总局，加强与有关地方政府和沿线国家铁路的沟通协调，大力推进中欧班列的建设。中欧班列国内段，以其安全、畅通、快速、便利、绿色环保等优势成长为世界品牌。中欧班列运行品类已从手机、电脑逐步扩大到目前衣服、鞋帽、汽车及配件等品类。中欧班列的发展规划要求按照“干直结合、枢纽集散”等方式，在货运的枢纽沿海港口与沿边口岸等地建立枢纽结点，加强资源整合优化组织，将中欧班列打造成世界知名物流品牌，成为“一带一路”重要的建设平台。2020 年中欧班列枢纽结点将基本建成，中欧班列年开行 5000 列左右，回程货物量明显增多。

2017 年运输结构调整之后，铁路货运量占比由 2016 年的 7.6％上升至 2020 年的 9.6％，其中，2018—2020 年，相对 2017 年货运量累计增加 19.89 亿吨，增长量占 2017 年运量的 53.9％，经过三年运输结构调整政策的推动，铁路运输企业通过采取加快设施建设、优化运输组织、提升全程物流水平、加强与地方政府和相关企业沟通协调等措施，铁路货运量占全社会营业性货运量比例逐步提高，在 2020 年达到 9.6％。“公转铁”虽然逐步显露成效，但从长远发展角度来看，“公转铁”政策的推进仍需要进一步强化。由于国家经济结构的优化，货运物品的特点与需求也在不断变化，小运量、高价值、多种类的货运需求逐步增加，大宗货物的需求相对放缓。同时客户对于运输商品的要求也在变化，要求运输时间缩短、服务质量提高。在当前经济社会的发展背景下，集装箱、冷链、汽车、医药等商品的运输需求逐步增加，具有较大的运输潜力，铁路货运仍然需要进一步开发适应其特点的运输服务产品。

1.5.7 “十四五”期间物流发展展望

“十三五”期间，全国铁路营业里程由 12.1 万千米增加到 14.63 万千米，增长 20.9％，完成货物周转量 157.8 亿吨，较“十二五”增长 1.7％。铁路路网规模和布局质量等都得到了极大提升，运营管理水平和市场化水平也逐步提高，但铁路物流总体水平还没有达到现代物流发展的要求，铁路物流信息化、智能化程度有待提高，物流管理系统还需要有扎实的软硬件基础，在信息化建设方面还需持续改进升级。

“十四五”时期，将继续推进综合运输服务高质量发展，需凝聚各方面的力量和智慧，统筹谋划、开拓创新。以提升多式联运发展水平为突破口，加快优化调整运输结构，主要表现在：

(1)推动大宗货物和中长途货物运输“公转铁”“公转水”。推动专业化物流创新发展，加快冷链物流园区建设，强化冷藏保温车管理，完善冷链货物分类管理、电子运单、温度监测等制度。

(2)发展铁路重载直达、铁路快运等方式，积极开辟中欧班列境外新路径，大力发展中转集结班列。

(3)打造数字智能的智慧运输服务体系。加强新一代信息技术在运输服务领域的应用，推进数据资源赋能运输服务发展。

(4)推进“互联网＋”高效物流，推动智能匹配、智能跟踪、智能调度。

(5)打造保障有力的安全应急服务体系。

(6)打造统一开放的运输服务市场体系。

第2章　铁路货运和物流组织模式

铁路实行政企分开以后，把深入推进货运改革作为事关铁路长远发展的一项重大战略任务。本章着重论述货运改革后货运中心模式下的铁路物流组织模式。

2.1　“前店后厂”和“一体化”管理模式的总体要求

货运中心作为铁路面向货运市场的全新机构，主要负责区域货运市场营销，客户需求受理及相关业务管理，货运、装卸作业组织和安全管理，“门到站、站到门”接取送达等工作，承担“前店后厂”组织模式中“前店”的经营职能。上海局集团公司按照“前店围绕市场转，后厂围绕前店转”市场化转型要求，全面构建铁路局集团公司货运中心经营管理体系，推进各货运中心由生产型向经营型转变，提高上海局货运经营管理水平。

以市场化经营为目标的货运中心管理体系建设就是通过建立市场化经营的货运中心组织体系，实行“货运中心—经营部—经营网点(货运营业站)”三级组织管理体制，市场化定位地区货运中心；建立客户满意的安全质量管理体系，实施安全风险管理，建立全程物流服务质量管理体系，实施客户满意度管理；建立品牌化的货运营销管理体系，开发“三新”货运产品，开展货运整体营销，推进货运品牌战略；建立供应链管理的货运业务组织体系，重构货运组织业务流程，建立适应新体制的运输生产组织体系；建立信息化集成管理系统，集成货运信息平台功能；建立效益最大化的财务管理体系，建立内控制度和弹性考核制度；建立绩效评价考核体系，形成适应新体制的货运中心管理模式，实现铁路由传统货运向现代物流转变，全面提升货运服务水平和市场竞争力。

按照“一体化”管理和“前店后厂”的模式，深入地开展地区货运中心管理体系建设，理顺原站段模式货运体制与货运中心新货运模式的管理关系，理清“前店”与“后厂”业务范围及流程，以体系化的制度设计，固化货运改革新体制功能与运行机制，实现新体制与老体制的必要切割，并按照“前店后厂”定位重构新的管理关系，使“前店”货运中心充分依托铁路“后厂”运输单位支持，使其在“前店围绕市场转、后厂围绕前店转”中发挥好引领作用，实现新体制内管理协同运作。

2.1.1　成立铁路局集团公司货运部

改变以前重生产轻经营的思路，对铁路局集团公司货运管理结构进行了优化，成立货运部。其功能之一就是负责集团公司货运营销工作，包括营销网络建设以及货运物流组织、内部生产协调等职能。下设货运受理室，设客服代表 10 名，统一受理货运订单；成立由货运、调度、物流等人员组成的生产保障合署办公室，根据订单需求科学配置运力，形成货运日计划。针对铁路运输特点及安全需求，成立铁路局集团公司货运部，对内负责货运专业管理和安全管理，调整部分职能，将货运营销和运价策略运用划归货运部，将装卸车组织协调工作划归铁路局集团公司调度中心，进一步理顺了铁路局集团公司层面的经营管理架构，并承担市场研究策划、价格策略运用、产品设计开发等工作。

2.1.2　组建地区货运中心

以往铁路局集团公司下属车务站段既负责货运营销服务，又负责行车组织指挥，缺乏市场经营意识，习惯于坐等客户上门，而货场装卸、接取送达、物流货代等业务由非运输企业负责，存在资源分散、管理分割的情况，货主到铁路运货，需要同站段及装卸、物流企业等多个单位联系，极为不便。各地区货运中心对内按运输站段进行管理，为独立核算的非法人经营机构；对外定位为经营型的物流企业，作为直接面向市场和客户提供服务的“前店”机构，是铁路货运对外的专门服务窗口和平台。货运中心主要负责区域货运营销、产品开发和市场调查工作；承担货运经营指标任务；负责门到站、站到门的接取送达业务；统筹利用相关资产，开展物流市场开发和业务管理；加强装卸作业组织和管理，客户需求受理及相关业务管理，经营网点的开发与管理等。原车务站段仍负责铁路车站的行车组织，相当于铁路货运的“后厂”，为“前店”开展营销服务提供保障。

2.1.3　完善货运营业网络

(1)加强铁路营业网点建设，通过合理布局，如铁路地区货运中心设立货运经营部、货运站营业点，拓展区域货运市场营销渠道。

(2)推进社会货运营业网点建设，采取授权现有社会物流企业合作和货运中心自建两种模式，在各大货运市场、物流园区、物流集散地进行调查分析，并有选择地建立无轨站营业网点，实行统一标识、统一揭挂、统一品牌，延伸营销触角，在业务办理、市场调查、市场营销与宣传等方面发挥更大的作用。

2.2　市场化经营的货运中心组织体系

2.2.1　地区货运中心组织管理模式

以上海局集团公司为例。上海局集团公司地处华东地区，该地区经济发展迅速，运输需求旺盛，一方面区域物流市场竞争激烈，物流企业发展迅猛，另一方面铁路货运不适应市场需求的问题十分突出。1980—2012年，铁路货运周转量占全社会的份额由47.5%下降到16.9%，减少了30.6%；而同期公路货运周转量的份额由6.4%上升到34.6%，增加了28.2个百分点。货运改革后，各地区货运中心是参与区域物流市场竞争的主体，面对铁路货运市场份额持续下滑的形势，铁路传统货运在经营组织、生产组织、营销管理、机制建设等方面不适应市场化经营要求，对货主响应速度慢，服务质量不尽如人意。加快上海局货运中心经营管理体系建设，遵循现代物流经营的基本原则，分析当前物流市场现状，从经营组织、营销管理、安全质量、电子商务、绩效管理等方面，建立管理体系，不断提供为客户创造价值的物流服务产品，尽快增强适应市场环境变化的能力，提升服务质量满意度，提高市场竞争力，实现铁路运输组织由内部生产主导型向市场导向型转变。

实行"货运中心—经营部—经营网点(货运营业站)"三级组织管理体制，以货物装车施封完毕为界，划分"前店"与"后厂"的工作职责，建立"前店"围绕市场转、"后厂"围绕"前店"转的经营管理模式。重构货运"前店后厂"管理流程和"一口价""门到门"全程服务业务流程。

各地区货运中心的成立涉及车务站段、地区集团公司、物流企业、装卸公司的大量业务、资产和人员的调整，对铁路企业多元化经营格局进行重构。全路对货运收费进行全面清理、规范，打破长期以来收费项目繁多、收费主体各异、各方面利益分割的局面。跨局门到门运输实行一张货票、一口价收费管理方式，运输收入管理、财务收支管理、税收、劳动用工和收入分配等发生重大变革，带来了利益格局的重大调整。以市场化为导向的货运中心的经营管理体系建设，通过创建市场营销体系、生产组织体系和经营管理体系，转变全体员工的经营理念、服务理念，运输方式和服务适应市场需求，不断完善铁路企业多元化经营创效的机制，充分发挥运输业和非运输业各自的经营优势，提升上海局经营管理水平。

货运中心及铁路物流企业依靠转型、创新、融合提升物流服务能力，不断优化供应链管理，作为铁路全程物流经营人，主动对外承揽物流总包业务。按照"谁服务，谁受益"的原则，铁路物流企业从市场需求出发，做好铁路货运承运前、交付后的物流增值服务经营，提供包括但不限于运输、仓储、搬运、包装、加工、商贸、报关、物流金融、信息服务等一体化、集成式的全程物流服务，按合同制和客户自愿原则依法开展市场化运作，实现效益提升。

货运中心分别负责本地区物流经营活动和相关服务，在地区铁路运输供应链中居核心地位。以市场化和物流化为原则，确定其任务、职责和权限，承担地区铁路运输供应链的组织、协调和整体优化。建立适应市场化运作的经营管理体制和机制，不断扩大自主经营范围，提高自主经营能力。同时，增强车务站段对新体制下全方位货运营销理念的认识，实现"前店"围绕"市场"转、"后厂"围绕"前店"转的联动机制。在铁路局集团公司、货运中心、车务站段三个层面建立相应作业流程协调机制，实行安全、质量和效益经营量化评价机制。另外，探索机务、车辆、工务、电务为"前店"提供基础性保障服务考评机制。

2.2.2 货运业务组织体系

1.铁路货运业务流程再造

铁路货运业务流程主要涉及两个主要环节，受理客户需求的对外商务交易环节，从客户提出货运需求、付费制票到装车和挂运的货运业务办理全程；内部生产环节，从铁路部门接受运输需求、计划编制到计划执行的全过程。这两个环节从时间和内容上看都有交叉，第一个环节主要是对客户的服务，第二个环节主要涉及运输计划和方案的实施。

(1)重构货运组织业务流程

目前铁路货运流程分为 5 个主要环节：需求信息处理、物流服务、装(卸)车站作业、挂运及始发(终到)作业、途中运行作业。供应链管理环境下的货运组织管理，改变以生产为中心的传统运输组织管理模式，在门到门、受理等服务过程中加强与外包方和物流分销商的协调，将外包、运输计划、客户需求等环节统一到一个整体上来，实现信息共享与集成，充分了解客户需求并与外包方、物流分销商在经营上保持协调一致。

重构货运受理业务流程。最大限度方便客户，改革受理方式，做到“简化受理、敞开收货”，提供电话、“95306”网站、营业场所、上门等多渠道受理服务，建立快捷需求提报、客户自助提报、货运营业厅办理的业务流程。对于大宗稳定货物，通过与客户签订互保协议、制订个性化运输方案、组织循环运输等方式，给予运力保障。根据“实货”需求，集中配置运力，建立完善敞开的收货支撑体系，实现业务办理简单化、内部管理精细化、外部服务人性化。重构货物门到门运输业务流程如图 2.1 所示。

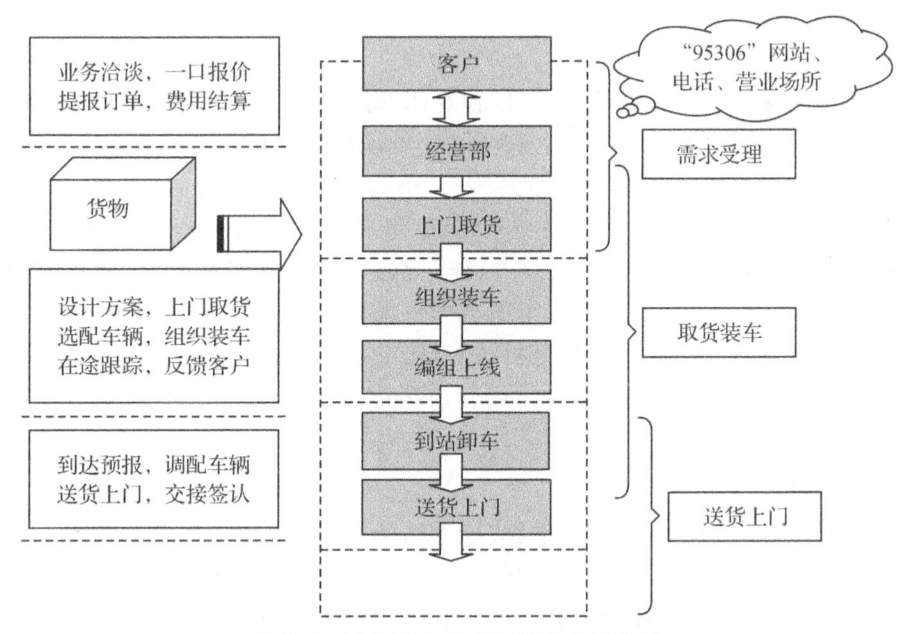

图 2.1　重构货物门到门运输业务流程

(2)建立适应的运输生产组织体系

建立调度生产指挥系统，货运中心与铁路局集团公司调度所相应的调度台、车务站段调度科值班室、各经营部营业点有序对接，做好管内生产组织协调、安全生产信息收集、日常运输情况分析等工作，在重要时点提供准确的各经营点生产信息。

建立运输生产组织协调机制。坚持“主动参与，深度介入”的原则，全面掌握点上装卸车能力，将各经营部的点状管理和货运中心的线状管理有机融合。

建立“前店后厂”协作机制。制定货运中心运输生产协作实施办法，主动解决货运生产衔接中出现的配合、协调、信息、沟通等问题，完善“前店后厂”结合部管理，主动与车务站段对接联络，进一步提高装卸车作业效率。

全程介入门到门物流。完善接取送达网络建设，根据客户供应链特点，创新供应链服务方式，为客户提供定制服务，提供运力保障、仓储管理、材料供应等服务，提升物流关键节点能力。

(3)改革运输计划编制方式

实施货运组织改革以来，以客户和市场的实际需求为导向，推行了“实货”制运输组织模式。由原来的以月度计划为主来组织生产，改进为增加旬计划编制，建立由年、月、旬、日计划共同构成的运输生产计划体系。特别是加强货运日计划管理，以已办理运单的实际货物为依据，由对外受理需求的货运部和对内组织生产的调度中心共同编制确认，当运力与需求出现矛盾时，由前店、后厂共同参与的生产保障合署办公室协调解决。对大宗稳定货物，根据协议方案安排好月、旬、日计划，并根据客户需求合理调整装车计划。对零散“白货”，直接配置运力，全面放开装车，做到随到随办、随到随运。同时，按照“公开、公正、公平”原则配置运力。运力宽松时，依据“实货”需求直接配置运力；运力紧张时，按照“确保重点、公正公开、注重效率效益”的原则，由计算机自动办理，排队装车、先到先得，并将运力配置规则、结果进行公示，接受社会和客户监督。

2.提高运输组织效率

发挥铁路运输集中统一指挥优势，在国铁集团调度中心指挥下，提高铁路局集团公司的调度指挥水平，保证货车的合理流动和及时输送，实现运输效率效益最大化。铁路局集团公司强化行车调度组织，坚持按图行车，加强 3～4 小时列车运行调整，并落实专人盯控，重点加强与邻局的协调配合，抓好分界口的交车组织，遇有列车晚点时，采取措施恢复正点。各站及货运中心，明晰“前店”与“后厂”生产责任，货运中心负责组织机具、人员，提高装卸效率；车务站段负责取送、解编，加强运输组织。加强现场作业分析，对区域内关键的车站和货场，相关车务站段、货运中心联合开展分析写实，促进提高作业效率；对上海局的重点区段和作业点，铁路局集团公司运输、调度、货运等部门组织分析写实，针对性制定改进措施，不断提高作业效率，为随到随运提供保证。

3.加强结合部管理

为确保对外营销与内部生产有序衔接、运作高效，建立协调沟通、激励考核等机制，切实加强前店后厂结合部管理。铁路局集团公司层面，货运部与调度所实施合署办公，每天两次碰头，协调解决运输生产中存在的问题；站段层面，地区货运中心与车务站段定期召开协调会，并建立联挂联考机制；作业层面，各货运中心经营部参加车站运输交接班会，具备条件的车站站调与货运中心货调合署办公，做到调度日班计划与装车计划在执行层面无缝对接。同时，建立日常考核约束机制，以运单兑现率和运输生产效率等指标为依据，促进相互密切配合。

4.改善硬件服务设施

对直接面向客户办理业务的货运营业厅进行改造，统一形象标识，一个窗口办理，拉近与客户的距离；对与服务客户密切相关的货运场站设施加大投入，推进标准化货运场站建设，改善货运服务环境。提供多种办理渠道，简化办理流程和网上受理程序，做到敞开受理，随到随办；走出去开展营销，主动融入客户生产环节。

2.2.3　物流服务质量管理体系

推行物流服务质量标准化管理。建立从受理、方案设计、接取、装车组织、协调发送、在途跟踪、到达预报、调配车辆、送货上门到信息反馈等的全程物流门到门服务流程、规范和操作标准。如，分类建立货物门到门、门到站、站到门运输业务流程，制定各物流作业环节质量标准等，整合货运营业站资源，简化营业厅窗口设置，实现一条龙服务、一个部门管理、一个窗口办理、一口价收费，实现全程物流服务质量标准化。

实施售后服务回访制度。分区域负责做好客户回访，向客户核实取货情况并进行取货满意度调查，每日对未处理完成的需求进行盯控，对在电子商务系统未闭环的记录进行督促，对已处于完成状态的每一笔需求，从需求提出到装车兑现，全程做好记录，按照回访内容做好客户对铁路服务质量的评价分析。

实施客户满意度管理。建立货运服务的客户满意度基本模型，以客户满意为导向，围绕全面深化货运组织改革和全程物流服务，从全程服务质量、货物装卸、安全情况、货场设施四大方面设计货运客户满意度指标体系，并针对每次测评结果，特别是存在的问题，推行项目改进目标责任制管理，分层实施质量改进。

2.2.4　货运营销管理体系

1. 创新开发货运产品

围绕市场，找准转型发展目标，开发新产品、新项目、新业务，最大限度地让客户满意。完善既有货运班列。货运中心通过铁路局集团公司搭建公共平台，组织其他社会物流和铁路物流企业，做好班列开行工作，确保按点开行。

开发货物快运产品。由铁路局集团公司货运部牵头，各货运中心和运输站段作为货物快运产品营销主体和操作责任主体，非运输企业和其他站段参与产品营销，通过搭建经营平台，整合内外部各种资源，满足客户站到门、门到门、门到站、站到门等各种运输需求。不断优化完善快运产品作业流程、规范和标准。建立共同经营模式，制订协同管理机制，做好有效货源、期限运输、装卸质量、快速理赔、信息沟通及客户代表制的落实。

推进集装箱专线建设。根据集装箱货源结构情况，确定目标、要求、时间节点和责任人，制订货运专线一线一方案。

2. 开展货运营销

根据目前市场环境需求，有效地利用货运产品、价格、渠道、促销等手段，实现整体营销。建立货运营销信息系统，收集、研究营销信息，研究选择货运营销目标，制订货运营销计划，实施和控制整体营销活动。树立“货运产品营销”到“货运品牌营销”、“货运服务营销”到“货运文化营销”、“过程”到“整体”营销等新理念。创新营销服务方式和手段，由“管理客户”向“服务客户”转变，改进货运办理方式，拓宽受理渠道，简化受理流程，发展全程物流，为客户提供最便捷、最优质的服务。

(1)多渠道方便受理。为最大限度方便客户，取消计划申报、请求车、承认车等繁琐的手续，向社会公布了“95306”网站办理、“95306”电话办理、各货运站电话办理、到货运营业场所办理、铁路营销人员上门服务等五种业务办理方式，客户通过任一方式均可联系发货。

(2)专人对接主动服务。在受理过程中,客户只需提出需求,后续受理货物、办理手续、联系接货等由客服人员全程帮助办理。各受理客服人员及时将办理信息反馈给客户,全过程负责。

(3)发展“门到门”运输。为加快铁路货运向现代物流业发展,满足客户的物流需求,与社会企业进行合作,整合自有短途运输汽车与社会车辆,构建覆盖上海局集团公司的接取送达网络,并建立全程物流服务信息平台,实时提供门到门运输服务动态信息;建立日常运营管理、应急响应、资金使用、保价保险等制度,以及合作企业质量评定、奖惩等机制,保证了接取送达服务的质量。

3. 实施板块营销

随着物流市场需求结构的变化,按货物品类进行板块化营销已经成为国内外大型物流企业的营销战略选择,对于企业的专业化细分和精准化营销具有很好的推动作用。例如,美国伯灵顿北方圣太菲铁路运输公司(BNSF)设置了由4位副总裁组成的高级营销货运管理团队,直接管理消费品、煤炭、农产品、工业产品4大业务板块;加拿大国家铁路集团(CN)设置了由6位副总裁组成的高级营销管理团队,石油和化学品、金属和矿物、木材、煤炭、粮食与化肥、多式联运及小汽车7大业务板块均设置了对应的销售组;德国联邦铁路(DB)针对小汽车、石油化工、建材、工业品及消费品、金属及煤炭、多式联运等不同业务板块,分别设计了相应的营销组织机构;中国远洋物流有限公司设置了家电物流、项目物流、展品物流、汽车物流4大业务板块营销组。借鉴国内外各大物流企业的成功经验,为加快落实推进铁路货运向现代物流转型发展,铁路运输企业应在开展“白货”物流市场营销时,探讨板块化营销模式,建立基于板块化经营的铁路“白货”物流市场营销组织架构,合理配置市场营销人员,完善市场营销保障机制,促进铁路“白货”物流业务的良好快速发展。

以我国铁路既有货物品类划分标准为基础,面向152类“白货”品类,依据货物的用途、自然特性、物流特性等属性,对铁路“白货”品类进行板块划分,可分为基于饮食品及医药、工业产品、化工产品、机械及器械设备4大“白货”物流市场的营销板块。

板块化铁路“白货”物流市场营销组织架构设计以大板块营销事业部为主,外设营销支持和客户服务事业部。4大板块营销事业部下,按照覆盖区域设营销小组,各营销小组负责管辖区域内该板块的物流营销工作;营销支持事业部负责为各板块事业部工作人员提供市场营销的技术支持;客户服务事业部负责提供整个“白货”市场营销的全部客户服务业务。基于板块化经营的铁路“白货”物流市场营销组织架构优势在于,各营销工作人员以负责所属板块的物流市场营销工作为主,对于货物品类、货物特征、物流需求、方案设计、价格策略等营销工作内容的专业化程度可以得到极大提升。同时,按照区域划分营销小组,可以稳定各营销小组与管辖区域内大客户的合作关系,有利于稳定“白货”市场,保证“白货”物流营销业务量的提升。细分区域内货源市场特点,突出集装箱、汽车、钢材、粮食化肥、食品饮料、油品煤化工等市场需求,成立项目专家型营销团队,通过走向市场深入对接,详细了解各板块运输需求特点及竞争对手情况,制订个性化营销方案,优化物流服务流程。

落实营销责任。强化货运中心营销责任。各货运中心作为经营主体,建立起全面营销体系。按各自职责,围绕市场转,跟着市场走。建立新业务、新产品客户代表制,强化营销员对关系客户的营销与服务,使得客户每项业务有人服务、遇到困难有人解决、遇到问题有人对接。

实施分类营销策略。对现有货运市场进行细分，细分货源品类、企业发展方向、货源流向等货源特征，对“三种货源”分别采取不同的营销策略。对既有货源，建立日常营销沟通机制，加强日常服务和沟通。对流失“白货”货源，找准流失原因，形成可能回归的客户名录，为每个客户制订个性化的物流解决方案。对潜在“白货”货源，在质量、物流成本、期限、财务政策等方面提供更好的服务，制订更好的物流方案。

4. 推进货运品牌战略

确立铁路货运品牌定位，计划和实施货运品牌营销，评价和解释货运品牌的绩效，提高和维护货运品牌价值；针对客户选择铁路货运品牌元素和标识，设计客户品牌接触的全方位营销活动，制定铁路货运品牌战略，打造具有铁路货运特色的货运服务品牌（快运产品、国际班列、零担捷运、受理服务、问询服务、货场等品牌）；推出新产品、新项目和新业务。

货运中心细分货运市场，充分研究市场环境、目标客户和公路、水路运输情况，制定适应铁路的货运产品，确立自己的货运服务品牌，借以识别营销过程中提供的铁路货运产品或服务，并能与竞争对手区别开来。铁路货运从单纯的产品竞争提高到战略品牌竞争。

2.2.5　绩效评价考核体系

1. 制定货运中心工效挂钩办法

将工资总额与“门到门”运输总收入、装卸车数、其他业务收入和财务收支结果进行挂钩考核，根据各货运中心的主营业务、工作内容和承担的主要职责，区别设置挂钩指标、权重和考核基数，根据铁路局集团公司对货运中心建立内部模拟市场全成本核算的财务管理体系，加大工资总额与货运中心收支平衡情况挂钩考核的力度，充分发挥工资分配的激励和导向作用。

2. 完善货运中心内部分配办法

按照“兼顾收入现状和既有分配办法，统筹考虑各岗位人员之间收入差距，合理调整内部分配办法”的原则，结合货运中心不同岗位的工作性质和特点，分别制定与营销业绩、办理业务、装卸车数挂钩考核的分配模式。对工作量能够准确计量、安全质量要求明确的装卸人员和货运外勤作业人员，实行以计件为主的分配模式，将其工资收入与其工作量和安全质量完成情况挂钩考核；对岗位性较强、以服务质量为考核指标的货运内勤和受理人员，实行以工作标准化、服务质量等综合考评的分配模式，将其工资收入与标准化作业和服务质量完成情况挂钩考核；对营销人员，实行“基薪＋提成”的分配模式，将其工资收入与服务质量、业务技能和营销业绩完成情况挂钩考核，鼓励多劳多得，多超多提，充分激发营销人员主动学业务、提技能、找客户、挖货源的积极性，并建立营销人员择优选拔和竞争淘汰机制。

3. 完善专项激励考核办法

完善挖潜提效考核办法。将运用车、卸空车、停留时等相关效率指标与货运中心、车务站段进行联挂联考，强化货运中心与车务站段的联劳协作，加快货车周转速度，提高运输效率；同时增加对货运中心零散“白货”发送量的考核，鼓励货运中心加大市场营销力度，不断做大零散“白货”的份额。

4. 完善运输总收入考核奖励办法

在完成月度货运收入计划时分档给予专项奖励，充分调动货运中心完成铁路局集团公司下达的阶段性目标，做大“门到门”收入，确保全年收入目标的实现。

5. 前店后厂结合部联挂联考

根据货运中心作为前店、铁路车务站段作为后厂的不同职能定位，制订各自的分配考核办法，同时实行联挂联考，将货运中心的货运收入、装卸车数等经营指标与对应的车务站段联挂联考，将车务站段的运用车、货车中转时间等效率指标与对应的货运中心联挂联考，使货运中心与车务站段既明确分工，又目标同向，形成合力。

2.3 货运服务中心

铁路货运服务中心是统一的对外服务窗口，受理货运需求，与客户商讨运输价格，受理投诉，同时可为客户提供货物全程服务咨询。对客户实现“一次提报、全过程服务、一个窗口、全方位服务”，简化客户办理手续，提升铁路营销和服务水平；对内为调度和现场运输生产部门提供服务，具体来说是根据市场需求及运力实际设计货运产品、制订运输方案，并实时向运输生产部门提供产品方案或日历装车方案，确保客户需求落实到位。

2.3.1 部门设置及主要职能

铁路货运客服中心的组织机构应分为国铁集团、铁路局集团公司和基层站段三级。各级货运客服中心可分别隶属于国铁集团货运部、铁路局集团公司货运部和各货运中心。

国铁集团客服中心的职责是制定全路统一的规章制度、管理办法和服务标准，制定全路货运计划和相关产品、技术方案，全路信息平台的搭建，对各铁路局集团公司货运服务中心进行业务指导，协调跨局业务。

铁路局集团公司级客服中心是主要负责和开展业务的经营主体和执行机构，其职责是制定本局的货运计划、营销政策和相关产品、技术方案，承担客户需求受理、合同签订，手续办理和运输组织等具体工作。

基层站段级客服中心则是铁路局集团公司级客服中心的地区代表，负责与客户联系，执行铁路局集团公司级客服中心的决定，承担装卸车、验货、理赔等相关业务以及上门取货、仓储保管、简单包装、流通加工和短途配送等物流增值服务。

对于客户而言，货运服务中心是铁路专门办理货运业务的窗口，在整个运输服务过程中，客户只需面对货运服务中心，直接通过互联网提报运输需求，并办理相关货运业务。铁路货运营销部门根据受理的运输需求，结合铁路局集团公司实际运力情况，优化制订旬日历装车运输方案，并由客户网上提报日请车，由调度部门组织执行。

1. 部门设置

铁路货运服务中心作为销售独立部门，在机构设置上应突出和保证其重要地位，应设置以下核心业务部门。

(1)客户服务部。客户服务部是主要面对客户的部门，可按行业划分为煤炭、化工、钢铁等若干个专业服务组，也可按照铁路局集团公司管辖范围，按线别或按区域划分为若干个服务组。每一个服务组都有自己的客户群，可以独立完成本服务组客户运输生产计划的全过程处理，提供客户从货车预订、订单受理、取送车计划到运输信息查询全过程的运输服务，相当于铁路局集团公司、车站的货运计划和货调岗位的合并。此外，还可专门设置一个新客户服务组，承担对新客户提供的运输服务咨询，根据新客户的需求，负责将新客户转接至相应的专业客户服务组，进行一对一的服务。

(2)运力资源配置部。该部门是铁路运输产品开发、运用车管理、优化运力资源配置的部门。

(3)订单处理部。订单处理部是数据处理部门，对客户通过电话、传真、E-mail、互联网销售平台及电子数据交换系统传输的订单进行集中处理和分拣，按照铁路规定和内容标准进行修正，生成运输合同和电子运单，传输给客户和结算部进行核算制票。

(4)结算理赔部。该部属于内勤部门，负责运费结算和运输赔付。

(5)信息技术支持部。设置围绕铁路货运客户服务中心进行信息系统开发和维护的信息技术专业部门是非常必要，也是非常重要的。

2. 主要职能

(1)对外职能

货运客服中心对外负责货运市场营销和客户办理铁路货运业务的各项报务工作，其功能主要包括：

①市场营销。细分货运市场，制定市场营销策略，进行市场营销工作。

②客户关系管理。建立客户信息资料库，制定客户服务质量和客户信用等的评价标准，实施有效的客户关系管理；建立与客户的沟通协调机构。

③产品研发。根据已有产品的信息和顾客需求偏好改变等调研数据，结合内部生产信息，开发适合顾客需求的新产品。

④业务办理。负责受理、审定、汇总客户提出的服务需求意向，与客户商讨运输价格和签订运输协议，负责货物运输过程中的追踪；提供运费结算服务；提供电子商务服务；负责客户的业务咨询、投诉、索赔等。

(2)对内职能

对内为调度和现场运输生产部门提供服务，其主要功能包括：实现铁路货源调查、机车车辆及装卸作业能力等铁路运力资源的高度集成，编制阶段货运计划，需要实时向运输生产部门提供产品方案或日历装车方案，确保客户需求落实到位，调度部门要做好装车作业及车流集结；同时提供全面多维度的统计分析数据，为买卖双方提供辅助决策的运力优化。

2.3.2　服务模式

1. 服务方式

服务的无形性、异质性、不可分割性、易逝性、客户参与等特点，使服务的创新相对较难，可以从供给端、客户角色、解决方案等入手进行创新。为方便客户办理货运业务，丰富服务手段，货运客户服务中心应采用多种服务方式，以互联网服务为主，以电话、传真和现场服务为辅，逐步推行集约化，实现集中化的货运业务办理方式。

2.服务环节

铁路货运客服中心应为客户提供售前、售中、售后全程运输服务。

(1)售前服务。售前服务的内容多种多样,主要是提供信息、服务场调查预测、产品定额、加工整理、提供咨询、网络订购等。售前服务的主要目的是协助客户做好供应链规划和系统需求分析,满足用户需要。

(2)售中服务。售中服务是指在产品销售过程中为顾客提供的服务。铁路货运售中服务虽然不像有形产品那样展示,但是无形产品更需要通过有形证据和细心、恰当的解释,消除顾客疑虑,建议恰当的产品,促进销售。

(3)售后服务。对于铁路货运产品来说,售后服务则是在销售合同签订后,恰当安排使得货物交接更顺畅、更有效率;提供在途货物信息查询和响应顾客需求,保证货物状态正常,发生货损后负责安抚顾客、迅速理赔和处理其他售后事宜;处理消费者来信来访,解答消费者的咨询,同时用各种方式征得消费者对铁路货运产品质量的意见,并根据情况及时改进。

3.服务内容

铁路货运客服中心的服务内容主要包括以下几个方面。

(1)市场调查。市场调查主要是经济环境调查、货运产品调查、技术调查、市场需求调查、目标客户调查和内部管理考核机制调查等。

(2)信息宣传公布。实时发布运力情况,去向限制及运价变化等公告类信息,宣传运输政策法规、行业条例、业务介绍和规章制度办法等。

(3)信息查询。货运规章制度办法查询、货运业务办理流程及订单查询。

(4)业务办理服务。它包括客户运输需求提报,货运业务办理状态和货物运行状态查询,客户铁路运输情况统计查询,客户与铁路的实时交互,保价理赔以及电子订单、电子运单、电子支付等电子商务功能,协调组织物流服务以及其他增值服务等。

(5)客户关系管理。对客户分级管理、统一建库,对其需求特点和规律进行长期跟踪和管理,为开展营销奠定基础;向客户发布通知;对客户的服务满意度进行调查,建立客户信用评价和质量测评制度。电子化客户基本资料、需求特点、信用等级等,为后期运输组织、电子支付、理赔服务提供基础客户信息和决算参考。

(6)市场意见的收集与反馈。向客户提供建议、投诉、留言的沟通渠道,收集、处理客户反馈信息,开展满意度调查和产品、装卸、保价等专项调查等。

2.3.3 业务流程

对于客户而言,货运客服中心是铁路专门办理货运业务的窗口,在整个运输服务过程中,客户只需面对货运客服中心,直接通过互联网提报运输及物流服务需求,并办理相关业务。铁路货运部门根据受理的运输需求,结合铁路局集团公司实际运力情况,优化制订运输方案。

1.受理运输需求

客户可方便地通过铁路货运客服中心的电子商务平台了解到铁路运输服务、货运营销信息化类内容,产品信息及其有关程序规定。

2. 整合运力资源

铁路局集团公司货运客服中心根据铁路局集团公司调度部门提供的分界口接入交出能力，以及重车到达、空车接入等预确报信息，实时掌握运力资源情况，特别是准确掌握次日的线路能力、机力、空车、不同车种分布等运力信息，按车种、地域、需求、去向等因素对可分配运力进行整合。

3. 制订产品方案和阶段装车方案

铁路局集团公司货运客服中心根据整合后的运输需求科学、合理分配运力，制订产品方案和阶段装车方案。强化成组、同方向、整列装车组织。运力与需求的匹配过程中实现互相调整，一方面是将运力(如空车)调整到有需求的地方，另一方面是将货源调整到有运力的地方，中心及时将产品方案和阶段装车方案传送到调度部门执行。阶段装车方案是铁路运输生产部门运输组织方案的源头，是运力资源、市场运输需求的集中整合和最优配置的成果。

4. 装车及办理相关手续

调度部门根据铁路局集团公司货运客服中心提供的产品方案或阶段装车方案，组织调配车辆、站段进行装卸车生产。站段是装卸车作业及安全管理部门，不具备经营职能。调度部门组织按图行车，确保阶段装车方案的兑现。装车实际完成情况及时反馈中心，由中心及时向客户反馈。

5. 相关票据办理

货运客服中心在受理运输需求时，审定办理限制。制订日装车方案后，将运单传递至车站。运费由中心统一收缴和结算，装车时由中心制货票并向装车站传送，并直接反馈给客户。

2.4　铁路货运与物流管理信息化

2.4.1　货运营销信息系统

货运改革后，把货运分成前店和后厂，也就是分成前店和后厂的信息系统。货运信息化主要包括货运、物流、行包等信息系统和货物追踪以及运输信息集成平台、货运保价信息系统，整体架构如图 2.2 所示。

货运营销信息系统主要功能是收集客户的货运需求数据，并根据收集的数据制订货运计划和技术计划。早期的货运营销系统，主要解决铁路运能紧张问题，根据运能安排运力，其主要反映在月计划的审批和严格要求按批准的计划装车。货运营销信息系统应该包括货运营销与生产管理系统(FMOS)、技术计划管理信息系统、EDI 系统、货运电子商务系统、客户关系管理功能、运价管理功能、货运营销分析功能等。

FMOS 于 1999 年开始在全路推广，其以计算机网络为基础，以 TMIS 各联网点为信息源点，由车站协助货主输入月度货物运输计划(订单)申请，由铁路局集团公司负责月度货物运输计划审定，并依据装车实际，对运输计划和市场进行分析；其于 2002 年升级为 2.0 版本，实现了订货合同、货运订单等全部货运计划信息的采集；其于 2007 年升级为 3.0 版本，

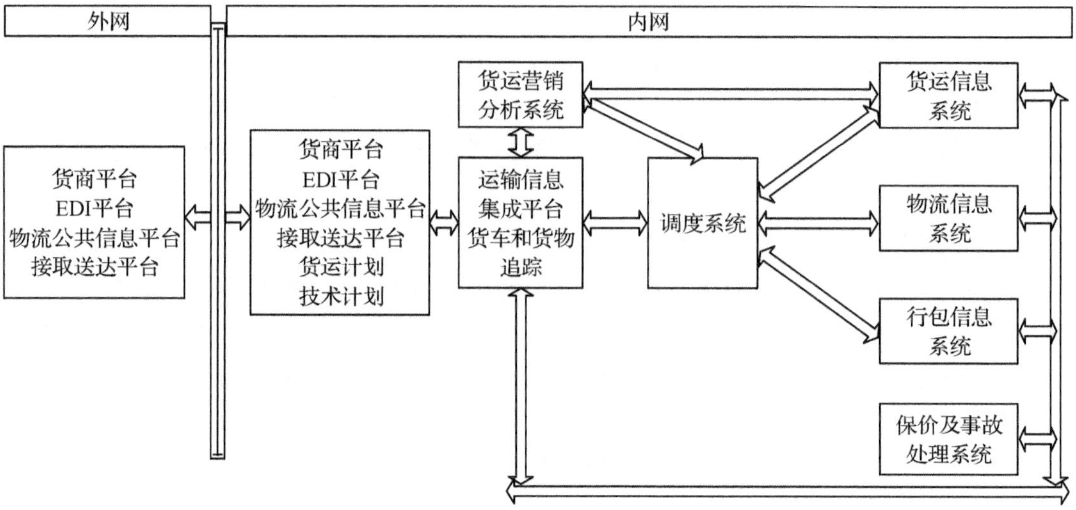

图 2.2 货运信息系统整体架构

实现了与运货五运单的信息共享。技术计划是为保证完成月度货物运输计划而制订的月度货车(机车)运用计划,2003 年全路统一的技术计划管理信息系统 1.0 版本正式投入运行,由过去各局编制技术计划变为全路统一编制技术计划,实现技术计划编制的自动化,并提供计划车流的图形显示;2010 年,在全路范围内完成 2.0 版软件升级切换。该系统包括重车流计划、空车流计划、指标计划和车流径路四个主要子系统。2009 年,根据铁道部实施的大客户战略要求,货运电子商务系统的前身,大客户管理信息系统开始在全路推广,系统对大客户年运量、月计划、日装车、运费结算、运输服务等实行统一管理,月计划(订单)、日装车(日请车)由大客户从互联网申报,运费由大客户从银行预付,网上查询付款情况,这些措施方便了大客户。因此,各铁路局集团公司逐步扩大客户范围到集优(集中受理优化装车)客户。2013 年,货运电商系统正式开通运行,国铁集团、铁路局集团公司两级货运电子商务平台建立,实施了货运网上受理业务和信息服务功能,完成既有大客户、集优客户向货运电子商务系统的迁移。2014 年,按照国铁集团货运改革的需求,进行两次大的升级,实现了“敞开受理、随到随装”思路,客户只要通过互联网或者电话提出运输需求并留下联系方式,由铁路货运中心客服人员提供上门服务,负责客户的月计划、日装车、运单等申报,进一步方便了货主。2015 年,上海、济南、沈阳局等集团公司通过 EDI 与连云港、宁波港、青岛港、大连港、中海运、中远物流等交接了电子数据;同年,国铁集团的货运营销分析功能也正式投入了使用。

2.4.2 货运电子商务平台

货运电子商务平台、EDI 平台、物流公共信息平台和接取送达平台的应用部分在外网,数据部分在内网;四个平台可以分布在多台服务器上,也可以集中在一个集群中;共同组成对外(客户)服务的门户,也是前店后厂中的前店。以集成平台为核心的物流、货运、行包、保价等信息系统组成了后厂,其中:集成平台是前店与后厂的桥梁,调度系统根据客户需求,组织货运、物流、行包系统装卸车,形成货流;作业过程中发现事故则交保价系统处理;行包管理信息系统采用全集中的信息系统架构,货运和物流管理信息系统由于相对复杂,采用铁路局集团公司集中的方式,而保价及事故处理信息系统事故处理部分在铁路局集团公司,网上理赔部分在国铁集团。整个货运信息系统以集成平台为核心，在集成平台上记录了货运系统的核心数据，它们是货物、列车、机车、车辆、乘务员、行包、集装箱、篷布、托盘、施封锁等，记录它们的位置和状态变化。由于集成平台数据的完备性，所以，所有统计分析数据可以直接从集成平台上获取。先由站段直接连到国铁集团集成平台上做十八点统计报告，共同提高集成平台和十八点统计数据的准确性和实时性。当两个数据一致后，就可以直接使用集成平台的数据做统计，提高自动化程度和实时性，实现减员增效的目标。信息系统应提供对铁路现代物流的强力支持。一是提供多种受理方式。包括电话、“95306”网站、车站窗口；还可以通过微信、短信、手机 App 等方式；利用客票代售点、移动收货网点等方式，就近受理零散货物；利用 EDI 平台，受理大客户的货物等。二是接到门到门受理需求后，利用铁路接取送达系统，充分调动铁路和社会的汽车资源，以最优效率、最快的速度为客户提供接取和配送服务。三是充分利用铁路的运输力。可以利用五定班列、高速铁路、行包、零散货物班列、整车等手段，物流调度系统可以根据订单，自动安装运输方式，并可以向用户实时反馈货物位置和状态。四是利用仓储信息技术提高铁路服务水平，为各个网站提供最快的物流配送服务。

货运电子商务是以互联网的形式提供货运、物流服务，主要为货主提供货运电子咨询、电子订单、电子运单、电子支付、货物动态追踪、运输变更、电子交付、电子理赔、电子投诉等服务功能。

电子咨询。电子咨询功能包括：货运、行包及物流业务办理流程、货损货差理赔流程的咨询；物流服务场所（包括营业地址、服务电话、邮编、办理条件、停限装，两端车站物流服务项目）的综合信息咨询；物流企业及服务项目咨询；货物运输条件（如装载加固方案及装载加固材料技术条件、超限超重、危险品运输条件）咨询；物流和货运价格信息咨询；运到期限咨询；车辆和集装箱技术参数咨询；货运产品（五定班列、大宗直达、行包行邮专列等）方案咨询；运力资源导向信息咨询；铁路货运规章及有关文电咨询、常见问题咨询、最佳物流方案的咨询；等等。

电子订单。在咨询成功后，需要填写物流需求订单，订单的种类包括：散堆装货物、批量成件货物、液体货物、集装箱货物、快运货物、特殊需求货物。填写订单是为了申请空车，不同订单表示不同的车辆类型，且快运货物包括批量快运、零散快运、行包快运和高铁快运，运输集装箱除了申请空车之外，还要申请空集装箱。订单执行过程就是受理过程，对客户来说，只需要填写订单（收发货人、品名、重量、联系方式、物流方式），对铁路内部而言，需要变成四个步骤，分别是月请车、日请车、运单和实货确认。

电子运单。运单对应订单的实货受理，运单有 4 个作用：一是合同；二是取货的凭证；三是铁路作业过程记录；四是铁路收费的依据。电子运单也应该实现这 4 个作用，特别是合同作用，铁路和客户双方都应该在运单上签字，这就需要电子签名。

电子支付。货物受理后就需要缴费，要实现“人在家中坐，能运天下货”，就必须解决网上支付的问题。提供的支付方式包括：一是在快运班列中采用银行卡支付的方式，根据选中的货车车辆数按一口价进行结算；二是在实际运输过程中，只有交付时才能确定最终运费，例如客户由于种种原因，未及时取货，就需要增加仓储的费用。所以，在大客户中采用了预付款的方式，客户通过电子银行将款预付到铁路专用账户，每完成一次运输任务，与客户统一进行结算；三是预冻结的方式，预先冻结客户在银行中的专款，每完成一次运输任务，自动从客户的账户中划款;四是使用 POS 机刷卡支付的方式。

货物动态追踪。客户需要查询所运货物的位置和状态,这就需要追踪货物位置和状态的变化信息。在实施货运电商的同时,实施了货运全流程追踪,从受理到交付,所有的状态变化(如装车、出发、到达等)信息均记录在运单中,所有列车运行信息均记录在集成平台中,将运单和平台的列车绑定,实现货物位置的精确追踪。

运输变更。如果在货物运行途中,客户要求变更货物的方向或者目的地,这就要求在网上铁路与客户一起迅速做出变更方案,并征得相关方的同意,根据货物当前位置实施货物运输的变更。

电子交付。在生成运单的同时,为收货人生成加密的电子领货凭证,收货人可以凭电子领货凭证网上办理内外交付手续。当货物到达目的地时,通过短信及时通知收货人办理收货。如果送货上门,需要与收货人确认送货时间和地址。通过领货凭证,确认货物交付。货运电子商务系统逻辑结构如图 2.3 所示。

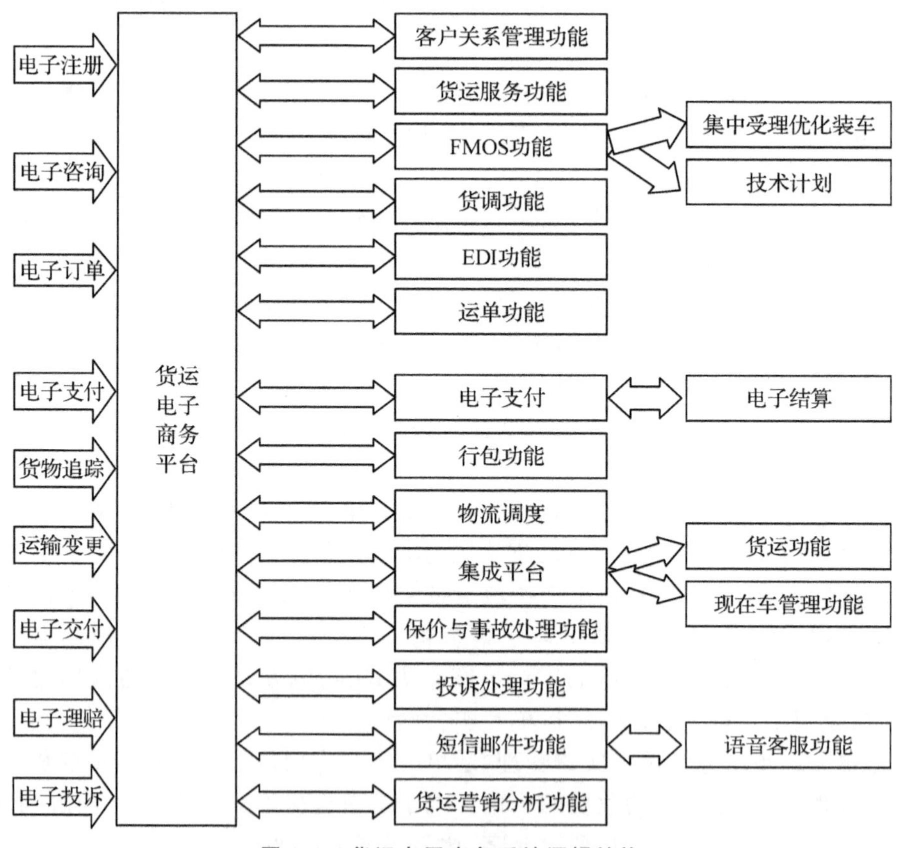

图 2.3 货运电子商务系统逻辑结构

电子理赔。当发现货物损坏或者丢失时,及时通知发货人,允许发货人进行补偿处理。客户可以通过互联网办理理赔的手续,了解货物损坏的情况和原因,查看理赔的进度,通过电子支付方式将理赔款拨付到客户的账号。

电子投诉。客户可以通过货商平台对每次货物运输过程做出评价,对运输过程进行投诉或建议,客服中心负责将投诉转到相关部门进行处理和答复。客户可以通过电商平台监视答复的进度。

2.4.3 物流信息系统

1. 物流信息系统

物流信息化是指物流企业运用现代信息技术对物流过程中产生的信息进行采集、分类、传递、汇总、识别、跟踪、查询等一系列处理活动，以实现对货物流动过程的控制，从而降低成本、提高效益的管理活动。物流信息化是现代物流的灵魂，是现代物流发展的必然要求和基石。

铁路物流信息化，即以物流业务发展需求为驱动，以实现物流全过程信息化服务与管理为目标，在“互联网+”战略指引下，按照统一规划、分步实施、重点突破、加快推进的原则，充分利用云计算、物联网、大数据等信息技术，建立铁路物流信息化标准体系，推进铁路物流信息化建设，建成中国铁路“95306”网和铁路物流综合信息系统，搭建铁路共用物流信息平台，整合完善铁路既有信息系统，实现铁路内外部物流信息资源共享共用和互联互通，以信息化促进铁路货物运输向现代物流转型，为铁路物流发展提供强有力的支撑与保障。

2. “95306”物流网站功能

“95306”网站是铁路货运服务的门户，于2015年5月投入运行，是在全路范围内实施了零散“白货”的门到站、站到门的接取送达信息系统，2021年12月，“95306”功能得到整体升级，功能涉及面更广，内涵更加丰富。

“95306”网站包括十大板块功能。其中，“我要发货”是货运电子商务系统，“我要买票”是互联网售票系统。“物资采购与招商平台”服务于铁路内部物资采购及土地、商铺等资源的招商，其他板块包括大宗商品交易、铁路商城、仓储服务、广告服务、旅行服务、资讯服务、文献检索七个功能板块。大宗商品交易包括煤炭、焦炭、矿石、钢铁、粮食、化工、矿建、糖类、蔬菜、日用品、电子电器、纸及纸浆、文教用品、化肥、水泥、石油、棉花、饲料、木材、饮食品、酒类、水果、纺织品、有色金属、工业机械等26个品类。其主要功能包括企业供求信息发布、产品挂单、交易撮合、应单、企业名录、产品展厅、企业专场展示、产品采购、挂牌交易、竞价交易、邀约交易、委托交易、在线客服、物流服务、交易量统计等功能。

“95306”网站的建设目标是整合铁路资源，实现铁路互联网营销，开辟新的客货源市场，拓展延伸增值服务，增加铁路客货运量。同时，建立健全自身物流服务体系，深入挖掘物流需求，从客户商品交易开始，关注和跟踪铁路货源，建立完整、高效、快捷、以供应链为核心的物流响应、仓储、配送体系，提升铁路物流服务整体效率。铁路物流中心信息系统结构如图2.4所示。

目前，与货运有关的需求受理、生产和管理环节各自研发了信息系统，但由于缺乏统筹规划等问题，总体功效不强。此外，在信息互联互通的基础上，铁路与路外企业之间的运输相关电子数据交换，导致路企双方协同率低。信息化协同即通过信息系统环节物流作业关系，推动物流作业的建设，实现路内外资源优化配置和信息资源共享，促进运输效率进一步提高。通过研发市场调查分析系统，结合大数据分析应用，对宏观经济数据、产业情况及客户档案等深入系统分析，为市场提供决策参考。同时，通过建立客户资源管理系统，强化客户服务信息支持，为服务提供信息技术保障。

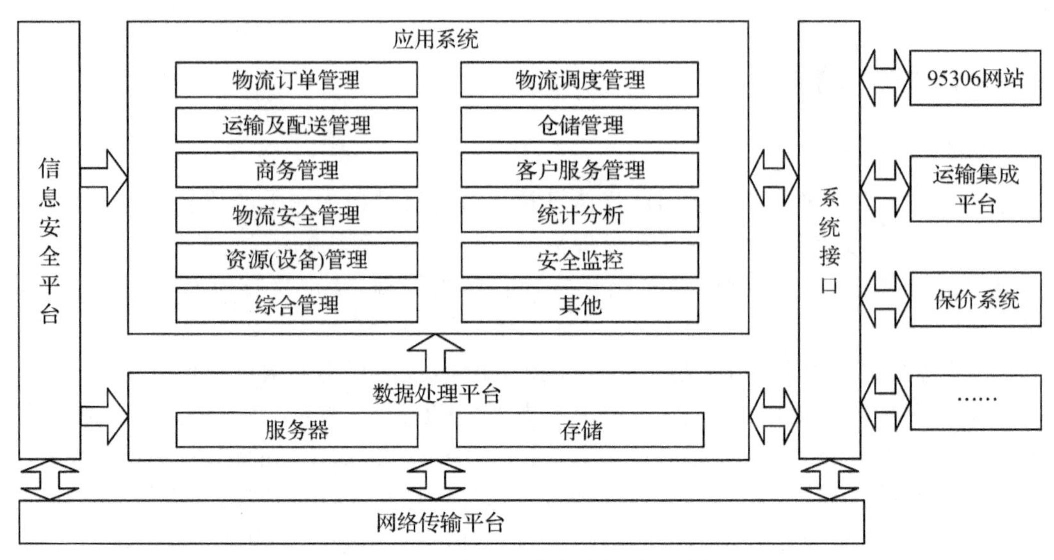

图 2.4　铁路物流中心信息系统结构

3. 物流信息化及其发展趋势

2005 年，铁道部发布《铁路信息化总体规划》，推动了我国铁路在运输组织、生产调度等方面信息系统的迅速发展。随着“互联网＋”战略的落实，铁路自主开发建设了网上营销、网上交易与信息交互等一体的中国铁路“95306”，推进 EDI 电子数据交换，货运票据电子化全面启动试运行。

现代物流业是融合运输、仓储、货代、信息等产业的复合型服务业，是支撑国民经济发展的基础性、策略性产业。铁路企业发展现代物流，把云计算、大数据、物联网等信息技术与传统物流相互融合，有利于自身产业结构调整、转变发展方式；发挥路网资源优势，打造现代物流智慧服务体系，有利于供给侧结构改革，推动国民经济发展。

在经济发展新常态下，国家提出构建“互联网＋高效物流”，建设物流示范园区，推行高效多式联运，发展智慧物流。铁路企业响应国家发展战略，充分发挥综合交通运输的骨干作用，就是要解决物流体系不健全、运输资源不透明、物流信息相对孤立等突出问题，运用现代信息技术，有效集聚货源、延长产业链条、打通物流环节、提升物流效率，进而实现物流成本降低，推动物流转型发展。

铁路在现代化仓储、城乡物流配送及多式联运方面，缺少统一的信息系统平台，与顺风、京东等快递企业及卡行天下、林安物流、普洛斯等物流企业存在明显差距，铁路企业运用“互联网＋”，实现物流全过程服务。

着手建设铁路区域性物流园区，改造既有铁路货场，推进基础物流设施升级。适应互联网经济发展，实现铁路物流结构转型，相关发展趋势如下。

(1)以提供物流供应链服务为发展新模式

开发物流数据资源信息系统，为上游生产商、中游经销商、下游终端客户提供供应式方案；利用条形码、射频识别、二维码等技术，实现货源、单据、配送等物流全过程跟踪；发挥铁路费金、信用等优势，通过构建物流信息共享平台，开展增值服务，集物流、人流、信息流，提升铁路企业在共享经济中的竞争力。

(2)在多式联运中成为骨干

发挥在综合交通运输体系中的骨干作用,铁路规划建设物流园区、升级铁路货场、设立无轨站等,形成专业化、规模化、集约化的物流网络;通过实时精算,形成多式联运最佳运输组合,实现铁路、公路、水运、航空等物流资源互联互通。

(3)铁路资源与社会物流资源共享共用

铁路网络四通八达,运输种类多品类杂,形成的物流信息数量大、可用性强,信息网络与铁路网络融合,便于铁路内部系统间以及外部系统与铁路网间的数据交互,打通铁路内部网络与社会物流信息通道,有利于铁路整合社会物流资源,提升物流全过程的作业效率,降低社会物流成本。

(4)平台化发展

引导和支持一批全国统筹布局、线上线下交易的平台,以便促进物流企业发展。支持龙头骨干物流企业网络化布局,促进资源利用,引导物流市场集约化发展。现以货运改革后,建设货运信息平台加以说明。

整合内部货运相关信息系统,打破既有信息系统之间的信息壁垒,提高信息传输的流畅度,充分实现铁路内部信息资源共享,为铁路货物运输组织提供高效的信息技术支撑。

完善货运电子商务、货运营销等相关系统的功能,建立综合物流信息平台,实现订单受理、运输组织、仓储管理、配送管理等门到门全流程信息统一管理。推进与路内外其他相关信息系统(平台)的信息共享,渗透到供应链的各环节,为门到门全程物流管理提供丰富的信息资源。货运物流信息平台总体结构如图 2.5 所示。

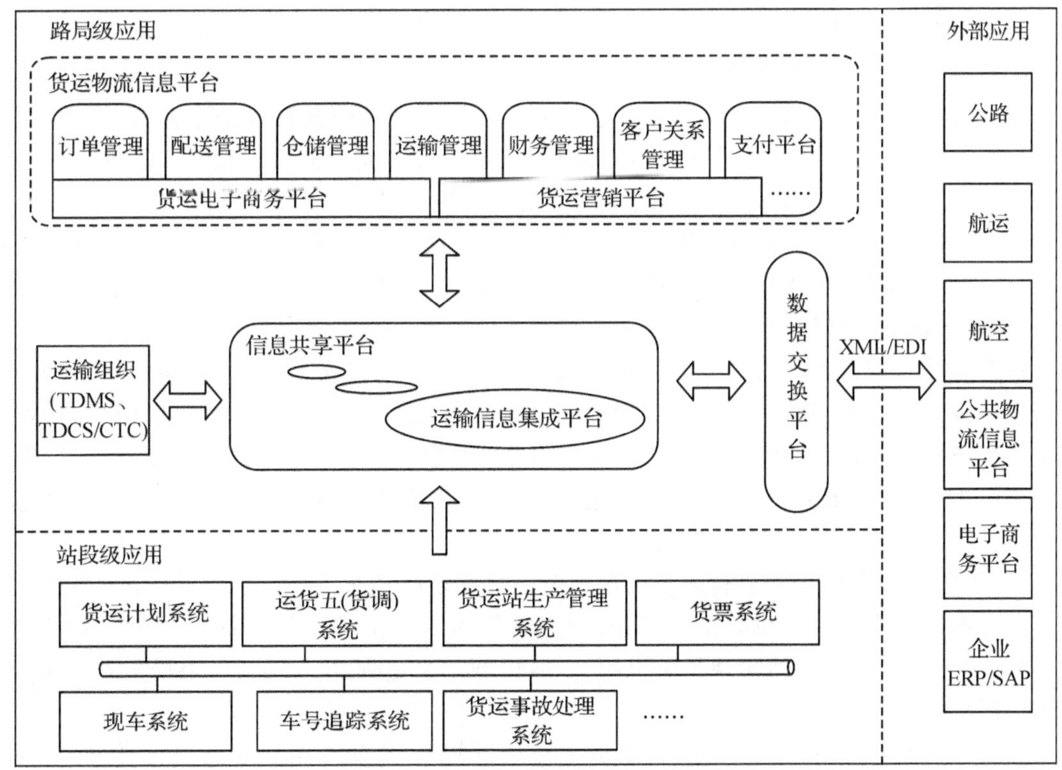

图 2.5　货运物流信息平台总体结构

站段级应用重点整合内部信息资源，实现各信息系统间的信息共享，提高铁路运输组织及作业效率。通过货运站生产管理信息系统对既有 TMIS、FMOS、货运制票、货运事故处理、集装箱追踪、危险品货物运输安全监控、篷布管理、货调管理等系统进行整合贯通，补充完善货物运单、货区货位（箱区箱位）、装卸作业（包括集装箱）、专用线作业、进出门禁等功能，使各货运站生产作业各环节形成完整的单元；兼容技术作业站货检系统，及时反馈因车辆原因、装载质量超偏载以及编组作业原因导致整换装信息，同时对中间站列车保留、甩挂信息的采集录入提供模块。

集团公司级应用依赖采集、集成来自底层的信息资源，建设信息共享平台和运输信息集成平台，并以上述平台为支撑，建成涵盖门到门全流程的货运物流信息平台，贯穿货运电子商务平台、货运营销平台等。

建设开放型对外数据交换平台。开展与其他集团公司、路外物流企业、物流信息平台的合作，建立全程、开放物流平台模式，与社会物流平台建立信息交换机制，实现数据交换，形成信息交换的接口标准和规范，推动开放式物流平台的建设。国铁集团货运营销平台如图 2.6 所示。

2.4.4 货运管理系统

“后厂”的货运信息系统定义为：与车站货运作业有关的所有信息管理系统，包括现在车管理、确报管理、货票制票、集装箱管理、特货管理、装卸作业管理、货检作业、仓储管理等。所有这些功能不应该作为单独的系统，应该整合成为统一的货运信息系统。这些在铁路运输组织相关的书中，都能找到，这里主要介绍几个最基本的系统。

1. 铁路运输管理信息系统 TMIS 的概述

铁路运输管理信息系统（TMIS）是建立在全路的中央集中数据库信息系统。系统提供货物运输的动态信息给货主，作为企业组织生产、适应市场变化的重要信息。同时可实现对 2 万列货车、50 万辆货车、60 万个集装箱及所运货物的实时动态追踪管理。

车与货的实时追踪管理是 TMIS 运输管理中的核心。系统提供的信息有列车动态信息、主要技术站信息、分界口信息、装卸车信息、现在车流推算、篷布信息、集装箱信息、货票信息、特种车信息、车辆信息及空车调整信息等。

铁路运输管理信息系统是一个规模庞大、结构复杂、功能众多、实时性强的网络型计算机应用系统。从 1994 年开始进入实施阶段到 2004 年底 TMIS 各子系统全面建成，历经十年。整个信息系统在 TMIS 网络平台上主要架构货票制票、列车预确报、车站综合管理、货运营销与生产管理、集装箱管理、大节点追踪、运输调度七大系统，基本上覆盖了铁路货运生产的全过程。

（1）货票制票系统。货票制票系统是在全路日均装卸超过 60 车的大、中、小型货运站和所有车务段范围内实现微机编制货票，并通过计算机网络上报给铁路局集团公司软件的系统。目前全路 2674 个车站实现了微机制票，微机制票率达到 99.27％，铁路局集团公司货票信息入库率近 100％。

（2）列车预确报系统。列车预确报系统利用计算机网络实现车站发报、铁路局集团公司、国铁集团按照既定原则转报的自动处理过程。铁路局集团公司、国铁集团建立确报信息

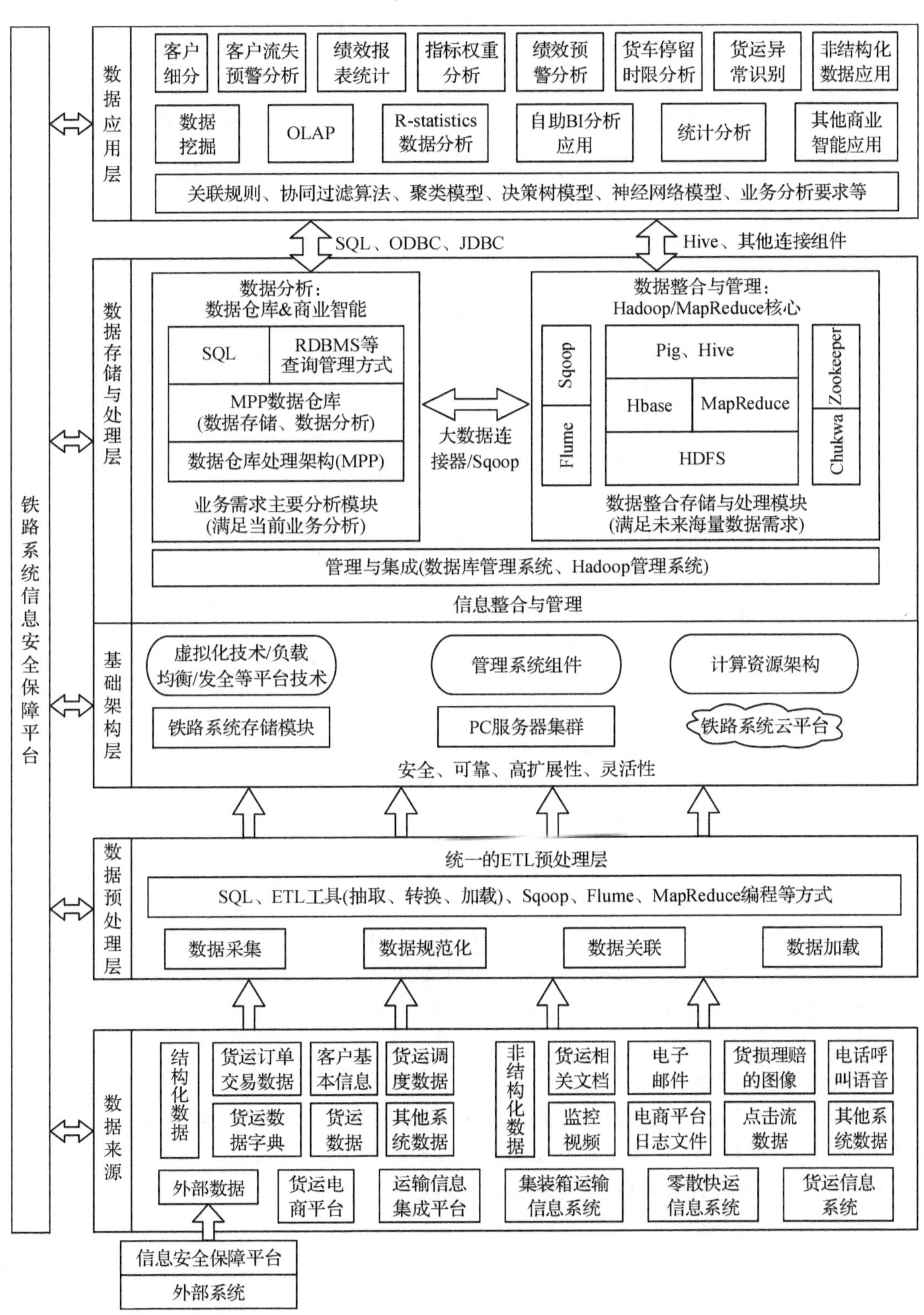

图 2.6　国铁集团货运营销平台

库，为相关部门提供一系列统计、分析及查询功能，并可供其他信息系统共享。目前该系统覆盖了全路所有的编组站，大、中、小型区段站和主要中间站以及所有的铁路局集团公司调度所。

(3)车站综合管理系统。车站综合管理系统是将货运管理、现车管理、集装箱管理、货运制票、营销计划、货运安全等功能融为一体的信息系统，其功能涵盖车站作业生产和管理的各个环节，用现代管理取代了经验管理，对车站压缩“中、停时”，加速车辆周转速度，降低劳动强度，提高运输效率，发挥了重要作用，实现了铁路货车及货物原始信息的收集和共享。

2. 货车管理信息系统

全国铁路货车拥有量只是个宏观总数，货车位置与状态的变化只是实时数据，铁路货车车型、车号编码不规范，重号车现象比较严重，有关统计信息误差大。同时，铁路货车无固定配属，全路通用铁路货车无固定修理地点，货车数量多、分布广、动态变化快，铁路货车的运用与检修隶属不同部门。管好、用好铁路货车，是提高铁路运输能力的重要方面，货车管理信息系统(CMIS)是解决全路货车管理问题的唯一途径，主要由货车运行和货车检修两个大类组成，主要包括以下子系统。

(1)货车运行管理信息系统。货车运行管理信息系统包括货车实时追踪管理信息子系统、编组站货车管理子系统、现在车及车流推算信息子系统和列车确报信息子系统。

(2)货车检修管理信息系统。货车检修管理信息系统包括车号管理信息子系统、计划管理信息子系统、调度管理信息子系统、段修和入段管理信息子系统、站修管理信息子系统、厂修及新造车管理信息子系统、轮对管理信息子系统、工厂验收管理信息子系统和企业自备车管理信息子系统。

(3)TMIS的货票管理信息系统

货票管理信息系统是TMIS的一个重要组成部分，其最终目标是通过在铁道部建立完整的中央货票信息库，充分实现资源共享，在满足铁路现行管理需要的同时，实现货票信息的实时处理，为铁路各级业务和决策指挥部门以及用户提供准确及时的货票信息。

(4)货运营销与生产管理系统(FMOS)

货运营销与生产管理系统主要包括货运计划和技术计划两个比较大的系统。货运计划系统在全路1487个货运站全面投产。技术计划系统利用已批准的货运计划信息，编制车辆运用计划，通过合理安排各区段车辆的运用，提高车辆运用效率和铁路运输能力，压缩铁路运输成本。

(5)集装箱管理系统

集装箱管理系统在全路600多个集装箱办理站投产使用，通过网络实时采集集装箱装车清单、卸车清单、空箱回送清单和集装箱运输日况表等信息，并按箱号建立集装箱动态库，通过与车号自动识别系统信息相结合掌握集装箱运行位置。

(6)大节点追踪系统

根据车号自动识别系统实时采集的机车、车辆的车号、车次、属性和位置等信息，结合确报、货票、集装箱等系统提供的信息，实现对列车、机车、车辆、集装箱和货物的追踪。货车追踪系统已在全路投入运用，并在国铁集团、铁路局集团公司分别建立车辆、列车、机车、集装箱的动态库、轨迹库和历史库，提供各种统计和分析，为铁路各级管理部门提供辅助决策支持。

(7)运输调度信息系统

铁路调度在管理体制上由国铁集团、铁路局集团公司、站段三级构成,在业务分工上,分为计划调度、列车调度、机车调度、货运调度、客运调度、统计分析等。铁路局集团公司调度所是组织车、机、工、电、辆等行车主要部门协同动作,共同完成铁路运输生产的调度指挥机构,关系着铁路运输安全和效率。铁路局集团公司调度所实施推广了运输调度信息系统,并实现了国铁集团、铁路局集团公司和站段三级调度的联网运行。

3. 货场安全管理

货场信息管理集成系统如图 2.7 所示。

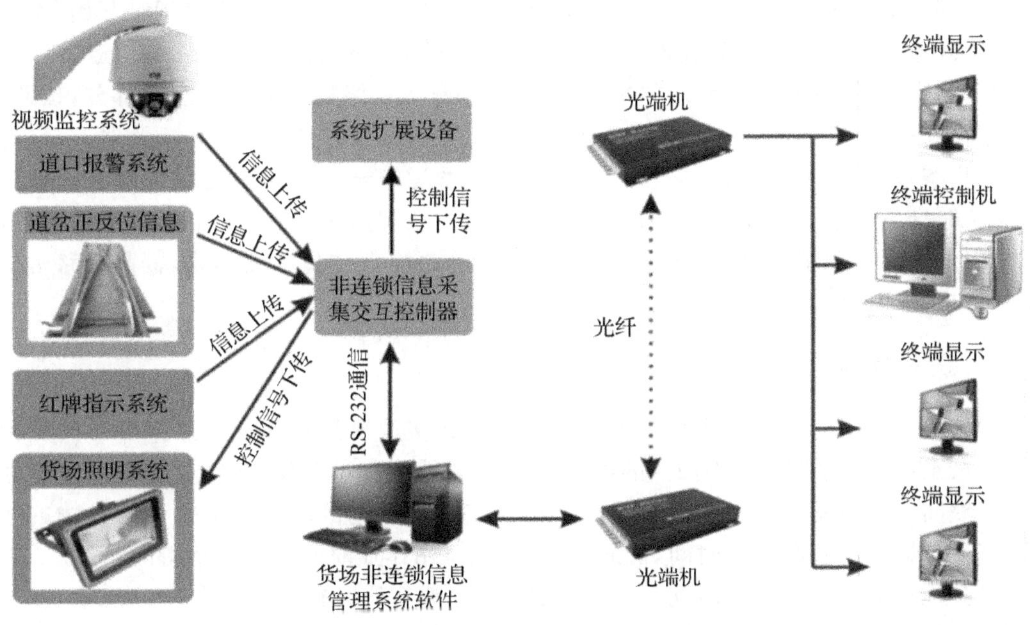

图 2.7 货场信息管理集成系统硬件结构

(1)制作完成手机 App 视频软件

视频监控已达到全覆盖,重点部位无死角,利用货场现有的视频监控系统,开发制作了手机 App 视频软件,管理人员可以在手机上实时查看现场作业情况,摆脱了用电脑观看视频监控的局限性,方便了对货场作业情况的实时监控,能及时发现、处理、解决问题。

(2)开发使用网格化巡视系统

率先使用网格化巡视系统,在货场各个点设置了若干个网格化巡视点,利用巡视系统,经营部管理人员根据网格化管理实施细则规定巡视次数和巡视点,对各岗点进行巡视检查,并在各打卡点进行打卡,月底进行打卡数据汇总分析,落实责任考核,有效督促管理人员到现场关键岗位进行日常检查,提高了管理人员下现场检查的主动性,实行现场检查常态化。

(3)强化货场信息集成化管理

信息管理集成系统可实现道岔进路位置显示、装卸红牌使用状态显示、股道巡检作业状态、实时仓储货位视频监控管理、无线道口报警、门卫验货放行及仓库防盗、照明远程控制、货场股道存车显示、重点部位地段视频监控、站存车列防溜措施显示、红牌作业流程管理、货场车列手推调车管理等功能。采用 RS-485、光端机确保信号传输的准确性和可靠性，采用局域网数据库确保各单位调用、查看、控制数据的安全性。

2.5 案例分析:全程物流的运作和实践

物流全程时限是指从发送端订单下达到接取端签收全过程所用的时间。对于任何物流服务，时效性往往是客户最为关注的方面，因而全程时限是评价物流服务的核心指标，也是物流企业参与市场竞争的重要基础。全程物流是指由某一主体承担将货物从发货点运达收货点的全部运输过程或运输业务，该主体对所承运货物是从托运人仓库收货时开始，至货物交给收货人仓库时止的一种全过程、全方位、综合性的服务过程。目前，铁路货运"门到门"物流服务是指把"门到站""站到站""站到门"运输都作为铁路货物运输的组成部分，按照"门到门"运输、一体化管理的要求，实行一条龙服务、一个部门管理、一个窗口受理、一口价收费、一张货票核收、一本账核算、一套系统控制。货物运输全过程一条龙服务有利于铁路运输企业及时准确地了解市场需求，为货主提供便利的全程服务，减少货主在短途汽车运输、装卸组织上的人员和精力投入，从而吸引更多的货主或企业选择铁路运输，提高铁路运输在整个货运市场的份额。

2.5.1 铁路物流全程时限

(1)接取作业时间。它指从客户下达订单到货物接取所用的时间。这部分时间受到运输能力、员工业务水平等多方面因素的影响，可反映铁路企业对于客户物流需求的响应能力。

(2)铁路运输时间。它指物流全过程中由铁路进行运输的时间。根据铁路运输的一般过程，其又可以分为装卸作业时间、区间运行时间、车站作业时间和车站等待时间等。

(3)其他运输方式的运输时间。它指公路、水运等其他运输方式参与中间运输的时间，包括装卸作业时间和途中运行时间。

(4)不同方式间的接续时间。它指不同运输方式间接续所花费的等待时间，取决于铁路企业对于其他方式运力资源的掌握和协调能力。

美国、德国等发达国家铁路把开展全程物流作为企业重要的盈利增长点，从单纯从事铁路运输逐步走向铁路全程物流的发展道路，并进行了卓有成效的市场化改革，可为我国铁路开展全程物流服务提供借鉴。

2.5.2 我国铁路货运发展全程物流的现状分析

近年来，我国铁路在加强物流全程时限管理方面开展了大量工作，我国铁路物流全程时限管理得到了较大改善。

(1)针对高附加值货物运输，相继推出一系列运输速度快、时效性高的运输产品，如快运货物、中欧班列、铁水联运、零散快运、批量快运、"点对点"直达列车等。

(2)改进列车运输组织工作，实施列车开行"一日一图"，按日编制、按班调整、按阶段滚动实施，强化车流调整和机车调配工作，保证列车开行质量，通过大规模车辆提速改造，运行速度普遍达到 120 千米/小时，推动列车速度的提升；开展运到期限监控预算系统的建设，并对重要快运产品进行全程追踪，加强对物流时限的管控；针对列车在站停留时间、编组站大点车、途中保留车等进行考核，强化运输时效保障意识。

在实施过程中，主要存在以下问题：

①铁路全程物流服务水平较低。全程物流的关键是资源的整合能力，通过供应链管理，为供应方和需求方提供一套完整的供应链服务，通过网络设计、物流规划、信息提供、运输、仓储等的协调，以及材料搬运和包装等活动来为供方和需方降低交易成本，也为铁路企业赢得利润，同时达到客户需要的服务水平。而我国铁路目前的全程物流在流通加工、物流信息服务、库存管理、物流成本控制等增值服务方面还未完全展开，由于铁路分散的多元的物流格局，整个物流供应链中各环节存在脱节、信息流不畅等问题，整体协作性需要提高。

②铁路接取送达业务的规模效应不明显，未形成有效的细分市场。货运组织改革后，铁路办理的“门到站”“站到门”运输业务仅限于针对站到站运输货物的延伸服务，需求总量不足，零散“白货”按货物类别细分市场后，难以形成规模经济优势。

③铁路的货运办理方式难以满足企业物流供应链的要求。铁路采用一体化管理方式自营或租卡车为企业完成“门到站”“站到门”运输，然而在实际运输过程中铁路的业务办理流程不符合企业已形成的物流组织方式。企业使用的铁路运输实际上为公铁联运方式，需要在运输前结清全程运费，货物运输过程中发现问题只能采用后赔付方式，时间周期长、环节多、手续复杂，在方便性和灵活性上与全程公路运输差距较大，铁路运输的自身特点决定了其对潜在的零散“白货”货源吸引力不强。

④托运人采用铁路全程运输后对货物监管难度大。铁路办理全程运输业务后，负责的运输环节延长，接触货物的人员多，企业无法对货物加以监管，导致货物易于丢失。另外，在采用公路物流方式时，收货人可以与车辆实时联系，根据货物的到达期限合理安排市场工作，而铁路运输的货物信息滞后，托运人无法及时知晓货物运输状况，对于高附加值的货物或采用“零库存”精细化管理理念的企业不愿意采用铁路运输方式。

⑤铁路从事两端延伸服务的附加值低。公路货运行业正在逐步分化为精准快速与普速两个市场，精准到达的“门到门”高端服务产品需求旺盛，与普通零担产品在运作方式、信息系统、车辆装备、管理模式等方面已逐渐形成竞争性差异，高端需求造就了与普通货物完全不同的网络型公路快运企业，代表着市场份额集中化、经营模式集约化的趋势已经形成。铁路由于作业环节多，时效性差，实际上长期占据的是普速物流市场，因此，铁路从事两端延伸服务也只能分割普货运输的市场份额。对于已经竞争过度的物流市场，铁路进入后同样会面临成本高、收益低、议价能力不足等问题。其他问题还有全程准时性较低；铁路运输过程信息共享程度和全程透明程度偏低，缺乏对物流过程信息的有效反馈；全程运输中不同方式间衔接欠顺畅。

2.5.3 铁路货运发展全程物流的思路

设计理念需要与时俱进。铁路对市场和客户的需求重视不够，“开展全品类物流、提供全流程服务、开展全方位经营、实行全过程管理”的理念未得到落实。与欧美国家相比，我国物流市场整体呈现出小、散、乱、差、多的特点，第三方物流占比低，经济利益部门化和地区化的弊端严重，物流业体制机制协调能力差。在这样的市场环境下，考虑我国铁路货运发展全程物流自身的特点，主要需要做好以下工作：

(1)做强大宗货物全程物流。货运组织改革前，在大宗货物尤其是煤炭物流方面，铁路货运已经具有较为完备的物流解决方案，货运改革后，应从内部组织、“门到门”运输、物流园区、货物代理各个环节形成铁路煤炭物流体系，进一步提升服务能力和服务水平。可依托铁路物流园区和煤炭物流基地，为区域内目标企业客户提供贸易、加工、仓储、配送、信息与咨询服务。也可尝试拓展全程货物代理业务，为客户提供铁路、公路、水运全流程代理服务，扩展信贷、交货、培训等业务。另外，注重整合社会的第三方、第四方物流公司为中小型目标客户提供大宗物流的有效解决方案。

(2)提高整合资源的能力。具备整合资源的能力是铁路从事全程物流的必要条件。现代物流具有跨行业、跨部门、跨地区的特点，需要各方优势互补、密切配合。在内部资源整合方面，货运组织改革已经通过整合运输、货运、装卸、调度、物流等部门相关业务和人员构建一体化的货运营销机构；在与外部资源合作上，铁路应以虚拟组织的方式，加强自身与上下游和合作伙伴的关系，找到协作点，使自己成为协作关系中必要的一环，凭借自身在产业链中的地位提升产品附加值。

(3)针对零散“白货”物流市场特点，拓展“点到点”全程物流业务。对于“站到站”间运量较大且需求稳定的品类，集中力量打造精品班列或精品线路，在此基础上联合供货商、物流公司拓展全程物流服务。对于运量较小的零散“白货”，应充分利用既有社会物流已经形成的庞大运输网络，成立揽货网点，依靠社会物流的信息平台，与社会物流共享信息；也可以联手社会大型物流公司，依靠社会物流承揽远运距货源，分别用整零方式承运，逐步形成个性化操作模式，与社会物流形成双赢格局。

2.5.4 “农夫山泉”全程物流服务

农夫山泉股份有限公司是全国最大饮用水生产企业，在新安江地区设有7个生产基地，其中76个产品通过铁路运输。金华货运中心针对当前货运旺季车源箱源紧缺、装车场地满负荷运转的现状，提前谋划应对，主动上门与厂家对接洽谈，发挥新安江地区联动办的作用，承诺做到“车源箱源到位、货源到位、服务到位”。中心与集团公司调度、特货公司、金华车务段加强联系对接，确保车源箱源充足、均衡有序送空，提供充足的运力保证；每天保持与农夫山泉公司沟通，协调千岛湖南、新安江南、朱家埠三个货运站协同运作，做好装车方案的设计审核，做到一车一方案，加强各去向的货源组织，从货位到车厢内，全部实行叉车、门吊机械化作业，及时将货物送达货场。中心承担的农夫山泉集装化运输比重已提升到60%～70%，不但提高了装车速度和作业效率，而且降低了装车的破损率，提升了服务的满意度。

1. 开发适应市场和客户需求的铁路物流产品

(1)零散快运物流方案。“农夫山泉”部分终端客户经常有小批量的订单，过去铁路实行的是按照车辆标记载重计费，导致这部分货源全部由公路运输。铁路实重计费政策的出台，解决了过去客户意见很大的按标记载重计费问题。营销人员主动向“农夫山泉”宣传实重计费的优惠政策，帮助客户测算物流成本，制定有针对性的零散快运和批量快运物流方案，由于价格比公路运输低，运输时效和服务质量也得到客户认可，“农夫山泉”30吨以下小批量货源部分从铁路发运。

(2)装箱物流方案。铁路集装箱运输具有零污染、货损小等优势，并具备“门到门”物流运输方式。货运中心定制了“由社会合作企业用集卡车从最近集装箱办理站提取空箱—送到农夫山泉水厂装箱—用集卡车将重箱运输到集装箱办理站装车—联系到站的社会合作企业用集卡车”将“农夫山泉”集装箱配送到终端经销商的“门到门”全程物流方案，并根据“农夫山泉”物流需求，增加铁路集装箱到站，组织“农夫山泉”批量入箱。

(3)集装化运输方案。由于“农夫山泉”产品出产时都是整托盘的，并且有缠膜加固，适合集装化运输。若使用人力装车，需要用铲车先把货物铲到棚车内，用刀把缠膜割开，然后进行人工装车，并且装车件数多，最多的有 9000 余箱一车，一般情况下装车需 1.5 小时，卸车长达 3 小时。同时，人工多次装卸会使产品产生一定的破损，容易造成产品外包装破损，影响产品销售。金华货运中心和“农夫山泉”共同研究开发《农夫山泉饮用水 P60、P70 型集装化装载运输方案》(见图 2.8)、《农夫山泉饮用水 P60、P70 型集装化装车作业流程图》和《铁路棚车大桶水专用托盘集装化运输方案》等，将大部分“农夫山泉”的装卸车由人力作业转为叉车机械作业，减轻了劳动强度，提高作业效率，如 P70 装车，68 盘，全机械作业，可装 55 吨，装车时间 0.5 小时，比全人力装车节省 1.0 小时，卸车可节省 2 小时。

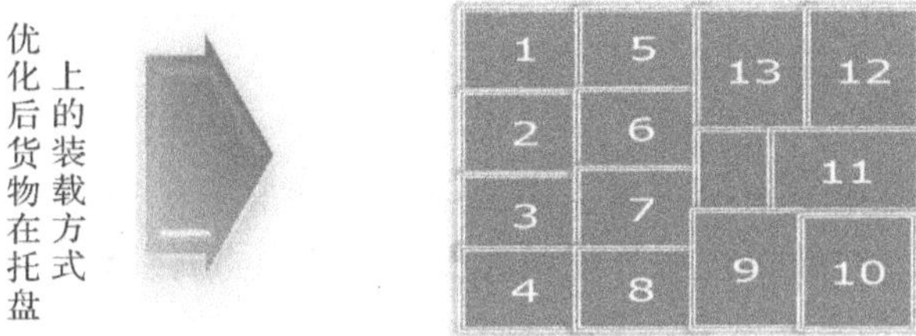

图 2.8　优化后货物在托盘上的装载方式

2.“三位一体”合作经营的综合物流服务

(1)构建“三位一体”合作经营模式。在对农夫山泉物流市场调查中，发现山东区域“农夫山泉”物流量为 10 万吨，物流总费用 8000 万元，而铁路运输份额为零。金华货运中心与“农大山泉”、其他物流企业合作经营，发挥各自优势，铁路综合物流服务融入“农夫山泉”供应链，在价格、时效、服务等方面有比较优势的基础上，做好仓储、装卸、搬运、配运送、包装、短途运输等“门到门”全程物流和代收货款、定期结算、信息服务等新的物流增值服务。并选择了中铁快运公司作为合作伙伴，其具有较强的仓储、包装、分拨、配送、仓管能力，以及信息服务、资金垫付等优势，承担到达端功能性物流服务。金华货运中心负责牵头和承担发运端功能性物流服务。双方资源共享、能力共用、利益分配。农夫山泉 P70 型集装化装载运输方案如图 2.9 所示。

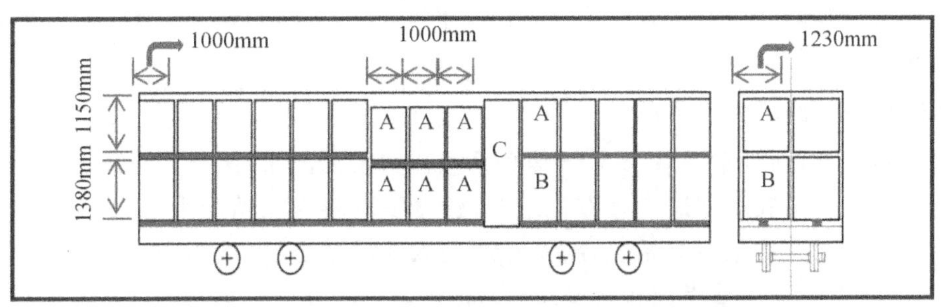

图 2.9　农夫山泉 P70 型集装化装载运输方案

(2)设计“农夫山泉”全程物流服务产品。合作经营三方在铁路济南泺口中心站租赁3000平方米仓库,作为“农夫山泉”山东(济南)区域仓储、配送基地,由中铁快运公司负责仓库管理和配送。金华货运中心负责从朱家埠、千岛湖货运站利用零散快运、批量快运将不同品类的农夫山泉产品运到铁路济南泺口中心站物流配送基地,按照终端经销商的需求,由中铁快运负责配送,签单返回,有效实现将“农夫山泉”产品由生产基地向配送基地(终端客户)延伸,以解决铁路运输时效性差和不适合小批量运输的短板。

3. 全程物流服务产品设计

全程物流服务产品定位是提供货物始发地到目的地全程一体化的物流服务,并提供仓储、仓管、配送、签单返回等增值业务。其中,核心产品:公铁全程运输(门到门)和到达端仓储、配送。形式产品:公铁联运下的全程物流服务方案。附加产品:全程物流服务仓储、仓管、配送、签单返回、运输费用定期结算等。产品竞争力:客户全程物流成本低,承运人在运力、运价和其他政策上互惠互利、满足终端客户需求等。

4. 实施全程物流服务

实施全程物流方案,即朱家埠、千岛湖货运站铁路快运—济南泺口物流配送基地—终端经销商仓库,实现“门到门”全程物流。

(1)建立物流信息系统。中铁快运上海分公司调度部主任通过TMIS系统查询朱家埠货运站铁路快运实时信息,通报济南分公司调度部主任,告知济南泺口物流配送基地。济南泺口物流配送基地仓管信息系统对仓储的存量做科学的界定,并规定上限和下限,根据仓储的存量及时向“农夫山泉”提出补货的请求。

(2)其他增值服务。中铁快运公司负责整理更换“农夫山泉”产品破损包装,货损确定和赔付,由金华货运中心负责集装化托盘购置、免费回送等。金华货运中心、“农夫山泉”和中铁快运公司协调运作、资源共享、互利互惠,有效降低物流成本,实现整体收益最大化。

5.“三站两套”物流组织方案

根据农夫山泉日装车80车和销售旺季日装车120车以上两种情况,分别制订新安江区域三个作业站日常和高峰期“两套”物流组织方案。

(1)日常物流组织方案。按照朱家埠、千岛湖站每日各装40车、两批次装车的要求,细化新安江区域三个作业站棚车储备数量、调度机车取送线路、两批次取送作业时间、小运转列车编组挂运计划等物流组织方案,做到合理、高效。

(2)高峰期物流组织方案。按照朱家埠、千岛湖站每日各装65车、三批次装车的要求,优化棚车储备、调车取送、列车编组挂运等物流组织工作,并制订应急预案,应对突发问题和超预期装车情况。

6.“三站合一”物流指挥系统

充分运用班计划、日常联系、TMIS信息系统,将“农夫山泉”装车需求信息、货运站空车需求信息和车站调车取送配送信息有机结合,建立了以新安江站为中心,朱家埠、千岛湖站为支点的“三站合一”物流指挥系统,新安江站是该区域中心站,承担空、重车集结、编组、挂运等,并实行新安江货运站货调和新安江车站值班员合署办公。即:货运中心在新安江站设置一名货调,负责掌握新安江区域装卸车计划安排、空车需求、装卸车进度等,以及和车站的联系协调。新安江车站全面掌握并指挥新安江区域车流衔接、列车开行、调度机车运用。朱家埠、千岛湖站空车需求、重车挂运、作业进度等计划和信息向新安江站货运站货调汇报，由货调向车站值班员提出申请。车站值班员根据朱家埠、千岛湖站的需求，在新安江站开行小运转列车送空或挂重，安排调度机车到朱家埠、千岛湖站，实施取送作业。

7. 设施设备综合保障建设

(1)到发站物流基地建设。利用发车站铁路专用线与农夫山泉工厂相邻相连的优势，将铁路仓库作为"农夫山泉"产品的供应、备货库，根据农夫山泉订单，装车时用叉车将存放在铁路仓库内的产品直接装到铁路棚车、集装箱内，减少了农夫山泉产品出厂、备货、转场等环节，有效降低了"农夫山泉"转库、仓储的物流成本。并将"农夫山泉"主要到站的铁路仓库建设成农夫山泉产品的分拨、配送库和配送基地，在物流基地内实现仓储、加工、配送等功能。上海北郊和闵行、合肥北站等相继租赁了铁路仓库，改造或建设成为"农夫山泉"物流基地和配送库，实现前移到产品销售辐射中心区域，根据经销商的需求，再由合作物流企业将产品从物流基地和配送库及时地配送到经销商，较好地解决了铁路物流时效性差的问题，也降低了"农夫山泉"(供应商)和经销商的物流成本。

(2)物流设施设备建设。按照食品行业的要求，将原来装卸车作业的内燃叉车全部更换成电瓶叉车，铁路仓库、站台的地面全部进行了无尘化处理，提高铁路装卸车质量。

2.5.5　浙江省八达物流与马钢联合开发的铁路集装箱定制焦物流管理

八达物流铁路集装箱物流开发与运行，主要基于以下原因。

1. 适应钢企供给侧改革的需要

(1)马钢产业结构调整及物流产品的特殊性。马钢厂区周边有大量居民区，传统敞车运输装卸中产生的粉尘污染一直是困扰企业发展的难题，钢厂希望找到一条兼顾环境保护与企业持续健康发展的新路。同时，马钢因产业结构的转换升级，新建的 4＃高炉将使用临涣焦化股份有限公司的定制焦。定制焦采用液氮冷却的气冷生产法，其以含水量低而成为冶炼优质钢材的基础原料，是焦炭类中优质产品和优质钢材，是不可替代的燃料，该焦种与粗放式运输的普通焦炭不同，不仅得保持块状，更得避免雨淋水浸。焦炭一直都采用敞车运输，在采取"抓斗"进行装卸作业和多次短倒的运输方式下，极易造成块状焦炭破碎，同时不避雨水的敞口式运输，不仅会造成水浸问题，而且这类价值较高的货物在运输途中还存在短少风险。以往的敞车加围栏、焦炭网运输，因使用装载材料和载重低，原有敞车加盖篷布的模式不能满足定制焦运输的需求。

(2)去库存、降成本的需要。马钢外购焦炭铁路物流在及时性和均衡性上一直都是影响企业正常生产的瓶颈，造成企业要以较高的焦炭等重要原材料的库存来保证生产的需要，原有库存月均 8 万吨左右。高库存不仅占用了高额资金，而且带来了仓储场地增加的需求。马钢定制焦集装箱管理以全程物流服务为主体，以流程再造为追求，通过一系列个性化的创新服务，减少冗余的物流环节，提升各关键物流节点的能力，进行精细化管理和切实有效的协调沟通，最大限度优化供应链条，满足客户个性化需求，原材料保持一定的库存量和稳定供给。

2. 定制铁路全程运输方案

八达物流以现有定制的集装箱为基础，结合临涣焦化的生产情况和马钢均衡需求的特点，在铁路运输部门的支持下，定制了运行方案。明确了定制焦集装箱运输开行车次、编组内容、运行时刻和运行径路等相关内容，实行3天4列固定循环运行的方案。装车组织站青町站；卸车组织站马鞍山站。车底运用方案：运用集装箱平循环运输，每组50辆。开行车次、编组内容、运行径路：青町—马鞍山开行车次为84435/6次，经由青阜、阜淮、淮南、宁芜线运行。编组内容：马鞍山卸。马鞍山—青町开行车次为87481/2次，经由宁芜、淮南、阜淮、青阜线运行。编组内容：青町卸。

3. 集装箱创新设计实用化

符合铁路集装箱设计规定要求，在合规范围内设计最大容积，提升装载量；针对定制焦怕湿的特性，从装、运、卸全过程进行防护，减少粉尘污染，实现绿色、环保运输；减少人工作业和作业环节，提高装卸效率，减少焦炭破损率，实现装卸作业的机械化。焦炭定制箱通过审查论证并投入生产，在保证符合技术规范前提下达到最大容积，提高装载量。

4. 实施全程物流管理

(1)对集装箱定制焦物流提供全程服务，从临涣焦化的定制焦生产计划安排情况了解、生产实际情况掌握、装车计划提报、车源配置、现场监控、装车计量、挂运、在途运行控制至预告到达、卸车监控、确认库存数量、生产需求变化、物流结算等全程管理，环环相扣、不留缝隙。

(2)创建全程作业标准化体系。采用定制集装箱实行循环、稳定地开行，满足了马钢生产对定制焦的需求，配合新的卸车方式，全程不落地、不倒装的运输方式使焦炭破碎率从6%降至零破碎。该物流管理实行定时、定点、定线、定编的固定车底开行。门到门绿色服务有效确保定制焦供应链的稳定。在创建集装箱物流标准化过程中，临涣焦化对装车点作业平台、平焦设备进行标准化改造，马钢投资新建集装箱卸车线、配备新的卸车设备与自动卸车平台。八达物流联合临涣焦化、马钢共同制定焦集装箱作业标准，有效衔接装、运、卸各作业环节，使全程作业用时控制在72小时左右。

第3章　铁路物流产品

合理的运输生产必须依靠科学的运输计划，科学的运输计划则必须建立在企业对运输市场的详细调查、对运输需求的科学预测以及对市场准确把握的准则上。全面、准确地把握市场需求，成为提高铁路运输市场竞争力的关键。重视铁路货运市场调研，提前调查、分析、掌握货源的流量流向，科学预测运输需求，有利于制定正确的市场营销策略和实施方案，是铁路运输生产的源头和各项工作的重中之重。本章主要对铁路货运市场调查与分析、铁路货运市场预测、铁路发达货运市场细分与定位以及铁路物流产品等内容进行研究。

3.1　铁路货运市场调查与预测的概念

3.1.1　铁路货运市场调查

1. 市场调查概念分析

营销导向成为市场经济系统中企业管理的主要特征。通过市场调查收集的信息是企业确定经营方向、制订生产计划的重要依据。狭义的市场调查特指人们为了对某种产品的生产和营销决策提供客观依据，而系统地收集、整理、分析和处理信息的工作，是针对顾客所做的调查，以购买商品的个人或机构为对象，探讨商品购买、消费的各种事实、意见与动机。

广义的市场调查泛指人们为了解决企业某种产品的生产与营销问题而有意识地进行了解和认识市场环境的过程，它延伸到市场运营的每一个阶段，包括产品分析和市场调查内容。

铁路货运市场调查指铁路货运部门建立市场调查机制、组织专门的市场调查小组，通过制订完善的铁路货运市场调查方案，对市场工农业产品产运销情况、目标市场需求、铁路货运产品、货运营销策略、国内外政治经济环境和地理因素等方面进行全面调查分析，运用多种科学的、系统的方法，系统地整理有关铁路市场营销的信息和资料，分析铁路货运市场的发展情况，了解市场现状及其发展趋势，为市场预测和营销决策提供依据。

近年来，铁路货运营销的机构和部门相应建立，铁路货运市场调查的项目逐步增加，并积极主动调查经济形势、市场环境及客户需求，但针对铁路货运调查与预测的工作还不完善，调查和预测结果对铁路货运市场的开拓及推动作用有待提高。

2. 市场调查的主要内容

铁路货运市场调查的内容较多，以下从8个方面分析铁路货运市场调查的主要内容。

(1)市场环境调查。它是指政治法律、经济和社会文化环境以及自然地理环境等调查。市场环境调查可使铁路部门从宏观上把握企业运营的外部影响因素及产品的需求条件。

(2)货运产品调查。它指针对重点物资运输、阔大货物运输、集装箱运输、易腐货物运输、危险品货物运输、高附加值货物运输的调查，也包括各种配套增值服务(如仓储、包装和咨询的需求)调查等。

(3)技术调查。它主要包括货物装载加固技术、制冷技术、危险货物配装技术和包装技术等调查。

(4)市场需求调查。它主要包括国内外市场需求动向，现有的和潜在的需求量，铁路货运产品所占市场份额及原因，铁路货运和其他货运方式的投资动向等调查。

(5)目标客户调查。它包括目标客户特征及其需求等调查。

(6)竞争者分析。包括分析竞争者的产品、市场占有率、财务状况、运能利用率、创新能力以及领导团队等。

(7)策略适用性调查。主要是对铁路货运市场已经采取的产品策略、价格策略、分销策略和促销策略等实施的效果，以及是否需要改进等进行的调查。

(8)内部管理考核机制调查。主要调查团队管理、政策规则、考核评价和形象设计(宣传、广告、公关、商务谈判)等。通过内部考核调查，可以有效判断整体的绩效水平。

根据调研目标的不同，铁路“白货”物流市场需求调查可划分为多种类型，如营销需求调查、物流中心建设需求调查、产品开发及优化需求调查等。以铁路“白货”物流中心规划建设为例，阐述“白货”物流需求调查的内容。铁路“白货”物流中心建设的前期需求调查，应从宏观、中观和微观3个层面展开。

(1)以行业为对象的宏观调查内容。宏观调查是围绕“白货”支柱行业，着重掌握“白货”支柱行业的产销分布与空间流量流向，明确节点城市定位与通道构建。

(2)以城市为对象的中观调查内容。中观调查是以城市为调查对象的，着重掌握“白货”细分行业物流需求与供给的规模与分布，为物流中心选址方案比选和规模测算提供支撑。

(3)以企业为对象的微观调查内容。微观调查是以重点业务为“白货”的企业为对象，着重掌握可拓展的企业物流需求类型特征与规模，可在现场分发调查问卷等，这种市场调查方法不仅收集数据的工作量大，周期长，成本较高，受外界影响因素多，投入产出比例可能不尽如人意，而且数据量较小，缺乏有效的代表性，已经不能满足铁路对大量数据的需求。通过采用App发放网络调查问卷、与数据平台公司数据交换，推广铁路物流市场监测分析系统等调查手段，能够快速获取有效的物流需求信息，提高调查效率和准确性。

(1)App发放网络调查问卷。通过“互联网＋”设计调查问卷，简化调查问卷制作环节；通过微信、QQ等App发放调查问卷，降低问卷制作发放成本，实现调查问卷的快速传播。

(2)与数据平台公司进行交换。利用物流数据平台整合商家、物流公司、消费者以及来自第三方的数据资源，如对平台上海量的商品、交易和用户等信息，以及社会物流网络信息数据进行深度挖掘，包括收货地址、服务选择、对物流公司的评价数据等消费者的物流数据，商家发货地(通过对物流公司揽收网点解析)、商家的发货速度、商家总体及每个合作伙伴的服务质量评价、商家对物流公司的选择偏好等商家的物流数据，物流公司的"路由网络"数据。

(3)推广铁路物流市场监测分析系统。开发铁路"白货"物流市场的调查与分析系统，运用科学的方法，有目的地搜集、记录、整理市场客户信息和资料，分析流通渠道，流量流向，还有客户的产品类型、产销模式、物流市场竞争对手的物流服务模式及外包需求，监测行业物流发展政策。

(4)掌握物流服务需求。铁路局集团公司要建立物流需求调查机制，定期组织对铁路局集团公司管内社会物流总体需求的调查，逐个区域、逐个城市对各企业物流业态(仓储、配送等物流能力，各类货物物流组织方式等)和个性化、专业化物流服务功能需求和运量需求详尽调查，分析研究物流发展趋势，合理确定铁路物流市场份额和物流功能。同时，需要查找物流服务功能差距。铁路局集团公司根据调研确定的铁路物流市场份额和物流功能需求，比对现有的货运设施设备能力情况，找出物流服务功能和能力方面的差距，分析目前存在的能力瓶颈，研究改进和完善方案。

3. 市场调查分类

国铁集团、铁路局集团公司货运中心和车务站段三级组织实施货运调查。国铁集团是全路性货运市场调查与监测的组织主体，指导铁路局集团公司建立市场调查与监测体系，组织开展各类全路性货运市场调查，开发部署货运市场调查与监测相关信息系统，撰写全路调查与监测分析报告等。

铁路局集团公司是全路性货运市场调查与监测的实施主体和管内市场调查与监测的组织主体，组织站段开展管内市场调查工作，核实数据，撰写分析报告，制定市场调查和货源组织策略及方案。货运站段是货运市场调查与监测的具体实施单位，采集原始数据，收集市场信息，开展基础分析，提出市场调查和货源组织策略及方案。

市场调查分为年度(半年度)调查、月度调查和专项调查。年度调查是为确定次年主要运输生产经营指标和制定年度营销策略，对经济发展形势、相关行业动态、物流行业竞争状况、企业产销运情况、铁路运输能力变化等进行的全面深入调查，调查工作主要通过拜访政府统计部门、经济运行部门和行业协会，走访企业客户、组织座谈会、参加其他行业年度会议、发放调查表等形式开展。

年度调查内容主要包括：

(1)宏观经济形势。国家和地方经济发展形势与铁路物流相关的主要行业发展动态，产业、能源、环保政策等对铁路有直接或间接影响的各种外部因素。

(2)物流市场竞争态势。区域物流发展规划、交通运输及物流行业政策、公路水路管道等运输方式变化、其他物流企业发展等影响物流市场竞争的各种外部因素。

(3)企业产销运情况。分行业分板块分企业的年度产品生产销售计划和原材料耗用采购计划，现有物流组织形式和各种运输方式的比重及年度预期等主要货源因素。

(4)潜在市场调查。为开拓新市场、新货源对"公转铁"和未来铁路货运需求进行调查。

(5)内部能力变化。铁路通道、主要装卸车点、货运场站、装卸设备设施等能力变化情况，可能影响铁路物流发展的能力限制因素。

对于年度市场调查。铁路局集团公司应做到板块化与网格化相结合，既要根据不同品类的特点开展有针对性的调查，又要做到全方位、全覆盖、不遗漏，全面深入地掌握市场及需求变化。

半年度调查主要是为总结年度经营策略执行情况，优化调整下半年经营策略，比照年度调查进行的市场调查。每年6月份由铁路局集团公司自行组织一次半年调查，形成半年市场调查分析报告，为下半年营销工作开展和运输组织安排提供依据。

月度调查是为了安排次月货运生产经营计划，摸清市场需求、优化营销策略，按月对主要客户、物流市场、铁路货运形势进行的综合性市场调查，月度调查由铁路局集团公司货运部门牵头组织，主要通过走访重点企业及物流园区，与政府、行业协会和企业沟通，组织座谈会等形式开展调查工作。月度调查内容主要包括：

(1)运量变化调查。重点调查生产企业产销量变化，生产企业及物流节点去向、别的运量及运输方式变化，了解变化背后的行业政策、市场销售、物流竞争等因素，对有增量潜力的板块和品类深入调查研究，摸清市场需求，制订市场开发方案。

(2)物流价格调查。重点调查社会物流企业运力、运价变化情况及影响因素等，形成主要区域分品类、分去向、分运输方式的价格信息库，并对铁路物流产生的影响进行分析、提出对策。

(3)潜在客户调查。潜在客户是指目前未在铁路发运过货物，或已长期中断在铁路发运货物，但其物流需求属于铁路企业可竞争范围的客户。铁路局集团公司在市场调查中要发掘此类客户，了解其物流量、运输方式、价格变化等情况，建立客户档案，通过研究制订个性化物流解决方案争取潜在客户选择铁路运输方式。

专项调查是根据货运营销工作需要，对具体行业、品类、区域、物流竞争形势以及其他主题开展的专门市场调查，根据主题确定具体调查内容和调查形式，通过调查摸清市场状况，发现主要问题，制定有效措施，提出可行建议。

4.“白货”调查方面存在的短板

市场需求调查是准确掌握“白货”物流市场的关键环节，是提高铁路“白货”市场影响能力和竞争能力的重要基础。“白货”市场细分行业物流需求特征差异明显，食用植物油、饮料、非金属矿物制品、金属制品、家电、医疗器械、医药等重质货物或高附加值的“白货”行业适合铁路运输，是铁路“白货”市场的重点拓展行业；而烟草制品、纺织服装、休闲食品、塑料制品等轻抛货物或非高附加值货物不适合铁路运输，现阶段铁路应逐步拓展以上“白货”行业市场。“白货”市场呈现“小、散、乱”的局面，各行业跨度大、集中度低、缺乏统一的统计口径。现有铁路“白货”物流需求调查多立足整个“白货”市场展开，使得市场调查工作量大，数据获取难度高，针对性不强，主要表现在以下方面。

(1)细分行业产销结构信息缺乏。铁路对社会“白货”物流需求缺乏有效的市场调查，对分行业的产销分布、节点辐射范围、流通渠道、流量流向及物流需求特性的了解模糊不清，难以对专业化物流网络布局和通道构建提供支撑。

(2)城市物流供求信息调查不足。既有市场需求调查主要围绕铁路在目标城市的发到品类、货运量、物流设施布局等内容展开调查，缺乏对城市整体规划、城市支柱产业、城市物流供给市场、铁路可吸引社会物流量等方面信息的掌握，难以对铁路物流中心选址方案比选和规模测算提供技术支撑。

(3)对企业物流需求了解不够。在铁路货源高度集中于大宗物资背景下，市场调查局限于与铁路有业务联系的企业，对可吸引范围内企业的布局和规模了解不够，对主要企业产业链、物流链、物流量、个性化需求、合作意向等方面信息把握不全面，难以对铁路物流中心功能布局和设施设备配置提供技术支撑。

3.1.2 铁路货运市场预测

货运市场调查与市场预测是相互补充的关系。首先，市场调查为市场预测提供预测所需要的数据；其次，市场预测分析是市场调查的延伸和拓展，通过市场调查，能够获得诸多市场信息资料。科学合理的预测是进行科学营销决策的前提，铁路货运市场预测分析是对铁路货运市场调查所得数据的深度挖掘和延伸。

1.货运市场预测概念

铁路货运市场预测是在市场调查的基础上，根据调查所得数据，依据铁路已有的相关统计数据、经济社会发展相关指标统计数据、重点产品产量数据等资料，结合当前我国铁路发展的长期趋势，以及铁路发展的阶段性特征等一系列信息，运用预测学、经济计量学、统计学以及数学等理论方法，对铁路货运市场中的货运量、货物周转量以及各个货物品类的货运量、货物周转量等数据指标进行预测分析，以及对铁路货运发展趋势、发展阶段、发展结构等趋势指标进行预测分析，为铁路货运营销主管部门进行科学的决策分析提供参考依据。

预测学的理论部分致力于对不确定性、随机性的未来进行数学分析和模型描述，通过定性定量分析，为决策者提供决策的必要信息。从本质看，预测的产生和发展来源于事物的不确定性，运输需求由于工农业产品需求在时间上的波动性、工农业生产与消费需求在生产力布局上的错位，在时间和空间上具有不均衡性。为充分利用铁路运力，最大限度地满足运输需求，必须尽力降低运输需求不确定性，使其保持一种稳定均衡状态。通过市场调查和预测分析，掌握货运需求分布，有针对性采取市场营销策略，提高设施设备使用效率，有利于运输均衡协调发展。

2.货运市场预测的主要内容

铁路货运市场预测分析旨在通过市场调查和预测分析，对未来货运市场的发展变化做出定性和定量的判断。

从预测分析的研究对象看，可以分为对发展趋势、结构变化、竞争结构等做出的定性预测，对铁路总货运量、总货物周转量以及各种货物品类和细分市场的货运量、货物周转量等数量指标做出的定量预测。

根据货物运输量计量角度不同，衡量铁路货运量的指标可分为铁路货物发送量、铁路货物到达量和铁路货物运送量。铁路货物周转量是编制和检查运输生产计划，计算运输效率、劳动生产率以及核算运输单位成本的主要基础资料。铁路货物总运量预测和货物品类运量预测是铁路货运市场定量预测中的两大板块。铁路货物总运量体现了铁路生产经营的总规模，对于指导铁路总体营销和发展具有重要意义；货物品类运量预测是根据市场细分和目标市场选择，对特定的货物品类进行预测分析，为制定差异化、个性化的营销策略做决策基础。

从预测分析的时间间隔看，可分为实时、短期、中期和长期预测。

(1)短期预测。预测时间间隔以“月”衡量，预测时间长度为1～3个月，主要用于铁路货运营销、营销工作管理和计划调度。

(2)中期预测。预测时间间隔以“季”衡量，预测时间长度为1个季度至2年。主要用来制订铁路货运营销年度计划。

(3)长期预测。预测时间间隔以“年”衡量，预测时间长度在2年以上，主要针对铁路货运市场发展远景规划。

在实际统计中，货运量是指货物发送量。长期预测一般指3年以上的预测，常应用于远期规划和长期趋势分析。中期预测时间是3个月到2年，常应用于制订年度计划，不确定因素比较少，时间序列资料比较完整，对预测目标变化趋势的测算、分析比较清楚，还能避免短期预测带来的某些局限性，是长期预测的具体化和短期预测的依据，短期预测的时间跨度一般在3个月以下，包括季度、月度预测和临时性短期预测。短期预测服务于实际管理和计划。

3. 预测方法

预测的方法很多，据西方一些研究机构统计有200多种，常用的预测方法也有二三十种，大致可以分为5大类：

(1)判断预测法也叫定性预测法。它是由预测者根据已有的历史资料和现实资料，依靠个人判断和综合分析，对市场未来的变化趋势做出判断。例如，专家会议法、德尔菲法、马尔科夫分析法等。

(2)时间序列分析法，也叫历史引申法。它是以历史的时间序列数据为基础，运用一定的数学方法向外延伸，来预测市场未来的发展变化趋势。例如，简单平均数法、加权平均数法、移动平均法、指数平滑法等。

(3)因果分析法，也叫相关分析法。它通过分析市场变化的原因，找出原因和结果之间的联系方法，并据此预测市场未来的发展变化趋势。例如，基于时间序列模型的移动平均预测法、指数平滑预测法、趋势外推预测法等。

(4)基于统计学。运筹学理论以及结构风险最小原理的预测方法。例如，支持向量机预测方法，灰色预测模型法等。

(5)基于人工智能技术的新型机器学习方法。例如，人工神经网络算法、决策树、贝叶斯、KNN、K-MEANS、随机森林、降维算法、Boost算法等。

3.2 货运与物流产品设计

3.2.1 货运产品内涵

以下用整体产品的概念来分析铁路货运产品的内涵。

(1)实质产品。它是顾客最基本的需求。消费者购买某种产品，并不是为占有或获得产品本身，而是为了获得能满足某种需要的效用或利益。顾客购买货运产品的实质是希望运输公司提供货物的位移服务。

(2)形式产品。它是产品的外在形态，包括品质、特征、式样、包装、商标和品牌。铁路货运产品本身就是无形的，但是铁路货运产品也有一些外在特性，如办理流程、运输速度、装卸地点、信誉、品牌、与其他交通方式的衔接等。总之，形式产品主要还是围绕着货物运输环节。这时候，客户和铁路部门之间的一切商务和运作都是界限分明的，他们之间只是一种交易关系。

(3)延伸产品。它是针对商品特性而产生的各种服务保证，也是顾客购买有形产品时所获得的全部附加服务和利益，包括提供信贷、送货、质量保证、包装、售后服务等。附加产品的概念来源于对市场需要的深入认识。因为购买者是为了满足某种需要，因而他们希望得到与满足该项需要有关的一切。对于铁路货运产品来说，顾客真正的利益在于获得其供应链效率达到最佳的物流服务，因此除了与货运服务本身直接相关的一切服务外，铁路公司还可能与客户建立联盟，他们的关系变成了合作伙伴。货物位移不是最终目的，目的是与顾客供应链的上下两端实现“无缝衔接”以提高运作效率和可靠度。

铁路物流产品作为一种服务，为适应激烈的竞争环境和满足顾客多元化的需求，需不断提高其服务水平和服务创新能力。现代物流体系在业务上包含了多个行业和环节，其中最重要的动能环节之一就是运输，铁路物流发展以铁路运输为关键和突破口，则铁路物流产品也必将以铁路货运产品为核心。铁路物流产品作为铁路向市场提供物流服务的重要载体，其内涵是具有整体性和扩展性的铁路货运产品。

物流理念下的铁路货运产品与传统铁路货运产品的区别在于，前者侧重面向市场的运输服务，服务整体性强，而后者主要面向企业生产者，货运整体产品分为 3 个层次：核心产品、形式产品和附加产品。如图 3.1 所示。

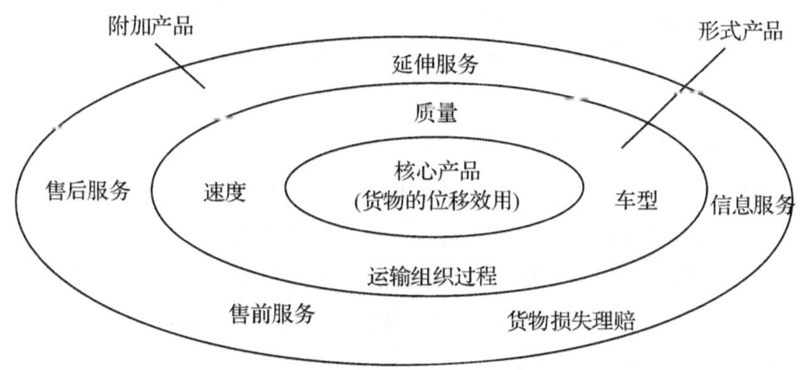

图 3.1 货运产品内涵分析

核心产品：指货运服务。向货主提供的基本效用或利益，实质上的传统的货运产品，即货物的位移。

形式产品：指核心产品借以实现的形式。核心产品所描述的仅服务的形式产品主要表现在 5 个方面：品质(安全性、快捷度、时限保证、服务水平等)、特色、式样、品牌及包装等。

附加产品：是产品附加利益的总和，如向货主提供咨询、仓储、保证、接收送达以及所有能够给货主带来价值的服务，实质是指产品在销售和使用过程中的各种服务、保证等。客户对附加产品的要求，虽然与产品的形体无关，但对产品效用的最终实现有很大影响。

铁路物流产品内涵不仅包括铁路货运产品，还体现在服务内容、服务手段、服务范围三个方面的全面升级和拓展。其中，核心产品是完成货物位移需求的基础，形式产品设计直接影响货运产品的质量，附加产品设计是加强产品市场竞争能力的重要手段。

(1)服务内容。随着经济社会和现代物流的发展，客户需求正向完整的物流供应链方向转变，物流外包的趋势日益明显，客户需要的不再仅仅是有效的运输服务，而是包括仓储、包装、装卸搬运、配送等要素在内的完整的物流解决方案。可以说，在铁路物流产品服务内容中，物流的功能要素都能得到体现和集成。

(2)服务手段。铁路物流产品的发展需要以多种手段为支持。如搞好基础设施建设，提供完善的实体网络基础；应用先进的物流技术、设施装备、物流作业的现代化程度；加快推进信息化建设，促进物流资源的整合、共享；改革传统的运输组织方式，实现铁路物流以货运为核心的实践。

(3)服务范围。长期以来，铁路货运主要承担着繁重的大批量、远距离、跨区域的运输任务，服务范围仍以“站到站”为主。在铁路物流产品中，铁路服务范围将得到延伸，铁路物流服务范围不仅限于“站到站”之间，而是向着“门到门”全程代理的方向发展。通过与水路、航空、公路等其他运输方式有效衔接，铁路物流系统可在国际多式联运、全国区域转运、区域物资集散、地区服务延伸等方面发挥更大的作用。

3.2.2 铁路货运产品的典型谱系

我国铁路基于货运产品满足多样化和个性化需求的开发原则，已经开发出多种货运产品。产品特性主要从货物品类、组织形式、服务水平、时效性要求和区域性差别方面来刻画。

1. 基于货物品类的产品谱系

货运产品重载化和快捷化是铁路运输发展的两大趋势，相应的运输需求可分为大宗货物和快捷货物。其中，大宗货物包括煤炭、石油、粮食、矿石、建材等，而快捷货物包括集装箱、行包等高附加值货物。

2. 基于不同组织形式的产品谱系

铁路经过几十年的发展，设计并组织了不同形式的货运产品。如在直达列车、摘挂列车等传统货运产品下，设计并组织了“五定”班列、大宗货物直达列车等产品形式。为适应较高运输服务水平的运输需求，开发与组织中转班列、网络循环班列以及城际班列等产品形式，并不断扩大这些品牌产品的覆盖范围，以提高铁路货物运输的竞争力。

3. 基于不同开行方式的产品谱系

基于不同的需求受理和开行方式，可将运输产品分为即时响应、定时开行和临时增开三种。其中，即时响应货运产品，货主可随时申请，铁路部门随时审批，配置运力，其费用较高；定时开行货运产品，是指铁路根据稳定货流开发货运产品线，货主可根据需求提前申请，铁路部门一般应予保证，鼓励货主提前申报，这应是客货分线后货运产品的基本形式之一；临时增开货运产品是满足货主突发运输需求，在编组计划规定以外，通过临时编组或超编组计划的列车完成输送的产品，产品以列或运行线形式出售，该产品费用最高。

4. 基于分层策略的产品谱系

运输产品可分为重点运输、品牌运输和新运输三种类型。其中重点运输是满足国家经济发展和人民生活需要的基本运输需求，也就是主要满足大宗货物运输需求的运输产品等；品牌运输和新运输主要针对高附加值货物的运输需求，用以提高铁路运输的品牌形象和运输收入。

5.基于时效性的产品谱系

高附加值快捷货物运输市场是铁路需重点发展的市场之一，也是铁路提升经济效益的重要途径。在客货分线后铁路运能宽松的条件下，应基于时效性进行产品的设计与组织。时效性可从运输速度、送达时间两个方面来体现，其中送达时间是最主要的因素，但需依靠相应的运输速度。由于不同区域的经济发展水平、运输市场供求状况和市场资金程度不尽相同，在不同时期、不同地区，须采取不同产品策略，可提出基于区域差别的产品设计方案，以提高营销的针对性和有效性。

铁路在高附加值快捷货物运输市场发展缓慢，市场份额较低，目前主要的货运产品形式有“五定”班列、行邮（行包）专列、集装箱班列等。由于高附加值货物货源受限，上述运输产品组织数量有限。在客货分线运输条件下，高附加值快捷货物运输产品组织应侧重于货源组织的关系。铁路高附加值快捷货物运输产品的组织可分两阶段走，以逐步提升铁路的市场份额。

（1）吸流阶段。高附加值快捷货物对运输时效性的要求较高，因此，要吸引高附加值快捷货物运输转移至铁路，铁路运输须有两个先决条件：一是组织哪种运输产品；二是具有竞争力的运价，即高附加值快捷货物运输产品组应以班列组织为主。在吸流阶段，货源将是一个逐步提升的过程。为提升货源，首先应在市场调研的基础上组织班列线。而运输组织方面，在货源受限的情况下可采用灵活组织形式。如前期货源较少时采用小编组形式，而随着货源的增多，可增加编组数量。

（2）组流阶段。该阶段运输产品组织以联列形式为主，并更加注重时效性和运输服务水平，以点对点运输的方式为基础形成我国高附加值快捷货物运输服务网络。

3.2.3 基于物流理念创新铁路运输组织

1.基于物流理念创新铁路运输组织的基本模式

基于物流理念优化铁路运输组织的基本模式有：以客户需求为中心，提供定制化运输方案，满足客户个性化需求；以市场为导向，将以运输指挥为主导的运输组织模式逐步向以营销计划为主导的运输组织模式转变，按图行车，客车化开行，实行准时制（JIT）运输组织方式，提高铁路货物运输的时效性和准确性；强调上下游资源的整合，通过企业间的协作，对供应链中的各环节进行同步化、集成化管理，从而实现供应链整体的最优化。

（1）定制化运输

从实质上看，运输市场属于异质市场，客户对运输产品的速度、时间、服务内容及价格等方面的需求存在差异性，在购买方式、购买习惯等方面也有不同。随着铁路运力的宽松，铁路运输将由卖方市场向买方市场转变，不同运输方式之间的竞争将更加激烈；同时，随着经济水平的提高、价值观念的改变和社会分工的不断细化及企业经营观念的更新，客户对运输产品也有了更高的要求，在传统的运输位移的基础上，更愿意选择能够按照自身情况反映个性化需求的运输产品。

为适应铁路运输发展形势和客户对运输产品要求更高的变化，铁路货运必须由传统服务业向现代物流业转变，拓展货运产品内涵，根据客户需求制定个性化的运输方案和综合物流服务，内容包括货物列车开行、到达时刻、车流径路、装卸地点、运输价格、服务内容等。通过定制化运输，发挥铁路运输优势，满足客户需求，为其提供适销对路的货运产品，提高铁路运输的市场竞争力。

(2)准时制运输

准时生产方式是日本丰田汽车公司从 20 世纪 60 年代开始推行的，旨在消除生产过程中各种浪费现象的一种综合管理技术。准时生产就是按必要的产品，不过多、过早地生产暂时不必要的产品。准时生产制是一种讲求最大效益的生产管理制度，强调“准时”和“准量”，不单纯追求高设备开工率、高劳动生产率和高产值，基本思想是严格按照用户要求生产产品，尽量缩短生产周期。

随着现代物流业的不断发展，企业已将着眼点放在如何降低物流成本上，先进的企业管理理论和实践也正朝着精细化方向发展，其中准时生产方式已在以汽车制造和电子技术产业为代表的现代制造业中得到广泛应用。准时制生产方式的应用使货物流动更具目的性和经济性，要求企业做到原材料无库存、产品无积压，不仅是汽车、电子制造企业，就连食品、日用品等行业也受其影响，越来越多地采用准时制生产。而企业准时制管理方式的实现需要以现代物流服务体系为重要支撑，并要求企业在内部物流实行准时制生产的同时，对外部原材料供应产品销售运输相应实行准时制生产，以减少企业为预防原材料供应中断增加库存或销售系统不畅而使产品积压，保证企业按计划均衡生产。

2. 品牌战略

品牌产品进行市场渗透。市场渗透是实现市场扩张的战略，既可以利用现有产品开辟新市场，吸引越来越多的客户，也可以通过向现有市场提供新产品，如延伸产品来实现。经过历年的发展和完善，铁路形成了一系列具有影响力的品牌产品，如“五定”班列、集装箱班列等。铁路“五定”班列线已经覆盖了我国主要的城市和港口，基本形成了高附加值快捷运输网络。品牌产品具有较强的竞争力和吸引力，在铁路运输市场的开发中起到了重要的作用，吸引大量货源转移至铁路。这类产品运输对象可以从干散货一直到普通“白货”、集装箱。依靠品牌集聚相对较小规模的需求，构成稳定的货流需求。

品牌是一种无形的资产，成功的品牌设立和运营，能够给拥有者带来持续的溢价和增值。建议按照不同物流产品的特点，设计面向不同用户需求的铁路物流品牌。按照“提炼、继承、协同”的品牌建设思路，一方面依托铁路局集团公司 5A 级物流企业资质，借助中铁快运、中铁特货、中铁集装箱等三大品牌在我国、国际市场良好的品牌价值，构建以铁路货运为主，非运输企业、专业公司为辅的“1＋6＋3”物流品牌体系。另一方面进一步发挥原有亚欧大陆桥等 6 个物流品牌的优势和资源，提升“铁路货运”物流品牌价值。如快运产品：CRL(速度 200 千米/小时及以上的高速快运专列)、CRE(速度 120～160 千米/小时的特快专列)、CRF(速度 80 千米/小时的特价快运专列)。普速产品 ZH(直达货物列车)、G(疏港列车)、J(集装箱列车)、Q(汽运列车)、O(中欧班列)。

3. 创新组织新产品

新产品刺激新的运输需求。随着客货分线逐步实现，可用于货运的运能提升，新的运输产品，如“绿色100”、“沿海快线”、小编组快运列车、城际快线等，都体现了提高经营效率、提高铁路服务质量的理念。这些新产品的设计和开发以刺激新的运输需求或吸引客户从其他交通方式转移到铁路为重点，主要面向高附加值快捷运输需求。这个细分市场是未来市场需求增长最快、最有发展前途的。因此，这类运输产品是铁路市场营销战略发展的重点。

为解决长期以来铁路货车运行速度低、货主通过铁路运输运到时间无法保证等问题，针对东部地区货运市场需求特点，以客车化、集装化为思路，推出了城际快线、集装箱班列等综合竞争能力较强的货运产品。针对“多品种、小批量、多频次、短周期”的高附加值货源结构特点，组织开发城际间定点、定线、定时、定车次客车化开行的快速货物班列，在货物快运市场打造铁路品牌。已开发了“合沪快线”等管内城际货运快线，以及“北郊—长沙”大众汽配件、“南京北—乌鲁木齐”起亚汽配件等跨局快线产品。同时，开办混装货物运输业务，通过整合第三方集配物流企业资源，探索拼车拼箱业务，增加零散“白货”市场份额。

3.2.4 市场化定价探索

运价问题直接关系到市场竞争力。货运改革后首先推行了“一口价”，对货运收费进行全面清理和规范，将货物运费、装卸费用、两端接取送达、物流服务等全部纳入一张货票，对客户进行一口报价、一次性收取，打破长期以来收费主体各异、各方利益分割的局面，解决了铁路货运价格外收费名目繁多、价格不透明等问题。在此基础上，进一步对接市场，加强市场分析和研究，用好国家和国铁集团给予的运价政策，实现铁路与客户的双赢。

全程铁路运价主要由两部分构成，一是站到站的铁路运输费用，不同运输方式略有不同，吨千米运费呈递远递减趋势；二是发、到两端的费用，特别是到达端，有无铁路专用线和专用铁路对全程影响很大。

1. 市场化定价实施现状

我国政府对铁路货运长期实行政府定价，2014年底，放开铁路散货快运、包裹运价以及社会资本投资控股新建铁路货物运价；2015年8月，允许铁路运价上浮，最高不超过10%。虽然形成以政府指导价与市场调节价相结合的铁路货运价格政策框架，但总体而言，铁路货运主要还是政府指导价。我国各地的经济发展差异较大，铁路运输在不同地区的市场情况千差万别，部分铁路的线路缺乏市场基础。

我国铁路按照国家发改委关于铁路货物运价的政策调整，根据国铁集团运价管理办法，制订铁路局集团公司运价下浮管理实施细则，根据铁路局集团公司管内、铁路局集团公司与相邻铁路局集团公司之间、跨几个铁路局集团公司等不同情况，制订不同的价格下浮比例，并灵活实行量价捆绑、直接下浮等模式，价格跟着市场走，形成与其他交通方式的良性互动，增强铁路货运产品的整体竞争力。此外，在合同运价中，如果货主同意减免铁路的运输责任，如降低对货损的赔偿要求，则可以得到更多的运价优惠。

建立货运营销、财务、收入、纪检监察等部门共同参与的管理机制，确保对市场信息既快速响应，又规范操作。在运价下浮审批前，组织人员开展市场调研，对运价下浮项目进行集体审核，充分考虑现行铁路所有收费项目及标准、其他运输方式同比口径价格、现行铁路运量、运价下浮后可增加运量、建议下浮幅度等内容，确保运价下浮方案最优、效益良好。建立日常巡视检查制度和效果评估监控机制，加强对运价下浮项目日常执行情况的管理，严防在执行下浮运价的同时发生价外收费等问题，真正让货主得到方便和实惠。

2. 市场化定价发展措施

价格策略是铁路适应市场变化、提高市场竞争力的有效手段。继续推进价格体系改革，建立灵活的反映价值规律、反映供求关系的运价调节机制，随着市场的变化及时调整运价。应在国家宏观调控下，根据市场经济和铁路运输的规律，采取适当的运价策略，促使运输企业充分发挥价格优势，增强市场竞争能力。铁路企业的价格政策必须随着市场变化及时调整。

(1)建立运价浮动政策。在明确铁路物流企业市场主体地位的前提下，充分利用国家简政放权后，给予各市场主体的价格浮动权。在总价格基本稳定的基础上，实行灵活的价格调控政策，以增强市场竞争力。

(2)健全定价制度。在利用价格下浮政策的同时，要健全价格调整、批准、公布、考核、信息反馈、市场调查等管理制度体系，更好地发挥价格在运输市场上的决定作用。要充分发挥大数据平台的作用，广泛收集市场价格信息和客户行为偏好，实现“一人一策、一户一价”的针对性的价格策略。

(3)完善运价浮动机制，提升价格竞争能力。建立规范的运价浮动机制。在充分考虑市场竞争需要的同时，明确浮动责任主体、权限、管理方式和程序，避免随意性。强化基于运距的竞争性运价策略，增强铁路运价在中短运距的竞争力和灵活性，短距离运输放开运价下浮权限，中距离运输放宽运价下浮幅度。下放接取送达起码里程标准及其计费规则的权限，由车站根据周边货源及企业分布、短途运输市场等现状申报接取送达业务合理的起码里程，铁路局集团公司审批确定，并按照递远递减原则，根据市场条件进行优化设计。

①实行优质优价。应针对不同运输质量的货运产品灵活制定不同的价格，对于运输速度快、服务质量好的班列以及快运货物列车可以根据市场需求采取优质优价。

②实行季节运价。对不同季节、不同时间的运输产品，可以实行不同运价。如在春节开始前后半个月、每年第四季度和销售旺季，实行费用上浮，其他时段实行费用下浮，运用价格杠杆调节运量变化。

③实行全程一口价。对于已经与公路、水路运输等其他交通方式形成竞争的货源，可实行“全程一口价”，在装车站向托运人一次性收费再实行内部清算，从而减少收费环节，方便货主，提高铁路运输竞争力。同时，可采取价格优惠的营销策略，争夺货源。这一政策可以先在管内货物运输中进行试点。

④灵活的运价下浮政策。允许各铁路局集团公司根据市场变化、竞争需要和运输成本，实行灵活的运价下浮政策。根据客户对企业的贡献、信用等级进行综合评价，分别给予不同的运价优惠。要根据市场对货物的需求调节运价，发挥经济杠杆作用，合理引导市场需求。

⑤适度调整亏吨货物计重策略。系统分析确定亏吨严重的货物品类，在保证盈利和满载的前提下，分品类、分运距研究每车基价或底价，建立铁路和客户以合理方式共同分担亏吨成本的计重规则。近年来我国铁路已经对运价改革进行了有益的探索和尝试，随着铁路运价改革的发展，在运价形成机制和运价管理权限方面，初步形成了统一运价基础上的新路新价、优质优价、浮动运价、区域运价以及专项成本补偿运价等多种运价形式并存的局面。

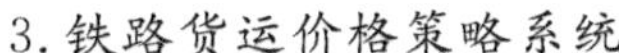

3. 铁路货运价格策略系统

(1)关键技术分析

铁路货运价格策略大数据应用通过数据可视化、统计模式识别、数据描述等数据挖掘模式帮助价格管理工作者更好地理解和运用数据，并通过预测性价格策略建议实现辅助决策，主要有以下关键技术。

①数据采集。数据是大数据生命周期的第一个环节，是大数据知识服务模型的根本。铁路货运价格策略大数据利用网络爬虫、高速数据全映像等技术从铁路内部网络、移动互联网络、传感器、RFID 射频器等环节获得结构化、半结构化及非结构化的海量数据，并利用高速数据解析转换与装载技术实现大数据的整合。

②数据分析挖掘。数据分析的目的是把隐藏在一大批看来杂乱无章的数据中的信息集中起来，进行萃取、提炼，从而找出所研究对象的内在规律。铁路货运价格策略大数据应用从挖掘任务和挖掘方法角度，利用以下 4 个方面技术。一是可视化分析技术。数据图像化可以让数据自己说话，让用户直观地感受到结果。二是数据挖掘算法优化技术。大数据应用的分割、集群、孤立点分析等算法支持海量数据，同时具备很高的处理速度。三是预测性分析技术。通过预测性分析为铁路价格管理工作者提供前瞻性判断。四是数据质量和数据管理技术。透过标准化流程和机器处理确保分析结果的高质量。

(2)铁路货运价格策略大数据应用功能设计

基于铁路货运价格策略大数据应用的需求，设计核心功能包括货运市场运行情况分析、货运价格策略定制、货运价格策略比较、货运价格策略监控预警等四个模块。

①货运市场运行情况分析

通过大数据的挖掘分析，以图表、统计表等方式展示货运市场运行情况，为货运价格管理人员提供决策依据。

货运市场运量构成及运价情况分析。利用饼状图、柱状图、趋势线等图表方式分析货运市场各种运输方式运量、运价水平及发展变化趋势。

分方向分品类运价情况分析。对不同去向不同品类的货运情况进行分析，包括不同运输方式的运量和运价水平等情况，形成以图表为主的相关信息综合查询功能，为不同品类和去向的货运的价格策略提供基础。

重点企业的运输情况分析。对重点企业的原材料需求量、商品产量、货运运量构成及运价水平情况进行分析，形成以图表为主的相关信息综合查询功能，为每个企业的价格策略提供基础。

自定义运价水平查询。提供自定义查询功能，用户可以根据自定义的时间范围、起讫点、品类等条件，查询铁路、公路、水路等运输方式的全程运价水平和运量占比。

②货运价格策略定制

根据用户偏好和设定的目标，利用大数据建模和算法技术，生成一定条件下的最优价格策略，为货运价格管理人员提供参考。

全局类价格策略定制。根据用户设定货运总指标的预期目标，结合用户偏好从多种品类、区域、去向等层面出发，综合统筹形成覆盖范围较大的全局价格策略。

局部类价格策略的定制。根据用户指定的品类、地区、线路、季节、企业等条件，结合货运市场信息挖掘，定制专属的局部价格策略。

价格策略模型管理。根据用户设定的影响价格策略因素，利用大数据建模技术，设计不同偏好的价格策略模型并形成模型库，以供价格策略的定制使用，同时提供模型库的编辑修改操作。

③货运价格策略比较

为用户提供评判价格策略预期效果的工具，用户可以根据预测结果选择更适合的价格策略。

价格策略效果评价。根据用户选择的价格策略效果预测模型，对指定价格策略的实施效果进行预测，并比照用户设定的标准，对价格策略做出评价。

价格策略比较评优。通过预测价格策略的实施效果，结合用户偏好对不同的价格策略进行比较并向用户推荐更优的价格策略。

预测模型管理。提供价格策略效果预测模型库，包括预测因子设计、预测参数配置及用户偏好设定，如占领市场优先、收入最大化、运力最优配置等，用户可以选择适用的模型进行价格策略的效果预测和评价比较。

预测方法管理。提供预测算法库，主要是将大数据常用分析算法与铁路货运价格策略业务的适应性结合，用户可以选择需要的算法来计算相应的预测模型结果。

④货运价格策略监控预警

预警阈值管理。提供预警阈值配置工具，用户可以根据实际情况，设定货运价格策略预警各项参数的阈值。当货运市场的相关参数达到或超过阈值，如发生铁路货运市场份额大幅下降、铁路收益急剧下滑或价格策略未实现预期目标等情况，表示存在风险，大数据应用实时将预警信息推送给用户。

货运价格策略监控。实时监控价格策略的实施效果，使用图表和统计表等方式为用户展示价格策略实施后带来的货运指标变化。

货运价格策略预警。检测设定指标超过阈值时，自动预警并调用价格策略定制模块，形成可扭转当前局面的建议性价格策略供用户决策。

3.3 大宗货物运输产品

3.3.1 大宗货物发展对策

1.推进铁路大宗货物和“白货”运输服务升级

从我国经济发展的角度看，大宗货物的运输仍将处于下降趋势，铁路货运要增加收益，必须从“白货”、快递、冷链和集装箱运输需求寻求突破。这些货物的运输对时效性和仓储、包装等要求比较高，可是目前的货运列车开行方案和装车要求，不能够有效吸引零散“白货”的物流需求，铁路物流企业应当通过灵活的价格策略和提供差异化的运输产品，优化货物快运列车，丰富货运新产品，满足此类货物的物流需求。铁路企业要按照调整供给结构的要求，提供适应市场需求、具有多样可选择性的运输产品。铁路物流企业应当加快建立以市场为导向的价格策略，按照市场标准，调整货品定性分类，不断提高细分市场的份额。

大宗货物仍在铁路货运中占有较高比重，以提高铁路运输服务的便捷性、灵活性为中心推进铁路大宗货物运输服务升级，是铁路稳定大宗货物运输的重要举措。具体措施包括：完善铁路与港口、重点企业的联络线和接驳运输组织。进一步完善港口联络线和大宗物资产销企业联络线，提高铁路大宗物资运输“最后一公里”服务水平。通过有效连接港口和生产企业，优化铁路运输组织。提高铁路在进口矿石、煤炭、粮食等货物中短距离疏港运输中的比重。通过专用线的运输组合，扩大煤炭跨局直达班列的数量，按照市场化运作规则签订经济合同，明确双方权益，以优质运力固化重点企业煤炭运量，减少铁路运力浪费和客户无序运输而产生的物流费用。构建以铁路为主体的绿色低碳经济货运网体系，增强“公转铁”“公联铁”中铁路接得住、联得好、有效益的能力，提升铁路在大宗货运和 500 千米以上中长距离货运中的优势骨干作用，推动充分发挥铁路比较优势和与其他方式高效融合的大运输、大物流、大流通格局。

2. 提升通道运输能力

(1)以扩充煤炭外运通道能力为点，围绕大秦、唐呼、侯月、瓦日、宁西、兰渝等六线和山西、陕西、内蒙古、新疆、沿海、沿江等六区域，深入挖掘运输潜力，为铁路货运增量提供可靠的运力保障。同时，扩大万吨重载列车开行范围。我国已有大秦、唐呼、瓦日、蒙华等 4 条万吨重载铁路通道。

(2)强化机车车辆装备保障。国铁集团将加大投资，新购置一批大功率机车和货车，在主要通道能力适应性分析、运输组织及枢纽能力协调关键技术研究上取得进展和突破，构建货运通道能力、枢纽点线能力基础理论体系；开发铁路通道及枢纽点线能力协调辅助决策系统，满足货运增量运输需要。并围绕“六线六区域”开展典型通道及枢纽实证分析，提出货运主要通道及各类型枢纽点线能力协调的策略和措施。

3. 有效整合物流资源

通过信息资源共享，打通生产、制造、加工、仓储、装卸、运输、短驳等各个环节，促进物流生态链条上各类资源的有效整合、分享共用，实现实体经济与虚拟经济的深度融合，提高物流效率、降低物流成本，实现提质增效。铁路企业可以参考现代物流企业发展的有关经验，通过引导物流、资金流、信息流的三流合一，拓展物流企业的增值服务，增强货运竞争力。在现代物流企业的发展历程中，许多大型物流企业通过对优先级客户提供一定的金融服务来吸引货源，有些物流企业参股或控股银行来拓展此类服务，铁路企业可以考虑与国有银行建立战略联盟来拓展增值金融服务。铁路企业有较好的信誉和庞大的资产，若能有效盘活相关资产并进行适度的资本化、证券化，不仅可以提高资产收益率，还能够通过服务客户来获取更多的商业机会。电子商务的迅猛发展为铁路提供了潜在的具有高附加值的货源，铁路企业应该加快与电商企业的深度合作，通过开发适合的捷运服务，实现高铁网与互联网的双网融合。

4. 优化升级产品结构

以一、二级物流基地为重点，整合货运营业站，提高货源集聚能力，用好专用线货物集散能力，推动水铁、公铁零距离换装，提高中转效率。提高集装箱运输比例，加速货流、车流转化时效，细分零散“白货”快运产品目标市场，用好社会物流资源，完善快捷运输产品，结合铁海联运、铁水联运、国际联运及冷链运输、商品汽车运输需求，强化班列产品运力保障，提高专用装卸机械配备比例，推动货场设备设施升级改造，强化装卸信息智能化管理，提升装卸作业效率，优化大宗货物运输方案，对货源稳定的物流基地组织开行装车地直达列车，提高直达列车开行比例。

针对用户运输需求开发定制化货运产品，支持企业进行运输结构调整。与港口、航运、物流企业及国家物流信息平台等部门单位加强协作，实现多式联运信息资源的交换共享，提升货运信息化服务水平。按照“外集内配、绿色联运”的思路，充分利用既有铁路货场（物流基地）和专用线的仓储能力，开行衔接大城市周边及市内点到点定制化货物列车，构建服务大城市物资供应保障的全过程绿色物流体系，切实提高铁路运输供给质量。

拓展全程物流服务。铁路运输企业向第三方物流领域拓展是铁路实现跨越式发展的一个重要思路，有利于铁路运输企业自身优势的发挥。借鉴国外铁路公司的发展经验，铁路运输企业可以联合物流公司开展合作经营，引入先进的服务理念和运营模式，在充分利用铁路现有的运输网络、密集的站点和完善的运输设施的基础上，为客户量身定制物流服务方案，根据客户需求优化产品设计，结合企业需求效益，并通过可靠的运力保障，保证运到时限。

降低物流成本。主动配合支持地方政府、港口及厂矿企业，推进铁路专用线建设，消除物流中间环节，实现各种交通运输方式无缝衔接。同时，紧密对接市场需求，按照“一港一策”“一企一策”的原则，逐港、逐企制订铁路运输解决方案，努力降低全程物流成本。

丰富铁路运输产品设计。发展煤炭中长协运输和大宗货物协议制运输，大幅增加大宗直达和多式联运直达列车运行线。根据企业需求提供“定制化、准时制”服务，对时效性要求较高的零散货源，依托货运代理企业加大货运产品营销力度，组织开行直达列车、快运班列，根据货物品类特性差异开行专用列车、混编列车等，拓展行包、鲜活易腐货物等高附加值货物的全程运输，满足客户个性化需求。同时，深入推进铁路运输供给侧结构性改革，优化货运产品供给，努力提供更多满足市场需求的铁路货运产品，并形成“干线＋仓储＋配送”全程物流服务能力。“站到站”运输是铁路物流的优势，但要适应市场发展需求，应对社会物流企业全程物流竞争压力，铁路物流应从“站到站”向“库到库”和“门到门”拓展。

5. 加速铁路信息化建设，建设网络信息服务平台

发挥信息技术在现代物流链条中的中枢神经作用，通过搭建物流信息系统，促进物流业务的流程再造、信息资源的整合共享，实现物流信息的无缝接轨及网络化、实时化传输，真正达到物畅其流。通过物联网信息技术，使物流的运输、仓储、包装、装卸搬运、流通加配送、信息服务等各环节实现系统感知、全面分析、及时处理及自我调整，实现智慧物流，改善用户体验。同时，建立全国联网的物流服务信息系统，构筑物流运作的信息平台。标准化、信息化是完善综合运输网络发展的基础，高效的物流要统一的标准和快速、准确的信息交换，铁路物流不仅要制定“统一标准、统一规则、统一运作”的物流标准，还要开发统一的信息平台，重点开发符合国际标准的物流信息链。要引导和整合各种信息或建立统一的物流信息平台，要特别注意铁路内部各部门之间的信息共享及物流与各种交通运输方式之间的衔接。将各种物流信息整合到统一的信息平台上，为物流企业的发展创造最佳的软硬环境。

（1）统一信息资源标准。对各类物流信息系统的接口、标准、软件兼容性包括二维码、RFID 等技术在物流领域中运用的标准进行统一规范，依托物联网、云计算、大数据等新兴技术，使各类信息系统兼容互通，使托盘、周转箱、笼车、集装箱等各类载具有效衔接，确保物流软硬件融会贯通，推动多式联运发展，实现物流全程透明可视化、自动化、智慧化。运用信息化互联网思维、大数据思维、云计算工具、物联网技术及现代科技手段，充分整合社会可利用资源，建立全国公铁水联运大运转物流体系；以铁路干线为骨架，沿线主要货运站场为节点，建立公共信息共享、交易平台，优化流程、责任交接、全程联保；拓展仓储、分拨、配送、物流线上线下交易、流通加工、商贸、保税、金融、保险等服务，完善大数据物流信息系统，实现 O2O 线上线下现代综合物流服务。

(2)利用各种信息技术手段，进一步优化业务受理渠道，引导客户采用便捷的信息化受理方式。搭建了铁路货运电子商务平台，建立了客户电子档案库、交易记录数据库、客户信用评价体系等系统，实现客户运输与物流需求的网上提报、外部需求信息的统一接入。在此基础上，为解决客户反映较多的货物在途信息不透明问题，同时也为促进内部管理效率提升，推进铁路货物运输电子商务全流程工作，围绕铁路货物运输作业全过程，以运单电子化为基础，推行需求受理、装车、支付、途中运输、卸车、交付、两端物流服务等各环节作业信息电子化管理，对内实现信息流转和整合共享，对外实现货运作业全过程追踪、查询和电子领货服务。同时，进一步推进与地方物联网平台的融合，构建功能完备的铁路货运信息服务平台，使铁路货运真正成为社会综合物流体系的一部分，成为厂矿企业生产销售供应链上的一个重要环节。

(3)推广实施电子支付方式，提高客户交货的便利性、安全性；实行整付运费业务，吸引客户通过铁路发货；加强客户信息管理，提升客户体验；完善电子商务系统运费试算功能，提供更加准确的运费计算结果；增加信息采集源点，完善车站办理条件、停限装、集装箱预订、实时查询等相关功能；加快接取送达业务基础信息库建设，实现全路接取送达能力信息共享，为发到两端形成有效沟通机制提供信息技术支持。铁路物流企业要与客户建立长期合作关系，就必须提高自己的服务能力，增加服务功能。不但要为客户提供运输、包装、装卸搬运、保管等服务，还要向原材料采购和生产领域延伸，与仓储、通关、商检相连，与商流、资金流、信息流有效结合，把铁路物流纳入生产、流通与消费的全过程中。

(4)按照提升一体化运输链条效率的要求，建立适应市场需求的运输经营管理机制，创新集装箱、快运、快递等货物运输组织模式，不断提高铁路在“白货”运输上的市场竞争力。打造综合服务平台，完善系统业务功能。

3.3.2　大型装车点的战略意义

大型装车点通过先进的设施设备、高效的运输组织管理，可以实现整列快速装车，大大提高了装车效率；同时，通过大型装车点建设可以吸引整合区域资源，使一区域内的发货人集中、货源集中、装车点集中、同一到站和去向集中，促进铁路货运生产由单车、小批量运输向整列、大批量装载运输转变，方便开行直达到车，提高运输效率，实现良性循环，在提效、扩能、增量等方面发挥了重要。此外，大型装车点提升了铁路装备现代化水平。通过大型装车点建设，铁路货物装车地的基础设施得到了改造，线路、通信设施、信息系统等软硬件环境得到了改善，有效提升了铁路站场装车能力，促进了我国铁路装备现代化和运输生产的规模化、集约化。

大型装车点在运输组织上大多实现了计划装车、日历安排、整列配空、整列装车以及“组流开车、集中配空、集中作业”的组织方式，并通过组织开行直达列车，实现运输安全的有序可控，不仅大大提高了运输效率，还减少了解体、专用线取送、编组等调车作业，有效地提高了安全系数，实现了安全生产的有序可控。

大型装车点的服务对象是具有大量货源的重点企业。

(1)实现集装箱增运。发展散改集运输，做大管内铁矿石、水泥熟料、石灰石、焦炭、块煤等大宗散货入箱运输，提高固定循环车底和 35 吨箱的运输效率，提升车、箱周转使用率。同时结合市场需求，适时再加大投资建造 35 吨箱。

(2)加强批量货物组织。一是做好批量政策变化应对，确保装车日均稳定。利用产品列车的时效优势，加强批量货源组织。二是调整批量板块目标市场，加强新项目开发。全年批量板块以新增货源为目标，以季度为单位，充分发挥三级营销团队作用。

3.3.3 煤炭始发直达列车组织的进一步优化

从货流控制入手，以车流、货流一体化为主要目标，将车流组织前移至货源组织、货运组织，以成组装车为主要控制源点来进行货运资源整合。受目前企业整体装卸能力限制，应进一步整合货位和专用线的管理模式以达到集中办理的需要。例如，对同一接轨站每次作业车少而且装卸作业点分散的专用线可进行作业地点整合；对同一枢纽地区的专用线，可按到发品类进行整合，将到发品类和装卸作业相近的集中办理，加大一次作业车数等。

短途始发直达列车组织。上海局管内水泥、矿粉等直达运输组织一般为短途始发直达。首先应在通过能力上给予保证，另在计划单列、车流调整、径路安排上应给以优先考虑。例如，为进一步扩大浙江铁路水泥运量，列车运行图安排“贺村—洪塘街道”装车地直达列车 1 列，其开行方案、运行时刻和回空点线都已在列车运行图上安排。编组内容为洪塘街道及周边，编组要求为基本组 U 形散罐车 24 辆，其他以集装箱车或棚车补轴，基本组整列回送，车底循环使用。因浙赣线动车组高等级的客车较多，挤占通过能力，回送空车点线不能按图定时刻运行，需要进一步优化图定点线，摸索加速车辆周转的适应时刻，确保按图行车。再如，在萧甬线北仑站矿粉整列开行上，调度能够按照提报的次日请求车计划核实后全部批准装车。

始发直达的经济增长点需要不断完善和开创。例如，安徽省凤阳地区石英砂产量大，货源稳定，需建立凤阳站石英砂运输基地。考虑到凤阳站与蚌埠东站相距 16 千米，从蚌埠东站配送空车便捷，编组挂运及时，车辆周转效率高。但凤阳站没有调机，车辆取送由摘挂列车的本务机车担当，空车配送不方便。生产企业短驳至凤阳站无须经过公路收费站，成本相对较低。在运能充分满足的条件下，生产企业倾向于从凤阳站运输。故设计规划如下：对凤阳站货场进行适当改造，形成一次 35～40 车位的作业能力，满足整列始发装车的要求。同时发挥蚌埠东站既有设施的作用，作为石英砂的辅助装车站；“蚌埠东—凤阳”间开行小运转列车，负责凤阳站按去向装车的车辆定期取送，开行至蚌埠东的石英砂专列。再如，百善物流基地通过近期和远期的粮食类大宗(主要是大豆)货物需求量预测，通过货场能力改造，并考虑季节性的大豆仓储，将逐步形成具有仓储功能的运输型物流。在装车去向上要按同一去向掌握，同时确保配空的棚车数量和时机，加强始发直达粮食专列的组织。上述物流基地发展成熟后要成为新经济增长点的示范基地。

不断优化列车运行图编制，增开物流基地始发直达货物列车，创新货运新产品。优化货物快运列车开行方案,满足管内先期大城市城际物流需求。优化批量零散快运货物列车开行方案,将零散"白货"远程技术直达列车、已经开行成熟的特需货物列车和点到点快速货物列车纳入列车基本运行图管理,规范批量零散快运车辆选线挂运方案,加快批量零散货物运输,满足快运货物运到时限需求。发展海铁、铁水等多种联运方式,发展集装化运输。拓宽特快、快速货物班列开行,满足企业间个性化产品需求,不断丰富完善货运产品体系,多推出80千米、120千米、160千米三种速度标尺六种班列产品,中欧、中亚和铁水联运集装箱班列等新产品。

可通过组织小运转列车向区域内的车站、专用线进行配送,也可通过组织物流公司进行公路配送,实现"门到门"运输。这种车流组织方式最大限度地将车流组织向货源组织的源头延伸,变车流集结为货流集结,实现货流与列流的直接对接,减少了货车装车、卸车后到技术站集结改编的作业环节,缩短了货物的等待时间,十分有利于货物的可靠快速送达和运到时限的保证。

在班列开行方面,"客车化"班列运输组织是一种先进的运输组织方式,它是在分析铁路货流车流特点的基础上,借鉴旅客列车开行组织原理形成的,有利于发挥铁路货运班列高效、快捷的特点,实现铁路货物准时制运输。其于20世纪70年代后在国外铁路上得到成熟运用;虽然在我国铁路尚未得到广泛应用,但近年来行包专列、"五定"班列的开行实践,为铁路"客车化"货运班列开行积累了大量的经验。"客车化"货运班列运输组织主要包括以下内容:班列采用固定车底;班列车次、到发时刻、运行径路、运价、始发终到站、沿途作业站在一定时期内固定不变;货物运输组织方法借鉴铁路旅客列车运输组织方法的原理进行;担当班列牵引任务的本务机车采用长交路形式。

(1)优化班列产品。发挥价格杠杆作用,采用"量价捆绑,量大价优"的原则,鼓励客户做大运量,并发挥自营、合作网点的作用,组流上线,开行一站直达班列、定点循环班列等产品,形成规模化运输效应。

(2)设计联运产品。与管内连云港、上海港、宁波港以及内陆大型企业开展战略合作,构建至日韩、中亚、欧洲的国际铁海联运通道、出口过境的国际"钢铁"通道、"沿海—内陆"内贸铁水物流通道。目前,已设计开行多条"铁水""铁海"联运班列,运输货物超过10个大类400个品种,基本形成了覆盖全国主要港口和内陆腹地主要城市的铁路运输网络。

(3)组织跨局合作。发挥铁路运输网络效应,强化"点到点""重去重回"的货源组织。如上海局集团公司与乌鲁木齐局集团公司建立跨局战略合作关系,上海局集团公司管内的连云港站进口铝粉集装箱发送乌鲁木齐北(乌鲁木齐西)站卸空后,由乌鲁木齐局集团公司组织装运成品铝锭再发回上海局管内无锡南、铜山站,卸空后回送连云港站循环装运氧化铝,提高货运产品效益。

3.3.4　路企直通运输组织的优化

1.路企直通运输概念

路企直通运输是从扩大运力供应、缓解瓶颈制约出发,通过适应性技术改造和运输组织优化等措施,实现本务机车在国铁与"厂、矿、港"以及合资、地方铁路间的直入直出、运输作业全过程贯通和结合部的无缝衔接运输方式。该方式是优化大客户的运输流程、促进现代物流业的发展的实践之举。

路企直通运输是一项全新的运输战略，通过对传统的货源组织、行车组织、技术作业以及专用线管理和安全管理的全面创新，实现本务机车在铁路与“三厂”（电厂、钢厂、石化及炼油厂）、“两矿”（煤矿、金属及非金属矿）、“一港”（主要港口）、“一路”（合资及地方铁路）（以下简称“企业”）间的直入直出。运输作业全过程贯通和结合部的无缝衔接。其主要内容包括：一是始发列车运输组织模式改革。其主要包括改革路企协调配合模式、车流组织模式、机车车辆运用模式、货运组织模式以及运输规章体系等。二是运输组织手段创新。其主要包括到发一次技术检查作业、建立信息系统共享的路企调度指挥系统和铺画装车地直通列车运行图等。

在运输安全保障体系的建设和完善过程中，还包括运输组织应急处理预案、路企直通运输的安全质量管理体系等。

2.路企直通的战略意义

（1）建立合作的战略联盟。通过管理模式和运输组织方式的创新，业务办理流程在生产作业环节实现同步化、集成化运作，形成规模经济，有效降低铁路和客户企业的成本，加快供应链运作效率。

（2）实现运输组织流程再造。传统的货物运输生产流程是“货流—车请—列演”，由于装车地分散、车流去向不一，货物装车后要不断进行改编作业，如果货流形成是在企业专用线，则更要增加列车技术作业，取送车时间和货物作业停留时间难免偏长。通过实施直通运输，装车后减少了车辆集结过程，卸车前减少了车流分解与取送过程，将货物运输过程简化为“货流—列流”，简化了运输组织过程，减少了在站停留时间，加速了车辆周转。

（3）为直达运输创造了条件。推进路企直通运输，可以实现装卸车地直接接发列车与企业之间点到点（专用线到专用线）开行直达列车，减少途中改编作业，为铁路发展全程物流运输创造了条件。

（4）实现了货车的全过程跟踪。在企业装车地点装设货运信息系统，将企业车辆的运用状态纳入铁路货车信息系统的全面管理中，并与铁路调度指挥信息系统、货运制票系统、现车管理系统运输调度有效结合，实现各部门之间信息共享；方便铁路对企业现车情况进行管理，实行货车全过程跟踪，消除路企之间信息不对称。

（5）提高装卸作业效率。路企直通运输要求企业具有整车装卸能力。装卸设备和能力规模化，采用高效、自动化的装卸机具，提高装卸车效率，缩短装卸车时间。从“集”和“疏”两个系统开始，扩大系统能力，实现货流源头集约化。

3.路企直通运输方案设计

路企直通运输作为新的货物运输组织方式，已成为挖掘运输潜能、改善企业内部运输环境、优化大客户运输流程、提高运输效率的重要手段。铁路局集团公司调度所是直通运输方案的实施者，是直通运输组织模式效率和效益的源头。为确保实施直通运输的厂矿企业调度、国铁接轨站调度纳入铁路局集团公司调度所统一管理范畴，促进直通运输步入有序化、正常化、规范化，需要加强联合调度模式研究，以便进行信息整合、流程再造、作业组织、联劳协作、调度指挥等方面的创新，确保直通运输组织稳中求进，顺利实施，真正实现路企双赢。

（1）建立相应的直通运输组织机构，明确工作职责和工作标准，同时建立运输生产信息

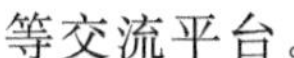

等交流平台。

(2)完善调度所计划、货调、列调、机调台等岗位内部作业流程及与矿务局联系的外部流程,并制定直通运输相关实施办法和细致的作业组织方案。

(3)深入调研直通运输组织实施过程中出现的难点问题,不断摸索规律,精心组织,努力实现均衡运输,确保直通运输组织实现良好的闭路循环。

调度所成立直通计划台,主要职责是组织实施直通运输方案,成为与相关部门及各矿点沟通协调的平台。同时完善直通运输的联系通道。例如,各矿区装车站行车室必须配备通信设备,双方公布相关部门电话、值班人员、班次等项。国铁集团机车进专用线时遇有临时情况,包括运输设备故障、路外伤亡等,各矿点运转室要及时反馈给直通台。

技术关键应包括直通运输计划上报、审批、组织实施等过程。

(1)各矿务局(集团公司)运销处按照直通运输的同一去向、同一到站的有关请车时间节点要求,上报请求车。

(2)调度所相应设置参数修改货运承认车审批程序,优先按照同一到站和同一去向审批各矿点承认车。若有调整,必须事先告知需要调整的矿点装车计划。

(3)调度所日班计划中增加"直通运输计划"内容,将次日直通运输计划以日计划形式下达计划台、行车台、机调台等相关岗位及站段,并将计划和内容通报各矿务局运销处调度。

(4)根据各矿点直通运输装车数量组织送空数量,各矿点严格按照计划装车数和装车去向组织装车。

4.路企直通运输组织办法

在组织实施过程中,从联合调度等有关岗位出发,详细制定与直通运输相关的实施办法。

(1)货调(重点)台与矿务局运销处调度联系,掌握各矿点的产量、设备、装车进度和去向等情况,把各矿点的配空需求向有关计划台和直通台通报;每日下午将次日直通运输计划部分资料交计划室纳入日班计划。

(2)矿务局铁运处将次日影响直通运输的站场、线路、信号等施工内容、封锁时间及处所等按照时间节点要求及时上报直通台,遇有临时限速要加强沟通与协调。

(3)直通台掌握直通方案列车运行、列车编组和直通点的装车、卸车情况,向计划台提出配空、出重、出空计划和相关要求;每日下午将次日直通运输计划部分资料(包括自备车)交计划室纳入日班计划;还负责将运输日班计划和阶段计划下达给矿务局运销处调度和所有直通接轨站,同时布置重点事项,并分阶段组织实施。

(4)计划台根据货运重点台和直通台提供的要车计划,结合空车情况和铁路局集团公司分界口的排空要求,与机调联系直通机车资源,再安排各矿点的运用车配空计划,并把直通矿点的配空计划及时反馈给货运重点台和直通台。组织办法中的信息交换体现在工作流程中,如图 3.2 所示。

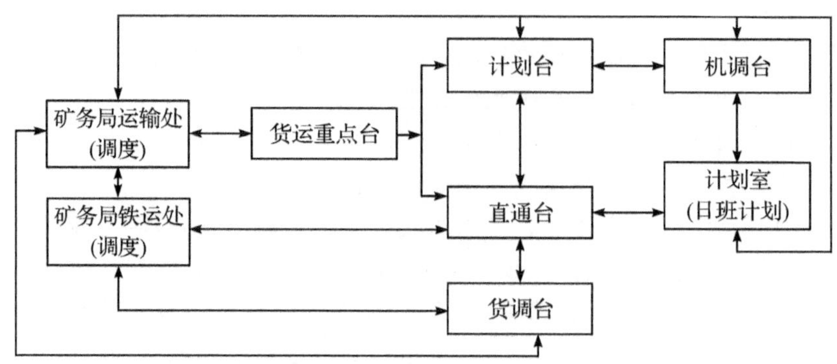

图 3.2　路企直通运输联合调度模式工作流程

5. 路企直通运输存在的主要问题

(1)路企信息沟通不畅

生产与运输对接困难，直通运输需要多方面密切配合才能完成。日常工作中相互间的联系在信息对接上需进一步加强。

①矿务局内部，如矿务局运销处调度负责装车去向，铁运处调度负责取送车等日常运输组织，若联系脱节，受市场、煤种、价格等原因影响易造成有煤不一定有车、产量不好需要排队装车等现象。

②车站与矿方间信息不对称，调度所与矿务局、车站间信息不同步，如矿里产量不好或需要检修时，不能及时向调度所通报，造成配空后车辆积压。

③调度所各工种间，如一列空车到达某接轨站后，重点台根据矿里产量，结合去向和有关重点要求确定空车分配方案，直通台和计划台需要与重点台联系好后才能进矿。各方面信息对接得好，有利于日常直通运输组织。

(2)直通运输组织的难点问题。

①部分矿点产量不能满足直通运输需求。受煤炭产量不确定性变化影响，部分矿点产量阶段性难以满足直通运输需求。例如，淮北矿区朔里矿有时产量一天只能装 1 列列车，装车时间在 10 小时以上，而直通核定装车时间为 4.5 小时，若完全参照标准势必造成国铁本务机车在矿等装，机车浪费。淮南矿区主要表现为潘集矿，由于淮南矿务局自建两家电厂，装车首先保证每日耗煤 8 列列车(矿里自备车装)，这样就影响其他列车装车时间，国铁机车乘务员在交接站等待时间相应延长。

②部分矿点运力与运量不匹配。直通运输实施后，机车、车辆作业点由铁路接轨站分别向前、后移至矿区站和铁路区段站，造成矿区站和铁路区段站阶段性能力紧张。例如，谢桥矿站作为与国铁的交接站，担负着 5 个矿的列车到发与车辆交接作业(直通前车辆交接作业在谢桥站进行)。谢桥矿站只有 6 股线路(其中 6 道为正线，4 道、5 道为装车线，1 道为到发线兼机走线，2 道、3 道为到发线)，不能满足日装车计划需求，经常因矿站股道紧张造成阶段性不接车现象。再如，原来在潘集站进行的车辆交接作业下移至淮南西编组站，淮南西站下行场股道运用存在阶段性紧张现象。

③空车集中到达不利于直通运输。日常组织中常常采取铁路局集团公司分界口排空任务完成后再集中组织配空的模式，一方面容易造成空车集中到达和直通机车运用不足，遇有

进矿装车列车临时无直通机车便采用长交路机车担当的方式，机车送到装车站后拔头，打破了直通运输方案；另一方面也容易造成配空车编组质量不高、“SS”车较多。例如，淮北矿区配空不均衡主要集中在芦岭站和青町站，淮南矿区主要集中在颍上站，配空不均衡、集中到达容易造成空车在装车站等待、排队装车。

④自备车和循环车底多，调整难度大。主要表现在淮南矿务局的潘集和谢桥两站，自备车、循环车底有38列之多。由于自备车和循环车底装车去向固定、不能调整，遇产量不好时，容易造成矿里车辆积压，直通重车不能按规定时间出重，从而造成直通机车阶段性紧张，影响直通运输兑现率。当自备车底周转速度快时，日常某些其他方向重点装车有时难以保证，需要及时向淮南矿务局增加路用敞车配空，配空难度也相应增大。

(3)对策和措施

①加强信息对接

一是做好日常信息的对接，保证信息畅通。日常需加强调度与矿务局、车站间的相互联系，做好有关信息的对接，保证信息畅通。例如，针对各直通点情况，考虑到谢桥、潘集、芦岭站三个直通点矿多、专用铁道线路长、作业方式多，直通运输组织难度大等因素，需要矿务局每天15时前将次日谢桥、潘集、芦岭站各矿点的产量、空车需求情况，及时电传给货调重点台和直通台，以便做好次日配空。特别是谢桥、潘集矿煤炭产量不稳定，自备车和循环车底多，空车到达量超过需求量等情况，要及时通报，以便提前决策。

二是加强调度所统一指挥功能，提高直通方案兑现率。做好直通运输的目的是提高运输效率，直通运输涉及调度所多个岗位，日常需要加强相互间联系与配合，在值班(副)主任统一指挥下进行工作，并以直通台为主线，随时掌握矿里装车动态，加强相互间联系，组织实施直通计划。要充分发挥直通台作用，做好机车、车流、空车组织等各环节的衔接，重点抓好空车调整，在保证排空的前提下，使配空与装卸车作业点的作业时间、资源条件相符合，均衡配空。

三是不断完善健全路企直通后的调度联合办公模式，在组织形式、调度指挥、信息共享等方面不断进行优化。例如，为确保始发直达列车的兑现率，需要严格规范装车去向。要求矿区企业在每日10:00前提报次日直通运输计划时严格按照同一到站和同一去向，调度相应设置参数修改货运承认车优先按照同一到站和同一去向审批各矿点承认车，在日常运输中确保计划的兑现，并按此计划编制日班计划。临时遇有重点客户告急，可根据车流和车源等情况事先告知需要调整的矿点装车计划。另外，还需要企业生产同铁路运输、货源同车流、机车动力同空重车列紧密衔接，需要协调车、机、辆、货等岗位协同动作，加快机辆周转，同时要避免沟通不畅、信息失真、等机待线、待取待送等脱节现象。

②实现动态均衡运输

一是对部分矿点均衡配空，提高直通运输效率。由于受排空、产量等因素影响，直通运输全部按方案执行是不可能的，但结合矿点的设备、产量和空车来源情况，提高部分矿点的直通运输兑现率是有条件的。对颍上刘庄矿和沙塘直通点进行均衡配空摸索规律如下：颍上刘庄矿全天配3～4列(日均6小时1列)，装3列时，夜间2点前配1列，白天上午1列、下午1列；装4列时，夜间配2列、白天配2列，并掌握好时间段间隔。调度时计划台要布置车站首先编组重点规定车次和时刻的空转直达列车；车站在编组重点车次和时刻的直达列车时，调选质量良好的空车，禁止编入双“SS”车。遇产量不好等情况不能按规定的矿点配空时，可以调整到其他矿点装车。

二是平衡好机车分布，确保关键车站和区段畅通。计划台要重点关注淮南西编组站的大交路机车情况，保证淮南西编组站上下行不要阶段性严重等机车，确保淮南矿区空重车出进正常。淮北地区要重点安排好芦岭站、青町站的机车与重车接续，力争均衡配空。芦岭站有条件时安排机车在所接轨的三个矿点进行等装，无条件时送空拉重，以加快机车周转，提高运输效率。对到达芦岭站的配空列车尽量不安排电力机车或大交路机车牵引。若使用长交路机车牵引，允许电力机车（大交路内燃机）从芦岭站拉重车返回邻近蚌埠东区段站编组。

三是加大疏通力度，缓解瓶颈运输压力。为保证空车来源，需要针对不同的矿采取不同的组织方式。如淮北矿区的朔里矿、朱庄矿等不要进行机车等装，采取送空取重或单机取重；对濉溪的三个矿采取机车等装、送空取重或单机取重，以提高机车使用效率，缓解矿区小运转机车运用不足的局面。针对谢桥矿日常装车量大于方案数，直通（小运转）机车运用不足，遇产量不好时部分列车在矿里更换机车（送空拉重），以加快机车周转速度，缓解机力紧张的局面。同时因谢桥矿装车量大，淮南矿区小运转机车运用紧张，潘集矿出来的整列到达大通、田家庵站的重车，淮南西编组站可以不进行更换机车，由淮南矿务局机车直通到卸车站。同时，为缓解淮南西编组站下行场能力紧张状况，对不是装电煤的部分自备车要进行优化编组、减少列队等。

（4）做好技术改造规划与实施

直通运输是个整体工程。从长远考虑，在保证铁路信息安全的前提下，需要对实施直通运输的线场设置调度指挥信息系统、货运制票系统、现车管理系统、TDCS 调度指挥系统，对路企间技术标准进行统一，以实现运输信息共享和对接，提高企业生产能力与铁路运输能力配置质量，充分发挥直通运输效益。还要加快企业内部线路改造、装车设备改造，全面提高专用铁道线路的允许速度，提高装卸作业效率。

要把国铁大联动机的组织模式拓展到企业内部的铁路运输上，需要提高矿区等企业线路信号条件，提高装卸机械等设备以确保装卸效率，而且要实现信息系统的对接和共享等。同时，为便于掌握战略装车点、大型企业列车动态和车辆分布、使用状况，需增设 ATIS 信息采集设备和 AEI 车辆实时追踪系统。

我国铁路目前存在大量的非繁忙干线、支线、运煤专线、厂矿铁路等，地理位置较为偏僻，部分线路设站较为稀疏，作业人员交通往来十分不便，生产生活配套设备短缺。由于作业区域内存在调车作业烦琐等因素，也难以实现利用 CTC（调度集中）系统在调度台统一管理。为此，可将综合自动化技术应用于干支线铁路，将车站作业人员及设备进行适度集中，实现作业过程自动控制、作业安全综合防护，实现集铁路信息全程共享、运输管理集中化和数据分析智能化于一体的区域集控综合系统。

3.3.5 重载列车技术的发展

1. 概念分析

重载列车是相对于普通货物列车而言的，一般的普通货物列车每列载重 1500 吨到 5000 吨。1985 年国际重载运输协会成立之后，对重载列车下了定义。随着重载技术的不断提高，到了 2005 年，标准规定：每列列车的牵引质量不少于 8000 吨，车辆轴重不小于 27 吨，铁路线路长度不少于150千米的区段,每年计费的货运量不少于4000万吨。

我国铁路重载技术已经走在了世界的前列,目前每列重载列车牵引质量已经达到1万吨至2万吨,远超国际重载运输协会的标准。重载列车和普通列车不同,差别就在于列车编组的方式不一样。普通货物列车用一台韶山型电力机车就能拉上6000吨,如果想要拉到1万吨甚至2万吨,一台机车远远不够,就需要采用大功率机车,同时还要对货物列车进行组合。一般重载列车的组织形式有三种,分别是单元式重载列车、整列式重载列车和组合式重载列车。

单元式重载列车以固定的机车车辆组合成一个运输单元,在装车站和卸车站之间循环运行,中间不经过解体和重新编组。整列式重载列车由挂于头部的一台机车或者多台机车联合牵引,牵引的货车也五花八门,中间需要解体和重新编组。组合式重载列车是由两列级别以上的同类货物列车首尾衔接,组合成一个整列。牵引机车位于列车的头部和中间。

单元式重载列车、整列式重载列车和组合式重载列车各有优缺点。单元式重载列车拉的货物比较单一,适合专用的货运铁路,比如我国的运煤专线大秦铁路就大量开行单元式重载列车。整列式和组合式重载列车运输组织比较灵活,适用于运能比较紧张的铁路。大秦铁路之外的普通铁路上,会开行整列式和组合式重载货物列车。

2.重载机车新技术

重载铁路上面使用的大功率机车分为内燃和电力两种,不管是采用内燃发动机还是电力发动机,都面临着一个将动力传送到车轮进而驱动行走的问题,这就需要研究机车的电传动技术。经过40多年的发展,电传动技术经历了"直流—直流"传动、"交流—直流"传动,最终实现了"交流—直流—交流"的传动技术。这种技术是伴随着大功率硅整流技术的发展而出现的,主要有电机构造简单、机车黏着性能好、功率大、牵引力足、可靠性高、维修方便、效率和利用率都很高、动力性能好、制动性能强大等优点,已经得到了广泛的应用。

大功率机车的另一项重要技术是径向转向架技术。采用径向转向架,在火车通过曲线之时,保证轮子和钢轨紧密接触,为火车提供足够的黏着性能,使得牵引力不会降低。大功率机车还采用了重载列车网络控制技术,多用于多台机车联合牵引之时,借助于网络传递机车联合控制等重要信息。另外,重载机车故障遥测监控技术可以对每一台机车实施全寿命服务,大大提高了机车使用率,降低全寿命周期成本。

3.重载车辆新技术

重载铁路除了采用大功率机车牵引之外,还需要有特殊的车辆与之配套,这些铁路车辆因结构性能与普通的货车不同,具备很多独特的技术,一般都要能满足以下几个重要参数:大吨位、低自重系数、每延米载重、低重心高度、便于迅速装卸、减少纵向冲动、加强纵向力的承受能力、低动力作用转向架。车辆大吨位就是要满足重载铁路多拉货的要求,它的牵引重量比常规列车大得多。扩大车辆吨位有两种方法,一是将轴重增加,把原来常规的21吨轴重提高到25吨,相应每辆车的总重由84吨提高到100吨。另一种措施是在不改变轴重的前提下增加轴数,即由原来的4轴车改为6轴车或8轴车,则每辆车的总重由84吨提高到126吨或168吨。重载列车的牵引重量中有一部分为车辆自重,一部分为装载货物的重量。车辆的低自重系数越小,则载货量越大,运输效率就越高。因此,重载车辆应在保证必要的强度和寿命条件下将车辆的自重做到最小。

重载列车的牵引重量大、编组辆数多，列车的长度也很长，这就需要车站的列车停留线（到发线）的长度能够容纳整个车列。我国车站到发线长度一般为650、850、1050米等几种，重载铁路车站的到发线有效长度可以达到1700米甚至2800米。因此，重载列车的开行长度要与车站到发线的长度相匹配，增加重载列车的牵引辆数，就要加长该区间车站的到发线的有效长度。

根据我国铁路桥梁和线路设计标准规定，车辆每延米载重最大可达8吨，而我国大部分车辆的延米载重均低于此标准，如果重载车辆能充分利用线桥容许的延米载荷，可以在同样牵引吨位下缩短列车长度，也可在到发线长度不变的情况下增加列车吨位。为了列车运行安全，防止车辆在运行过程中出现倾覆事故，车辆及其装载货物的重心不能超过2米。虽然增加车体高度、缩短车辆长度可以提高车辆的延米载重，但是由于车辆重心高度的限制，使车辆不能充分利用容许轴载重和线路容许的延米载重。

单元重载列车采用固定编组，按固定线路循外运行于装、卸货物的两地。为了加快车辆周转，采用机械化方式快速装卸。运煤单元列车的车辆上采用可以两车相对转动的转子车钩，能满足翻车机上工作的要求。重载列车中的编组车辆多，当列车在线路上运行以及启动、制动时，列车内部的纵向冲力加剧，使列车中每辆车承受的纵向力加大，因此需要高强度的车钩，用大容量的缓冲器来吸收列车冲击时的能量，同时要采用快速制动技术。为了减少轴重增加导致的对轨道的损伤，世界各国铁路正在着重研制和改进车辆转向架结构性能，减少因增加轴重而对轨道的破坏作用。

4. 重载列车制动技术

我国重载铁路上采用的是美国公司研发的Control系统，这个系统由前部机车通过铁路移动通信设备向后部机车发出同步牵引和制动指令，从而实现多台机车的制动和牵引，同时还能够对制动管的压力进行自动检测，对系统的无线通信进行监控。采用Control系统，可以让列车更快更平稳地启动和制动，制动时间可以缩短至原来的五分之二，启动和制动距离减少30%，时间缩短20%。Control系统还能减轻重载列车的牵力，在列车通过曲线之时减少线路阻力，减轻轮轨的磨耗，降低5%～6%的燃油成本，减轻前后列车制动产生的纵向力，减少车钩折断的危险，增加了重载列车不同位置机车操纵的协调性，从而实现长大列车的同步制动，提高列车的运输能力，降低运输成本。详情如图3.3所示。

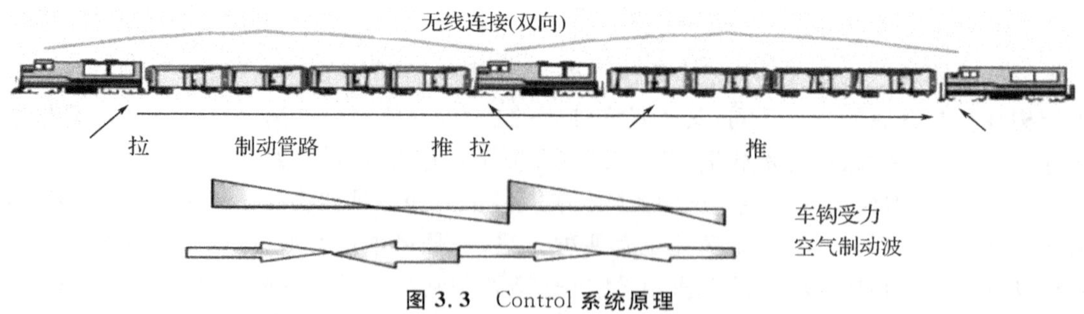

图3.3 Control系统原理

5. 大秦铁路运营模式

重载化是我国铁路货运的主型产品，也是铁路物流的发展趋势之一。进入20世纪80年代，中国铁路运力紧张，多地电厂严重缺煤成为制约国民经济发展的瓶颈。1988年，中国

第一条重载铁路——大秦铁路开通运营，并于 1992 年实现全线贯通。2004 年起实施持续扩能技术改造，大量开行 1 万吨和 2 万吨重载组合列车，全线运量逐年大幅度提高，全长 653 千米的大秦铁路是我国第一条双线电气化重载运煤专线，是中国西煤东运的主要通道之一，横贯晋冀京津，能源供应辐射中国 26 个省份。自 1988 年 12 月 28 日开通运营以来，已累计运输煤炭超过 60 亿吨，连续保持并不断刷新着多项重载铁路纪录。开通之初年的大秦铁路运量仅有 2000 多万吨，2002 年才实现设计年运输能力 1 亿吨的目标，随后运量加快攀升，2005 年突破 2 亿吨，2007 年突破 3 亿吨，2008 年运量突破 3.4 亿吨，2010 年运量突破 4 亿吨，2011 年运量达 4.4 亿吨。2018 年突破 4.51 亿吨，同比增运 1861.21 万吨，增长 4.3%，比历史最高水平的 2014 年增运 100 万吨。

从 2006 年开始中国铁路停止生产载重 60 吨货车，全面生产时速 120 千米、轴重 23 吨、载重 70 吨新型货车，新造通用货车实现了由载重 60 吨级向 70 吨级的全面升级换代，同时，列车牵引编组“5000～10000”同步集成，适应了我国铁路“客货共线、高效周转、安全第一”的特殊条件和要求，铁路货运量逐年增加。

大秦线建立起 C80 车辆“客车化”物流管理模式，实现货运信息资源整合和综合利用，发挥信息系统整体效益。解决了多个系统数据共享与集中存储的难题。同时，系统涉及的用户类别较多，有监控考核的，有基础数据维护的，还有只查看预警功能的，因此，对权限分配和功能分配要求较高。通过梳理归类，为用户建立了多个角色，合理分配权限，保障不同工种的客户看到最关心的信息。系统运行安全稳定，数据共享不影响其他系统功能，为大秦线 C80 车辆的扣编、编后监控、运用预警、运用考核等提供了信息化保障，为直通直达货物列车的“客车化”管理和信息化管理积累了经验。大秦线 C80 车辆“客车化”物流管理模式，有效缓解了车辆定期检修扣车解编与运输组织畅通的矛盾，将整列整备能力提高到每日 2～3 列万吨列车，使 C80 型微车的整备周期缩短至 4 个月覆盖 1 次。

大秦铁路与其他重载铁路——瓦日铁路、唐呼铁路等一起创造了中国重载铁路的奇迹，为经济社会发展不断注入动力。为实现中国铁路重载运输技术再创新，同时为大秦线进一步增加运量进行技术储备，以大秦线 3 万吨重载组合列车运行试验为依托，需要对采用 LOCOTROL同步操纵系统开行 3 万吨组合列车的运输组织方式进行探索性研究，对 3 万吨组合列车运输组织的主要影响因素及风险进行分析，优选 3 万吨组合列车编组方式和配套组织体系，推进了重载运输技术进步，加强重载运输技术储备。

大秦线采用的是单元式重载列车，这种列车的最大特点就是固定机车、固定车辆、固定货物品类、固定装车站和卸车站、固定运行路线。这就决定了单元式重载列车既有装车站负责装运货物，又有卸车站负责卸货，形成一条龙服务，除了在中间车站因为技术作业的需要临时进站停车之外，基本上无其他作业。这种列车的主要作业流程为：单元式列车首先从技术作业站进入装车站，通过设置在环线或者直通线路的装煤仓装车之后，再返回技术作业站进行技术检查，然后驶往卸车站，到达卸车站的技术作业站之后，进行列车检查，然后进入卸车点不摘机车进行卸车作业，随后空车返回始发的技术作业站，一个运输循环就算完成了。

重载铁路的装车站一般设在矿山里面，卸车点一般位于港口码头、电厂和钢铁厂里面。重载列车在装车站的装车方式有两种，一种是环线装车，另一种是贯通式装车。

装车站除了设置装车环线或者贯通式装车线之外，还要根据每天到达车站的列车对数，设置到达线和出发线，用来接发列车之用。必要时，还要设置牵出线和站修线，用来将损坏的列车牵引拉出,或放到站修线上临时检查修理。车站所处的地面要平坦,纵坡也不能超过规定的限值。采用环线装车之时,在环线上的合适位置装设漏斗仓或者高架溜槽,煤炭或者矿石就通过皮带输送机输送到漏斗仓或高架溜槽里面,通过计算机自动控制,定量装进下面的敞车里,在装车过程中,列车不停,而是匀速通过。这样,在装车过程中列车不用解体和编组,大大提高了装车效率。采用环线装车方式,每小时可装车七千到一万吨。采用贯通式装车方式也是无奈之举,一般在地形条件比较困难的情况下采用,因为设置装车环线需要开阔的地形。贯通式装车之时,装车线应该满足停放一列车的长度,在装车完毕之后,还要通过回转线牵引折返,如此一来,装车效率就大大降低了。

铁路的卸车站的布置方式与装车站大同小异,只不过将装货的漏斗仓变成了卸车机或者翻车机。为了提高卸车效率,在卸车站一般也是采用环线卸车,利用翻车机每次一节或者两节车厢,不摘钩将车厢翻转,货物卸进货仓里。在普速铁路上,货运量不大的时候,在卸车站可采用人工卸车或者抓斗铲车卸车。

不管是装车站还是卸车站,除了装载机和卸车机之外,还需要配备电子动态汽车衡、储货坑、皮带输送机、中转站、储货场、储货筒仓等附属设备,为重载列车提供周到的服务。目前,大秦铁路的装车站主要有大同铁路枢纽中的韩家岭站、云岗站、口泉站等,技术作业站是湖东编组站。卸车站有秦皇岛港、唐山曹妃甸港和京唐港等。

6. 自动驾驶模式创新

神朔铁路是我国西煤东运的大通道,为国家Ⅰ级电气化重载铁路。作为一条重载铁路,神朔线最小转弯半径只有400米,最大坡度为12‰,可以说是坡陡弯急,全线桥梁、隧道、涵渠众多,导致重载列车的安全性和平稳性很难保证,设备损耗严重,需聘用大量的司乘人员,人工成本极高。为了解决困难,保证行车安全,联合攻关地理、线路、气候、长大坡度"四大难题",成功开行神朔铁路智能驾驶重载列车。2019年10月16日,我国首列智能驾驶重载列车正式在神朔铁路开行,这是中国重载货运铁路技术发展史上的新突破。首列车7033由108节车厢组成,整车长度1530米,装载煤炭超万吨。始发站是陕西神木北站,终到山西朔州的神池南站。这趟列车首创了国内多个重载列车技术第一:首次实现重载万吨列车自动驾驶;首次在重载铁路应用运营商网络;首次实现列车自动车钩联挂、解挂,无线重联编组;首次在重载铁路设置异物入侵检测系统等。

3.4 货物快运概念及开行方案

3.4.1 货物快运概念

货物快运根据现代物流运作模式,依托铁路运输资源优势,延伸铁路货运服务链,拓宽货物配送业务,提供装卸、运输、储藏、配送业务,集零散快运、物流配送、车辆挂靠为一体,为客户提供综合性、一体化和全方位的物流服务,逐步形成融入客户服务的物流供应链,并以快捷、准时为目标,以办理手续简单,运费低于公路,以及向客户承诺货物运到时间和实现"门到门"服务为特征,是服务于区域经济中心地区间物资流通的货物运输系统,其核心是围绕货物快运列车组织好物流的相关作业，如“门到门”“门到站”“站到站”“站到门”等多种服务方式。

货物快运列车开行模式采取客车模式，列车运行速度最高120千米/小时，具有定时、快捷、车辆条件好等特点，能够做到当天收货、当天运到，到站后直装直卸，最长距离城市间实现隔日到达。铁路货物运输高速优价、安全准点、节能环保、全天候的优势逐步得到充分体现。

1.将铁路运输和公路运输优劣进行对比

(1)铁路投资大，基础建设与运输经营合一；公路基础设施是国家或地方修建，汽车缴费运营，运输价格弹性大。

(2)准确性和连续性比不上公路运输。铁路货物运出去，虽然能保证在运输限期内到，但不知道准确到达时间；公路运输一个电话就知道货物情况。

(3)铁路运输速度比不上公路。社会上现在把铁路运输叫“慢运”，现在高铁将运行时间缩短，但货物到了目的地还要用汽车完成“最后一公里”；公路运输门到门，省装卸、少破损。

(4)铁路运输能力比公路运输大得多。但是也造成运输货物单一，地区性的运输能力不够平衡。

(5)铁路运输成本较低。铁路运输费用仅为汽车运输费用的几分之一到十几分之一；运输耗油约是汽车运输的二十分之一，特别是地方交通部门开始抓超载，铁路货运量开始激增。

(6)铁路运输安全可靠。作为一家超大型企业，铁路运输有可靠的信誉和后续服务能力。公路运输散乱、规模小，货主后续服务保障性不高。

(7)铁路运价远比公路运输低，统计从金华到各个主要城市的铁路货物运价和公路货物运价，铁路货物运费不包括装卸费和其他管理代理收费，按6号运价不下浮计算，实际往往很多方向下浮30%～40%，运价更低，但铁路运输到站后还有个汽车短途运输，浙江的价格是20元/吨左右。公路运输，根据货物体积种类不同，运价也不同，但和基本价格相差不大，但如果是回空车带货，运价要便宜一半。公路运输运价浮动性较大，各类企业是有运输货源的，其运输需求就是五要：运价要便宜、服务要全面、运输要快速、损耗要减少、量少也要能运。零担直达运输的特点就是批多量小快速运输，更加上现在高铁时代带来新的铁路运输特点，能满足其运输条件，如果货运部门能扩大直达整装零担运输，不光能满足以上各类企业的运输需求，更能增加货物发送量。

2.铁路快运货物

目前铁路快运货物由快运零散货物和批量零散货物两类货物组成。

(1)零散货物

零散货物是指托运的重量不足30吨，且体积不足60立方米的所有品类的货物。当前，由各类物流公司、快递公司等(可统称为运输经营人)和各种运输方式运输企业参与的运输市场十分活跃，运输供给不断创新，在竞争中将运输产品形态和质量提高到了前所未有的水平。因此，有必要研究将铁路零散货物运输按快运货物办理，把运输质量提高到快运的水平。

零散货物品类复杂，批量和体积大小不一，并不是所有零散货物都适于快运。能够快运的货物，发货人对运输的要求也不一样，有人对运输时间有要求，而有人却没有特殊要求，适于快运的零散货物是否需要快运，最终还是取决于发货人的意愿。对于发货人接受以快运货物运价率计费，符合铁路快运货物条件组织运输的零散货物，可称为快运零散货物，其他称为普通零散货物。运输经营人通常只办理快运零散货物运输。而铁路运输企业既办理快运零散货物运输，也办理普通零散货物运输。很显然，快运零散货物和普通零散货物的区别，不是货物属性的必然，而是为运输市场发展变化和发货人意愿所决定的。

(2)批量零散货物

批量零散货物是指每批托运重量在 60 吨或体积 120 立方米以上的 152 类小运量“白货”品类货物，按整车组织装运。152 个“白货”品类为《铁路货物运输品名检查表》中塑料制品、日用化工品、金属制品、工业机械、日用电器、果蔬、饮食品、纺织品、纸制品、教用品、医药品类。

批量零散快运货物一般是指高附加值，时效性强，需要组织快速运输的货物，批量零散货物能否确认为快运货物是货物属性所决定的。

3.4.2 列车开行方案

1.快运货物品类

国铁集团将批量快运货物范围由原 108 类小品类批量零散快运货物(以下简称“小品类货物”)扩大至 152 类，具有以下特点。

(1)电子电气类。更新换代速度快，生命周期短，时效性强，对市场变化敏感度高，市场竞争激烈，物流成本占总成本比例大，等等。

(2)汽车及机械配件类。大部分机械制造企业实行按订单生产，要求零配件实行准时性配送，对时效性和安全性要求较高。

(3)农副产品类。对温度保鲜、储存、运输等条件要求高，需要有专门配套的物流设施。该类产品运输时效性强，要求高效的运输组织模式。

(4)日用品类。产品品种多、需求量大，但一般体积小、质量轻、价格浮动小。

(5)医药保健类。该类产品具有严格的温度、湿度控制要求，整个运输过程对安全可靠性要求高，需要专门的设施设备。

2.快运货物列车种类

国铁集团通过对货物列车种类进行调整与细化，修订后《列车车次编排规定》(铁运〔2014〕308 号)规定的货物列车种类有 12 项 15 类，其中快运货物列车如下：

(1)快速货物班列(最高运行速度 120 千米/小时，使用 PB 型、P65 型车体，固定编组)。

(2)快运货物列车(最高运行速度 120 千米/小时，划分为直通、管内，其中局管内为固定编组)。

(3)中欧、中亚集装箱班列及铁水联运班列(其中中欧、中亚集装箱班列最高运行速度为 120 千米/小时)。

(4)普快货物班列(普通货车标尺)。

国铁集团选定全路 40 个编组站组织小品类快运货物列车开行。中国铁路上海局集团公司徐州北、南京东、芜湖东站参与其中，针对“前店”提出的货主需求，通过精心组织、优化

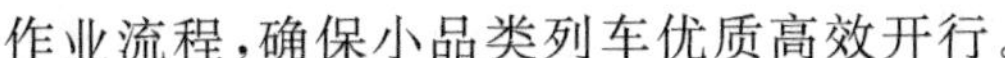

作业流程，确保小品类列车优质高效开行。

3. 开行方式

(1)服务对象

快速货物运输服务主要针对管内的零散货物运输需求展开。如表 3.1 所示。

表 3.1 长三角快运货物列车服务对象

服务区域	服务对象
开行区间各城市内	运营公路城际快线的中小型物流商
局管内经济开发区、工业园区	零散货物集散地的生产、经营企业
批发市场、小商品市场、沿街商铺、个人	零散物品
局管内货物快运列车开行范围内	中铁快运原通过公路班车运输的行李包裹货源
局管内区域	对物流的时效和服务要求相对较高却不具备整车发运条件的零散“白货”货源

(2)开行方案

上海局集团公司长三角货物快运列车，自 2014 年 9 月 9 日 18:00 起正式开行，上海局集团公司快运环线列车是以管内沪浙苏皖三省一市近 200 个行政区县为辐射范围，以南京西站为中心站，面向沿线铁路 248 个货物快运办理站(其中作业站 125 个)，采用在作业站直装直卸方式，按照“五固定”(固定车次、固定编组、固定运行区段、固定机车牵引、固定站台作业)方式南北环线客车化开行的货物列车。列车运行时速最高 120 千米，运行时间南环约 42 小时，北环约 38 小时。如表 3.2 所示。

表 3.2 长三角快运货物列车开行方案

线路	南环 1(顺向)	南环 2(逆向)	北环 1(顺向)	北环 2(逆向)
车次	X601/2 次	X603/4 次	X702/3 次	X704/1 次
路径	南京西站始发—京沪线—沪昆线—江山(折返)—沪昆线—宣杭线—宁芜线—终到南京西站	南京西站始发—宁芜线—淮南线—合肥北(折返)—淮南线—宣杭线—萧甬线—宁波北(折返)—萧甬线—沪昆线—京沪线—终到南京西站	南京西站始发—京沪线—水蚌线—阜淮线—青阜线—符夹线—陇海线—新长线—宁启线(南通站调向)—宁启线—京沪线—终到南京西站	南京西始发—京沪线—宁启线—新长线—陇海线(连云港东站调向折返)—陇海线—京沪线—终到南京西站
作业站数量	55 个	62 个	52 个	51 个
运行里程	1433 千米	1465 千米	1287 千米	1417 千米
运行时间	41 小时 49 分钟	40 小时 52 分钟	36 小时	38 小时 38 分钟

长三角快运环线列车以南京西站为支点，使用 P65、PB 型棚车和行李车、宿营客车混合编组，按照固定车次、固定编组、固定运行区段、固定机车牵引、固定站台作业、固定停车位置方式开行南北环形列车。开行初期每列车编组为：棚车 4＋宿营车(YW25B 型)1＋行李车 1＋棚车 4，计 10 辆；南北环线开行 4 列车，合计使用 8 组车底。

快速货物列车是固定编组的环形班列，在旅行途中没有解编、摘挂、中转等技术作业，因此环形列车只设置一个中心站以及若干作业站。选取具备集结、倒装货场作业条件的路网型编组站为中心站，为环形列车的车辆解编、车流交换、设备整备、集结作业等提供基础条件。

3.4.3 铁路货物快运列车组织

1. 现代物流调度系统的构建

如图 3.4 所示，为适应快速货物运输体系的运行，铁路部门对传统的调度指挥体系、管理制度、业务流程、工作办法进行优化完善，构建起了现代物流调度系统。

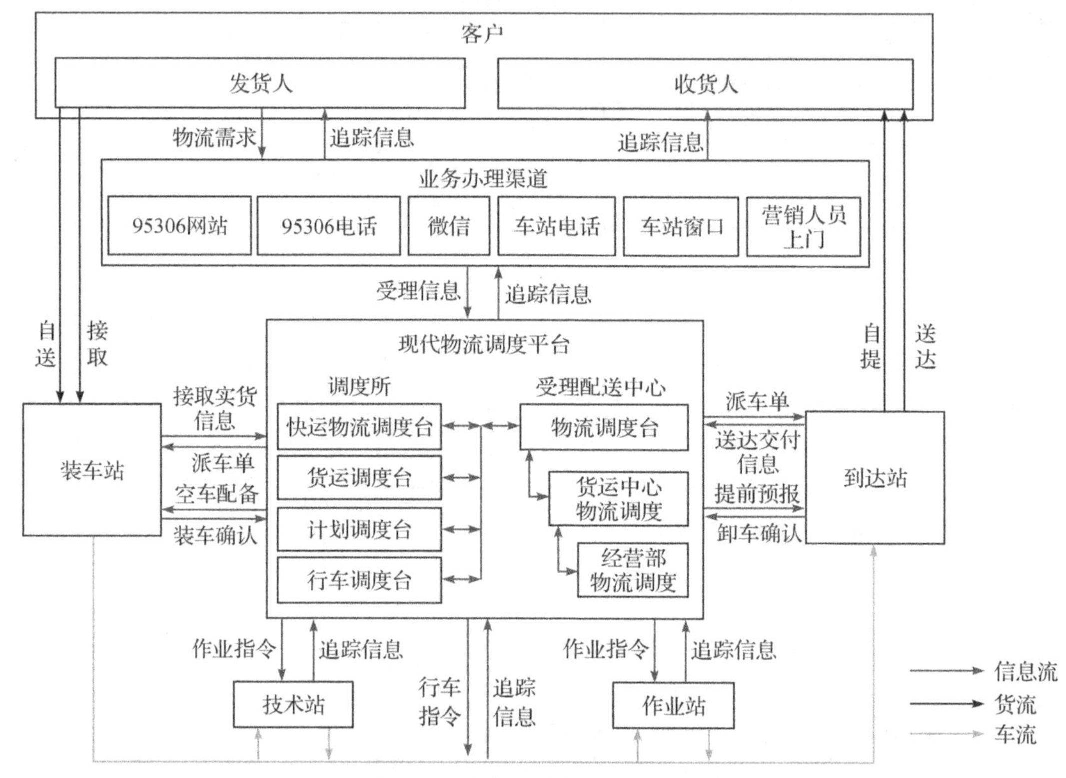

图 3.4 现代物流调度指挥流程

(1)快运物流调度台，负责货物快运列车及零散“白货”快运车辆运输组织，原货运、计划调度台继续负责快运货物班列、大宗货物班列及全部货物列车运输组织。

(2)铁路局集团公司受理配送中心，集中受理上海局集团公司电子商务发货需求、接取送达业务，负责日常需求对接、运输协调、重点项目跟踪及安全、服务质量盯控。

(3)物流调度台，设在受理配送中心，负责上海局集团公司日常接取送达业务和集装箱运输两端调度指挥，全过程盯控跨局配送业务；货运中心设立兼职物流调度，负责除快运、集装箱以外货物的接取送达运输组织。

(4)经营部、办理站、快运作业站和中铁快运营业网点设立兼职物流调度，负责所有货物接取送达和装卸车具体组织。通过以上体系重建，形成铁路局集团公司、货运中心、经营部(办理站、作业站、中铁快运网点)三级物流调度组织体系，实现对物流运输各个环节的一体化调度指挥、全过程集中管理。

由于货运改革的实行，运输发展方式从以大宗货物为主的货物运输向全方位物流承运转变，铁路运输组织要由按计划组织运输的生产模式向与市场经济相适应的生产经营模式转变，工作方式方法要由传统习惯向提高效能的方向转变。在此情况下，铁路局集团公司调度所相关作业及管理体制方面发生了新变化。

(1)运输组织原则发生根本性转变。调度运输组织原则从过去依靠计划组织运输、运输市场服从运输计划的生产模式，相应转变为根据市场需求组织运输，也就是：要及时根据市场营销和货物受理情况，按照敞开收货、实货组织装车、随到随运的运输组织方式，以满足实货运输需求，实现运输效率和效益最大化，更好地为客户提供优质的运输服务。

(2)调度各工种工作流程需要优化。铁路通过货运电子商务平台面向全社会敞开自动受理客户货物运输需求，实现了运输信息的快速流通和共享，调度可以充分利用提前预知未来运输需求信息，为优化日常货运工作计划、列车工作计划、机车工作计划和施工日计划提供可靠依据，通过对需求信息的再加工再处理，更好地指导调度开展工作，提前做好铁路运力资源合理调配，提高运输组织效率。

(3)调度日班和货运计划编制发生变化。货物受理需求统一归至“95306”货运电子商务平台，货物信息时效性更强、灵活度更高，因此需要调度所货运调度根据平台汇总的货运需求订单信息认真编制货运日计划，并且保持一定的灵活度和可调性，以适应多变的快速货物运输服务市场需求。

2.组织方式

(1)货源组织。

开展门到门运输方式，在总价格上要低于公路价格 20%以上。铁路新开的货物快运列车有固定的时刻表，按点运行，安全准时，再加上价格实惠，对客户非常具有吸引力。然而，目前铁路快速货物运输市场还没有打开，铁路自身的运营效率与公路相比还具有一定差距，特别是运输时效及可靠性方面亟待加强。客户对于零散快件的依赖还集中在原来的公路、航空运输上，铁路快速货运的营销及服务要同步提升。

(2)取送组织。

快运货物列车改变了以往的等待货主上门下订单、上门送货的模式，采取一种经营策略，即上门取货、送货到门的服务模式。这一模式极大地方便了客户选择铁路快运服务运送货物，提升了该服务的市场竞争力和客户吸引力。然而，铁路货物快速运输服务开展时间较短，客户量太少，货量也不够多，与铁路部门合作的物流企业较少，组织不够完善，经常会造成取送延误，服务质量下降的现象。因此在接取送达方面铁路部门仍需提升服务质量。

(3)货运计划。

传统货运计划是在提前很长时间得知货物请求的前提下编制的，并且在实际兑现过程中不会有太大变动。但是，新开行的快速货物列车对于货物运达的时效性要求较高，并且会有很多临时货物装车请求，客户的需求也都是短时、快速的，因此快速货运计划的编制不会有较多时间的提前量，需要动态预测货运需求特征并考虑到其可变规律，这对于计划编制过程提出了新的要求，计划编制部门需要针对快速货运这一特点优化编制流程，提高计划的准确性和灵活度。

(4)装卸组织

由于快运货物列车是定班列车,列车进入作业站之后不进货场,只是在货运站台进行装卸作业,因此产生了许多新的问题,现有的人力、物力不能满足快速货物运输服务的装卸的短时高效需求,新的装卸模式也对整体线路的列车运行造成一定程度的延误影响,因此做好装卸组织也是衡量快捷货物运输服务质量的重要标准。目前装卸组织问题具体表现在:

①货物快运列车,不同于传统意义上的零担业务办理方式,类似于过去的行李车、货物快运列车不进货场,直接在沿途车站站台进行装卸作业,每个站最长停站时间不超过 30 分钟,无货物装卸作业的车站,列车直接通过。因此,货物装卸组织面临的时间压力较大,遇有作业量大的车站,装卸人员体力消耗非常大,机械化程度不高的情况下,为压缩作业时间,需要优化装卸资源,提高装卸效率。

②由于快速货运需要随车人员临时装卸,而部分车站的低站台以及部分车辆的构造给装卸作业过程带来困难,在设施设备没有更新的情况下,作业效率被大幅降低,保证列车按点运行与保证装卸质量的矛盾非常突出。同时,由于零担货物品类繁多、包装不一、价值相对较高,对装卸质量的要求也高,而装卸服务水平参差不齐,装卸质量的要求也会影响装卸服务。

(5)作业组织

快运物流调度员根据物流平台信息制定快速货物列车和作业站轮廓计划,并且和列车调度员合力编制 3～4 小时列车运行调整计划,并通过信息平台下达到快速货物作业站和快速货物列车,在列车到达沿途作业站前 2 小时向车站下达装卸作业计划,包括装卸货物的车辆顺位、在站装卸作业预计所需时间。车站值班员组织人员准备装车货物到达站台,卸车设备到位等。

①列车作业。货物快运列车实行随车货运车长负责制,根据货物装载、货位使用、货物受理等情况,负责编制沿线各站货物装卸计划,组织沿线各站装卸组织工作以及随车人员、机具的作业管理和安全管理等工作,货物快运列车在始发站及沿途作业站严格按照装车方案组织装车。

②车站作业。货物快运作业站实行站长负责制,各站明确专职快运货物办理人员,负责与快运货物列车随车货运车长相互传递装卸车信息、组织装卸车作业,协调组织装卸机具和劳力;掌握到达货物卸车信息(货物品名、件数、重量、到站);根据计划提前确定装卸车地点,将装车货物、装卸车机具、劳力等组织到位;车站值班员在列车办理闭塞或预告后及时通知快速货物办理人员做好各项准备工作。快运货物列车在作业站进行的货物装、卸车作业,由随车装卸人员负责,作业站负责提前将货物码放至指定货位。

3.4.4 货物快运列车调度组织面临的主要问题

货物快运列车调度组织面临的主要问题如表 3.3 和 3.4 所示。

1. 零担运输对比

由表 3.3 可以看出目前开行的快运货物列车仍存在较多实际问题,但是其相对表 3.4 阐述的和零担列车对比来看,快速货物运输服务提出了一种新的铁路运输模式,只要改变以往的思维定式,改进工作模式,提高工作效率,开拓货运市场。

表3.3 货物快运服务存在的问题及相关对策

组织方式	存在问题	相关对策
计划组织	制订计划不够灵活，不能根据实际变化及时调整；货流预测不足，应急情况多	加强货流预测，提高计划缓冲能力；制订计划切实有效、灵活可调、适应性强
装卸组织	临时货物装卸请求应急组织不够到位	完善应急预案，特殊情况组织全员上阵
取送组织	货量小，利润低，两端的取送合作单位较消极	提高自身竞争力和吸引力的同时广泛发动相关企业参与两端运输
货源问题	市场没有打开，货源较窄	全员客户代表，发展客户；有效的奖励机制

表3.4 货物快运列车和传统零担列车组织对比

组织形式	零担列车	快运列车
行车组织	直达整装零担车、中转整装零担车、沿途零担车	实行客车化开行模式，实现固定车次、固定编组、固定时间、固定路线、固定停站“五固定”
装卸组织	作业站装卸，但要经过中转，时间浪费严重	环线列车采用沿线客站和中间站直装直卸方式，货物运送如同旅客乘车，到点上车，到站下车，快装快卸
受理方式	客户到办理站办理	提供“95306”网站、电话、官方微博微信、上门办理等多种受理方式，列车运行沿线受理点多，覆盖面广，全天候、门到门，且实行敞开收货，零担货物“来者不拒”
送达时间	不确定，通常会延误较长时间	列车运行时速最高120千米，缩短了货物运送途中时间，全天候运行，确保货物安全准时送达
运价水平	由于中转次数多，人力物力投入大，成本高，运价高	同等服务、同流向、同质货运价格低于公路快线市场价

2.计划组织

随着铁路快速货物运输业务营销工作的进一步加强，有装卸任务的作业站逐步增多，装卸作业量也逐步增大，需要的作业时间也逐渐增多。然而，按照分散给点原则，目前一般作业站只排了3分钟停点，各次环线列车的运行图排点偏紧，造成了装卸作业时间不足，影响列车准点到发，进而影响整个运行图的计划兑现率以及货物的准点交付。

铁路快速货物运输服务具有高度的时效性和灵活性要求，采用敞开货物受理的业务模式，原有的计划编制流程需要提前较长时间上报货物请求，再进行计划编制，即货物请求到形成计划需要很长的周期，不能适应目前的快速货物计划编制要求，计划的不够灵活和预编效果较差直接导致该项服务在运作过程中灵活度差、时效性低、客户满意度差的恶劣影响。因此需要加强对货流的规律分析，对潜在货物需求进行准确预测，停站计划也就相对会保持稳定。

3.临时货物装车请求指挥调整

货物快运列车组织过程中，会有临时性货物在计划外的时间出现，若不予处理会造成货物交付时间的延误。若对计划外的临时性货物不予处理，那么势必会影响该临时货物的交付时间，达不到客户的时间要求，铁路货物快运列车的服务质量会因此下降，长此以往会影响该业务的客户满意度和市场竞争力。

4.列车延误应急指挥

货物快运列车的高效性是竞争力的中心，但是由于列车运行、装卸作业固有的性质以及突发的意外情况，其经常不能按图行车，导致延误发生。延误对于时效性要求较高的快运货物列车来说影响很大，如何在发生列车延误时进行赶点恢复也成为一个重要问题。

3.4.5 货物快运列车调度组织优化方法

1.营销策略

快速货物运输的客户时间需求比较急迫，大多希望当天上午提出的运输需求，就能够当天装车，第二天中午前送达目标客户。因此需要探索行之有效的机动灵活的快速货运服务模式，切实以客户利益为基本出发点，完善服务流程，增强市场竞争力，吸引客户选择铁路快速货运服务。做好市场调研，加快数据更新和处理速度，对当前货运市场信息进行实时把握，做到全盘掌控是非常重要的。

除努力改善铁路自身固有的运输理念和运作模式之外，能应该做到强化宣传工作。充分利用各种传播媒介形成强大营销氛围；建立客户代表制度，鼓励全体员工主动向客户推荐快速货运产品，并协助其办理相关手续。

其次要强化货源调查和分析工作。加大市场调研力度，加快数据更新和处理速度，对当前货运市场信息进行实时把握，做到全盘掌控，对产生问题的原因及时分析，做出调整。

由于快速货物运输服务敞开货物受理方式，吸引了大量有临时货物运输需求的客户，定班列车不能满足全天候的货物请求，使快速货物运输计划的编制很难具有较高的准确性，在实际运行中计划兑现率也比较低。在这种情况下，准确的货流预测对于提高计划的准确性、灵活性和兑现率具有重要作用。快速货物运输服务重点和难点在于货流的临时性和不确定性，提高货流预测准确性是提高计划兑现率的重要保障。

(1)货流发生点预测。临时货物请求给快速货物运输服务造成的最大困难是临时请求货流发生地的不确定性。因此，如果能够在货流预测中充分考虑货流发生地因素，并能够最大限度地进行预测，那么面对临时请求时，计划编制和货物调度就会有很大的缓冲空间，提升应急能力。而货流发生地主要与以下几个因素有关：沿线物流仓储基地；制造业较发达地区；各种生产原材料产地；与其他城市有密切商业往来的地区；新项目产生地等。因此，铁路部门应做好对潜在货流发生地信息的调查和实时物流信息的追踪，并结合其物流发生的特点进行分析，能够较好预测地区的潜在货流。

(2)货流发生量预测。货物请求量预测也是货流预测的重要内容。主要在分析过往货流数据的基础上，对有可能出现临时请求的方面进行汇总分析，如新兴的对物流时效性要求高的企业或者项目，铁路部门新开发的客户等，货流信息的及时汇总分析是潜在货物发生量预测的关键。

(3)货流发生时间预测。货流发生不仅体现在空间方面，还体现在时间方面，这也是影响货流预测的重要因素，如法定的节假日会有大量零散快件运输需求；铁路沿线各地区流动人口以及当地人口日常交流活动都会产生潜在货流；各大电商组织的活动，如“双十一”、周年庆等也会成为短时货流发生的一个因素。铁路部门应该与地方物流以及企业、网络平台联合构建数据库，汇总并分析影响货流产生的时间和地域因素。

2. 提高计划编制的准确性和灵活度

计划编制质量是决定列车运行、货物装卸运输等过程组织的关键，对于快速货物运输来说，既要保证列车准时送达，又要兼顾货物请求，这对于计划的编制质量提出了更高的要求，计划是否灵活可调以及是否具有较强的缓冲能力是决定快速货物运输服务质量好坏的重要依据。货运日计划编制、调整及列车开行情况流程如图 3.5 所示。

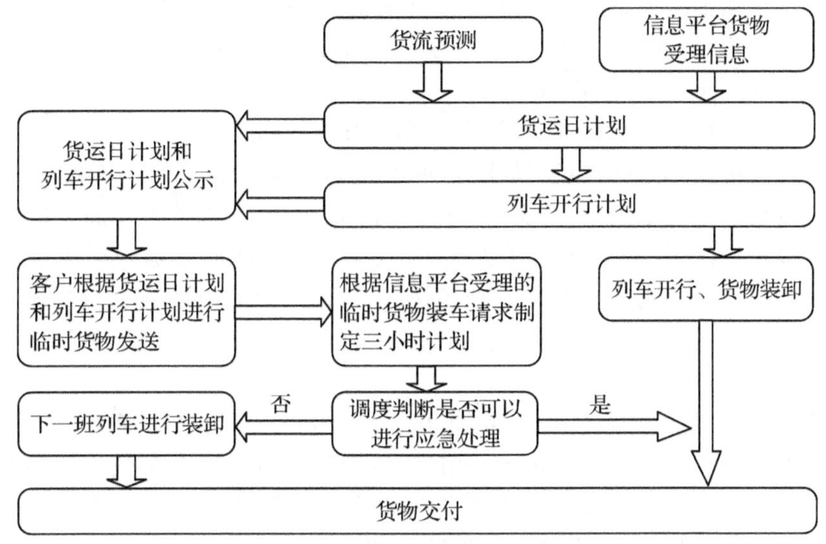

图 3.5 货运日计划编制、调整及列车开行情况流程

(1)计划编制充分利用货运平台的受理信息，做到计划编制及时、准确。目前，货物受理需求统一归口至“95306”货运电子商务平台，调度所货运调度应根据平台汇总的货运需求订单信息认真编制货运日计划，根据货运信息平台掌握后几日货运需求情况，预知未来铁路局集团公司管内货运发送情况，并根据历史数据加以优化，制定具有货流缓冲能力和灵活可调性的计划。

(2)货运信息及时有效地公布、公开，提高计划调整的灵活性。铁路相关部门应将快运货物列车运行状况、作业站装卸情况等货运信息及时有效公布，使客户及时了解到当前的列车运行情况，方便客户及时对自身货运需求做出调整或及时与铁路相关部门沟通，铁路部门也可以在最短时间内做出应对调整，使客户的货运需求和列车运行、装卸组织、调度组织的实际情况相匹配，减少货物在调度和运输过程中不必要的运力浪费和延误冲突。

3. 装卸策略

切实提高货物装车的时效性和交付的准点率，提高快速货物运输服务水平和客户满意度。作业站需要合理制订应急预案，解决突发性货物装卸问题，并且随时根据实际情况进行细化修改，以适应快速货物运输装卸的要求。平时应进行应急预案的演练，当应急情况发生时，车站应立即组织力量集中解决装卸问题，确保快速货物运输的时效性，具体体现在：

(1)将车站装卸设备与快速货物运输进行匹配，对现有设备尽最大可能改造以适应快速货物装卸需求，并且加装急缺必备设备，切实提高作业站的装卸效率。

(2)货物摆放符合快速装卸的要求。由于快运货物列车是随到随装、随到随卸，因此应该制定不同类别零散货物的装车摆放顺序规范，以提高货物装卸效率。

(3)组织集装化运输,组织压缩站停时间,组织快速作业。决定装卸时间长短的关键在于货量造成的装卸次数,大批量货物采用集装化运输可以大大减少装卸次数,从根本上减少装卸时间,提高装卸效率。

4.临时货物装车请求指挥调整

(1)加强信息交换

铁路货物快速运输服务最大的特点是时效性强、灵活度高,这对于工作组织流程相当多的铁路货物运输来说是一项巨大的挑战,而实现高时效性和灵活度最根本的是在组织过程中各个环节的有效信息沟通,具体表现在:

在运输组织过程中应加强横向联系,各环节工作人员都应实时了解列车运行情况、装卸站作业组织准备情况、有无临时货物请求、区间其他列车运行情况等。如此才能对工作中可能发生的问题进行预判甚至处理,保障运输组织正常、有序。同时还应加强纵向联系,调度人员应提前掌握资源配置、列车状况等情况,在发生意外情况时能够及时发现并处理;随车人员应提前掌握装卸站货物情况和装卸准备情况,以便采取对应的到站及卸车策略;车站人员应提前掌握列车有关运行信息、货物信息、运行计划等,以便提前做好装卸车准备,提升作业效率。

各车站应及时准确地上报货运计划,防止因计划编制时信息沟通不畅导致突发情况。作业站遇有突发情况应及时上报调度台,调度台应及时根据各站实际情况进行指挥调整,并及时将处置方案通知作业站。作业站遇有临时情况发生不能及时上报调度台,在应急装卸之后应立即上报装卸信息,调度台能够针对装卸情况进行指挥调整,通知相邻车站相关作业准备,防止发生次生延误。

(2)调度组织对临时请求要及时、准确处理

针对作业站上报的临时装卸请求,调度台应及时、准确判断,做出处理。如果计划外的临时性货物量较大,需要大量的额外作业时间,调度要根据列车运行图进行调整。如果作业需等待较长时间,应组织人力进行快速作业,或者适时适度放弃部分临时性货物的作业,以保证线路列车的正常运行。调度在指挥调整的过程中要充分考虑列车运行情况以及发生晚点情况、线上施工天窗时段,作业站股道应用、列车交叉径路等情况,作业站装车去向、件数、吨位等因素进行最大限度和最短时间的调整。

(3)严格执行调度命令

在临时货物装车请求的过程中各部门应严格执行调度台的应急方案,在信息沟通不畅的情况下可根据应急预案及时、准确处理,争取在最短的时间内解决临时发生的问题,提高运输各个环节的效率,从而实现准点到达的目的。

(4)利用应急预案灵活处置突发情况

针对极少数特殊情况,有计划外的货物来不及上报,而客户时间要求高,车站可以在自身应急处理能力允许的范围内进行先装后报,前提是在规定作业时间和缓冲时间内能够完成作业任务而不影响运行图中其他列车的准点到发和运行。可见缓冲时间的优化对于提升运行图对货物运输需求服务的适应能力至关重要。详情如图 3.6 所示。

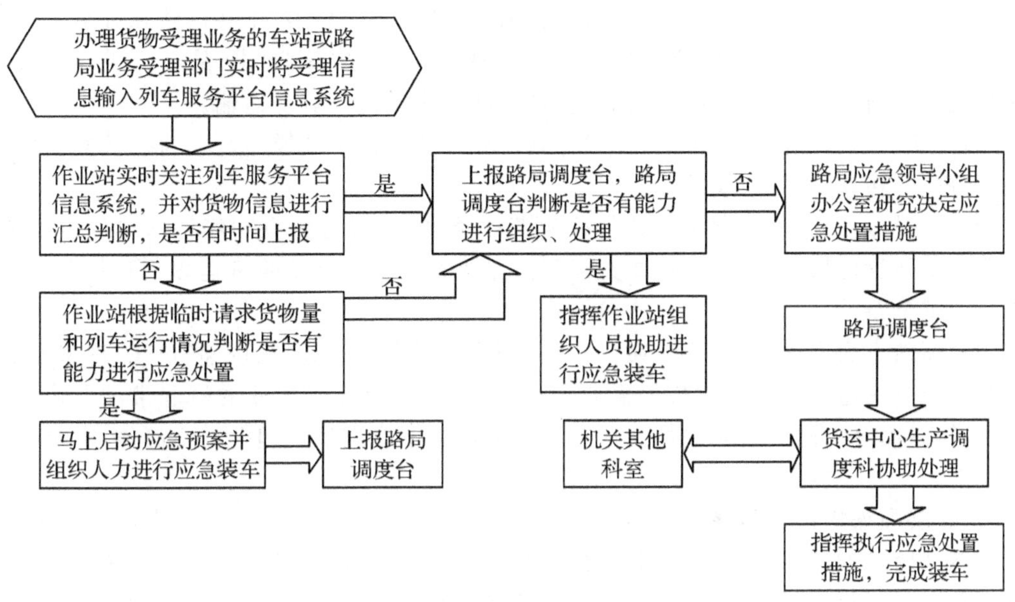

图 3.6 临时货物装车请求指挥调整流程

目前，"长三角"环线货物快运列车转变为按"点对点"方式组织。"长三角"货物快运按点对点方式组织，同车所装零散货物全部为同一到站且一站直达装运。自 2017 年 9 月起停开长三角货物快运环线列车。要求点对点快运在具有货场的作业站间，利用最近的货物列车挂运，不通过中心站中转交换。采用点对点快运方式装运零散货物时，跨局运输每车应不低于 10 吨。其中，上海局南京西站组织的局管内集散分拨作业装车不受重量限制。对于单件重量超过 1.5 吨、体积超过 $2m^3$ 或长度超过 5 米的零散货物，以及有特殊运输需求的零散货物，由发到站确认后受理，并明确装运条件。并组织集装化运输，各作业站在受理承运零散货物时要和货主确定集装化运输方式，对于稳定货源的大客户可以提供一定数量的托盘、1.5 吨小型集装箱进行循环使用。南京西中心站对外局通过中心站以环线运输方式组织到达局管内各作业站的货物，通过点对点运输方式将货物运送至北郊、南星桥、徐州西等集散分拨站，由集散分拨站在 24 小时内组织将货物短驳配送或装车至终到站(有货场)卸车、交付。配装货物重量少于 1 吨的也可通过公路短驳方式组织，短驳运输不另收费。

3.5 高铁快运组织模式

高铁快运是我国运输行业转型发展的必然趋势之一。高铁快运模式作为铁路部门推进运输供给侧结构性改革、优化铁路货运结构的重要成果，同时也是快递行业在多式联运领域的具体实践，对于增强铁路在国家综合交通运输体系中的骨干作用，推动快递行业发展都具有重要意义。

3.5.1 高铁快运模式产生的背景

目前来看，我国高铁已经具备开展快递业务的基本条件。根据《中长期铁路网规划》，我国正在建设贯通"八纵八横"的高铁网络。我国的高速铁路网覆盖了我国快递业务的主要集中地区;从运输速度方面来说,高铁能够保证快递运输的时效性要求;从运力供给的稳定性方面来说,高铁较少受天气等因素的影响,稳定性要明显优于航空运输。

(1)高铁快运符合国家调整运输结构的新要求。"高铁+快递"模式,符合国家调整运输结构、推进"公转铁"发展预期。

(2)高铁快运是铁路部门深化市场化经营改革,发展混合所有制经济取得的重要成果。为了摆脱铁路货运量下滑的困境,高铁经营快递业务可以说是铁路货运多元化经营、走向现代物流的试金石。

(3)"高铁+快递"是快递行业在多式联运方面的创新实践。从快递行业发展来看,高铁快运模式顺应快递市场快速增长的需要。近年来,电子商务爆炸式的崛起带动了快递业的迅猛发展,然而单一的公路运输加少量的航空运输已不能满足快递业的迅猛增长,高铁快运应运而生。

(4)发展高铁快运也是降低物流成本的需要。长期以来,我国物流成本居高不下,降低物流成本已经成为激发市场活力、推动经济健康稳步发展的必然要求。由于航空运输的过高成本及有限运量,公路运输相对高的成本及绿色发展方面的缺陷,高铁快运业务市场空间巨大。

3.5.2 高铁快运特征及流程

1. 业务特点

高铁快运所面向的高附加值快捷货物运输市场,具有批次多、批量小、多样化的特征,如包裹、文件、食品、医药制品等。相应地,对货物运达时效性、方便性、安全性有更高的要求,如若延期送达或者货物毁损,则货物的价值将会蒙受重大损失。因此,运输工具必须具备较高的技术条件,方能满足货物运输时效、价格和环境要求。

2. 业务流程

高铁快运的主要业务流程是:在对程序、设备、质量、安全等进行科学管理的前提下,承运企业上门接取货物,组织货源形成货流,利用符合作业条件的装卸机械和装卸器具,采用满足运输需求的车辆设备,经由高铁运输将货物从一个货运作业节点送到另一作业节点,最后将货物安全送达至货主,实现"门到门"运输,概括起来就是:"门到站"接取→"站到站"运输→"站到门"送达。这意味着,铁路除了为客户提供高铁货物运输。还为其提供包括仓储、装卸搬运、包装、配送、信息处理在内的多种服务功能。

3. 设施设备

设施设备是实现服务功能的先决条件和基础保障。存储、装卸、搬运、配送、包装、运输等服务功能离不开车辆、装卸机械、节点等技术要素的支撑。例如货物短途接取配送需要道路载运工具;货物在节点的仓储需要仓库、堆场等设施资源;货物在节点的装卸需要叉车、拖车等装卸设备资源;货物的运输主要通过高铁确认车和图定动车组来完成。

4. 信息系统

高铁快运的信息服务功能主要是:对内实现物流作业的传递,对外向客户提供各种作业明细和咨询信息。例如,列车和车辆的到达发送预报;货物信息统计与反馈,包括货物的性

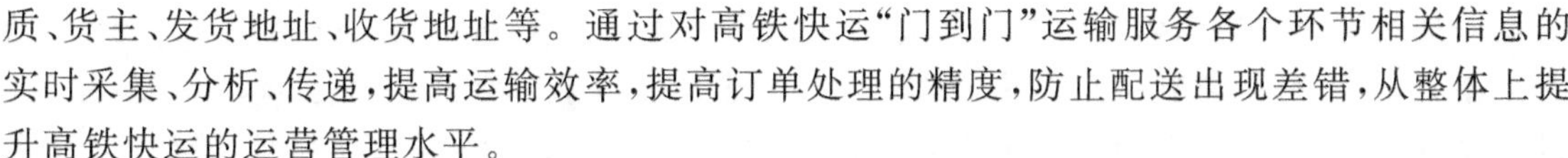

质、货主、发货地址、收货地址等。通过对高铁快运"门到门"运输服务各个环节相关信息的实时采集、分析、传递，提高运输效率，提高订单处理的精度，防止配送出现差错，从整体上提升高铁快运的运营管理水平。

3.5.3 高铁快运现状及存在的主要问题

近几年来，我国快递业保持快速发展态势。同时，客户对于快递业在安全性、便捷性和运送时效性等方面的要求也越来越高。铁路运输具有巨大的市场发展潜力。然而，据国家邮政局和中国快递协会统计，我国快递经铁路运输比重仅为3%，高速铁路参与快递业务量则更少。随着我国高速铁路网的基本形成，高速铁路快运产品已进入市场培育期，其运输的时效性、准时性、安全性等特征逐渐被市场所接受。高速铁路电商列车就是将高速铁路和电子商务以及网络消费市场等融合在一起的一种铁路新兴物流产品，目的是充分发挥高速铁路快速通达的运输特性，以满足城市群间快递业务的增长需求。高速铁路电商列车的开通运营将缓解公路、航空运输的压力。而对于铁路运输而言，电商列车亦能促进整个行业发展。目前，虽然铁路部门已经在部分高速铁路线路上进行了动车确认车运输的小范围电商列车运营试点，但距离高速铁路电商列车成熟运营还面临很多问题。

在世界铁路货物运输中，快捷运输一直是附加值最高、效益最佳的货运品种。1984年法国开行了时速160千米的高速货运列车。2012年，法国和德国又开行了时速300千米的高速铁路货运专列。高速货运列车在速度、覆盖广度方面的突出优势已得到某些国家的认可，20世纪90年代以来，随着快运物流市场需求的增加及铁路快捷货运的发展，高速铁路货运成为国外铁路公司一项高利润且快速增长的业务。其中，欧美、日本快递业务的历史较长，其快递运输对运输的时效性、价格或是对货物的重量、尺寸都有相关成熟的标准。德国、法国等国家的高速货运列车已经非常成熟，它们主要开行以运送行包和快件为主的邮政快运班列和行包班列。高速铁路货运以其较普通列车快速、航空运输成本低的竞争优势，占领了这一新兴市场空间。以"高速铁路+快递"为产品形式，为铁路货运融入市场，向现代物流转型打了前阵。

2011年，铁路开始试水高速铁路快递业务。2012年，中铁快运和顺丰速递合作开展高速铁路快递服务。高速铁路快运是铁路为客户提供的与高速铁路品牌形象和铁路客运服务水准相匹配，时效快、品质优、标准高的"门到门"快运服务产品。高速铁路速度快、停站多、运营网络完善，运输条件稳定，运输不受天气、交通拥堵和航空管制等制约，其特点是物品附加值高，客户对时效性、安全性、准时性的要求高，对价格敏感度低，成本相比航空运输节约了50%。但动车主要服务于旅客，没有为快捷货物装卸而设置专门的车厢，中铁快运利用的是动车组中的大件货物存放处和每节空座位(未售票)处。

2014年4月正式启动以"当日达、次晨达、次日达"为主的高速铁路快运业务。2014年12月起，部分铁路局集团公司开展利用高速铁路确认车开展大批量集中运输普通快件，主要针对信函等高附加值货物开展专人专递等高速铁路快运业务。我国高速铁路在0:00—6:00阶段检修，为保证列车安全，在高速铁路检修结束后，第一趟高速动车组列车出发前需开一趟动检车进行试运行，可利用动检车上的过道、大件行李处、车厢的两端，甚至座位放置小件货物，这种模式可以充分利用既有动车组车底，而且投入比较少，仅仅需要装卸和储存的成本，目前被用于提供高速间"当日达"或"次晨达"等小件包裹的快运服务。目前，东南、华南等地区铁路局集团公司已利用每日动车组确认车开展站到站高速铁路快件业务，但业务量不大，如上海局与顺丰和邮政 EMS 签约开通的杭州至合肥间快件运输，日均只有 5.3 吨。在现有确认车中，选择较大城市间开行、运行时间 2 小时左右的 26 列装运高速电商快件。与客户协议实行量价互保。高速铁路快运实名登记、货物品类和来源，强化货物源头卡控，规范高速铁路快运货物包装，高速铁路车站为货物进出站提供便利条件，在运量较大车站，安排客运人员，加强旅客引导，组织旅客快速乘降，避免货物与旅客混行，提前安排劳力和机具，制订作业方案和应急预案，加强重点列车、处所和安检等环节盯控。

2015 年，中铁快运的日均零担资源量达到 150 万单左右。在业务量大幅攀升的同时，国铁集团改善货物快运服务。目前，铁路快运服务主要分为小件快运、高铁快件和货物快运三大板块。其中，小件快运和高铁快件主要依托客运行车和动车组列车开展运输，总体上属于行包运输组织形式；货物快运则主要依托货运列车，按照运量规模具体划分为零散货物快运、批量散款货物快运和专门针对电商特定需求而定制的班列服务三种组织形式。

自 2016 年 10 月 20 日起，高铁快件服务由原来稳定覆盖 151 个高铁通达城市，逐步试行扩展至全国所有高铁列车经停的 500 多个城市，重点将小批量、高附加值、时效要求高的商务文件、电商包装、生物制剂、医药冷链、应急物品等作为主要目标市场。2016 年 10 月，高速铁路快运服务在全国所有高速铁路列车经停的 505 个城市试行，为客户提供小件物品全程运送的高端服务。

2018 年 4 月 4 日，“申通快递”冠名的高速铁路列车在上海虹桥站进行首发仪式，由上海虹桥开往北京，这标志着申通快递向品牌化运营迈出了重要一步。此次以“申通快递”冠名的高铁专列，把申通快递的品牌与产品元素融入列车的各个环节，通过外车身广告、车内海报、车身内外门贴、LED 显示屏、语音播报等方式，全方位、立体化展现申通快递品牌。

目前，以“当日达、次晨达、次日达、隔日达”为主的高速铁路快运产品体系基本形成，市场效应初步显现。在现代社会经济发展的带动下，我国大部分最具活力的新型、大量小微企业在经营中，从原材料采购到产品销售等一系列物流活动依托物流企业、运输企业提供的服务。同时，现代信息、交通的发展，使得人们对高效、便捷的社会经济生活提出了更高的要求，电子商务已经深入人们生活中，对一些特定的货物运输不再单单是安全、经济方面的要求，时效性、便捷性需求越来越高。中国将超过美国成为世界快递业务量最大的国家。据交通运输部统计，近年来我国快递业发展迅猛，快递业务量连续增幅在 50%以上。随着物流业开始逐渐由速度型、规模型向质量型、效益型转变，优势互补、强强联合的共享共生理念将在整个行业内盛行。中铁快运与京东物流强强联手，将显著优化物流资源配置，不断释放运力能力，有效降低物流成本，提升服务体验，探索和推动现代物流与电商的融合发展。中国高速铁路运力在物流领域的优势和价值巨大。

3.5.4 高铁快运产品

中铁快运通过与顺丰速运、京东物流等优秀快递物流企业合作经营的方式，整合各自优势资源，共同推出符合市场需求的快递物流产品，取得了良好的社会效应和经济效应。

1. 高铁极速达

“高铁极速达”是把京沪高铁运行时间在 4.5 小时的“复兴号”载客动车组作为干线运

力，通过高铁网与顺丰快递网有机衔接，联合推出的有别于传统物流模式、在承诺时限内送达的即时快递高端服务产品。前期投入运营的新产品系列包括高铁极速达当日件、次晨件、次日件三类。该产品以铁路方为主导，中铁快运主要负责高铁站间运输组织工作，顺丰速运主要负责揽件、派件、城市转运工作，通过双方紧密合作，实现优势互补，利润分成，互利共赢。

"高铁极速达"的目标市场包括企业类客户和个人客户，如商务加急信函、标书合同等，以及个人紧急物品、生鲜礼品、贵重品等。对外使用"高铁极速达"名称，并特别标志为中铁快运携手顺丰速运共同推出，承诺 30 分钟上门取件，当日件上午 11 时前寄件，当日 21 时前即可收件，北京上海间快件 10 小时内可送达。采用"首重＋续重"计费模式，首重 1 公斤 70 元，续重 30 元/公斤；次晨件 15:00 前寄件，次日 10:30 前即可送达，首重 1 公斤 25 元，续重 10 元/公斤；次日件 20:00 前寄件，次日 18:00 前即可送达，首重 1 公斤 23 元，续重 10 元/公斤。

"高铁极速达"作为一款承诺时效的高端快运产品，充分结合中铁快运和顺丰速运双方安全、高效、精准的运作优势，使用世界领先的"复兴号"高铁动车组作为核心运力，是高铁图定运营网络与顺丰快递网的深度融合，为京沪两地消费者提供了一种全新的快递产品，物流链条全程采用高铁、地铁、电动车链接中转，绿色节能环保。目前在京沪线所有配有高铁快运专用柜的复兴号列车均已开始装运快件，满足当日、次晨、次日不同时效快件的运输需求，日均收入超过 10 万元，票均重 1.3 公斤/件，票均收入 27.2 元/件，高铁专用箱装载快件单箱市场收入平均可达 800 元。

"高铁极速达"产品运营过程中对于安全的管控非常严格，承运快件时严格执行实名登记制度，比照航空快件标准逐件验视，执行高铁快运"白名单"制度。在快件进站时再次验视并过机安检，保证运输安全。全部快件装入高铁快运专用箱施封，高铁专用箱装入高铁列车快运柜，运输途中锁闭，保证快件安全。

2. 丝路高铁快运

在高铁快运业务发展过程中，中铁快运推进与电商、快递企业常态化合作，打通"西安—兰州—乌鲁木齐"高铁快运通道，打造"丝路高铁快运"，开创淡季高铁动车组运输新模式，努力为社会提供更加高效、便捷的常态化铁路快运服务，产生良好经济效益和社会反响。"丝路高铁快运"目前主要使用西安北至兰州西 DJ5791 次列车预留车厢(5:17 开，8:01 到)和兰州西至乌鲁木齐 D2711 次列车预留车厢，(10:45 开，22:38 到)链接运输，提供门到门服务，高于市场价格。作业中使用座椅防护套对载客动车组车厢座椅进行有效保护，确保车厢和座椅安全整洁。以西兰高铁确认车和兰新高铁专用车厢无缝接续运输的"丝路高铁快运"模式，为构建长距离重要节点城市之间的高铁快运接续模式提供了重要的参考，同时，也为货运动车组研究和决策提供了必要的实践基础。

3. 推进高铁"双网生活"

中铁快运推进高铁"双网生活"工作，通过发展高铁快运延伸服务，创新服务模式，推动互联网与高铁网的融合发展，打造线上线下一体化、便捷轻松的"双网生活"服务圈，方便旅客出行、提升服务体验，同时带动电商物流、旅游经济、特色经济发展，充分发挥高铁的溢出效应。

便民托运服务开办后，得到了旅客、站内商家的一致好评，认为这是铁路部门继高铁订餐、“铁路畅行”等会员服务后的又一项便民利民的服务举措，弥补了高铁站内物品托运服务的空白，进一步提升了铁路客运服务水平，展现了新时代铁路发展新形象，希望在更多的高铁站享受到这项便民服务。

中铁快运将继续扩展“双网生活”服务内容，为旅客提供高品质的铁路客运配套服务，如：通过“95306”服务平台，为旅客提供行李物品上门托运、到站自提或送货到指定地点；旅客遗落在车站、列车上的随身物品、行李，通过求助“95306”等方式找回，可自愿选择付费寄递服务等。

4. 高铁＋航空

2018 年 9 月 15 日 8 时 40 分，成都东站开出的 DJ8862 次动车准点抵达西安北站。标志着在西成高铁上试点的“一单制”空铁联运物流新模式取得成功。这是中国铁路总公司与中国民用航空局签订空铁联运战略合作协议后落地的首个跨境联运项目，对推动我国物流行业转型发展和跨境空铁联运均具有重要意义。

这些商品从成都双流国际机场入境，运至双流西站，与成都发往西安的商品一并经过铁路部门安全检查，然后装上动检车运往西安北站。近年来，物流运输逐渐向多式联合转变，物流企业间的开放合作已经成为一种全新的业态形式。2021 年 8 月，成都局集团公司就率先与四川航空公司在“绵阳—成都—上海”路段推出了“一单到底、一箱到底”的“空中航班＋地面动车”的联运产品，为联运市场拓展积累了较好的经验。此次利用西成高铁动检车运送空铁联运货物，不仅实现了运能最大化，而且检验并完善了“一单制”空铁联运物流新模式。客户只需填写“空铁联运单”，便不用再联系或接洽承运商，即可享受“门到门”全程物流链的运输服务。

成都局集团公司与中铁快运股份有限公司、四川航空公司、四川机场集团等企业开展研究，将依托新建的天府国际机场国际空铁公联运枢纽进一步拓展此项业务。考虑以成都双流国际机场、双流西站为空铁联运枢纽，以川航国际航线、西成高铁为通道，试点多式联运产品，主要吸引以成都为中转地、以西安和川航国际航点为始发或终到地的高附加值货源。该项目的试运成功，将完善以航空货站、高铁货站为核心的多式联运模式和作业流程，为下一步常态化往返开行承担货运任务的动检车打下基础。届时，将有更多的本土特色产品和快件货品通过“高铁＋航空”的方式运达全国、通达全球。

2018 年，高铁快运业务将继续主打高端快递市场，利用高铁确认车、载客动车组、预留车厢、专用车厢等运力资源，提供“门到门”“库到库”高铁快运高端服务。以“复兴号”动车组扩大运营、高铁快运柜专属使用及兰新线高铁专用车厢探索为契机；以与社会知名快递、物流企业联合开发新产品为突破口，建立高铁快运发展新模式，吸引高附加值货源，培育高铁快运发展新增长点，形成发展新动能。

5.“双 11”产品方案设计

所谓“双 11”，即指光棍节（每年的 11 月 11 日），它发源于中国 20 世纪 90 年代，最初仅仅是电商用于吸引消费者的一种促销噱头，主要是为了吸引年轻一代的消费者进行网上购物，类似于传统商业的春节促销或者五一劳动节的促销活动，并无什么特殊的意义可言也并不特别引人关注。阿里巴巴将“双 11”这个刚刚打造的商业噱头与电子商务进行了完美的融合，如今“双 11”摇身一变，已然成了一种消费现象，每年的 11 月 11 日，以阿里巴巴为主的电商们都会开展大型的网络营销活动，给消费者带来实惠。概念被首次提出时，淘宝商城“双 11”销售额仅仅为 0.5 亿元，然而仅仅用了六年的时间，这一数字已经成几何倍数地发生了改变，2015 年“双 11”销售额已经达到 912.17 亿元，在 2016 年“双 11”活动中，这一数字被定格在 1207 亿元。从 2016 年的“双 11”起，铁路与快递之间的合作就已开始，随后逐步常态化、频繁化。铁路部门在当年启动了“电商黄金周”运输工作，与电商和快递企业合作，提供高速铁路快运和铁路干线运输物流服务。2017 年，铁路部门进一步与电商、快递企业合作，紧贴市场需求开发新产品，如中铁快运公司与我国主要电商、快递企业广泛接触，提前落实电商货源，制订对接方案。在国铁集团统筹安排下，在 2017 年“双 11”期间，中铁快运公司综合运用 22 列高速铁路确认车、208 列载客动车组预留车厢、“复兴号”动车组列车“快运柜”、600 多列载客高速铁路列车上放置的高速铁路快运箱、680 列全路直通旅客列车行李车等优质运力资源，对电商、快递企业提供高速铁路物流服务，形成产品组合，多层次满足客户运输需求。尤其是 2017 年中铁快运推出了“高速铁路极速达”和“丝路高速铁路快运”等新产品，使得高速铁路物流品牌影响力不断扩大。如图 3.7 所示。

图 3.7　利用动车组列车快运货物组织

2018 年“双十一”期间专门用于“高铁极速达”服务的高铁动车组达到 400 列，为 2017 年同期的 10 倍以上。由中铁快运推出的全程速度最快、运行最稳、品质最优的快运服务产品“高铁极速达”，自“双 11”推出以来，经过 11 次扩网，现已覆盖全国 431 条线路、58 个城市、69 个高铁车站。“双 11”复兴号动车组将再次服务电商黄金周，中铁快运继续推出“站到站”“库倒库”“门到门”等多种服务方式，实现 10 小时货物送达客户。今后，还将紧跟客户需求，陆续推出铁路冷链快递新服务，高附加值、小批量、多频次保鲜货物均可通过高铁快运送至千家万户。中铁快运精心准备、精心服务、精准运输、精细管理，充分发挥高铁快捷、准时、安全等运输优势，全面参与“双 11”电商黄金周服务。通过铁路快运物流企业不断融入市场，扩大运力供给，增进社会合作，持续推出新产品，不断完善服务和运营模式。北京局集团公司根据市场需求，适时推出不同线路的高铁快运专用车厢。在北京至上海、杭州、武汉间推出“高铁京尊达”服务产品，配备高铁专箱、专柜，为高价值商品提供个性化运输服务；紧跟消费升级，首次推出铁路冷链快递新服务，利用行李车有源冷柜和无源蓄冷箱，在北京至上海、北京至成都间实现冷链快递，阳澄湖的大闸蟹将坐着火车到北京。

自 2020 年 11 月 1 日开始，铁路“双 11”电商黄金周运输服务启动持续至 20 日。铁路部门充分发挥高铁成网运行和安全快捷等优势，优化运力供给，首次试点复兴号动车组整列装运快件，加强电商、快递企业合作，创新运输产品，积极服务“双 11”电商购物节，努力满足人民群众日益增长的物流服务需求。铁路部门安排 600 多条线路、1000 列高铁载客动车组列车，还推出“高铁极速达”等系列服务，覆盖全国 80 余个大中城市。主要体现在：一是扩大城际间批量快件运力供给。加强与电商、快递企业合作，提供充足的高铁动车组预留车厢、高铁确认列车等运力资源，首次试点在北京西至汉口间 2 列复兴号动车组整列装运高铁快件。二是推动铁路行包产品升级。运用部分普速列车行李车，首次投用具有自主知识产权的铁路冷链快运箱，配套推出食品冷链“冷鲜达”、医药冷链“定温达”和“定时达”等新产品，满足特色生鲜农产品、医药试剂市场运输需求，并重点为内蒙古、新疆及西藏等地牛羊肉、骆驼奶等生产企业提供食品冷链运输服务，实现扶贫助农，助力脱贫攻坚。三是开行电商货物特快班列。向电商、快递企业及家电、日化、食品等生产企业提供电商货物干线运输服务，在前期开行京广、京沪、沪深间特快班列基础上，后来又新增开行浙广间班列。

2021 年电商黄金周期间，铁路部门继续推出以下运输服务举措：一是精准投放运力。根据市场需求和铁路快运对适运货物的要求，充分运用载客动车组上的高铁快运柜、预留的不售票车厢和普速客车上的行李车、无旅客的高铁确认列车、铁路特快货物班列，更加精准地投放运力。日均安排利用车厢富余空间及高铁快运柜存放快件的高铁载客动车组 1135 列，同时预留不售票二等座的动车组 35 列；日均安排清晨开行、全列无旅客、可装运快件的高铁确认列车 32 列；日均安排运用行李车装运快件的普速旅客列车 240—320 列；日均安排在京广、京沪等干线铁路上运行的北京、上海、广州等城市间特快货物班列 8 列。在拉萨至林芝铁路沿线的林芝、山南等车站增办快运业务，全国铁路办理快运业务的车站达 688 个，遍布 31 个省(区、市)，其中高铁车站 249 个。二是积极拓展特色服务。适应海鲜水产、水果、肉禽蛋奶及熟食制品等生鲜食品特点，主动扩大冷链运输服务范围，发货地、覆盖面、货源品类等大幅增加，并积极服务健康产业，与齐鲁制药、九州通、顺丰医药等企业开展合作，提供更加精准的医药健康类冷链运输服务。同时，充分运用铁路特快货物班列，为快递物流企业及家电、日化、食品等生产企业提供“库到库”批量运输服务。还充分运用高铁能力，加强与邮政、顺丰、京东等快递物流企业合作，大力开展城际间批量快件运输服务。三是确保疫情防控和运输环境安全。对动车组、普速客车行李车运送的货物，严格执行“收货验视、实名登记、过机安检”安全保障要求，对铁路特快货物班列运送的货物，加强全过程货物进货验收、安检、监装卸组织和疫情防控消杀作业，确保货物和环境安全。普通货物采用高铁集装包、专用包装箱等多种方式进行包装，冷链货物运用专门设计的冷链箱进行包装，所有货物做到包装干净整洁，不污染座椅，不影响旅客乘坐。

3.5.5 高铁快运面临的技术难点及其对策

1. 高铁快运面临的技术难点

从整体发展情况来看，当前我国高铁快运发展仍处于起步阶段，还存在诸多问题待解。

(1)技术装备欠缺难以满足高铁快运运输要求

我国高铁从最初的设计到应用，主要都是立足于发展客运市场，高铁车站的设计和建设并未考虑货运操作的需要，不具备货物存储、集散、搬运、装卸的作业条件。加之受高速列车

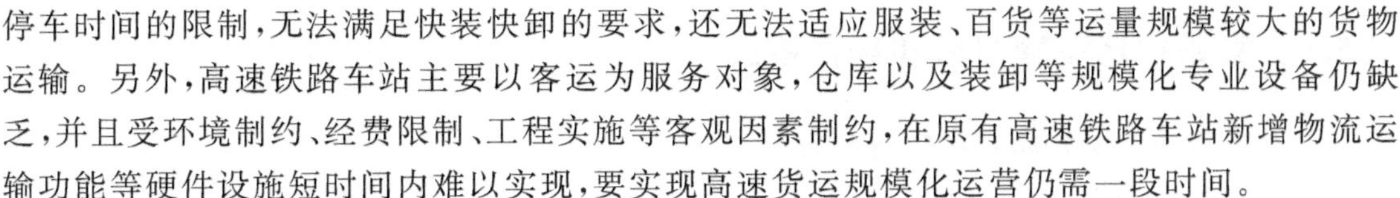

停车时间的限制，无法满足快装快卸的要求，还无法适应服装、百货等运量规模较大的货物运输。另外，高速铁路车站主要以客运为服务对象，仓库以及装卸等规模化专业设备仍缺乏，并且受环境制约、经费限制、工程实施等客观因素制约，在原有高速铁路车站新增物流运输功能等硬件设施短时间内难以实现，要实现高速货运规模化运营仍需一段时间。

(2)不便于货运操作

我国高铁快运业务主要通过高铁确认列车和图定动车组两种组织形式开展，其中高铁确认列车主要承运批量包裹和小件快递，图定动车组以小件快递及快件信函货物为主。而现有动车组列车主要满足旅客运输需求，不便于货运操作，出现了一系列问题，如：车厢空间利用率低，货物运量受限；货物摆放分散，不便于集装化作业；现有的车门设计和车厢内的结构布置不便于机械化作业，只能靠人力进行装卸，装卸效率降低；等等。

(3)“门到站”“站到门”服务能力薄弱

高铁快运主要依托中铁快运的既有网络承揽货源，虽然在干线“站到站”运输上具备较强的速度优势，但“门到站”“站到门”等环节的服务能力还较为薄弱。如高铁快运“门到门”服务仅限于城市主城区内，尚未形成遍及周边县市的终端网络，导致高铁快运损失了部分偏远地区的货源，给规模化经营造成一定阻碍。

(4)快件代理服务开展不足

高铁快运的运营主体是中铁快运公司。铁路运输网络相对封闭、自成体系，中铁快运公司基本垄断了铁路的快递业务，其他物流公司参与铁路部门的门槛较高，相比航空运输的开放合作模式，要发展铁路快递业，还必须打破铁路系统政企不分的管理模式，建立更开放的、多元化的合作模式。

2. 高铁快运改进的对策

高铁快运发展迎来了重要机遇。在快递行业竞争激烈的情况下，高铁快运要想打破瓶颈、健康发展，还需铁路部门及快递企业加强协调，共同推进。

(1)创新运输模式，提升高铁运输效率。加强高铁相关配套技术的研发工作，设计一套经济合理的人力、物力资源调配系统，如客货运输信息管理系统、客货运力分配系统等，实现科学高效的统筹安排，优化运力资源配置，提高运输效益。

(2)研发并建设相关配套设施装备。考虑到目前高铁快运设备设施严重不足问题，需要进一步加强相关技术设备研发工作，在高铁车站增设相关基础设施。如建设相应的货物运送通道，开设专门的货物驳接月台等；研发设计高铁快运货运专车，基本的技术指标和运行参数都可以与客运专列保持一致，但需对车门进行加宽设计，以方便货物快速进出。

(3)加强“门到门”服务能力。针对高铁快运“门到站”“站到门”等环节服务能力薄弱问题，可建立沿高速铁路配送中心的公路密集区，从而实现“高铁＋公路”的广网覆盖，公路与铁路实现无缝衔接，配送时又能更合理地统筹安排，快件处理起来更加方便、高效、快捷。

(4)进一步提高服务水平。铁路发展高铁快运所提供的已不是单一的运输功能，而是要提供包含仓储、运输、装卸、信息、包装、加工、配送等多种服务功能在内的全程物流服务。因此，提升高铁快运整体服务水平势在必行。如在高铁快运运营过程中，除了实现办理手续简化、货运受理渠道畅通，还应针对客户个性化、高水平的物流服务要求，更广泛、更深入、更细致地分析客户需求特征，以提高服务质量，推动高铁快运发展壮大。

3.5.6 高铁快运运营组织和经营模式

1. 高速铁路快运物流组织模式分析

高速铁路本身定义是快速的客运专线，这一基本功能定位不能改变。首先坚持以客为主，满足客运的前提下，充分发挥高速铁路的巨大输送能力，再兼顾快速货运，即在满足客运动车组列车运营的条件下，利用高速铁路的富裕能力适量开行轻快的货车，而货车也不是常规的普速铁路的货车，必须单独研制以适应高速铁路的技术标准和运营模式的特点的新型货运列车。其次，合理确定高速铁路货运的运输品类。时效性高、高附加值、小包装的鲜活易腐类生活物资。高速铁路具有发车频率高、运营速度高、运力充沛等特点，基本实现随到随走的便捷运输模式，开行货运动车组列车可依赖高速铁路，发挥高速铁路的优势实现当日到达和快速便捷等特点。

(1)利用动车组的空间闲置模式

由于高速铁路客流有地域差异和时间差异，在客流低峰期可以利用一些上座率不高的动车组列车上的空余位置来运载货物，大件行李存放处能利用的有两个空间：即二等座等车厢一端的储货位置和每节车厢端部的大件行李架；或是根据售票时掌握车厢的满载率情况，将空出的座位部等位置用来运输轻快的高附加值货物，但由于此时受空间限制，运载货物仅局限于小包装轻快递物，如邮件运输。这种模式运作的高速铁路动车组车厢内都设置了一个储货位置(1500cm×600cm×1500cm)，但货物的重量、大小受到严格限制。此外，由于升降梯尺寸(800cm)及货物周转箱(800cm×600cm×800cm)尺寸有限，一方面会限制货物的收货量，另一方面会增加货物的拣货工作量。这种方式仅仅适用于货运量很小的情况下使用。

(2)利用动检车运送模式

这种模式属于短途运输，比如在“上海—杭州”“杭州—南京”“合肥—南京”之间运送快递业务。利用动检车存在以下问题：为保证旅客乘坐的空间不被占用和污染，货物运量和尺寸受限；动检车的开行是分区段对开的，只能适应短途运送；班次少，开行时间固定，运输能力有限，无法满足快递货运的需求；货物摆放分散，不利于货物快卸；限于车门的设计和现有通道内的设置，难以用机械化、自动化的装卸设备进行装卸作业，主要靠人力装卸。对于这个问题可借鉴国外装卸单元的经验，将小件货物装于目前我国采用的轻小型包裹快运盒，再将目标地点一致的快运盒置于国外邮政专业通用的周转箱内。周转箱的使用将大大提高装卸速度。

2. 经营模式创新

(1)做好相关设施规划

由于货物运量的增加，此时直接在高速铁路站进行作业显然是不合适的，可以考虑在具备条件的枢纽内既有客运站、行包行邮基地进行货物的装卸。高速铁路货快引入枢纽客运站，可利用既有客运站的行包作业条件、通道等良好的货运基础设施，进行安全快捷的装卸作业。这种方式要求既有线客运站与高速铁路的信号制式相匹配。因此，中远期需要结合快捷货物运输需求增长情况，统筹做好高速铁路快运通道以及快件基地、客运站货运通道、装卸设施布局等相关设施规划，实现高速铁路货快站点的规模化与专业化。

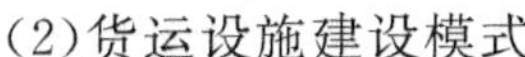

(2)货运设施建设模式

高速铁路开办货运业务还需要配套建设相关的货运设施,需要根据货物的运营特点、货物的品类、装卸作业的方式、分送作业方式等建设配备货运设施。

高速铁路车站是按照客运专线设计,缺乏足够的调车线路、适合货物装卸的站台、快速运输通道、相配套的仓库等设施,导致车站物流运输始发终到作业设备能力不足。第一个问题是高速铁路站附近缺乏与高速铁路快运相配套的物流集转中心或者是网点中心,大部分快件都要通过第三方快递公司揽件,然后通过小型货车运送到高速铁路站,进行登记预约,再进去送到高速铁路站台。第二个问题是货梯和安检设施不匹配,现有的高速铁路电梯只运送旅客和随身行李,而且任何进入高速铁路运输的货物都必须进行安检,现行的安检机宽度只有 0.8 米,高 0.6 米,明显满足不了一些超宽超高货物的安检。第三个问题是车站缺乏快速装卸设施,由于高速铁路停留的时间往往只有不到 5 分钟,极短的时间内如何快速集装化卸货,也是一个问题。例如,上海虹桥站 2F 层原第 12 售票处由封闭式售票窗口升级为集铁路客运、旅游咨询、空铁联运、金融服务等多功能于一体的开放式综合服务区。综合服务区可为旅客提供铁路服务、银行服务、旅游咨询、中铁快运 4 大类延伸服务。

①新建高速铁路货运设施建设模式

在规划过程中,考虑货运动车组列车的需要,根据车站的选址、城市规划、车站布局等因素合理布设货运动车组列车装卸场,并配备相应的货运、快运、门到门服务等设施,随同新线车站一并规划建设,如为进一步创新现代物流发展模式,推动高铁物流与关联产业融合发展,四川广元和广西南宁抢抓高铁发展时代机遇,正在规划、建设高铁物流基地,力争打造产业集聚、功能完善、便捷高效的“一站式”高铁快运物流中心。

②既有高速铁路货运设施建设模式

一般中间站的站台作业模式。对既有线站台进行改建,加宽站台,增设物流跨线地道、货运仓库等货运设施和物流设施。货运动车组列车以旅客列车行包作业方式进行货物装卸作业,即停即走。

大中型客运站的特殊区域作业模式。大中型车站站台利用率高,不能在站台作业。货运量大的车站,可利用动车所、动车存车场、工区段管线、安全线等站线,对其改建后引出车站,不利用到发线。有些地区、枢纽站确实无法改建或增设动车货运设施,可利用既有联络线或新建联络线至普速铁路的既有货场,必要时可扩建物流中心进行作业。

(3)装卸设备

高速铁路快运服务还面临动车中间站停站时间短、中间站货物装卸困难等现实问题。鉴于装卸设备和旅客列车停站时间短以及存放空间小的限制,对快件的重量和尺寸都有严格的要求。高速铁路快运货物定位于 20kg 以下的小件业务,主要是信函、证件等小件快递货物。但由于存在自身的短板,比如网点覆盖不足、终端配送能力差等,若规模化运营高速铁路快递列车,需要研制相关适应性的装卸设备。目前货物大多数是通过人工搬运等手段装卸,效率低且不利于货物的快速定位,整体装卸时间延长。

3. 营销方案

在高速铁路快运仍处于市场萌芽阶段的背景下,开拓市场是更为现实的目标,需要逐步树立品牌形象以强化核心竞争力,应该着手于高速货运市场需求的调研、速度目标值的选择以及运输组织类型方面，以便能够推出准时高效地满足货物的时效性需求的物流产品。

4. 管理体系

高速铁路货快与传统物流运输在物品种类、编组管理、作业方式和流程、组织管理、经营策略、安全保障等方面均有差异，在运输组织方法、物流装卸作业、运费核收、运输物品安全责任界定等领域尚缺乏统一的标准，容易导致客户请车、计划提报、物品配送等不同环节手续烦琐的现象产生，不利于提高运输作业的效率。

5. 制定和完善管理制度

高速铁路开展小件快运中，涉及运费核收标准、货物安全责任界定、运输保价、随车押运员管理、货物装卸作业标准等一系列问题，需尽快制定和完善相关管理办法、规范。高速铁路快递规章制度可结合高速旅客运输和传统铁路物流运输两种规章制度体系，结合快捷物流运输的特点，补充和完善组织管理等方面的工作细则，包括业务受理管理、安检管理、运输装卸管理、仓储管理、交付和结算管理、人员作业管理等，实现高速铁路快运各环节的统一标准化，保证运输过程的高效、有序。

6. 采取灵活运价方案

在以距离、站停靠频次等要素确定站到站基本运价的基础上，根据货物月平均运量、单次运量、周转次数、提报计划时限等指标制定浮动运价，引导、激励客户集中多运。对运量大、货源稳定的关键客户要重点关注，利用价格策略帮助他们降低成本，与其建立长期战略合作关系。

7. 重视安全质量保障

按照高铁快运发展规划和要求，为确保高铁快运业务安全运营，逐步规范快件处理流程和作业标准，提高高铁快运服务运作质量，中铁快运对高铁快运安全运营和服务运作质量进行了严格管理，多措并举加强日常安全监控力度。

(1)贯彻验视制度，保障运输安全。结合铁路和邮政相关法律法规以及快递行业验视作业标准，制定高铁快运安检验视作业标准以及禁限寄物品规定并作为快件办理指导性规定，要求全系统做好快递员、现场操作员及客服人员的培训工作，严格规范安检查危工作，落实安全责任划分。

(2)强化安检流程，落实安全责任。进一步加强车站和集散中心对高铁快件的安全检查工作，强调明确做好安检验视工作，配合车站执行件件过机的安检制度，同时明确同车站安检责任划分和相关办法。

(3)制定作业标准，确保站台作业安全。制定高铁站台装卸作业标准，要求高铁动车组列车装卸车作业必须严格执行铁路局集团公司制定的相关作业办法，使用固定、有效的站内外走行通道及装载工具，严格遵守“旅客先行、货物随行”的运输原则。

(4)健全安全管理体系，规范安全管理制度。为确保高铁快运服务质量，建立了质控考核工作体系，成立了质控小组，日常通过信息系统进行 24 小时不间断质量盯控，及时发现运作质量问题并通过考核、业务指导等多种手段解决质量问题。

8. 车型设计

我国高速铁路动车组主要针对旅客运输进行设计，在轴重、车门设计等环节上与传统物流运输设计标准存在差异。例如，动车组设计允许轴重一般不超过 15 吨，车门设计一般高为 1850mm、宽为 730mm，与高为 1945mm、宽为 2200mm 的行邮专列车门设计不一致，不利于搬运、装卸等现场作业的高效率运作。

250 千米/小时以上货运动车组基于成熟可靠的中国标准动车组产品平台，车体、制动、转向架及牵引高压等主要关键系统技术方案基本不变，主要针对快捷货运的特点进行适应性改进，最高运营速度可达 350 千米/小时，受环境因素影响较小，不管风霜雨雪，1500 千米的距离 5 小时之内便可到达。如图 3.8 所示。

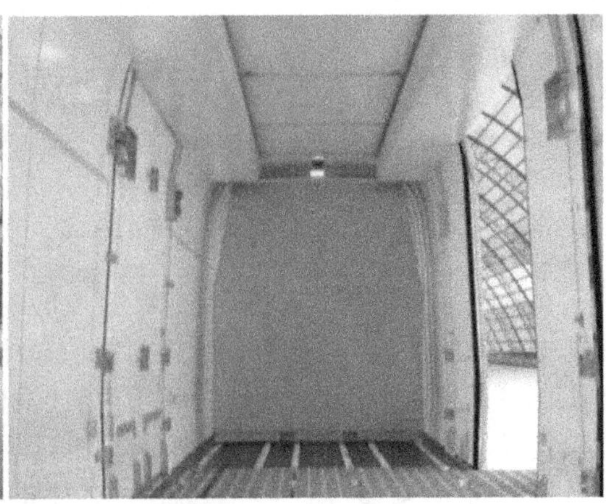

图 3.8　货运列车外形和车厢内实景

高速货运动车组以我国时速 350 千米高速动车组技术平台为基础，突破了承载系统、走行系统、智能化装卸设备、快速装卸等多项轨道交通货运快速化关键技术，首创标准集装器谱系化产品、货运专用地板等全系列装卸设备，显著提升装卸作业效率，实现了大载重、大容积、快速装卸及智能化货物在途管理。

根据载重变化大、货物要求不同及线路变化等特点，攻克转向架悬挂参数匹配及优化、车体结构强度优化、车辆内部空间利用率加大等关键技术；兼容标准集装容器、车厢内设置专用转运装置，实现货物快速装卸与固定；开发出适应于快速货运列车的高效虚拟配载方法；研究列车超偏载检测、货物装载定位检测、装载运输全过程信息化管理，重点解决货运列车超偏载检测、监测、装载效率提升等在途管理问题。

(1)满足中长途快速货运需求。高速货运动车组利用大数据分析、高效虚拟配载、精准重量控制和遗传算法等技术，实现了货物的智能配载和车辆负载的合理高效分配。采用无载波脉冲通信(UWB)技术、移动数据网络及北斗卫星导航技术，可实现货物的精准识别、精确定位和货物信息的车地交互，满足快速货运需求，具有运输时效性高、运营频次多、运输成本低以及全天候运行等显著优势，在全球首次实现时速 350 千米高铁货物快运。

(2)安全环保。高速货运动车组绿色环保安全。采用世界最严格防火标准，具有智能火灾报警系统，应用多种防火阻燃新材料、新技术，货仓区采用新型防火涂层，防火层使用寿命可达 10 年以上。

(3)适应性强、经济性高。时速 350 千米高速货运动车组适应环境温度为 −25℃ 至 40℃，载重不少于 110 吨，载货容积不少于 800m^3，载货空间利用率≥85%。相较于航空、公路运输，货运动车组受环境因素影响较小。

另外，中国中车通过研发与动车组配套的智能化装卸设施，可实现铁路、公路、航空的一体化运输需求。货运动车组每节车厢是全开启式，车厢一侧可大幅面打开，叉车可直接装卸货物，并且采用新型标准集装器技术进行集装化装卸、周转、运输及固定。集装化装卸实行之后，人工投入将大大减少，这也是提高车速之外，减少运输时间的关键环节。与此同时，货运动车组采用虚拟装配及在途管理系统，每个集装箱在动车组上都有自己固定的位置，使得运输人员在押运室里就可以准确地巡检车上所有集装器的状态信息，保证了货物运输全程安全可靠。

3.6 特需货物列车运营组织对策

3.6.1 特需货物列车概念和种类

在现代运营管理条件下，目前已经发展到用户要求越来越苛刻、企业产品研制和开发难度越来越大的阶段，用户要求高是期望值越来越高的表现：对产品的品种、规格和需求数量呈现出多元化和个性化需求；对产品功能、质量、可靠性的要求日益提高，需求结构普遍向高层次发展；要求在满足个性化需求的同时，产品的价格却要降低。这些变化必然要求产品生产由传统的“一对多”向“一对一”的方式转变，而且又需要经济和快捷。与此同时，需求的多样化、个性化、高级化使企业解决产品开发问题的难度也越来越大，企业往往更需要先进的设计、质量保障等体系，而且新产品开发还面临着费用高、风险大、成功率低等压力。具体到铁路货运部门，同样面临客户需求个性化、“一对一”服务、经济、快捷等需求与日俱增的形势，需要改变传统的货运组织模式，需要寻找既能提高铁路运营系统的柔性，又能提高效率和效益的新途径。

铁路特需货物列车是新的发展方向和新的经济增长点。随着物流市场多样化、精细化、快速化等需求特征日益凸显，为了不断扩大铁路“白货”运输的市场份额，铁路部门从价格、时效、服务等方面入手，精心打造特需货物列车这一货运新品牌。铁路特需货物列车是适应客户个性化、多元化的物流需求的特色产品，受到广大客户的普遍欢迎和赞誉，品牌优势明显提升。特需货物列车是在新的物流市场变化的情况下适应货主需求产生的，是新生事物，是铁路部门适应市场的新举措。特需货物列车主要是对运到时限、运输条件等方面有特殊需求的货物，根据客户需求量身定制，向客户提供差异化、个性化运输服务，实现优质优价。特需货物列车主要包括客户指定发到时刻和特殊运到时限的货物列车，以及对装载加固、装卸作业和运输条件等有特殊要求的货物列车。

特需货物列车按客户需求分为以下类型：速度和时限要求类，客户指定发到时刻或运到时限的；装载和运输条件类，客户对列车编组、装载加固、装卸作业和运输条件等有特殊服务要求的。根据客户对铁路运力的不同需求特别是不同的运到时限要求，将全路所有货物列车划分为三类，即：普速货物列车、快速货物列车和特需货物列车。根据客户对货物运到时限、运输条件等方面的不同需求，按列车运行速度分为时速160千米、120千米及80千米三个等级。其中，快速货物列车主要是运输批量货物、物流总包货物等对运到时限要求较高的货物，通过“点到点”、编组站间集结直达等开行组织方式，做到货物随到随运，压缩在途时

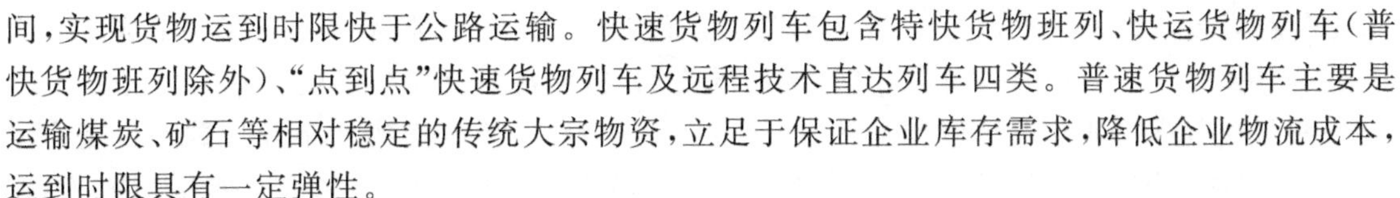

间,实现货物运到时限快于公路运输。快速货物列车包含特快货物班列、快运货物列车(普快货物班列除外)、“点到点”快速货物列车及远程技术直达列车四类。普速货物列车主要是运输煤炭、矿石等相对稳定的传统大宗物资,立足于保证企业库存需求,降低企业物流成本,运到时限具有一定弹性。

3.6.2 特需货物列车开行条件与特征

1. 开行条件

(1)发送货运中心应对接客户,核实运输需求,认真分析所需铁路运输条件,包括作业场地、车种车型、发到时刻、运到时限、装载要求等,并与相关部门和到达站协商,确认铁路运输条件能够满足客户的特殊需求。

(2)特需货物列车价格应高于同品类货物同方向、同速度等级的快速货物列车价格,并按照优质优价的原则组织开行。

(3)签订物流总包协议的,按协议约定价格执行。

(4)开行特需货物列车按敞开受理要求,对满足条件的所有客户一视同仁,不得实行量价捆绑政策。

2. 特需货物列车特征

特需货物列车是根据特定客户需要开通的点对点途中不解编的直达货运列车,可以称得上是铁路运输中的“滴滴”列车。特需货物列车是根据客户实际需求进行量身定制的个性化物流产品,也就是在基本方案不能满足时,根据客户特殊运输需求,临时组织开行的“点对点”货物列车,包括铁路局集团公司管内或跨铁路局集团公司范围内开行。与普通货物列车相比,特需货物列车具有适时、方便、快捷、经济等优势,主要体现在:申请和审批手续简单、运行限制因素少、组织灵活、运行速度快、整列不拆解等。目前,铁路各大货运站或编组站陆续组织开行了特需货物列车。特需货物列车以适应市场变化、满足市场特殊需求、提升物流运输服务质量、确保货物运到期限为基本目标,可按速度等级分为80千米/小时、120千米/小时、160千米/小时三个等级。由于特需货物列车运到时限和公路物流基本相当,但运价比公路便宜10%左右,因而具有明显的运价优势。特需货物列车部分货物可以按照实重计费,并且实行量价互保等运价策略,运价优惠幅度较大。例如,从北京到广州的国产卡车公路运费约为350元/吨,而铁路特需列车的“门到门”运费约为325元/吨。根据不完全统计,与通过公路汽车运输货物相比,假设每个40ft集装箱净载重为26吨,每列特需列车可运30或40ft集装箱,每月开行20列,每年开行10个月,客户每年通过铁路特需货物列车发运货物,总运费至少可节省400万元。再加上铁路货物运输安全等诸多优势,铁路特需货物列车这一产品一经推出,就引起了市场的关注。

3.6.3 特需货物列车的开行现状

2015年4月,客户申请的运到时限为48小时的“北京大红门—广州大朗”首列特需货物列车在北京局集团公司试运行,速度为80千米/小时。实际开行的首列普速特需货物列车仅用时42.5小时。掌握了相关运营组织规律后,“北京大红门—广州大朗”又开行了120千米/小时的特需货物列车,平均用时33小时,比申请的运到时限又压缩15~18小时。

同比公路运输，“北京大红门—广州大朗”间运行的进口卡车用时 36 小时左右，而国产卡车更高，要用时 42～45 小时。可见，在运到时限方面，铁路特需货物列车也具有明显优势。

铁路特需货物列车适合市场需求，广泛受到客户青睐，特需货物列车开行数量也随之增多，同时覆盖范围也越来越广。在此基础上，通过提高全程物流服务水平和质量等方式，铁路特需货物列车逐渐成为适应市场需求的物流列车品牌，这也为促进社会物流运输体系的完善做出了重要贡献。在南翔站至大朗站、大朗站至大红门站、圃田站至乌鲁木齐西站、保定南站至大朗站、三眼桥站至海宁站、邵东站至浦江站、中宁站至新港站、临沂站至乌鲁木齐西站等方向均组织开行了特需货物列车。

现以中国铁路上海局集团公司为例，上海、南京、杭州、金华等几个货运中心（2013 年铁路货运改革，中国铁路上海局集团公司实行“货运中心—货运部—铁路局集团公司”的管理模式）陆续开行了广州、长沙、成都等方向的特需货物列车，特别是在刚开行的短短五个多月，每月单向运量便攀升至 8 万吨左右，开辟了“上海—广州”“金华—长沙”等几条特需货物列车线路，列车运行时速达 120 千米，并实行客车化开行，将原来的途中运输时间压缩了一半。特别是上海货运中心已开通了上海北郊站、上海闵行站、苏州站、无锡站发往广铁集团常平、棠溪和大朗站的特需货物列车线路，每天发送 70 车货物。上海局集团公司与有关铁路局集团公司合作，先后在长三角与珠三角、西南、长株潭等地区间双向开行了多条特需货物列车线路，发送量不断攀升。如乔司至乌鲁木齐东、乔司至喀什、永康至长沙、金华东至金马村、金华西至三水西等 5 趟特需货物列车，安全正点，价格优，服务好。部分物流企业还将原通过公路物流发送的货物转向铁路，如上海国邦科技等物流企业将货物通过上海货运中心开行铁路特需货物列车发送货物，而且，中国铁路上海局集团公司管内多条线路实现了每列车 50 节车厢的满载运行。上海至南宁、乌鲁木齐、沈阳、哈尔滨等线路也逐步推出。

随着国家经济的发展，苏沪与粤之间的铁路货运量近两年平均增长率双向均超过 20%。在货运需求旺盛、长距离的沪深间开发班列产品既顺应了国家运输结构调整的趋势，又满足了长三角与珠三角两大经济板块间的运输需求。为了提升服务质量，针对快递产品货物较轻、体积较小的特点，中铁顺丰经过多次运力和货物操作磨合测试，多方探讨和研究，最终在沪深班列作业中形成前置安检、集装笼、库到库全程运输新模式操作，充分利用装载空间，进一步减少公铁间的转运装卸作业质量和效率，提高了运送时效。2019 年 1 月 5 日，由上海闵行至深圳石龙的 X107/108 次沪深特快班列，载有超过 25000 件货物从上海闵行站顺利开出。标志着中铁与顺丰铁路合作的再次升级，从以往的单列装货、复兴号的车厢中载货，到开行特快货运班列。列车全列共 13 节车厢，标记满载 283 吨货物、容积近 2000 立方，运距 1640 千米。相当于 13 辆 30 吨长途货运汽车的装载量，而且车厢还将使用集装笼装载电商快递，装卸效率可提高 1 倍。沪深特快班列是顺丰与中铁合资公司“中铁顺丰”倾力打造的一条电商班列精品线，主要承担苏、沪与粤之间的货物交流。中铁顺丰统一面向物流市场的两地供应商和生产制造企业提供货运支持。

3.6.4 特需货物列车组织模式

铁路特需货物列车以客户实际需求为导向，充分利用铁路网、设施设备、运输组织等铁路运力资源等优势，采用面向客户量身定制的运输模式，提供“点到点”、个性化的物流服务，并不断提高运输弹性化、柔性化组织能力。

1. 部门职责

(1)铁路局集团公司货运部是特需货物列车运营组织职能管理部门。货运部市场营销科负责特需货物列车开行申请初审,开行方案协调,参与特需货物列车运输方案编制、协议签订及经营考核;货运部运力策划科或受理和配送中心负责特需货物列车运输方案编制;货运部受理和配送中心物流调度负责特需货物列车日常盯控、统计分析,按相关规定进行通报考核。

(2)各货运中心是特需货物列车日常运营维护单位。负责市场调查、货源核实、发到两端能力确认、运到期限确认、需求受理、客户对接、装卸组织、空车配送、中转接续等环节。各货运中心应专人负责特需货物列车的管理,建立运营管理台账。

2. 申报流程

(1)货运中心根据管内货运市场调查或客户提出的运输需求,在确定基础运量或确认产品潜在运量后,可提出特需货物列车开行申请。涉及价格政策运用的,按照铁路局集团公司相关文件要求执行,须提前取得价格政策批复。

(2)特需货物列车开行申请由各货运中心在开行前 5 个工作日,以上行文形式上报铁路局集团公司(货运部、运输部、调度所),并将文件电子版传货运部市场营销科、运力策划科、受理和配送中心。

(3)特需货物列车的开行需求包括:货物来源和品类、适用车型、运营期限(首发日期—停运日期)、开行周期、装车组织站及挂运时间、卸车组织站及到达时刻、始发技术站、终到技术站、编组内容、牵引定数(辆数)、运行径路、运到时限、价格等。

(4)货运部收到货运中心上报的特需货物列车开行申请后,由货运部市场营销科负责协调相关到达局(管内特需为到达货运中心)并征得同意,形成初步审核意见并经过货运部其他相关科室同意后,报分管领导组织研究审批。

(5)经货运部审核通过的特需货物列车开行申请,由货运部运力策划科或受理和配送中心运输部、调度所、车辆处、机务处等部门研究确定特需货物列车开行可行性方案(可行性开行方案反馈市场营销科)。

(6)跨局特需货物列车可行性方案经铁路局集团公司领导批准后,由货运部运力策划科或受理和配送中心以局文(电)方式向国铁集团上报跨局开行特需货物列车需求。原则上在开车前 3 个工作日上报国铁集团。

(7)铁路局集团公司管内特需货物列车可行性方案经铁路局集团公司领导批准后,货运部运力策划科或受理和配送中心报铁路局集团公司运输部、调度所、车辆处、机务处等部门,形成具体可执行的开行方案并反馈市场营销科。

(8)特需货物列车运输方案公布以调度命令为准。铁路局集团公司调度所根据国铁集团调令,下达日班计划执行。货运中心每日要将管内各次特需货物列车装车组织站装车情况及时报货运部受理和配送中心,货运部受理和配送中心汇总后报调度所计划室组织挂运。

3. 开行组织

(1)货运中心要加强与车务站段取送车联系,合理调整装卸作业线路、仓库、货位,组织装卸劳力、机具,安排作业班次,为特需货物列车的装车作业创造便利条件。

(2)各货运中心优先将协议客户装车挂运上特需货物列车,如客户装车数无法达到该趟列车的牵引定数或换长时，可组织挂运符合编组要求的重车补轴。

(3)客户反馈或发现到达端需协调事项时，货运中心应及时与到站协调处理。需铁路局集团公司协调解决时，上报货运部受理和配送中心物流调度协调解决。对接入的外局特需货物列车，各货运中心要严格执行国铁集团相关文件规定，配合外局处理好客户反馈的协调事项。

(4)货运部受理和配送中心物流调度负责特需货物列车的全程盯控，建立日常统计分析台账，实时掌握特需货物列车开行，定期分析总结特需货物列车组织情况和服务质量情况，并根据需要向国铁集团物流调度汇报跨铁路局集团公司特需货物列车管内组织情况。

4. 兑现考核

货运中心要按照市场化要求落实经营主体责任并签订特需货物列车运量保证协议，确保特需货物列车品牌化开行、市场化运作。

(1)对外签约主体

①货运中心负责管辖区域内单独开行的特需货物列车运量保证协议签订工作，本通知附件合同模板，仅供各单位参考使用；合同的审核、签订要严格履行铁路局集团公司合同管理相关程序，符合铁路局集团公司合同管理相关要求，并报铁路局集团公司货运部市场营销科备案。

②对装车组织站涉及 2 个及以上货运中心的特需货物列车，单一客户经营时，由货运部市场营销科统一签约并反馈相关货运中心；如涉及多个客户经营，则由货运部市场营销科牵头组织确定各单位保底基数，由相应货运中心与客户签订运量保证协议并报货运部市场营销科备案。

(2)经营考核职责与内容

货运中心负责管辖区域内单独开行的特需货物列车经营考核；对装车组织站涉及 2 个及以上货运中心的特需货物列车，由货运部牵头组织各单位按照协议约定进行考核。运量保证协议要明确双方责任义务、运作模式、考核车数、考核方式及标准、运营周期等。考核车数要结合特需货物列车编组方案，不得低于列车开行编组方案最低编组辆数，具体由双方协商确定；保证金至少达到 1 个开行周期内最低编组方案装车数的基本运费，具体金额由双方协商确定；考核周期可采取按日、月等方式，具体由双方协商确定；试运行期间或市场培育期免于考核，试运行或市场培育期原则上不超过 1 个月。

3.6.5 特需货物列车的发展对策

1. 货源组织及价格水平

按照“双赢”的理念，铁路部门首先要与企业进行深度合作，深入调查和分析企业货物资源，一方面帮助企业提高物流运作效率、创新物流服务模式、有效控制物流成本，另一方面，铁路部门要广泛覆盖电子产品、家电成品、服装、食品等高附加值产品，以便不断提升铁路物流的服务范围。现以“南翔—大红门”间铁路特需货物列车开行为例，特需货物列车需求方为顺铁供应链(徐州)有限公司，主要货物为北京奔驰汽车有限公司的入厂汽车零配件、上海庄臣有限公司的家居日化用品等；装载铁路 40 尺箱后，平均每箱重量为 15 吨左右；使用

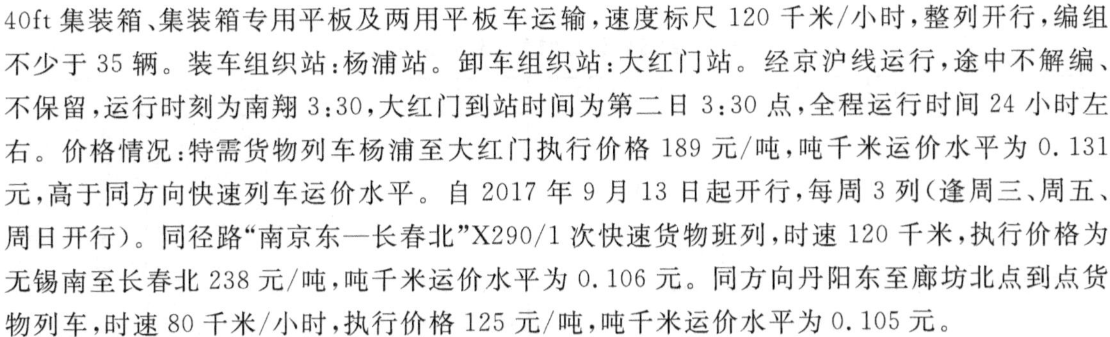

40ft 集装箱、集装箱专用平板及两用平板车运输，速度标尺 120 千米/小时，整列开行，编组不少于 35 辆。装车组织站：杨浦站。卸车组织站：大红门站。经京沪线运行，途中不解编、不保留，运行时刻为南翔 3:30，大红门到站时间为第二日 3:30 点，全程运行时间 24 小时左右。价格情况：特需货物列车杨浦至大红门执行价格 189 元/吨，吨千米运价水平为 0.131 元，高于同方向快速列车运价水平。自 2017 年 9 月 13 日起开行，每周 3 列(逢周三、周五、周日开行)。同径路“南京东—长春北”X290/1 次快速货物班列，时速 120 千米，执行价格为无锡南至长春北 238 元/吨，吨千米运价水平为 0.106 元。同方向丹阳东至廊坊北点到点货物列车，时速 80 千米/小时，执行价格 125 元/吨，吨千米运价水平为 0.105 元。

在实际货运组织中，为满足客户的个性化需求，需要加强组织弥补铁路运输环节多、速度慢等短板问题，铁路特需货物列车在运输时间、运输价格上可采用合同的方式就是“一单一议”。可以大客户作为基本组，逐步吸引零散客户货源，确保同一区域不同发到站的货源集合在一起，补充在基本组外开行。各装车组织站日常特需车流挂运接续方案及列车运行可由调度所组织调整，确保特需货物列车正常开行，做好货流接续方案。

2. 量身定制

出港出口产品定制。如为满足宁夏中卫金属锰产品及时出港出口的运输需求，量身定制列车开行方案，组织开行了宁夏中卫至天津新港特需货物列车，比预期到达时间提前 18 小时左右，确保了发往荷兰鹿特丹、秘鲁、韩国的金属锰产品按时装船离港。再如，昆明德宏后谷咖啡有限公司向昆明局集团公司货物部门提出出口欧洲的咖啡豆的运输需求，铁路部门通过与该企业沟通联系后，帮助企业优化了运行径路，在运到时限方面，该趟铁路特需货物列车在我国段运行时间仅为 5 天，比普通货物列车运到时限减少了 30 余小时。

国内运输产品定制。一是季节性产品。为满足水果运输时效性强的需求，如南宁局集团公司组织崇左站至北京局集团公司大红门站装运水果的冷藏箱 8 车 66 小时到达，比计划商定时间缩短 30 小时；又组织百色站至北京局大红门站装运水果的冷藏箱 7 车在计划商定的 70 小时内到达。二是批量性产品。如为满足广东佛山、顺德地区建材、瓷砖、家电等企业运输需求，广铁集团连续 5 天组织开行三眼桥站至中国铁路上海局集团公司海宁站特需集装箱班列，全程运行时间 22 小时左右，比客户提出的 30 小时还压缩 8 小时，这样的做法可以有力吸引客户和货源回归到铁路运输。

3. 运输组织方案

每个客户都有专门的客服代表为其提供个性化服务，运输方案、作业流程均针对客户需求设计。研究制定个性化和差异化的运输方案和措施，使特需货物列车覆盖运到时限、运费、装卸、货损、“最后一公里”等内容。可根据客户提出的货物运到时限等运输需求，研究制定个性化和差异化的运输组织方案和保障措施，在保障运输安全的前提下，最大限度地优化特需货物列车开行方案。部分特需货物列车运输组织方案如表 3.5 所示。

表 3.5　部分特需货物列车运输组织方案

	开行日期	装车站	卸车站	始发站	编组内容	装车(技术)站挂运方案
乌东特需货物列车	自 10 月 22 日 18:00 起开行，开行车次待定，隔日开行，乔司 7:00 始发	闵行、南翔、北郊、苏州西、无锡南、常州、艮山门、温州西、宁波北、余姚西、绍兴东、金华西、义乌西、浦江、诸暨东	乌东	乔司；终到站：乌东	乔司站编组内容：乌东站卸，编组不少于 30 辆，列车总重不超 4000 吨，计长不超 70.0。经宣杭、宁西、陇海、兰新线运行	(1)常州、无锡南、苏州西挂运 43003 次，北郊挂运 47598 次，闵行挂运 47934 次，各站车流 18:00 前到达南翔，南翔转挂 26609 次至乔司(南翔 21:46 开、乔司 2:14 到)； (2)温州西挂运 48748 次、金华南挂运 45829 次，金华西挂运 48808 次，各站车流 18:00 前到达金华东，金华东转挂 36434 次至乔司(金华东 21:03 开、乔司 2:23 到)； (3)宁波北、余姚西、绍兴东挂运 43162 次，义乌西挂运 36432 次，浦江挂运 42186 次，诸暨东挂运 42188 次，艮山门挂运 48718 次，各站车流 2:30 前到达乔司

为加强不同客户的货源整合，还需要实现运输、库存的协同优化，有效利用库存设施、铁路仓储，以便提高铁路物流服务品质。目前，铁路部门将所有货物列车划分为三类，即：普速货物、快速货物和特需货物列车。其中，快速货物列车就是对既有线路进行了优化，将大面积开行“白货”“点对点”间的半日、当日、次日及三日达的快运列车，从而构建起覆盖全国、联通欧亚的快运圈。同时，将首次开行时速 160 千米的特需货物列车。如，金华西到三水西站的跨局特需货物列车运输时间从原来的 6 天压缩到 24 小时以内；上海局管内上海北郊站到合肥北站的特需货物列车采取了夕发朝至开行模式，晚上发车，早上就到目的地车站，运输时限缩短至 11 小时内。再如，南翔站开往襄阳北站的特需货物列车，通过合理安排机车和车辆衔接，压缩技术作业时间，得到地方政府和客户的认可和好评，品牌也逐步树立起来。“南翔—襄阳北”开行 2 列；调度日开行 1 列。装车货源：集装箱货源，整列开行。装车组织站：闵行。卸车组织站：襄阳北。始发站：南翔。终到站：襄阳北。全程运行距离 1217 千米。编组、径路：襄阳北站卸，编组不少于 40 辆，列车总重不超 4000 吨，计长不超 70.0。经叶集、小林口运行。运行时刻：南翔 9:00 开，襄阳北第 2 日 21:00 左右到，全程约 40 小时。车流挂运：闵行挂 47922 次或 47924 次。按货车交路运行，机车交路、乘务交路及车辆技检作业均按现行规定执行。

4. 过程管理

为确保特需货物列车的顺利开行，铁路部门专门研究制定了管理办法和列车开行方案，综合利用高铁列车、客车行李车、货物快运、直达列车等运输方式，对运力协调、箱源调配、车辆匹配、开行计划、在途运行、终到取送等运输环节等采取了全过程的实时跟踪盯控，努力压缩运到时限，最大限度地满足客户的特殊运输需求，主要体现在以下 7 个方面。

(1)考核。要在满足客户对运到时限的特殊需求的前提下,相关单位全面加强特需货物列车的日常运输组织考核,每月进行分析考核,努力压缩运到时限。

(2)全程盯控。为确保特需货物列车运行各个环节紧密衔接、有序运行,实行客车化开行,途中运行轨迹全程盯控,全过程各环节精心组织,实时跟踪盯控列车运行情况,极大缩短特需货物列车在途时间。

(3)通报制度。每旬通报特需货物列车运到时限兑现情况,实现货物快运全程运到时限兑现率大幅提升,在站停留超时现象明显减少,这样才能有力吸引客户和货源回归铁路运输。通过国铁集团每旬通报特需货物列车运到时限兑现情况,每月进行分析考核,货物快运全程运到时限兑现率大幅提升,在站停留超时现象明显减少。

(4)信息融合。加强特需货物列车与中国铁路“95306”网站信息平台的信息融合,在“95306”网站信息平台开辟专门的特需货物列车窗口,客户可直接在信息平台上开展特需货物列车的申请和批准工作。同时,还推广 App 应用程序,让更多的特需货物列车的客户和潜在客户了解和定制特需货物列车。

(5)动态追踪查询。让客户能够精确查询货车实时位置信息,特殊标识,保证客户能随时查看货物在途情况,并指导客户利用中国铁路“95306”官方微信和网站的“货物追踪”功能,随时查看货物在途情况,还可建立微信客服群,客户若遇有问题或困难,客服群可以在第一时间回应。

(6)装载安全。铁路部门要对特需货物装载加固进行技术指导,还要对装载安全进行把关,并将装载过程的照片入档备查。

(7)途中运输组织。为满足地区运输需求,在特需货物列车运行的途中,就要合理安排机车和车辆衔接,压缩技术作业时间。

5.分析工作

(1)对特需货物列车编组、净载重、到站分散等情况进行分析总结,加强对特需货物列车开行情况的追踪分析,对未按方案组织开行的要及时反馈、分析原因,以便做好日常相应调整工作。

(2)建立特需货物列车的数据库,通过数据挖掘等手段,及时掌握货运市场变化规律,可根据不同的客户需求,不断拓展服务种类,延伸服务范围,提前预测企业和客户需求,提前做好应对物流市场变化的各项工作,以便为其推送专门设计的物流服务。

铁路特需货物运输已经引起社会上的广泛关注,而且提高了铁路企业的经济效益,特需货物列车发展具有广阔的前景。可进一步依托特需班列等铁路运输产品,发展多式联运,不断提升全程物流服务品质。安达物流在区域内物流市场的品牌影响力逐步提升,致力于降低客户物流成本,设计个性化物流方案,用心服务每一个环节;开行了合肥、滁州至重庆、西安、乌鲁木齐等方向的特需班列,货物追踪查询系统,从开单到签收全程跟踪,客服热线全天候服务,客户可实时查询货物在途情况,安全、高效、专业、周到的物流服务,先后为伊利乳业、康佳电器、京东、天猫等企业提供了物流总包、全程物流等综合服务。

3.7 铁路冷链物流组织

我国是一个农产品生产、消费和贸易大国，农产品生产经营方式的升级、农业生产与现代化大流通及城市大市场的联系越来越紧密。在乳制品、禽肉、水产等生鲜产品的运输过程中，冷链物流起到的作用越来越突出。除了农产品以外，医药、餐饮连锁等也是冷链物流中主要的运输商品。

近年来，随着我国居民收入水平的稳步增长，消费水平也在提高。而在互联网的普及下，人们的生活方式发生了变化，农产品、食品、医药等消费品的选购方式也变得越来越便利。网购、生鲜电商、蔬果宅配等方式都是当下消费市场的热门选择。对于网购、生鲜电商、蔬果宅配等来说，运输环节十分重要。受益于这类消费的增长，我国冷链物流市场也快速发展。

3.7.1 铁路冷链物流现状

冷链物流主要服务于生鲜食品和医药等行业，与广大人民群众的日常生活息息相关。随着国家启动拉动内需战略及满足消费升级需求，冷链物流发展日益受到各方面关注，冷链行业也正在悄然进行着改变和升级。冷链物流系统是以冷冻工艺学为基础，以制冷技术为手段的低温物流系统，主要涵盖易腐货物的低温加工、冷库仓储、冷链运输、冷链配送及低温销售等物流过程。其中，冷链运输是冷链物流的一个重要环节，主要作用是将易腐货物在适宜、稳定的低温环境下保质保量地从供应地向需求地进行空间转移。

2008 年之前是冷链物流 1.0 阶段，即萌芽阶段。这个阶段的特点是冷链物流资源匮乏，行业利润丰厚。自 2008 年至 2017 年，受北京奥运会促进，我国冷链产业快速发展，冷链物流企业如雨后春笋般成立、壮大，有的企业开始提供一体化的冷链物流服务。这十年被定义为我国冷链产业的 2.0 时代，这个阶段特点是新企业如雨后春笋般纷纷涌现，行业快速发展壮大，一些先发企业开始提供一体化服务。自 2018 年开始，我国冷链产业呈现一些全新的变化，包括：冷链物流领域加快兼并重组，市场集中度进一步提高。如中外运冷链和招商美冷合并整合，万纬冷链并购太古冷藏，顺丰和夏晖物流强强联合等。还有众多其他行业巨头和带着互联网基因的企业跨界强势进入冷链行业，如万科、宝能、京东物流、苏宁物流等。以上这些企业，加上原本冷链物流行业的强势企业（如鲜易供应链、希杰荣庆等），不再满足提供运输、仓储、配送等基础的冷链物流服务，而向供应链一体化服务延伸，向产业生态整合平台发展，显示了整个行业升级发展的需求和追求。这个时间节点被看作是中国冷链物流 3.0 时代的开始。冷链物流新的时期和阶段已经到来，物流装备和技术的升级发展将成为企业角逐和竞争的重要领域，也必将成为提升行业发展和推动企业进步的重要动力。冷链物流在促进农产品生产流通和农民增收，提高居民生活品质等方面发挥了作用。

然而，受内外部多种因素的影响，铁路作为一种绿色环保的运输方式，在迅速发展的冷藏运输市场中所占份额却偏低。发展铁路冷链物流能够缓解城市交通拥堵，为公路冷链运输减轻负担，符合现代物流向绿色物流发展的趋势。同时，铁路冷链物流能够促进我国社会整体物流实现提高运作效率、优化资源配置、增加经济效益等目标。

从我国铁路冷链物流的发展历程看，在 20 世纪 90 年代以前，铁路一直是我国肉、鱼、水果、蔬菜等易腐货物的运输主力，具有运力大、运输成本低、安全环保等优势。20 世纪 90 年代以前，我国铁路冷链物流在全国鲜活易腐货物中长距离运输市场中一直占据主导地位，1991 年历史高峰年运量达到 1669 万吨。从 1992 年开始却呈逐年快速下降趋势，到 1998 年降至 836 万吨，进入 21 世纪后，由于不能主动适应市场经济的发展需求，2014 年铁路冷链货运量仅为 40 万吨，冷链市场占有率不足 12%。

在巨大的冷链物流市场面前，铁路冷链物流所占的市场份额不大。据中物联冷链委统计，目前我国铁路冷链在冷链物流总运量中占比为 12%左右。总的说来，铁路冷链全程物流服务还未建立，市场化程度不够，市场占有率不高。目前，冷链行业竞争还处在初级阶段，规模并不大，行业集中度不高。整个行业缺乏资金技术实力雄厚、创新带动力强的领军企业，铁路冷链物流企业与其他企业尚未形成规模化的竞争格局，全国性、综合性的冷链物流寡头尚未出现。

鉴于“公转铁”蕴含的巨大机遇，全国各地如郑州、天津、青岛等纷纷出台冷链铁路运营规划，对接铁路冷链物流。同时，相关规划也建议：争取地方政府土地、财政、税收扶持政策，协调地方交通部门为铁路冷链物流基地提供货物集散和配送服务的公路车辆，享受高速公路减免费用和补贴政策，促进冷链多式联运发展。呼和浩特集团公司探索了“一单到底”的服务模式，由其承运的伊利冷链奶制品实施运输总包，保证了客户产品品质，并已与 15 家企业签订了总包协议，为客户大幅缩短运输时间，节约周转费用。

我国冷链物流的新格局正在加速形成，这将是一个以铁路运输为主导，有效整合铁路、公路、港口、航空资源，解决全程冷链物流链条衔接不畅问题，逐步建立多方协同，优势互补联动机制的新格局。铁路冷链物流将为消费升级，交通运输和物流业的转型升级，以及我国国民经济高质量发展提供新的动能。

3.7.2　铁路冷链运输的发展方向

铁路冷链物流目前存在的问题主要有：时效性难以满足市场需求；物流成本高，运价缺乏市场竞争力；缺乏冷链物流配套设施、冷藏运输装备相对落后等。铁路全程物流体系尚未建立，很大一部分原因是缺乏冷链物流基地、冷库和短途配送支持，目前铁路物流冷藏基地尚未建成，很多冷库未建铁路专用线，需要进行汽车短驳，在运输过程中有时没有采用冷藏运输，装卸站没有冷库，装卸作业大多在露天下进行，大部分装车站没有设置冷减箱专用充电设备，容易形成“断线”，影响货物品质。针对以上这些问题，加之正在进行体制机制的改革，铁路将充分与市场对接，必然使之成为现代冷链物流主要的、具备优势的运输方式。

从铁路冷链物流发展定位看，构建“依托铁路干线运力＋整合两端社会资源＋全程信息化服务”三位一体的全程冷链物流体系，按照“以创新、绿色、协调、共享为理念指导，以冷链市场需求为导向，以铁路冷链物流网络布局发展规划为政策支撑，以提升服务质量和市场竞争力为目标，充分发挥铁路在干线物流上的综合优势，整合社会冷链物流资源，形成布局合理、技术先进、节能环保的铁路冷链物流服务体系”的发展思路，最终实现铁路向冷链物流企业转型的目标。如 2019 年春运期间，上海铁路货运中心“年货”冷链运输班列主要包括：进口冻肉、海鲜、饮料等产品，预计发往成都、重庆、广州等方向冷链年货总计 5200 吨，装运 200 车，日均达到 130 吨左右。“年货”冷链运输班列开行大大缩短了生鲜物品的运输时间和运输成本，通过铁路运输将年货更好更快地送到千家万户的餐桌上去。

2015年8月的《铁路物流基地布局规划及2015—2017年建设计划》中对冷链物流基地规划如下：对位于冷冻冷藏产品需求量较大的大型消费城市或生产地的45个一、二级铁路物流基地，规划配套冷库等设施设备，推进冷鲜货物运输，发挥铁路运输便利条件和成本优势，为相关企业提供高品质的冷链物流服务。国铁集团冷链运输基础设施建设力度加大，冷藏物流基地的建设将有效解决制约铁路发展全程冷链物流的瓶颈问题，为铁路冷链物流业务的拓展提供了基础保障。

2016年《铁路冷链物流网络布局"十三五"发展规划》中要求：根据铁路冷链物流基地在路网中的作用及服务区域不同，主要分为区域级冷链物流基地和地区级冷链物流基地。区域级中冷链物流基地主要担负全国或区域性冷链货物集散与分拨任务，设置于全国综合交通枢纽或市场需求旺盛地区，到发量100万吨以上，用地200～500亩，冷库容量20万吨以上，具备商务中心、多功能冷藏冷冻及恒温仓储中心、国际食品交易中心、信息结算中心、农副产品加工中心、检验检疫中心、金融及其他增值服务功能。地区级铁路冷链物流基地主要担负地区性冷链货物集散任务，选址靠近重要地级市、大型生产制造企业或农贸批发市场附近。年到发量20～100万吨，用地规模在50～200亩，冷库容量3～20万吨，具备批发、交易、集散、仓储、修理、加工、集中配送、应急仓储、电子交易、质量监控、配套服务等功能。规划确定铁路冷链物流基地82个，其中区域级铁路冷链物流基地14个，地区级铁路冷链物流基地68个，冷库容量规模达到300万～500万吨，2020年实现冷链运量800万吨以上。原产地和消费地的铁路货运站场是铁运货物接取送达的核心运营平台，尤其是消费地配送中心，应用自动化设备形成冷链货物标准化、单元化、包装化，最终对接共享等多种配送方式。

在"公转铁"下以铁路为主的全程冷链中，前端集货上货和后端卸货配送是目前两个限制性环节，是主要的难点。仓库建设和运营是接取、存储、送达的核心环节，而仓储及配送中心规划建设也是物流装备和技术行业的核心优势，是相关企业大有作为的领域。

在"公转铁"新格局之下，物流技术与设备企业除渗透到铁路冷链物流中的技术和设备外，更多地在于"最前、最后两个一公里"方面。因为虽然"门到门"是铁路冷链服务目标，但铁路冷链不能包打天下，要想实现不"断链"，必须秉持互惠互利、合作共赢理念，共同打造冷链多式联运的新架构。近几年来，铁路物流基地建设的需求明显增加，但因为冷库投资大、技术门槛高、专业性强、运营管理难度大，铁路冷链成功的关键是要有专业需求方全程参与。此外，场站吊装机械、工业门、冷库专用叉车、货架、堆垛机等传统设备和仓库、冷藏集装箱专用的温控设备等均应有匹配的增长。

3.7.3 铁路冷链物流的发展对策

铁路发展冷链物流具有节能环保、中长距离运输、运输规模化等优势。

1. 加快网络通道建设

根据冷链运输市场布局、需求规模等市场需求特征，基于铁路设计物流枢纽节点辐射半径、中铁特货营业部及分公司网络分布、铁路网络密集度等铁路特征，将铁路冷链物流节点分为一级集散中心、二级集散中心和中转场三层，并针对不同层级节点功能，配置相应规模的人力、物力，发挥不同节点的功能作用，使整个铁路冷藏链物流网络协调运作，缩短全程冷链运输时间，降低运输成本，提高整个铁路冷链物流网络的作业效率。

2. 升级冷链设施设备

加快更新冷链物流设施设备，尤其是单节机械冷藏车和冷藏集装箱的升级、研发。针对我国当前冷链货物的运输需求，铁路应加快研制小单元冷链装备，引入预冷机、压缩机、温控等先进技术设备；应用先进的 GPS 或北斗卫星定位系统、通用分组无线业务（General Packet Radio Service，GPRS）等跟踪定位技术及移动网络通信技术，研发可实现无人值乘、远程操作、定位跟踪、温度监控、到货通知等功能的新型冷链运输装备；铁路可以采取自建冷库或与当地政府、企业共建、租用冷库等方式完善冷库仓储设施，实现铁路“库到库”的冷链运输。

3. 发展铁路冷链物流装备

（1）研发新设备。目前冷藏箱是比较适合的冷链物流装备，投资小、收效快，它可以机械化、自动化作业，可与其他物流方式更好地衔接，便于公铁联运、水铁联运，冷藏箱的最大优势是使用灵活、便捷，可实现“门到门”“库到库”的冷藏运输。待铁路冷链物流基地网建成后，再可研发新型机冷车，机冷车载重和运费量大大高于冷藏箱，在库对库的运输过程中更能发挥大运量优势，且在单位能耗上机冷车小于冷藏箱。

（2）改进现有装备。改进现有装备，加快冷藏箱专用平车的研发，完善现有冷链物流装备；走行部要适应或超前既有线运行时速的要求；加装或改造温控系统，便于工作车人员在发电车上适时掌握冷藏箱货温。

（3）优化冷链精细组织模式。制定适合市场需求的铁路冷链运输组织模式，针对大批量、固定批次的运输市场需求，开行“库到库”和冷链直达班列。减少时间成本，提高时效性；开设“特殊冷链班列”，针对有中途编组解挂运输的特殊要求，满足客户特殊要求，确保运到时限；开行“特需加挂班列”，针对小批量、时效性要求高的运输需求，可考虑在既有快运货物班列上加挂小单元冷藏车，运用货运动车组个别车辆加设冷链运输设备，用以服务“小批量、高端级”的冷链货物运输。

（4）提高信息服务水平。依托我国铁路货运网，打造铁路冷链物流网络，建立定制化的服务方案，为客户提供全程信息服务，并拓展预冷加工、仓储、配送等增值服务，同时推出网上受理、云仓储、全天候监控、生鲜电商、仓储租用及供应链转接方案等信息服务项目。

（5）争取政府政策支持。冷链市场作为“高投入高风险、高要求”的高端物流市场，具有发展难度大、运营风险高、受外部因素影响大等特征，应根据实际需求争取铁路冷链运价优惠政策，协调地方交通部门为公铁联运、海铁联运争取运费补贴或减免部分费用政策。同时建立多方协同、优势互补的多式联运机制。

4. 资源整合和资本融合

（1）生鲜电商带动了冷链物流产业的发展，我国已形成包括顺丰冷运模式、京东商城模式、河南鲜易供应链模式等第三方冷链流模式，冷链宅配、生鲜供应链、冷链资源交易平台等新模式新业态不断涌现，部分冷链物流企业开始向具有供应链管理特征的冷链综合服务商转变。

（2）获取战略性资源以完善产业链条。随着冷链物流行业竞争性的不断提升，主要物流企业都向上下游延伸，以增强服务能力，不断提高竞争力；快速发展冷链物流需要相关战略性政策与投入支持，如物流基地、配套体系，技术能力等；必要的时候可以通过成立合资公司、兼并收购等资本运作手段，获取战略性资源，有效补充自身发展的局限；还需推进铁路冷链物流协调机制和相关平台的构建，逐步完善产业链条的整体布局，不断提升铁路冷链物流整体竞争力。

5. 构建物流网络、优化运输组织以提高时效性

以铁路全面发展冷链物流、加快冷链物流基础设施建设为契机，构建覆盖全国的冷链物流网络；以铁路运输网络为主体，构建长距离和规模化运输网络；构建两端配送网络，快速形成铁路冷链全程物流服务能力。同时，开发多种适应市场需求的运输产品，落实铁路冷链物流"六优先"原则，将零散的机冷车组织挂运在既有的行包专列、五定班列和快运列车上，还可根据客户需求开发批零快运、直达班列、混合班列、阶梯班列等各种运输产品，以提高运输时效性。

6. 铁路冷链物流发展建议

(1)制定服务标准，规范行业操作。长期以来，我国没有专门针对冷链物流的法律法规，各地方政府、协会或单运输类别自行制定服务规则，造成标准不统一、服务不规范。2021 年 7 月 1 日全国第 1 个行业性服务规范《电子商务冷链物流配送服务管理规范》(GB/T39664—2020)正式执行。铁路企业应尽快研究制定与国家物流标准相协调统一的冷链运输规则，用以指导铁路企业发展冷链物流运输，同时构建多式联运标准体系，延伸铁路冷链物流链条，规范冷链物流市场。

(2)利用技术创新，提高管理效益。冷链设备技术创新主要集中在探索使用新能源制冷新材料、信息化和智能化等新技术应用上，如：采用锂电池全直流驱动的变频制冷机组，可有效降低能耗、减少碳排放，经济性好，安全可靠；采用聚氨酯弹性新材料，可实现涂膜层致密连续无接缝，有效隔绝水分和氧气渗入，增强防腐、防氧化效能，且有着优良的隔热性能，使得铁路冷链物流设备节能高效；采用 5G、北斗卫星定位、区块链等技术集成于设备车体或箱体，可对冷链产品全程物流作业进行数据监管、自动跟踪定位、远程控制，强化冷链管理效率，保证冷链产品质量。

(3)整合运输资源，提高运输时效。针对当前铁路冷链物流旅速慢、时效难保障问题，在全国范围内主要产销之间建立对流合作机制，按时按期开行冷链货运班列，压缩集结时间、保障车流稳定、提高旅行速度；利用现有特快班列资源，提高运营效率。如利用北京、上海和广州局集团有限公司运营的三定特快班列的车站、通道、机列、组织方案等资源，探索开展冷链运输，实现铁路冷链物流速度提升；针对零散、成组冷链箱，建议给予政策支持，优先组织、优先挂运、重点放行。

(4)构建物流平台，提升信息水平。针对铁路冷链物流数据不全、信息不畅的问题，可充分利用"95306"货运平台、国铁采购平台，提升冷链物流信息化水平。前期主要提高铁路冷链物流信息化水平，以"产品冷链设施＋服务"为主要发展思路，对运单、托运人、货物、线路、车辆、货物交付、操作人员等信息数据进行跟踪管理，做好温度监测及位置跟踪，让客户随时随地了解和掌握冷库运行及车辆运营状况；推动互联互通的信息网络发展，构建标准化冷链信息平台；后期加强大数据分析利用，及时向客户反馈冷链产品的生产、在途、消费等情况，实现市场需求和冷链源间的高效匹配，提高冷链资源综合利用率，为客户赢得先机。

(5)给予价格支持，提高市场竞争力。针对部分线路成本高、费用高等问题，建立铁路冷

链物流运输价格浮动机制，提高市场竞争力。在市场培育期，可根据实际运营情况，在运输价格上给予低折扣支持，不断吸引冷链客户入流。对流量大、需求足的重点方向，充分利用铁路冷链物流大通道，尽可能开行冷链货运特需班列，形成规模效益，降低实际成本。对需求小的零散车流，利用循环班列进行基地串联运送，提高运送效率。

(6)协同各方企业，共同打造冷链网络。铁路冷链发展还应加强与生鲜电商、易腐产品生产企业、港口接洽，有针对性地加强铁路冷链发展规划，既能增加收益、提高利润率，又能发挥各自优势，共同打造完善冷链物流网络。

①与生鲜电商组网。由于冷链物流是生鲜电商发展的关键环节，生鲜电商的发展势必有力带动冷链物流的发展。铁路企业应强化与电商企业合作，特别是在冷链网络的建设等方面，联合共建布局冷链物流网络，提升冷链物流市场整体占有率。

②与生产企业合作。铁路冷链物流企业可在主要易腐货物生产地、消费地构建全国性冷链物流基地。加强与大型产品、奶制品等生产企业合作，给予其冷链资源倾斜，促进车货匹配和全链条服务，为后续稳定货源、组流上线做好筹划。

③与港口共建。港口有着极为庞大的冷库资源。当前进出港口的冷藏箱大多采用公路运输。随着铁路冷链物流体系的完善，运输时间、联运条件不断改进，铁路冷链更具竞争优势。要与港口企业共建冷链物流基地，既能较好地发展海铁联运，发挥铁路的运输优势，又能够降低双方投资成本，更快推进我国冷链物流体系的完备。

(7)发展跨境冷链物流。2021 年 12 月 4 日 11 点 30 分，一列满载云南特色蔬菜的冷链集装箱货物列车从昆明腾俊国际陆港专用线驶出，沿中老铁路一路奔驰，33 个 45 尺冷链集装箱的蔬菜将上架万象和曼谷各大商超。随后，其将满载泰国和老挝等地的各类热带水果回运至北京、上海等地，实现国际冷链公铁联运的闭环运营。云南省交通运输行业协会联合云南省国际班列服务贸易有限公司、中铁集装箱昆明分公司，在中国铁路昆明局集团有限公司货运部、调度中心和昆明车务段等单位和部门的指导支持下，促成中老首列国际冷链货运专列成功开行。

相关运输协会积极发挥协调作用，整合各方资源，发挥专家团队技术优势，深入实地调研，开展座谈交流，优化冷链运输技术方案，提供专业技术支持及指导，通过不懈努力，促成了本次中老铁路果蔬国际冷链货运列车的开行，成功为企业搭建起与政府和铁路交流、合作的平台。

专列的开通，对提升昆明铁路冷链货运运力，发挥昆明在全国综合交通网中对外交通的独特作用意义重大。

3.8　中欧班列运营组织

中欧班列是按照固定车次、线路、班期和全程运行时刻开行，运行于中国与欧洲以及“一带一路”沿线国家间的以集装箱形式为主的铁路国际联运列车。铁路运输作为重要的长距离运输方式，在陆桥运输中具有独特的优势。中欧班列具有运行距离长，速度较快，安全性高等特征，以及绿色环保、受自然环境影响小等优势，已经成为国际物流通道的骨干方式。中欧班列也是深化我国与“一带一路”沿线国家经贸合作的重要载体，为欧亚物流提供了新的解决方案。

3.8.1 现状及主要经验分析

中欧班列是“一带一路”建设的重要内容。经过几年来的快速发展，中欧班列不仅在开行规模、覆盖范围、货运品类等方面实现重大突破，且形成了相对清晰的运营模式和相对稳定的运营格局。这主要得益于中国改革开放的深化、“一带一路”的推进以及中国与沿线国家协调机制的建立与完善。

1. 开行规模快速增长

亚欧大陆拥有世界人口的75%，地区生产总值约占世界生产总值的60%，东面是活跃的亚洲经济圈，西面是发达的欧洲经济圈，中间广大腹地经济发展潜力巨大，特别是“一带一路”沿线国家经济互补性强，“十二五”期间，仅中欧进出口贸易总额就达30230亿美元，同比增长33%，巨大的国际物流需求为铁路国际联运的发展提供了广阔的市场。

中欧班列服务于中欧货物贸易，随着全程费用的降低和运输时间的压缩，中欧班列以海运时间的1/3，空运价格的1/5，满足了部分附加值高、运量大、时限要求高的货物运输需求，逐渐发展成为与海运、空运并存的第3种物流方式。以到达汉堡的货物为例，通过水运的时间超过一个月，而通过中欧铁路运输则不到半个月，班列具有明显的时间优势，对高价值货物有吸引力。虽然目前运输成本相对较高，但未来通过协调沿线各国实现通关便利化、统一班列品牌、开展陆桥运输拓展货源、优化运输网络布局等一系列措施可以进一步降低运输成本，缩短运输时间，因此中欧班列将有更大的提升空间和更好的发展前景。中欧班列已经成为各地政府对接国家战略、开拓国际市场和稳定外贸增长的重要载体和抓手，特别是“渝新欧”和“郑新欧”等国际货运班列已经实现了常态化运行。

中欧班列采取干直结合的枢纽集散方式，在货运的枢纽沿海港口与沿边口岸等地建立枢纽节点，加强资源整合优化组织。以铁路为纽带，以开行集装箱班列为载体，集中各方优势，打造统一运输品牌和经营平台，构建西、中、东三条中欧国际大通道，中欧班列品牌也随之被树立起来。中欧班列设计了三条国际通道即西、中、东通道：西部通道指通过阿拉山口(霍尔果斯)口岸出境；中部通道指通过二连浩特口岸出境；东部通道通过满洲里口岸出境。经阿拉山口的西部通道按运输径路又分为北(俄罗斯、西北欧方向)、中(高加索、黑海方向、中东欧)、南(伊朗、土耳其、南欧)三条运输通道。

中欧班列货物品类日益丰富，目前运输货物品类已从单一的IT产品扩大到衣服鞋帽、汽车汽配、粮食食品、葡萄酒、咖啡豆、木材、家具、化工品、小商品、机械设备等种类。在返程组织上，已形成以汽配、机械设备、日用品、食品、木材为主的固定回程货源。中欧班列的开行，有力促进了中欧之间的经贸往来，被喻为“一带一路”上的“钢铁驼队”。

2. 运输覆盖范围不断扩大

中国境内不同省份陆续探索班列新线路，班列早期线路在维持主线运营的基础上通过开行支线打造“1+N”线路布局，促使中欧班列联通的国内外地区更加广阔。在境内，中国地方行政区划除北京、西藏、海南及港澳台地区外均已开行中欧班列；在境外，中欧班列联通包括欧盟、俄罗斯、中亚、中东、东南亚等在内的欧亚不同地区和国家。自2011年首次开行以来，中欧班列规模及数量迅猛增长，同时开行范围不断扩大，并提前2年实现《中欧班列建设发展规划 2016—2020 年》确定的“年开行 5000 列”目标。在保持运量高速增长的同时，中欧班列双向运输日趋均衡，回程班列数量与去程班列的占比已达 70%以上；开行范围不断扩大，我国开行城市 56 个，连通欧洲 15 个国家 49 个城市。国家发改委表示，在多个地方年开行量突破 1000 列后，应该更加注重开行的质量，而非一味追求数量。国家发改委对中欧班列未来的运营提出五个方面要求：坚持稳中求进，优化开行布局；找准目标定位，补齐发展短板；坚持市场运作，优化运营环境；加强沟通协作，促进利益融合；创新服务模式，保障安全运营。中欧班列部分线路如图 3.9 所示。我国部分中欧班列如表 3.6 所示。

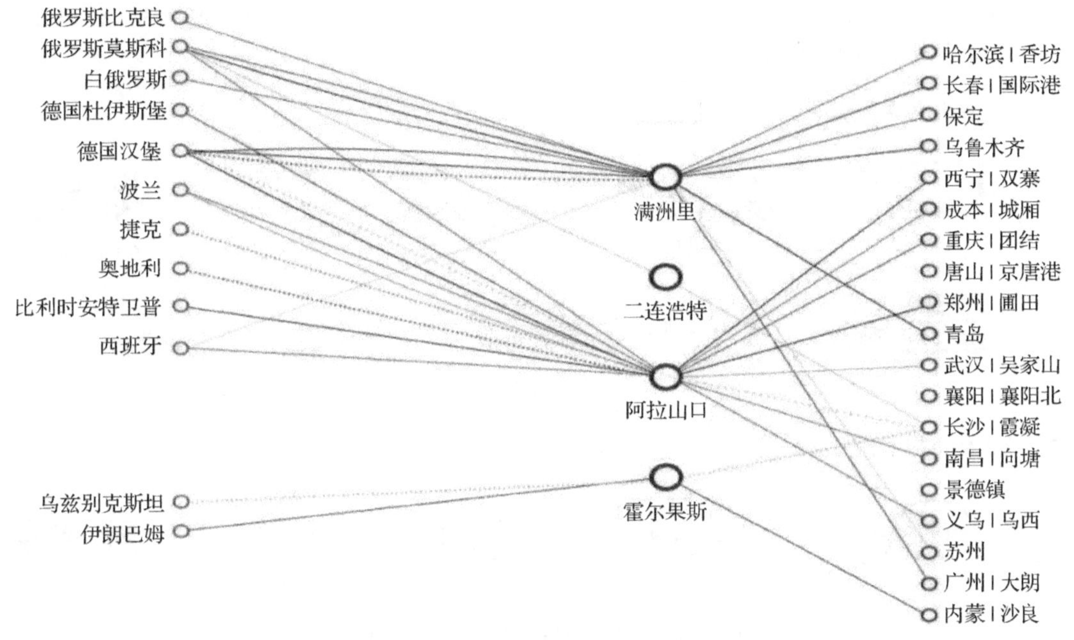

图 3.9 中欧班列部分线路

表 3.6 部分中欧班列线路概况

班列	起点	我国中转	国外中转	终点	里程/千米
渝新欧	重庆	西安—兰州—乌鲁木齐—阿拉山口	哈萨克斯坦—俄罗斯—白俄罗斯—波兰	德国杜伊斯堡	11179
汉新欧	武汉	西安—兰州—乌鲁木齐—阿拉山口	哈萨克斯坦—俄罗斯—白俄罗斯—波兰	德国杜伊斯堡	10324
蓉欧快线	成都	宝鸡—兰州—乌鲁木齐—阿拉山口	哈萨克斯坦—俄罗斯—白俄罗斯	波兰罗兹	9826
郑欧	郑州	西安—兰州—乌鲁木齐—阿拉山口	哈萨克斯坦—俄罗斯—白俄罗斯—波兰	德国汉堡	10214
苏满欧	苏州	哈尔滨—满洲里	俄罗斯—白俄罗斯	波兰华沙	11200
湘欧快线	长沙	西安—兰州—乌鲁木齐—阿拉山口	哈萨克斯坦—俄罗斯—白俄罗斯—波兰	德国杜伊斯堡	11808
义新欧	义乌	合肥—西安—兰州—乌鲁木齐—阿拉山口	哈萨克斯坦—俄罗斯—白俄罗斯—波兰—德国—法国	西班牙马德里	13052

3. 货物品种类持续增多

中欧班列早期所运货物品类相对单一，最早开通的线路“渝新欧”起初主要是将当地生产的笔记本电脑运往欧洲。随着开行规模、覆盖范围不断增加，中欧班列逐渐分化为与当地经济特点相结合的2种类型。

第一种类型的线路，强调当地生产的商品在所运货品中的特殊地位，如“渝新欧”就以服务于当地笔记本电脑、机械制品等企业的进出口作为重要目标。

第二种类型的线路，重视发挥交通枢纽等区位优势，集结其他地区货物统一运输。在这个过程中，中欧班列所运货物品类扩大到电子产品、机械制品、化工产品、木制品、纺织品、小商品、食品等众多品类，如图3.10所示。

班列去程货品：

图3.10 中欧班列去程和返程货物品类

4. 运营模式相对清晰

形成相对清晰的运营模式是中欧班列不断发展的基础。以国内货物通过中欧班列运往国外为例，其流程一般如图3.11所示。

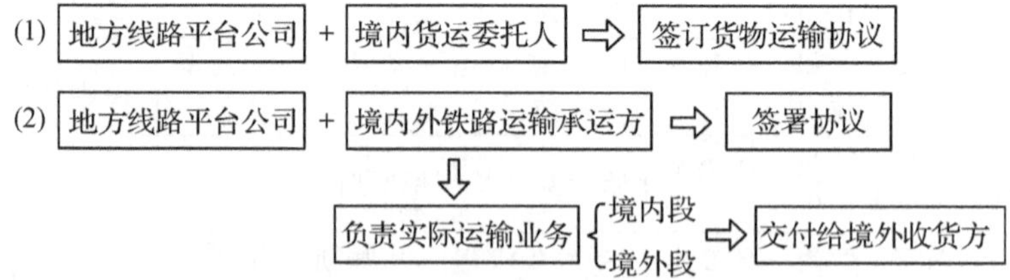

图3.11 我国货物通过中欧班列运往国外流程

境内货运委托人与地方线路平台公司签订货物运输协议，线路平台公司再与境内外铁路运输承运方签署协议，由它们分别负责境内段和境外段的实际运输业务，并最终将货物交付给境外收货方。开行中欧班列的省份或城市专门成立相关平台公司，如图3.12所示。

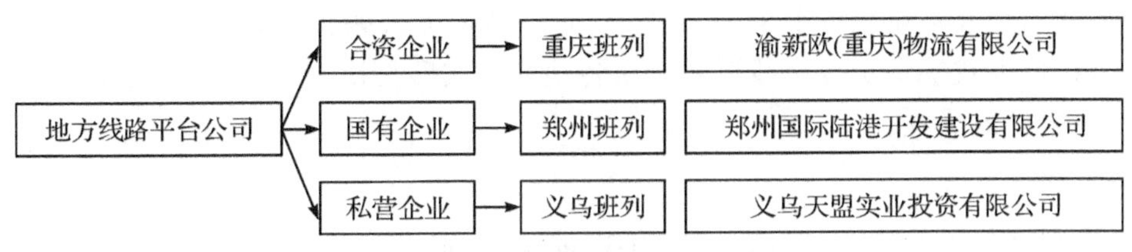

图 3.12 地方线路平台公司结构

重庆中欧班列（“渝新欧”线路）的运营平台是渝新欧（重庆）物流有限公司，除了该公司作为合资企业外，其他地方平台公司均以国有企业为主，同时还包括少量私营企业。平台公司在地方政府政策和资源支持下负责从国内货运市场揽货，主要向具有货运需求的境内货运委托人提供国际联运和集运等运输服务。

中国、俄罗斯、哈萨克斯坦、波兰、德国等沿线国家的铁路公司是中欧班列集装箱运输的实际承运人，它们通过铺画线路、提供车板、组织换装和运输等完成班列集装箱运输工作。跨境铁路运输承运方平台如图 3.13 所示。

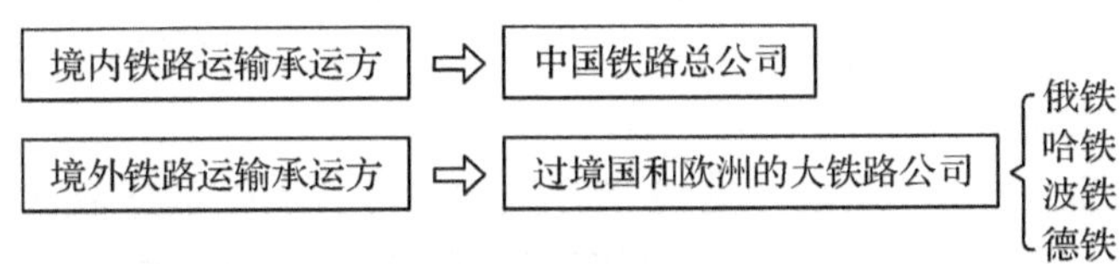

图 3.13 跨境铁路运输承运方平台

经过多年探索，中欧班列提供 4 种类型的班列：主要服务于大型出口企业的“定制班列”；常态化开行的“公共班列”；货物随到随走的“散发班列”；为小微企业服务的拼箱业务。

5. 基本格局相对稳定

根据货源吸引区来规划相关通道。

“三大通道”分别是指中欧班列经新疆出境的西通道和经内蒙古出境的中、东通道。西通道由新疆阿拉山口、霍尔果斯口岸出境，经哈萨克斯坦、俄罗斯、乌克兰、白俄罗斯等国后进入波兰、德国等；中通道由内蒙古二连浩特口岸出境，经蒙古、俄罗斯、白俄罗斯、乌克兰等国进入西欧；东通道由内蒙古满洲里口岸出境，经俄罗斯、乌克兰、白俄罗斯等国进入西欧。“四大口岸”分别是处在三大通道上的阿拉山口、满洲里、二连浩特、霍尔果斯，它们是中欧班列出入境的主要口岸。其中，阿拉山口是班列出入量最大的口岸，其次是满洲里，二连浩特居第三位，霍尔果斯承接的班列数也在逐步增长。

“五个方向”是中欧班列主要终点所在的地区，目前，这部分地区主要包括欧盟、俄罗斯及部分中东欧、中亚、中东、东南亚国家等。其中，欧盟、俄罗斯、中亚是中欧班列线路最为集中的地区和国家，中东、东南亚仅有少量班列线路。

“六大线路”是指自开通至今运营质量相对较高的班列线路。在目前运营的所有中欧班列线路中，成都、重庆、郑州、武汉、西安、苏州等地开行的线路在规模、货源组织以及运营稳定性等方面的表现较为突出。

根据《中欧班列建设发展规划（2016—2020 年）》，我国对于中欧班列发展的总体要求是：中欧铁路运输通道基本完善，中欧班列枢纽节点基本建成，货运集聚效应初显；中欧班列年开行 5000 列左右，回程班列运量明显提高，国际邮件业务常态化开展；方便快捷、安全高效、绿色环保的全程物流服务平台基本建成，品牌影响力大幅提升；通关便利化水平大幅提升，“单一窗口”模式基本实现全线覆盖。从各地方的实践情况看，可以说中欧班列在4个方面都取得了很好的成绩。

6. 相关经验

中欧班列开行涉及货源、箱源、运输组织、货运代理、信息追踪以及费用结算等七方面因素，是一个综合性的、环环相扣的国际物流链，需要客户、铁路、海关、国检、代理、政府共同参与，不仅协调工作复杂，还存在语言障碍。根据中铁集装箱统计，班列去程重箱率为94%，回程重箱率也达到75%。总结其成功的经验主要有以下几个方面：

(1)各省(区、市)为培养市场，相继出台班列优惠政策和财政支持，扶持班列开行，其补贴的原则是以成熟的海运通道市场及客户需求为基本参考等，超出部分政府给予一定的补贴。

(2)成立国际班列平台管理机构或平台运营公司，负责班列日常运营和补贴管理，公司提供全程安全顺畅、客户放心的管理服务。平台公司致力于提升集卡运输、货物装卸、运输追踪、信息通报、报关通关、国外代收货款等物流服务，并收集国外市场相关产品销售信息、信息反馈，协调各种关系。

(3)班列全程采取“支线—干线—支线”班列组织模式，也就是选取区域中心站开行至口岸站的干线班列、围绕中心站开行辐射货源吸引区的支线班列完成全程运输任务。在此基础上，按照120千米/小时的速度标尺铺画运行图，日行超过1000千米，并与境外宽轨实现运行图衔接，各站作业组织上要求紧密协作。

(4)密切国际合作。统一中欧班列全程价格水平，按照量价捆绑原则与沿线各国铁路就价格问题展开谈判，参考前期各地已经开行至欧洲的班列实际对外报价水平，争取全程优惠运价；协调沿途各段运输组织，构建境外段快捷、安全、顺畅的运输通道，实行“全程服务，一票到底”，定期与途经国如俄、哈、德等国家的铁路、海关、代理等交流互通情况，及时解决运营中出现的问题。

(5)按照国际联运的要求，选拔抽调业务骨干组建中欧班列客服团队，专门负责中欧客户的服务工作；设立客服管理人员、大客户经理、客服代表专席、产品维护专员等客服岗位，制定客服工作标准；在集装箱公司设客服专线、“95306”设中欧班列客户服务专区，提供7×24小时多语种、不间断服务。

另外，国际邮件业务、通关便利化水平方面也都推进顺利，还创新中欧班列运营组织模式，在实现海关和铁路部门的信息共享后，如成都中欧班列等的通关便利化得到进一步提升。

3.8.2 存在的主要问题分析

在多重利好的共同推动下，中欧班列正在并将继续快速发展已成不争事实。但随着参与其中的地方和企业越来越多，班列开行中存在的各类问题也需要直面。

中欧班列为中国与沿线国家的货物运输提供了除海运、空运、公路等方式之外的又一种选择。但客观来看，中欧班列目前并非中欧之间货物运输的主要方式，其运输规模与中欧货物运输的主要方式——海运无法相提并论，即使与价格更高的空运相比也相对较小。

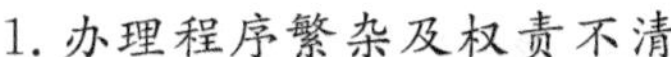

1. 办理程序繁杂及权责不清

在中欧中亚货运班列开行区域内主要适用两种国际联运规章:《国际铁路货物联运协定》(简称《国际货协》)和《国际铁路货物运送公约》(简称《国际货约》)。这两个规则体系采用的国际铁路联运运单不同,手续复杂,也造成了运单权属复杂索赔不便等问题。同时,在国际铁路货物联运中,一直未有准确的交货条款和贸易术语,在实际业务中长期套用海运交货条款和贸易术语,常常导致在外贸关系理解上的歧义。另外,两个规则体系在铁路承运人承担赔偿责任、铁路承运人承担延迟交货责任等方面均存在差异,法律责任界定不清,导致服务规范不清晰,服务标准难统一。同时,班列办理涉及多个国家的海关质检,环节较多。如甬新欧班列起于宁波,经新疆阿拉山口口岸,途经中亚5国,止于欧洲中部,全程有万里之遥,共经过6个国家,高峰期已形成每周1班以上的频率,但过关手续环节多。宁波至中亚5国全程近5000千米,运行时间5d左右;至西欧全程运行时间15d左右,相比海运运到时限缩短了10d,但因欧亚大陆桥规矩不统一,需要2次转关和至少2次换装,严重影响效率。

2. 多头组织无序竞争

中欧货运班列的开通和运行,大多是由当地政府推动的,完全的市场行为尚未形成。各地为保证班列常态化运营,大多采取财政补贴的方式扶持。一方面,为吸引货源出台类似"公路运输费用全额补贴"的政策,出现"抢货"的恶性竞争。例如,各地为保证班列常态化运营,大多采取财政补贴的方式扶持,补贴标准一般为7500～10000元/标箱,有的高达20000元/标箱。按照一个列车实际装车80个标箱计算,需要补贴至少60万元。另一方面,货主受利益驱使会舍近求远,将货物运至较远地区搭载中欧货运班列,严重违背了市场规律,造成了资源浪费。多头无序竞争的后果导致运力资源分散和运能浪费、议价能力下降、价格混乱、班列开行不稳定、返程组织困难、成本增加等状况。

3. 物流组织及把控能力较差

班列缺乏具有国际影响力的物流品牌和国际竞争力的物流企业,主要国际物流渠道被国外企业控制,造成我国出口企业的物流成本增加。

沿线各参与国各自负责国内部分,分段包干。如欧洲部分终端物流服务基本由德国铁路辛克和俄罗斯铁路公司承担。物流节点在仓储、配送等方面的服务质量和成本的把控,势必影响整体提升中欧班列全程的物流效益,我方缺乏对境外物流节点的把控能力。而且,沿线国家的经济波动对出口货源的稳定性具有较大的影响。

4. 运到期限不确定

班列经中国、哈萨克斯坦、俄罗斯、白俄罗斯、波兰等多个国家,由于未铺画全程固定运行图,全程运输时间不固定。同时,各地班列分散开行,缺乏统筹组织,各条班列开行密度普遍较低,间隔时间长,造成开行班期不稳定,与空运和海运仍存在较大差距。

5. 回程"空驶率"有待提高

中欧班列我国铁路段可日行1300千米。班列回程空驶率高导致班列运营成本居高不下。究其原因,主要是受目前中欧贸易结构影响,即对欧贸易中,进口额只相当于出口额的六成左右,进口货源少于出口货源,如图3.14所示。

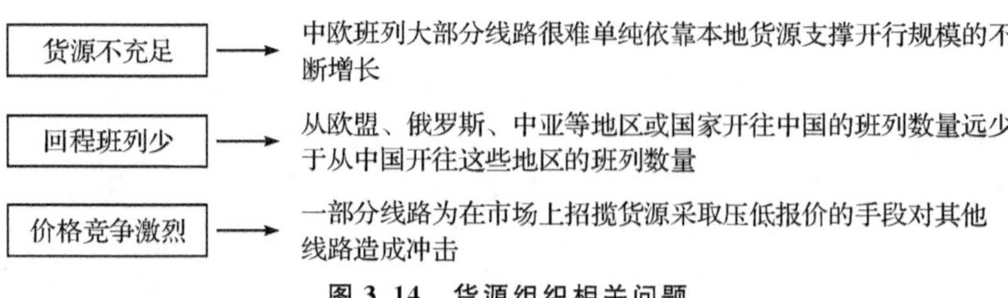

图 3.14　货源组织相关问题

6. 信息服务亟待加强

平台运营公司普遍存在缺乏系统内外部的协调力度，缺乏国外事业部门和联络处等情况，导致国外业务市场反应较慢，尤其在报关、清关、国外短途运输配送等业务方面处于弱势。同时，因为各国按分段各自负责相关业务及信息服务，信息不能互通互联，没有形成全流程的信息交换和共享机制，信息综合服务水平有待提升。

具体到各种班列存在的主要问题，各有不同：渝新欧班列是目前中国中西部地区开行数量最多、经营最成熟、认可度最高的中欧班列，重庆本地基础货源充足、稳定，辐射带动作用强，班列安全、高效、常态化运营；汉新欧班列存在货源不足导致的运输密度较低等问题，蓉欧快铁与郑欧班列面临运输时间成本与费用略高等问题；郑欧和苏满欧班列在通关查验方面存在便利性不足等问题；湘欧班列在运载次数和服务水平上不足；义新欧班列在费用方面高于其他班列。

(1)中欧班列缺少权威的产品推广及信息发布平台

中欧班列统一品牌的使用，有利于集合各地力量，增强市场竞争力，将中欧班列打造成具有国际竞争力和信誉度的国际知名物流品牌。统一品牌启用一年多以来，多联公司作为中欧班列境内段发运人，面对全国各地的不同客户，需要建立统一的信息平台为全国各地中欧班列提供产品推广、政策宣传、运单制作、数据统计等服务。

(2)运单信息收集方式落后，信息录入缺少统一标准

目前中欧班列的制单是由国外代理以邮件形式发送至我国相关代理处的基础制单信息，加上《中国代理通过各类软件收集的客户随车文件》和《报关资料》中提取出来的信息(如收发黄人信息、货物信息)、箱号信息等合并填写后交由多联各分公司进行运单套打，但各方制作运单的工具软件不尽相同，信息填写方式无法统一，同时，由于原始收发货人信息、货物信息等是从客户提供的随车文件及报关资料中提取出来，各级代理通过社交软件、电子邮件等工具层层转发数据，信息转录等环节操作皆由人工输入完成，这样相对“原始”的信息传递方式致使信息遗漏或错误录入发生的概率大大增加，中间环节过多，数据一旦出错，相关责任也难以划分。

(3)运单制作效率低下，客户满意度有待提升

运单制作的末端环节是由各地平台公司将所有发运信息按照运单模板进行录入，并统一发给多联各分公司，再由各分公司进行套打，同时还需再次在“95306”平台录入发运信息。由于平台公司仅是按照纸质运单格式将相应信息进行模糊录入，往往需要通过屡次修改调整才能完成制单，严重影响了用户黏度和客户满意度。

(4)中欧班列历史数据存储分散，数据统计口径不同

中欧班列运单数据需要实现电子化。中欧班列数据统计口径不一，国铁集团、地方政

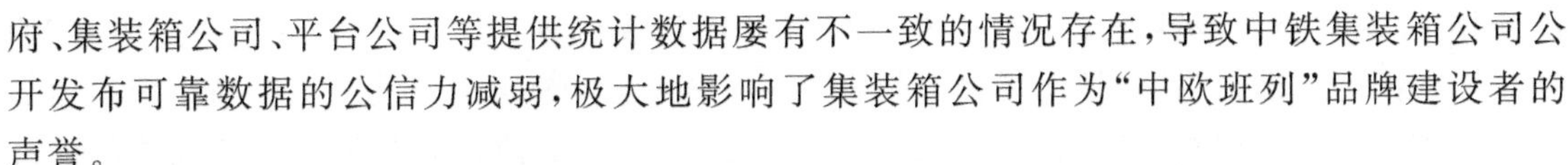

府、集装箱公司、平台公司等提供统计数据屡有不一致的情况存在，导致中铁集装箱公司公开发布可靠数据的公信力减弱，极大地影响了集装箱公司作为“中欧班列”品牌建设者的声誉。

7. 欧洲方面存在的主要问题

主要问题包括：中欧班列关键线路和节点运力不足，如缺少车板和可用时段；铁路和场站基础设施短板严重；铁路运营能力不足，如缺少车板和司机；班列线路和集结中心单一；受外界因素影响大和抗风险能力弱，如新开发的线路需要很久才能达到“波兰马拉舍维奇—德国杜伊斯堡”线路这种去回程接近平衡、经济最优的状态，境外段承运人从运营成本和风险角度考虑，也没有动力开发新线路，即使有新线路，成本也较高，客户接受程度不高。

中欧班列在欧洲的节点不应仅是德国杜伊斯堡、汉堡，而应是所有这些欧洲城市共同形成的网络，网络化的发展才是一个可持续模式。中欧班列可以形成多个备选方案，任何一段线路有问题，都可以迅速找到替代方案，在一个网络化的发展模式中不可让其中某个城市形成事实上的垄断，推动欧洲的各个中欧班列节点城市均衡才有利于中欧班列健康发展。

3.8.3 相关对策

中欧班列多年来的发展已经形成相对稳定的格局，已进入到以优化升级为主的深入整合阶段，其关键目标是明晰发展模式，解决迫切问题，走上可持续发展道路。中欧班列发展空间很大。安全性、准时性、大量性、高速性、舒适性是物流国际化的趋势。我国开展的中欧班列铁路联运，是目前“一带一路”建设的核心，需要结合物流国际化发展趋势，结合存在的问题，制定相关对策，以提高办理运输效率和效益。

1. 理顺主导逻辑关系

中欧班列发展过程中存在地方与中央、政府与市场、国内与国外等多重逻辑。不同主体、不同层次在思考和处理与班列相关的问题时所遵循的逻辑常常存在差异。在特定的时段或线路上支撑班列发展的主导逻辑可能并不具有普遍适用性。从趋势上看，真正具备竞争力的中欧班列应遵循“政府引导，市场主导”的原则运行。尽管目前中欧班列建设仍需积极发挥政治主动力的支撑作用，但做好经济长动力的培育工作，为稳定发展奠定基础同样是当前必须启动的工作。在基础层面，如何理顺政府与市场间的关系对班列发展具有关键意义。在过去很长一段时间内，国家作为行动主体和结构条件对中欧班列发展产生了重要影响，地方政府甚至成为中欧班列发展的主导力量。

2. 强化通道运输能力

提高通道能力有利于树立统一的中欧班列品牌，提升国际市场竞争力，促进互联互通和“一带一路”建设；有利于走出去参与国际竞争，拓展国际物流市场空间，打造国际化物流企业。这就需要强化我国陆路点到点之间的快捷运输，以促进我国制造业转型升级和中西部开发，提升我国在欧亚大陆的战略地位。同时，要加强重要物流节点和中转型物流节点建设，补强节点站场设施设备，综合解决班列在我国组织实现点到点直达，解决开行地分散、班列集结时间较长、物流服务技术组织水平不高等问题。同时，要加强与国外铁路协作，强化班列全程监控，联合铺画全程运行图，压缩班列全程运行时间，达到连续运行1300千米都有运行图列车运行线接续的目标。例如，从2019年开始，在南铁和中铁集装箱公司的统筹调度安排下，南昌至白俄罗斯奥尔沙中欧班列将形成每周两列、每列 41 至 50 车的“图定”服务。班列图定化运行后，两地间运输时间将进一步缩短，运输效率将进一步提高。南昌至白俄罗斯中欧班列双向对开的实现，大大降低了运输成本，为江西及周边地区与欧洲之间的经济贸易往来搭建了双向“快车道”。

3. 优化组织货源

首先要组织好我国货源。在我国相关部门的协助下，由各班列营运主体及沿线各国铁路公司在沿线国组织货源，与本国出口企业建立业务联系，并与企业签订代理运输合同，精细营销，揽取货源，广泛联系我国生产企业，鼓励沿线企业选择甬新欧班列，进一步稳定双向开行。其次要与中欧当地物流企业确立合作关系，建立返程物流渠道，努力做到重去重回，回程次数增加。例如，合肥至汉堡中欧班列于 2015 年 6 月 28 日正式开行，目前基本实现每月 4 列的常态化开行。其中，返程首发班列于 2020 年 11 月 20 日从德国汉堡出发，经波兰、白俄罗斯、俄罗斯，于 12 月 8 日由内蒙古满洲里口岸入境，全程运行里程 10600 千米。出发时主要运载出口波兰的叉车、家电、服装、机械配件以及销往德国的液晶面板、机械零配件、服装等，运回来自欧洲的生物医药、机器零配件、特种建材等产品。合肥货运中心与海关、出入境检验检疫局等部门建立了互动合作机制，实现了“出口直放，进口直通”的验放监管模式。随着跨境贸易互联互通的深入推进，预计载货回程班列将实现常态化。

4. 完善班列物流服务体系

加快与中欧班列沿线国家铁路部门的沟通协调，推动建立定期会晤机制，不断提高中欧班列境外通关清关和转场作业效率，从而压缩班列全程运行时间，形成快速、便捷、安全、高效的物流服务体系。同时，加强对各地中欧班列的统筹引导，避免相互间恶意竞争。强化协调机制，包括机制结构完善和机制作用发挥等方面。

(1)在机制结构完善方面，需要以建立和完善日常办公机制作为重点，以“一带一路”建设推进办公室框架内的专题协调机制为引领，补充和建立跨国、国内以及行业等层次协调机制的具体工作制度以及规范；同时，要建立应对突发问题的应急机制，为更好地协调和解决中欧班列运行的障碍提供基础。

(2)在机制作用发挥方面，工作重点应在协调地方政府之间、地方政府与中央之间、地方平台公司与国铁集团之间在中欧班列问题上的矛盾，引导地方政府将关注焦点放在中欧班列的基础功能——运输上，推动地方平台公司依据各地实际条件明确所服务的细分目标市场，要从整体发展而不仅仅是以利润角度考虑班列运输。

(3)协调过程中还应强调中欧班列需放弃单纯追求规模扩张的发展道路，转向主要根据成本、时间、体量等要素挑选出适合铁路运输的货物，并安全、高效地完成运输。

5. 完善班列服务平台

为了统筹中欧班列发展，有必要尽快建立统一的中欧班列运单信息平台。在初期，信息平台主要以宣传产品信息，解决计划提报，规范信息录入，简化制单程序，数据统计查询五大块内容为主，当信息平台建设成稳定的生产工具，数据中心数据采集率较高后，可尝试与其他信息系统进行数据交换，开发后续其他功能模块，如货约运单制作，境内、外段价格查询，代理选择、报转关业务等。

平台运营公司的作用在于沟通、联络和信息的交流，优化整合政府、海关、铁路、口岸、企业等相关资源，让参与国际联运的各国铁路系统和企业能够借助这个平台自由贸易。第一，平台公司要建立起与地方政府、铁路局集团公司、货运站的灵活沟通协调机制，以及与各类客户之间的沟通协作机制。第二，建立并完善国外联络点和办事处的布局。第三，让客户在网络上可以进行选舱、交付、报关、查询等。第四，做好信息沟通和交流，虽然各班列都有各自的物流信息系统，但要构建中欧班列客户服务、业务管理、数据交换三大信息支撑平台，以便为公司客户与供应商的信息交流，以及班列沿途相关国家铁路部门的信息交换提供便利，也满足客户网上预订、业务受理以及货物追踪等物流信息服务需要。

(1)中欧班列信息平台架构利用 SOA 架构设计实现，通过 Web Service 方式实现相关数据和信息的整合，建立数据中心，完成全国各地中欧班列运单信息到数据中心的数据集中，外网系统包含产品推广模块、运输计划模块、信息录入模块、运单制作模块、统计查询模块以及个人信息管理模块，内网相关数据可抽取到数据中心的集中存储。以松耦合的方式整合现有的信息服务相关系统，达到整体的互联互通，建立起中欧班列信息平台，满足管理部门、运输企业和货运代理等的不同需求。

(2)将信息平台建设成先进的生产工具。门户网站建立后，以此信息平台为基，充分发挥其中欧班列品牌宣传的效用，面向客户宣传中欧班列产品相关政策信息，进一步将其打造成专为中欧班列物流产品宣传集成平台，中欧班列各地平台公司可在此“信息平台”中报送发运、排班计划，集装箱公司相关部门可在平台公司提报后从“信息平台”中查询、审核。同时各用户具有相应用户层级，无法查看上级或下级用户信息，保证了数据的独立性和安全性。依托运单信息建立统一的“中欧班列”数据库，并将中欧班列业务操作各环节对应的功能模块逐步建立和整合于“信息平台”中，形成业务操作、数据统计分析、客服以及对外宣传等功能完善、操作合理的统一经营管理平台，完善自身作为中欧班列数据库的同时力争与其他相关系统间进行数据交换，如各地平台公司的订舱系统、“95306 平台”和“TMIS”系统，以减少人工再次录入信息的操作，实现更便捷的信息交换、货票查看、路径追踪等功能。

建立信息平台是中欧班列信息化发展的基础，其首要目的是提升中欧班列管理水平与服务水平，系统收集中欧班列相关运输信息，将零散数据统一收集起来，建立中欧班列数据仓库，为后续数据交换、数据可视化、数据挖掘、数据分析做准备。如中欧重庆班列已完成重庆至阿拉木图“关铁通”实货测试，推动中欧班列数据交换与监管互认，率先在班列我国段途中实施安全智能锁监管，开创全路段运输国际邮包先河，助推国际铁路联运大通道功能提升。

6. 口岸站快速作业

2020 年 7 月以来，阿拉山口站与阿拉山口海关联合推广“数字口岸”系统，实现中欧班列进口转关数据系统自动审核“秒级放行”，出口班列转关核销手续 20 分钟即可办结。阿拉山口站对出口中欧班列实行“优先编组、优先发运”，对返程班列实行“预先请车、提前换装、货到即换”。铁路、海关、代理企业密切协作、并联作业，最大限度压缩班列在口岸停留时间，使班列在口岸停留时间由 14 小时压缩至最短 5 小时。自 2011 年 3 月 19 日验放全国首趟中欧班列——渝新欧班列开始，阿拉山口站 9 年累计进出境中欧班列突破 1.5 万列。截至 2020 年开通 9 年里，阿拉山口站从第 1 列中欧班列到第 5000 列，用了 7 年时间；从第 5000 列突破 10000 列只用了 15 个月时间；从第 10000 列到第 15000 列仅用了不到 12 个月时间。

阿拉山口站通行班列线路主要为渝新欧、郑新欧等22条，可到达德国、波兰等13个国家，搭载的货物品类有200余种。其中，进口货物主要为汽车及配件、棉纱、木材等7大类；出口货物主要为汽车及跨境电商、电子产品等8大类。

7.区块链技术的应用

2020年10月17日，由德国巴伐利亚发往中国四川的中欧班列上应用统一运单(国际货约/国际货协运单)，同时整列41张"统一运单"信息均进入中国铁路成都局集团"一单制"区块链平台。这是欧洲发往中国的中欧班列首次试点应用区块链技术。依托于区块链技术，不仅可实现跨境物流全程监管，还可与国际贸易单一窗口结合，实现跨境结算、融资、关税等一揽子通关与金融便利。利用区块链技术的分布式、不可篡改、可追溯等特性，将极大减少传统中间机构信用背书等交易成本。可见，运输节点信息接入区块链平台，可促进铁路区块链、金融区块链、产业供应链"多链融合"，对提升基于中欧班列等国际班列的供应链运行整体效率具有积极意义。

区块链系统具有分布式高冗余存储、时序数据且不可篡改和伪造、去中心化信用、自动执行的智能合约等特点。基于区块链的应用系统其特征为：多方参与，复杂交易，敏感信息传输，大量高频交易。铁路区块链应用可分为以下几个方面。

(1)铁路货运链设计。铁路货运设施包括站段、铁路局集团公司、中国国铁集团三级架构，货票计算资源分布在各铁路局和国铁集团关键节点，具有典型的分布式特征，参考区块链典型架构可设计一种许可链——铁路货运链。

(2)统一身份认证。通过将用户身份信息的摘要保存到区块链上，可实现用户身份的本地存储、链上校验，而不需要出示原始身份信息，为用户隐私提供更好的保护。

(3)信用管理系统。利用电子商务环境中的交易评价数据，通过基于区块链技术的新一代信用管理系统，以解决传统信用管理系统中的人证合一难以实现、信用难以量化、评价精度难以提高等问题。

(4)加密数字货票。加密数字货票以区块链为技术基础，是运用区块链技术特点进行创新的一种客票形式。可加快推进铁路货票系统由集中式向去中心化或多中心化发展，其分布式存储有助于提升货票信息的安全性和可容错性。

目前区块链技术处于发展成长阶段，距工程化实践还有较大差距，一些技术还不够完善。但从区块链技术特征和发展进展看，其革命性的发展引领是不可逆转的时代趋势。对于中国铁路企业而言，区块链技术恰恰是铁路最好的战略变革利器，在安全管理、质量控制、现代物流、客运服务、组织优化等方面，若导入区块链技术及其思维模式，探索研究应用，有望助推铁路深化改革，促进铁路高质量发展。

8.建立企业合作联盟，有效降低物流成本

2017年4月，中国、白俄罗斯、德国、哈萨克斯坦、蒙古、波兰、俄罗斯等七国铁路部门正式签署《关于深化中欧班列合作协议》。这是中国铁路第一次与"一带一路"沿线主要国家铁路签署有关中欧班列开行方面的合作协议，标志着中国铁路与沿线主要国家铁路的合作关系更加紧密，既为中欧班列的开行提供了更加有力的机制保障，也对进一步密切中国与上述六国的经贸交流合作，助推"一带一路"建设，具有意义。立足于服务"一带一路"建设，七国铁路部门签署的《关于深化中欧班列合作协议》，以提高亚欧间铁路货运市场份额、带动沿线

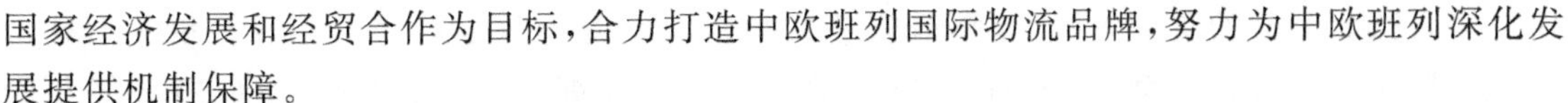

国家经济发展和经贸合作为目标，合力打造中欧班列国际物流品牌，努力为中欧班列深化发展提供机制保障。

其主要内容包括：推动铁路基础设施发展规划衔接，打造中欧铁路运输大通道，共同组织安全、畅通、快速、便利和有竞争力的中欧铁路运输；加强全程运输组织，加快集装箱作业，采用信息技术，提高班列在各自国家境内的旅行速度；推动服务标准统一、信息平台统一，实现全程信息追踪，建立突发情况通报和处理合作机制，保障货物运输安全；加强中欧班列营销宣传，扩大班列服务地域，开发新的运输物流产品，推进跨境电商货物、国际邮包、冷链运输，促进中欧班列运量持续增长；协调沿线国家海关等联检部门，简化班列货物通关手续，优化铁路口岸站作业，压缩通关时间；成立中欧班列运输联合工作组及专家工作组，及时协商解决班列运输过程中的问题。

未来，我国还将取消地方财政对中欧班列的补贴，进行全市场化运营。取消政府补贴后，市场化运营水平将是地方中欧班列平台公司能否继续稳定开行的关键。拥有更多货源，就有可能在市场化竞争中占据主动权。这就意味着，今后几年是中欧班列的关键时期，即谁能拥有更多货源，谁就有可能在市场化竞争中占据主动权。现在全国各地方中欧班列公司，都在探索通过铁路运输更多的商品类型，其目的就在于提高市场规模。

9.运营安全保障

统计中欧班列运行安全事故频率、货损情况以及国际保险业务量，可按境内段、宽轨段、欧洲段等分区专项统计。

(1)安全事故数。货物匿报品名、超重及装载加固不良、集装箱破损等原因，造成行车事故、列车停运或甩车等影响班列正常运输的情况的次数。

(2)货损货盗事件数。班列货物发生失窃、损毁、损坏等事件的次数。

(3)保险理赔业务数。班列货物购买中欧班列全程货运险及理赔情况，包括保险业务单数、投保比例、理赔次数。

对于中欧班列未来的运营，国家发改委提出了 4 方面要求：坚持稳中求进，优化开行布局；找准目标定位，补齐发展短板；坚持市场运作，优化运营环境；加强沟通协作，促进利益融合。随着“一带一路”建设的不断深入推进，中欧班列迅猛发展，尤其是中欧班列统一品牌的注册及启用，极大地促进了“一带一路”沿线国家之间贸易的互联互通。欧洲和亚洲之间的货运是两大洲之间和各国之间关系中经济动态和社会要求的关键要素。海运在运输服务中占有最大的份额，但由于新项目和新解决方案的产生，海运或航空运输开始向铁路运输转变，铁路运输开始变得更具吸引力。在 2011 年中欧班列开通时，火车在阿拉山口的换轨时间是 2～3d，不但增加极大比例的运输时间(2d 占总运输时间的 10%以上)，而且使到达时间很不稳定。现在的快速换轨技术，使得换轨时间缩短至 2 小时。

中欧班列集装箱多式联运信息集成应用示范工程采用物联网技术，研制了全新集装箱定位装置和信息系统，可连续对公铁联运、铁水联运及中欧班列出境后的集装箱位置信息进行定位，实现了全球实时追踪、轨迹回放、监控报警及相关统计分析功能，满足了中欧班列和国际联运、多式联运和现代物流对货物实时追踪的要求。该项目所研发的定位装置预留了未来通信制式升级空间，采用了多模混合定位、超低功耗、可靠工业级设计、安全防爆电池、特有启动控制模式、远程控制固件升级、安全数据通信等方案，工作温度范围为－40℃～

+80℃,达到IP66的防护等级,能够适应多式联运中的各种复杂环境。信息系统平台能够提供集装箱实时位置查询、轨迹回放、区域分布等专业详细的可视化位置服务,并具备了定位装置全生命周期管理、定位信息运营管理、大数据分析等功能。除此之外,信息系统平台还可实时监控定位装置健康状态,对通信故障、低电量、异常拆除等情况进行监控和报警,同时还具备自定义管理、故障阈值设置、运行参数设置、电子围栏管理等功能。

10.构建中欧班列质量评价技术指标体系

中欧班列开行数量每年迈上新台阶,运营品质快速提升,品牌效应不断彰显,但是中欧班列质量评价指标体系不够完善。中欧班列质量评价指标体系的构建是一项综合性、系统性、动态性的工作,随着中欧班列影响力的不断增强,其质量评价指标体系也应不断完善。围绕中欧班列高质量发展的新要求,可综合构建刻画中欧班列总体运营情况的质量评价指标体系,包括规模范围、速度时效、运输效能、经贸贡献等四个方面,同时每个方面还应包含若干项核心指标。

(1)规模范围指标

规模范围指标是评判中欧班列发展体量、规模效益的重要指标,也是中欧班列不同发展阶段的评判依据。规模范围指标包括中欧班列总体开行列数、货物发送量、发送及可达范围等指标项。

①发送列数。统计周期内中欧班列开行列数,分去、回程,按年度、累计值分项统计。发送列数包括按图定线路开行的列车,也包括按调度命令开行的临时列车。

②发送箱数。统计周期内,中欧班列所运载的全部集装箱数量、重箱数量。按去、回程,按年度、累计值分项统计。

③回程占比。统计周期内,回程中欧班列开行数量与去、回程中欧班列开行数量的比值,反映了中欧班列双向开行均衡程度。

④覆盖范围。中欧班列始发或到达的国内外城市数量,包括国内城市数量,国外国家及城市数量。

⑤换算列数。中欧班列实际发送集装箱数量按每列满编运载41车(82 TEU)集装箱的标准折算中欧班列开行列数。

(2)运输效能指标

运输效能指标描述中欧班列铁路运能供给、口岸畅通水平,中欧班列国际联运计划编制、商定、实施等运输组织水平,以及固定设施、移动设备等运力资源运用的总体效率效益。

①班列线数量。中欧班列开行方案或运行图中铺画的中欧班列运行线条数量,包括图定运行线总条数、干线数、支线数,可按口岸别专项细分统计。

②能力利用率。中欧班列实际按图开行列数与图定运行线所能支撑最大班列开行数量的比值,反映了中欧班列实际运营需求对铁路图定运能供给的利用程度,可按口岸别、干线别进行专项细分统计。

③平均净载重。中欧班列重箱净载重的平均值,反映了中欧班列货物对铁路提供计重运能的利用程度,可按去、回程别进行专项细分统计。

④重箱率。中欧班列运输重箱数量与运输集装箱总数的比率,反映了中欧班列货源组织对铁路综合运能供给的利用水平,可按去回程进行专项细分统计。

⑤满载率。中欧班列集装箱按载重或容积达到满载条件的重箱占所有重箱数量的比重，反映了中欧班列货源组织对集装箱运能供给的利用水平，可按去回程进行专项细分统计。

⑥计划兑现率。中欧班列实际开行列数与计划开行列数的比值，反映了中欧班列运营管理实绩与运营目标的兑现程度。

(3)速度时效指标

速度时效指标包括速度指标、时效指标 2 种类型，具体可细分到国内、宽轨、西欧标准轨段等不同运行区段。

①运输时间。指中欧班列"站到站"运输时间，包括全程运输时间，从全程运输各环节细分的境内段、境外段(宽轨段、欧洲标准段)分段运输时间以及沿线铁路口岸平均停留时间。

②平均旅速。指中欧班列运输里程与运输时间的比值，包括全程平均旅速、境内段平均旅速、境外段(宽轨段、欧洲标准段)平均旅速。

(4)经贸贡献指标

统计搭乘中欧班列的进出口货物的主要货源结构，以此来反映中欧班列物流发展与中欧经贸往来的关系，也体现了中欧班列对中欧经贸发展的贡献作用。

①运输货值。搭乘中欧班列进出口货物的价值，按同期人民币、美元分别统计，可按去程、回程进行专项统计。

②单位 TEU 货值。搭乘中欧班列货物每 TEU 的平均价值，体现了中欧班列物流市场细分与目标定位，可按去回程进行专项细分统计。

③重点品类占比。搭乘中欧班列的货物按 TEU 发送量计，排名前 5 的品类 TEU 发送量占总 TEU 发送量的比重，可按去回程进行专项细分统计。

在中欧班列质量评价指标运用中，可运用以下策略：

(1)实施分层级、差异化指标评价机制。从总体和个体 2 个维度出发，一方面对班列整体运营情况进行评价，反映中欧班列总体开行规模、速度时效、运行效能、经济贡献及安全水平；另一方面对各地运营企业及班列线路的运营情况进行评价，强化指标横向比较。

(2)坚持多元化、系统性指标评价导向。对于各地开行中欧班列的质量评价也应由单一的开行列数指标，向重载率、回程比、运输时间、货值等全面反映中欧班列运营情况的多元化指标转变。

(3)引入区域化、整体性指标评价策略。建议按区域口径进行指标统计与评价，有助于加强城市间货源组织合作，形成区域合力，避免无序争抢货源现象。

(4)推行分阶段、有侧重的指标评价分析。对中欧班列质量评价应分阶段实施，首先落实对核心指标的评价。试行一段时间后，可以根据各地发展水平与物流功能定位，对部分中欧班列质量评价指标的选取有所侧重，注重地区差异性。

(5)建立指标数据共享、互通评价机制。各相关单位应建立中欧班列质量评价合作机制，在中欧班列境内协调机制的统筹下，加强信息融合与实时更新。

3.8.4 具备市场化潜力的班列及其运营模式

中欧班列年开行量位居前列的有成都、重庆、西安、郑州、武汉、义乌，其在"运输通道枢纽、去回程货源市场"的培育成长上，既有共性又有个性。其中，重庆和成都等少部分地区的中欧班列，已经具备离开运费补贴适应市场化运行的潜力。

1. 重庆中欧班列

开行“东西南北”四向班列，如打通国际陆海贸易新通道，挖掘中欧班列“物流通道”潜能，转变为促进经济发展的“贸易通道”，汇集四面八方的货源，通过西部物流园走出国门，吸引诸多客商通过重庆实现转口贸易，重庆班列的去程产品高达70%，可见“四向通道”和“转口贸易”的市场化运行潜力。2018年11月26日，中欧班列（重庆）邮件进口测试成功，实现国际邮包的进出口双向运输，充分吸引跨境电商货源。以前跨境电商一般采取航空运邮或水陆联运，而目前跨境电商已发展起海外仓、落地邮等新模式，运邮需求量更大，经济性更好，时效更均衡。重庆、义乌、郑州、东莞进行了铁路运邮，为本地及周边地区跨境电商开辟了便宜、便利的国际邮件运输新模式。推动进出口全程运邮、分工协作实现差异化发展、发挥口岸优势，对推动运贸一体化，提升中欧班列市场化运营发挥了潜力。

2. 成都中欧班列

成都中欧班列推动“四向拓展、全域开放”，引导国内外各类资本与产业纷至沓来，众多重大产业项目入驻，加速全球物资流、资金流、人才流、技术流和信息流在四川聚集运用和转移转化，成都正成为国际贸易、物流集散、产能合作协同发展的开放型经济高地。成都探索物流贸易产业一体化发展策略，创新发展班列运贸一体化，由原来单一化的班列运营，整合实行班列、场站、产业、贸易一体化运作。例如：2018年3月开通了俄罗斯到成都的木材定制化班列，打通四个木材口岸通道，满足西南地区对进口木材的市场需求；2019年建成成都花木（农产品）进出口园区，以此为出口集散地销往全球各地。

3. 西安中欧班列

中欧班列“长安号”自2013年开行首列至今，已构建起连接中亚、辐射欧洲腹地的物流干线，为中国商品出口欧亚、欧亚产品进入中国开辟了一条国际进出口贸易大通道。向东通过海铁联运，实现与美国、澳大利亚、新西兰等国家的对接，构建起“海陆空网”的国际物流开放大通道，释放出强劲的“西引力”。“通道＋口岸”“通道＋电商”“通道＋产业”的模式，让中欧班列“长安号”不仅成为一条开放通道，全网物流体系更是把陕西从内陆腹地推到了开放的前沿，为陕西带来了贸易的快速发展和产业的快速聚集，产业的聚集又为中欧班列“长安号”高质量运营提供了坚强的保障。“西安—宁波”“西安—青岛”陆海联运班列的开行，将与中欧班列“长安号”货源集散、分拨高效衔接，从而使21世纪海上丝绸之路和丝绸之路经济带在西安紧密连接，加快构建承东启西、贯通欧亚、快捷高效的海铁联运大通道，从而进一步放大西安在“一带一路”建设中的区位优势、时效和成本优势，助力西安打造中欧班列全国集结中心，促贸易聚产业，助推西安外向型经济和国家中心城市建设。

4. 郑州中欧班列

2013年7月18日，首趟中欧班列（郑州）顺利开行，打通了国内中部地区至“一带一路”沿线国家西向国际物流通道，开启了中国与欧洲的“新丝绸之路”。从开行之初平均每月1列“起步”，到如今最多每周去程16列，回程18列的高频次“快跑”，从“连点成线”到“织线成网”，中欧班列（郑州）以郑州为枢纽，辐射半径达1500千米，涵盖23个省份，境外网络辐射欧盟、俄罗斯、中亚、东盟地区的30多个国家130多个城市，郑州至赫尔辛基、郑州至卡托维兹、郑州至米兰、郑州至河内、郑州至塔什干，郑州已成为国际多式联运物流网络枢纽，中欧班列（郑州）综合运营能力稳居全国中欧班列前列。

自中欧班列（郑州）开行以来，郑州局集团公司不断探索，进一步明确了货源组织、车辆集结、运输衔接、调度组织等关键环节和工作流程，秉承共建、共享、共赢的理念深度合作，做大做强中欧班列（郑州）品牌，全力当好融入"一带一路"建设的"火车头"。在探索班列开行模式上，实现班列固定线路、固定编组、固定开行时间的目标，并根据需要，丰富班列线路适应多元化的需要，建立重点客户、重点项目营销管理办法，建立针对重点客户的快速反应、快速决策机制，从运价政策、运力保障各方面，制定针对大客户的支持策略，建立与大客户的长期战略合作伙伴关系。郑州局集团公司与郑州国际陆港铁路集装箱中心站开展深入合作，定期召开班列运输协调会，建立市场化运营机制，实现了班列开行与口岸服务、配套设备、班列建设等高效协同，努力深化国内外铁路行业和跨行业的战略合作，实现各环节顺畅有序运作，不断提升班列开行品质，中欧班列（郑州）将进一步找准方位，积极推动交通区位优势向枢纽经济优势转变。

5. 武汉中欧班列

已形成"5 线并行"的格局，搭建起了"一主多辅、多点直达"的国际多式联运网络，构建铁水联运集疏运网络，实现长江黄金水道与中欧班列无缝连接，很多进口货物通过班列抵达武汉，再经水路分拨至其他城市。中欧班列成为武汉承接东部沿海外向型产业向内陆转移的招商"利器"，吸引众多企业落户武汉及其周边城市，将通道优势转化为贸易优势。

6. 新模式不断涌现

如 2021 年 9 月 14 日，满载 42 个集装箱的全国首列"铁路快通"中欧班列由新疆霍尔果斯口岸入境运抵重庆团结村站，这标志着不仅为后续持续优化"铁路—海关—货主"三级监管模式提出了探索路径，也为中欧班列提质创新、物流业降本增效提供了新突破口。"铁路快通"模式是指铁路运营企业根据自身需要，申请开展快通业务，并由进出境铁路列车负责人按照规定提前向海关传输铁路舱单电子数据。该模式在集约监管力量的同时，更能有针对性地提升监管效能。海关通过对铁路舱单电子数据进行审核、放行、核销，实现对铁路列车所载进出口货物转关运输监管。在"铁路快通"新模式下，运营企业、海关等在物流数据上实现互联互享，进一步畅通信息链，促进中欧班列载运货物信息匹配、闭环管理和资源协同，有效改善了团结村站内陆物流组织能力，推进企业国际贸易通道建设，更好地服务西南地区实体经济发展。

中国铁路担起共建"一带一路"先行者责任，致力于欧亚陆路运输通道建设。创新国际运输服务体系，打造世界知名铁路物流品牌，中欧班列已成为"一带一路"倡议最实际、最丰硕的成果。中欧班列是传承"和平合作、开放包容、互学互鉴、互利共赢"丝路精神的时代列车。运送货物货值占中欧货物贸易的比重逐年提升，从 2015 年的 1%增至 2020 年的 7%，为沿线国家带去巨大的发展机遇。新冠肺炎疫情发生以来，其成为携手全球抗疫的"生命通道"和"命运纽带"。

中欧班列是顺应经济全球化发展的时代列车。截至 2021 年 6 月，中欧班列累计开行突破 4 万列，国内运营中欧班列的城市已达 29 个，铺画 73 条运行线路，通达欧洲 23 个国家的 170 多个城市，运输货品达 5 万多种，实现了境内外协同联动，降低了企业物流成本。

中欧班列是充满希望、引领未来的时代列车。中欧班列的快速发展得益于中国特色社会主义制度优势,得益于我国巨大的、有活力的市场优势,得益于中国铁路为构建国内国际双循环新发展格局、稳定全球产业链供应链、促进世界经济复苏提供的强大动能。

7. 中欧班列"上海号"成功首发

2021 年 9 月 28 日,满载 50 个集装箱货物的中欧班列"上海号"从铁路闵行站货场出发,驶往万里之遥的德国汉堡,标志着上海至德国中欧班列成功首发。该趟班列主要装载服装鞋帽、玻璃器皿、汽车配件、精密仪器等外贸货物,经由阿拉山口口岸出境,途经哈萨克斯坦、俄罗斯、白俄罗斯、波兰等"一带一路"沿线国家,两周后到达德国汉堡。

为缓解当下国际运力紧张问题,服务以国内大循环为主、国内国际双循环相互促进的新发展格局,上海局集团公司积极联合地方政府、物流平台公司、海关等企业部门,发挥中欧班列开行集成服务的专业优势。上海货运中心全力做好中欧班列"上海号"开行准备工作,主动对接货源,统筹安排运力,优化装车计划和装载方案,加强箱源车源组织和运力调配,确保各个环节畅通无阻、高效运转。

中欧班列"上海号"发车点闵行站货场紧邻国家会展中心(上海),为进博会期间铁路跨境电商进口商品较快进入展示中心提供了有利条件。2021 年 10 月中旬,中欧班列"上海号"从欧洲返回上海,有一批来自欧洲国家的音响、大型环卫车定位仪、核磁共振仪器配套设备等展品搭乘班列入境,参展第四届进博会。未来,中欧班列"上海号"将发挥运输效率优势,促进红酒、奢侈品、高端仪器等高货值商品以跨境铁路方式进口。

8. 义乌中欧班列

义乌是国际贸易综合改革试点城市,也是天然货源地。其运行主体是中欧班列运营方中唯一的民营企业,基本没有政府补贴。为增加回程货源,义乌推出了公铁联运二次转关等业务。跨境电商进口奶粉、欧洲特色日用品等货物,通过班列转关至义乌,再以义乌为支点转关至其他地区,目前返程率为 100%。下面以义新欧中欧班列综合运营管理为例,详细分析该运营模式。

经过 30 多年的发展,义乌市及周边地区物流业发达,在物流方面具备天然的集聚优势。从义乌始发的中欧班列货源地主要是长三角地区,聚集了浙江、上海、广东、安徽、江苏、山东、福建、江西等 8 省(市)的货源,其始发地义乌有"世界超市"之称,是全球小商品集散中心。货物品种涵盖日用小商品、服装、箱包、五金工具、电子配件、名牌服装、高档面料等近 2000 种。单趟班列的总货值也越来越高,从当初不到 300 万美元,增至约 500 万美元。中欧班列(义新欧)回程所载货物由最初的欧洲红酒、橄榄油和西班牙火腿等快消品,逐步增加至汽车零配件、太阳能薄膜、洗衣机配件、成套橱柜等工业品及跨境电子商务货物。中欧班列(义新欧)已经形成了专业化、常态化运营态势,从义乌发到货不仅产品价格最低,而且物流成本最低。中欧班列(义新欧)物流联盟,统筹负责长三角地区货源组织和物流短驳等工作;联合浙江省物产中大集团、国贸集团等大型企业通过班列运输进出口货物。由于综合运营(服务)平台高度重视品牌建设,中欧班列(义新欧)的国内外影响力大增,比如中欧班列(义乌至马德里)是主推物流产品,基本不需要运营方主动组织货柜,更多时候货主需要提前预订才能安排。通过市场化运营,中欧班列(义新欧)的货源集聚效应日益凸显,实现了中欧班列(义新欧)"加密、增点、拓线、提效"常态化开行。

义新欧班列开行几年来，聚集了长三角及周边地区的小商品、服装、电子产品等货源近2000种。作为浙江省仅有、全国唯一的县级市对外开放铁路口岸站，义乌西站业务空前繁忙。为开行好这趟中欧班列，金华货运中心与中铁集公司、天盟公司、义乌铁路口岸实现“四合一”合署办公，服务窗口为客户提供查验、放行、核销、结关等“一站式”通关和受理、制票、交付、箱管、调度“一条龙”服务，陆续开行了义乌至德黑兰、俄罗斯、白俄罗斯、阿富汗、拉脱维亚、中亚五国等方向的国际联运班列，由原来的每月、每周1列，到现在每周开行3至4列。密集开行的义乌至西班牙中欧班列，已成为“一带一路”上一道亮丽风景，为长三角地区与欧洲开辟了一条安全、经济、快速、便捷、绿色的国际铁路物流大通道。

自2014年11月18日“义乌—马德里”中欧班列首发以来，义乌开行的中欧班列出现了“井喷”式发展态势。2018年以来，运量迅速提升，每周发送达到4至5列，最高时达到7列。中欧班列(义乌至马德里)是目前全球所有铁路线中行程最长、途经城市和国家最多的专列，全长13052千米，共经过8个国家。目前，班列始发开通了9条线路，辐射至中亚、西班牙、伊朗、阿富汗、俄罗斯、拉脱维亚、白俄罗斯、英国、捷克等9个方向。义乌中欧班列创造了陆上新丝路的“七个第一”，即发送线路方向最多、换轨次数最多、历经国家最多、满载率最高、发送增长速度最快、班列吸引省份最多、商品种类最多。

中欧班列(义新欧)两端分别连接着全球最大的日用工业品批发市场和欧洲最大的日用工业品集散中心，组货和分拨优势明显，因而在我国和欧洲的辐射、带动、服务范围广，尤其是对带动我国长三角地区广大中小微企业产品出口具有重要的特殊意义。将中欧班列(义新欧)作为推动“丝绸之路经济带”，实现以贸易畅通为核心的“五通”的重要平台与载体，使其成为亚欧大陆互联互通的重要纽带，有效构建起了一条新的中欧国际经贸合作交流通道。义乌—马德里班列如图3.15所示。

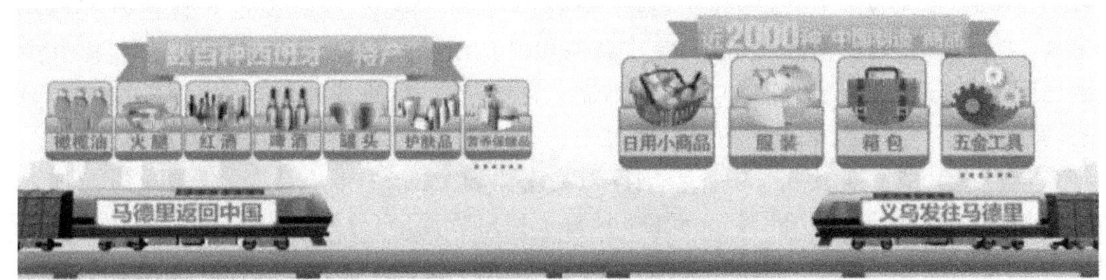

图3.15 “义乌—马德里”班列

义乌作为全球最大的小商品集散中心，被联合国、世界银行等国际权威机构确定为世界第一大市场，是我国最大的小商品出口基地和重要的国际贸易窗口，有180万种小商品，销往全球200多个国家和地区，发展潜力巨大。义乌中欧班列政策支持力度大，通关高效便利，货源支持强劲，辐射范围广，综合运输成本较低，未来发展潜力巨大，已成为中国小商品出口欧洲开辟出来的一条安全、高效、便捷的全新物流通道。

长期以来在国际贸易运输中占据主导地位的是海运，世界各国的贸易规则制度、操作规范等大都以海运为设计对象，相应的交货、验货、船务、商检、通关、交单、结算、退税等业务流程、规则标准、运行平台、操作办法较为成熟，而国际铁路货运的相应畅通机制则相对发展滞后。中欧班列的畅通开行打破了跨国桎梏，为国际制度、规则标准化提供了整合契机。中欧班列(义新欧)是以集装箱作为运输单位进行货物运输的一种最先进的现代化物流方式,具有“安全、绿色、迅速、简便、价廉”的特点,不但有利于减少运输环节,而且可以通过综合利用铁路、公路、水路和航空等各种运输方式,进行多式联运,实现“门到门”运输。运营管理好这种价格只有空运的1/5,时间只有海运1/3的国际集装箱联运方式,顺应了铁路现代物流发展方向和潮流。义新欧中欧班列综合运营管理坚持以市场化为导向,实施中欧班列发展保障机制,全面升级中欧班列运输组织方式,建立中欧班列市场化运营体系,为客户提供全程物流和增值服务,通过信息化和智能化提升综合管理水平,打造运行效率最高、经营模式最新、运营机制最活的中欧班列示范线,探索实践中欧班列市场化、专业化、常态化运营管理。

(1)“义新欧”国际联运班列运营组织特征

①时间缩短、价格优惠。“义新欧”运输时间为17～19天,是传统海运时间的一半,义乌出口莫斯科货物比传统海运在时间上缩短将近25天。运输时间的缩短使义乌小商品出口企业的交货期同步缩短,能有效降低在途库存和现金流,为跨境电子商务提供直接的物流支撑。和空运相比,时间虽然长6～7天,但费用初步估算仅为空运费用的四分之一。

②定期发班、安全环保。铁路运输是绿色运输,“义新欧”开通后,每周至少开行一列,冬季不停运,而且随着冬季圣诞节运输旺季的来临,每周可加开班列,以确保义乌小商品以“更便宜的价格、更快捷的服务、更安全环保的方式”运往欧洲、中亚等各个国家和地区的市场。

③完善格局、改善环境。义乌及周边地区的进出口集装箱主要依靠公路汽车运输,造成城区交通堵塞,环境容量难以承受,大气污染严重。

(2)实施中欧班列发展保障机制

①强化中欧班列发展要素保障

2016年10月,我国推进“一带一路”建设工作领导小组办公室发布了《中欧班列建设发展规划(2016—2020)》,中欧班列(义乌至马德里、义乌至德黑兰等)确定为直达班列线。中欧班列(义新欧)紧紧抓住发展机遇,完成路网性义乌西铁路物流中心改扩建工程,提升中欧铁路国际货运班列综合物流能力。配套新建义乌铁路口岸,具备口岸通关、国际中转和转口贸易功能,建立与海关紧密合作机制,满足中欧班列带动的出口、进口、转口贸易发展需求。近年来,西班牙、俄罗斯、伊朗、中亚五国等贸易潜力较大的“一带一路”沿线国家纷纷加入义乌小商品贸易市场,使中欧班列(义新欧)具备了稳定货源,充分用足直达班列线,每周开行3列以上点对点直达班列。

②主动参与中欧班列协调机制

为打造“快捷准时、安全稳定、绿色环保”的中欧班列国际物流品牌,中欧班列(义新欧)运营平台公司作为发起人之一,与各方坚持“共商、共建、共享”原则,搭建统一运输协调平台,共同协调解决中欧班列发展中面临的问题,不断加强多渠道推介,例如举办班列推介会,充分利用中国国际进口博览会、中国—中东欧国家投资贸易博览会、中国浙江投资贸易博览会、中国义乌国际小商品博览会等知名会展活动,联合华侨华商、跨国公司等多方力量,宣传中欧班列,让更多货物通过班列进行贸易往来,提高运输品质。

中国出口至欧洲货物总量(海、铁、空)约1100万TEU,折合货量约为1亿吨,中欧铁路与公路运输企业因管理模式和经营机制体制不同,造成两种运输方式无法实现相互交融,致使许多制造企业和商品流通的物流成本始终居高不下。金华货运中心与浙江省综合交通物流协会经多次协商、讨论,并遵循“平等、合作、互助、互惠”的原则,共同发起成立了浙江省公铁物流联盟。联盟是公益性、开放式，非官方、非法人的协同创新组织，由杭州货运中心、金华货运中心、社会物流企业共同组成，按照市场规则结成公铁物流网络，通过整合资源共同促进铁路与社会物流企业携手创新发展、特色发展和联动发展，为公路物流企业构建一套比较完善的综合解决方案。公铁物流联盟平台成功吸引了联盟内公路专线企业合作开行了包括新泉州班列、第二趟的广州班列、沙岭班列等在内的特需班列。同时，密切与中铁特货合作，创建现代铁路商品车全程物流服务新模式，中心与特货上海分公司合作成立特货杭州经营部，建立专业服务团队，发展吉利、福特、众泰、万向等轿车运输项目。探索总包物流服务的营销模式，通过提供全程物流服务，开发一批客户满意、合作共赢的精品项目，如成功吸引宁波地区“白货”小家电回归铁路运输和“农夫山泉”“中天钢材”等一批到达端物流总包客户。

③实施中欧班列发展保障措施

中欧班列综合运营(服务)商引进战略投资者，进行战略性资产重组，强强联合，增强班列运营能力，并参与“一带一路”捷克站建设和运营，推动班列境外增点拓线，提升班列市场竞争力。金华货运中心、中铁集装箱公司上海分公司和运营(服务)商，开展班列绩效工作考核。

(3)创新中欧班列运输组织方式

①提升国际集装箱物流组织能力

改造义乌西货场。一是义乌西口岸原货场存在散、小、弱、乱、差的现状，将按照现代物流的运作模式重新调整实施改造。首先把铁丰专用线搬出货场外重新安置，同时在铁丰专用线地块内建三条地方专用线，进而改造国内、国际集装箱区域和仓库装卸作业区，同步推进铁路仓储物流和货场办市场货物功能。在整个工程完成后，整个物流中心就能实现铁路物流功能的三大布局，即基本物流功能区、辅助物流功能区和增值服务物流功能区。二是装备现代化。按照现代物流功能布局与需求，在口岸区布局空箱作业兼还箱作业区和检验检疫口岸一体化，采用堆高机、正面吊实现装备现代化；在集装箱区配置了 100 多台集装箱拖板，以甩挂运输的方式，实现装卸作业最优化；在怕湿物资装卸作业区，采用电瓶叉车，实现无尘化的仓储作业条件，提升服务品质；建造适合快速班列、特需班列装车的仓储能力，满足到达仓储中转配送能力等仓储设施，使铁路物流仓储能力由原来的 180 万吨提高到 500 万吨，以满足义乌西口岸国际物流中心的功能需求，真正实现铁路物流装备现代化与市场物流功能需求相匹配。

上海局集团公司投资 8000 余万元对义乌西站货场进行了改造(一期)，新建了二股集装箱发、到货物线，增加了两台集装箱专用门吊，实现了国内、国际箱业务分开，使义乌西站满足办理集装箱整列发到条件，为“义乌至北仑”铁水联运、“义新欧”国际集装箱班列常态化开行打下基础。投资 300 余万元对义乌西站大道按照海关监管的相关要求进行了改造。义乌西站海关监管点的启用，为义乌西站的铁海联运和国际联运集装箱上量创造了条件。引入义乌市具有国际联运优势的知名综合物流企业，中铁集装箱公司和其他物流公司加盟，担负铁水联运、国际联运综合经营主体责任，提供报关、查验、运输、转关和清关等专业化、一站式服务，为客户提供更加方便、安全、快捷和环保的国际联运平台服务。做好义乌西站货场二期改造方案的研究，建设义乌铁路口岸站和国际物流中心，打造具备集装箱运输、海关监管、保税仓库、物流配送等功能的铁路物流中心。中欧班列始发终到作业站——义乌西货场经过二期改造建设，已经建成具有铁路口岸、国内集装箱、国际集装箱、怕湿物资作业区和仓储物流五大功能板块的"路网性物流中心"。特别是专门设立了国际集装箱作业区，在口岸区布局空箱作业兼还箱作业区，实现检验检疫口岸一体化，采用专用集装箱门吊、堆高机、正面吊，实现装备现代化；在集装箱区配置了100多台集装箱拖板，以甩挂运输的方式实现装卸作业最优化。地方政府同步建设启用查验平台、监管仓库、集装箱堆场、检验检疫场地等铁路口岸核心设施，实现中欧班列装车站、口岸基础设施与装备的现代化，运营组织的协同一体化，运输服务的个性多样化。国际集装箱物流组织能力由建设前每天到达发送各1列，提升到每天到达发送各2至3列。

优化集装箱流程。一是重新划分集装箱作业区域，按照重箱到达、空箱到达、重箱发送、空箱发送、国内箱发送、各班列箱发送重新划分，优化集装箱堆存方案。二是落实安全管控措施。从加强硬件、软件建设入手，一方面，采取轮重仪、轨道衡、加强检斤验货、装载加固，确保在硬件上堵塞安全漏洞。同时，充分运用好铁路局集团公司货运部首批安装的集装箱超偏载(智能)检测装置，制定作业流程，把好进箱检测关，有效保证了集装箱运输安全。另一方面，抓好装车前后"三检"，把控F-TR锁装卸车关键，通过作业流程培训和演练，掌握对装有F-TR锁及自动旋转锁车辆的点动起吊要领和操作方法。认真执行"吊箱单"和"空重集装箱装车安全卡控AB角"的规定，对使用集装箱专用车、两用车装车作业制定了现场操作流程，有效地杜绝集装箱"二偏一载"问题的发生。

②升级中欧班列组织方案

按照"六统一"标准，即统一品牌标志、统一运输组织、统一全程价格、统一服务标准、统一经营团队、统一协调平台，拟订了《中欧班列组织管理暂行办法》和中欧班列品牌标志设计方案，不断优化班列组织方案。其中，以市场和客户需求为导向，从与边境口岸、海关作业无缝衔接入手，按班列早晨到达阿拉山口口岸站倒排运行图时刻表，压缩国内段运行时间约1天。同时，简化中欧班列开行计划提报、批准手续，由过去的每月公布一次，调整为每周公布一次，进一步贴近市场，满足客户需求。对中欧班列(义新欧)装车点义乌西站，按照中欧班列开行时刻，倒排送空、装车、挂运时间，优先安排空车，优先安排装卸，优先取送挂运，确保上线货物随到随走，最大限度缩短中欧班列装车、组织、集结和挂运时间。

③优化中欧班列物流组织方式

中欧班列综合运营(服务)商负责集货、短驳、报关、查验、铁路国际联运、海关关务代理、金融结算等服务，金华货运中心负责空重箱存放、吊箱，始发、终到国际联运集装箱装卸车作业，车辆挂运、集结。金华货运中心和中铁集装箱上海分公司、海关、检验检疫、运营(服务)商在铁路口岸联检中心实行合署办公，在短驳运输、集装箱提箱、重箱查验、超重偏载检测等环节无缝对接，大大提高了效率。金华货运中心与上海局集团公司调度所、运行途中两个铁路编组站建立了联系沟通机制，针对中欧班列装车的需求，提前配送装车需要的车辆，对编组分类线的使用进行优化，保证为班列集疏车流的货物列车稳定开行，确保中欧班列始发正点率，以及按运行计划排定的日期、车次、运行线开行。

④减少货物通关环节

义乌西货场是我国第6个对外开放的铁路口岸，是浙江省唯一的铁路对外开放口岸，也是全国唯一的县级市铁路口岸。义乌铁路口岸为发运客户提供一体化的公、铁、海物流方案，提供"单一窗口"操作的服务平台，具有示范性、公益性、创新性、安全性、带动性的特点。目前常态化运营的中欧国际集装箱班列，通过"就地转关、一次申报、一次查验、一次放行"，

减少货物通关环节,不断激活并提高出口货物的运输效率。

(4)建立中欧班列市场化运营体系

①建立合作运营组织体系

中欧班列(义新欧)是全国唯一由民营企业负责运营的中欧班列。在 2014 年 11 月首趟中欧班列(义乌—马德里)开行以来,中欧班列(义新欧)充分发挥民营企业适应市场快、机制灵活的优势,加强与"一带一路"沿途国家贸易商、供应商跨国合作,寻找和培养适合铁路运输物流方式的货主。在马德里、杜伊斯堡、巴黎、伦敦等地设立了分支机构和海外仓,提高境外物流经营能力,增强贸易合作、班列运营和竞争新优势。与中国邮政集团公司浙江省分公司等合作,开展中欧班列运邮测试,率先尝试跨境电商和国际邮包运输新模式,推动中欧班列(义新欧)与新技术、新产业、新业态的深度融合。同时,建立了政府、铁路、企业、货主等层级的合作运营组织体系。金华货运中心和中铁集装箱上海分公司作为合作经营方,在提供铁路货运产品、装卸车组织、运输组织协调、铁路运价优惠、货源箱源组织等方面参与合作经营。运营(服务)商与国铁集团、其他班列公司共同探索建立跨国海关和铁路协调机制,协调解决中欧班列发展中所面临的问题。

②建立贸易综合服务体系

中欧班列综合运营(服务)商采取延长服务链、提供揽货和货到后服务等贸易综合服务。在"一带一路"沿线设立分支机构、海外仓和物流分拨中心,用贸易综合服务来增加运输方面单箱的效益。目前,已经在马德里、杜伊斯堡、巴黎和伦敦设立了 4 个分支机构,在马德里、杜伊斯堡、巴黎、菲利克斯托等地设立了 8 个海外仓,在波兰马拉舍维奇和华沙、德国杜伊斯堡和汉堡、西班牙马德里等地设立了 5 个物流分拨中心,并且班列可以停靠上下货。贸易综合服务成为中欧班列(义新欧)市场化运营最重要的环节。

(5)构建中欧班列物流服务模式

①提供全程物流服务。围绕中欧班列物流链全流程,从发运地的集货、报关(检验)、集卡车短驳运输,到我国段铁路运输、国际段铁路运输(转关),再到目的地清关、仓储、分拨,由运营(服务)商提供一站式全程物流综合服务。以"义甬舟"开放大通道建设为契机,以义乌陆港、宁波舟山港、甬金高速为支撑,建成集江、海、河、铁路、公路、航空等六位一体的多式联运综合枢纽和以绿色、智能、安全为特征的集疏运体系,对内辐射长江经济带,对外辐射"一带一路"。运营(服务)商和金华货运中心在铁路口岸联检中心建立了中欧班列客户服务中心,为客户提供业务受理、单证制作、报关报检、货物追踪、应急处置等一站式服务。

②拓展物流增值服务。运营(服务)商致力于优化服务模式,降低综合运输成本,创建优质物流品牌,提供融资、通关、退税、保险等贸易综合服务,拓展国际代理采购、国际保险理赔、货物质押等增值服务。充分利用义乌陆港物流园区、义乌保税物流中心的政策和服务优势,拓展跨境货物加工与转口贸易,加大中欧班列回程货物组货力度,有效降低中欧班列综合运输成本。对接浙江省建设境外服务站,参与共建共享,充分发挥系列服务站对中欧班列、贸易、物流、信息等方面的综合支撑作用,推动中欧班列双向常态化运行,提升中欧班列跨境物流运营效率。

③建立价格联动机制。争取按照量价捆绑原则,实行中欧班列国内段优惠价格政策。中铁集装箱上海分公司根据中欧班列(义新欧)开行的数量、质量,在集装箱空箱保障、装车计划安排、资金结算、部分费用优惠等方面给予支持。运营(服务)商参与国家对中欧班列沿

线国家开展的境外价格谈判，提高全程价格主导权，有效降低国际联运全程物流成本。金华货运中心、中铁集装箱上海分公司和运营（服务）商坚持市场导向，遵循市场规则，根据国内、国际两个市场和价格变化情况，适时调整定价范围内产品部分费用和价格，不断增强产品竞争力，提升中欧班列运营质量和效益。

④优化支线运输方式。根据“义乌至北仑”铁水联运和“义新欧（义乌—新疆—中亚、欧洲）”国际联运两个不同的产品，运用差别化价格策略，争取地方政府的政策扶持，建立铁路铁水联运和国际联运价格机制，主要包括义乌铁路国际联运不同线路的时间、价格不同，以及运用差别化价格策略。“义乌至北仑”铁水联运由于运距近，且增加铁路两次装卸费用，在运价上处于绝对劣势。金华货运中心根据市场调查情况，紧紧贴住公路汽车运价，采取铁路运价下浮政策，引导原来走公路运输的客户选择走铁路运输。“义新欧”国际联运和航运在成本、时间等方面都占有一定优势，因此具有很好的发展空间。

⑤争取地方政府的政策扶持。向地方政府汇报，对铁路铁水联运、国际联运出台政策扶持，引导欧洲、俄罗斯、中亚等国家和地区的客户选择铁路运输。义乌市政府为拓展铁路集装箱多式联运业务，加快铁路物流业发展，出台了铁路铁水联运、国际联运的扶持政策，政府对义乌西站实际到发的铁水联运集装箱重箱给予275元/标箱的补助，对在义乌订舱、义乌堆场提还箱的物流企业给予一次性补助，达到一定规模的船务公司（物流企业）按标箱给予补助。

（6）创建国际联运物流信息服务平台

①创建运输管理子系统。运输管理子系统包含铁路运输、物流配送、调度指挥三个功能平台。铁路运输功能平台将目前铁路运输的确报系统、现车系统、ATIS货车追踪系统、铁路货运制票系统、货运站生产管理信息系统、集装箱管理信息系统、长三角货物快运系统集成为铁路运输信息集成平台，使车站各项指标、数据集成在同一平台，便于查询；对车站车流、作业动态进行分析，对作业车流进行预测，与历史数据进行对比，并增加运输调度辅助决策功能。物流配送功能平台分物流配送Web端和物流配送司机App端，由物流调度将任务单随机或指定分配给司机或物流公司，系统自动将信息交互至相应驾驶员的App终端上。司机可以看到任务单的取送货详情，并进行操作，并实现车辆、驾驶员管理与维护，费用核算，查询统计等功能。调度指挥功能平台将物流调度生产指挥中心、应急处置指挥系统、实时信息及预警信息等集中在一起，实现调度指挥中枢实时掌握信息，准确做出决策。

②创建智能化管理和作业子系统。智能化管理和作业子系统包含智能门禁、集装箱派班管理、甩挂管理、堆场管理、门吊自动控制等五项功能。在集装箱进入场门禁和集装箱专用门吊等处安装传感器和摄像头，利用物联网技术，通过感知技术对物品属性进行实时采集，将获取的集装箱信息输入属性库以供查询。使用图形化界面，以更加直观的显示形式，更加友好的操作方式，显示出集装箱堆放、车辆进入情况等。工作人员用拖拽操作即可实现作业单的生成，自动推送到手持终端上。门吊司机依托数学模型算法，根据装卸车顺序，以实现吊装次数最少、门吊自动走行距离最短的翻箱和装卸车方案。通过实施智能化管理和作业子系统，进一步实现集装箱从进箱、堆场存放、装车到出场、检测、箱管等的一整套管理和作业流程，使调度科学、安全可控、记录准确、联动高效。在门吊上安装传感器和摄像头，依托数学模型算法，根据装卸车顺序，判断下一次作业的箱区箱位，自动走行至准确位置并落钩，实现吊装次数最少、门吊自动走行距离最短的吊装箱方案。

③创建电子数据交换(EDI)平台。将铁路物流管理信息系统与宁波舟山港、铁路口岸信息系统互联互通,打通铁路内部和物流企业信息链。该系统从 EDI 接口取得港口车站、铁路口岸的集装箱装车信息,包括舱单、船期、堆存、国检、海关等信息,实现港口、铁路口岸和铁路信息系统无缝对接,解决路港铁路口岸双方信息操作人员多次重复录入信息的问题,提高信息准确率、及时率,从而提高作业效率。该系统从 EDI 接口取得港口车站、铁路口岸的集装箱装车信息,提供包括舱单、船期、堆存、国检等铁路国际联运物流一体化服务,如图 3.16 所示。

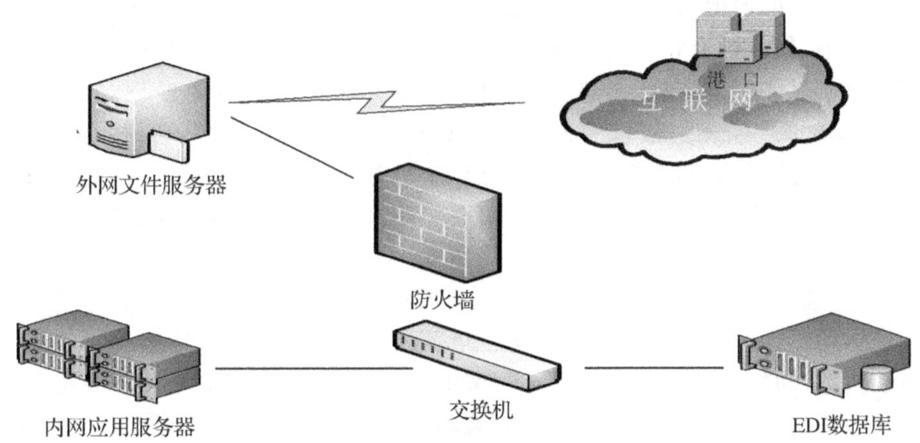

图 3.16　电子数据交换(EDI)平台

(7)中欧班列实际运营状况

金华货运中心和国际联运合作运营商、中铁集装箱上海分公司,利用各自优势,为客户提供物流一体化服务。

①提供海关监管等一站式服务。在义乌铁路货运场站设立海关监管点,委托国际联运合作运营商运营,并作为社会公共平台,提供报关、查验、施封、监管、仓储、运输等专业化、一站式服务。将铁路铁水联运和国际联运海关监管等业务从义乌市内海关监管场地直接移至铁路货运场站海关监管点进行,缓解在海关、商检集中查验的压力,降低了报关、查验费用,压缩了在途运输时间。

②提供第三方物流服务

a. 充分发挥第三方物流企业经营优势。国际联运合作商主营国际联运。该公司拥有义乌至俄罗斯、蒙古和中亚五国的国际联运专线,提供报关、查验、运输、转关和清关等专业化、一站式服务,为客户和货代公司提供更加方便、安全、快捷和环保的国际联运物流平台服务。中铁集装箱上海分公司主营铁水联运,兼营国际联运。该公司是经营铁路集装箱的专业公司,具有专业化、网络化、规模化、信息化经营能力和体系,为客户和货代公司提供安全、便捷、经济、全天候的铁水联运、国际联运物流平台服务。

b. 为客户和货代公司提供第三方物流服务。为客户和货代公司定制便捷、畅通、稳定、准确的个性化物流方案和供应链物流解决方案;提供报关、报检、货运代理、中转仓储、短驳接送等服务;提供物流、保险、担保等服务;和国外某个国家进行深度合作,设置国际联运转运中心保税仓库,分别为国外客户提供运抵缴税及延后缴税的便利,并提供境外代收货款和送货上门服务。

c. 在铁路货运场站内建立船务公司空箱堆场。为了打通铁水联运各个环节，实现本地订舱、报关、提还箱，降低铁水联运物流成本，金华货运中心和国际联运合作运营商、中铁集装箱上海分公司在铁路货运场站建设铁水联运集装箱堆场。引进多家船务公司，签订堆放空箱的协议。为物流企业在义乌本地订舱、报关，在铁路货运场站堆场内提还箱创造条件，实现港口功能延伸。同时，公路物流空箱与铁路物流空箱存于一个场站，丰富了空箱资源，更好满足空箱调配的需要。

③提供全方位的便捷服务。金华货运中心义乌货运营业站制定了铁水联运、国际联运岗位作业指导书、作业标准和作业流程。设置铁水联运、国际联运营销小组，专门负责方案制订、业务咨询、具体实施、内外协调等，依托铁路电子商务货运业务办理全流程系统，实现物流企业的“日货制”与铁路的“实货制”有效融合，满足客户和货代公司铁水联运、国际联运多样化需求。成立专门装卸工组，提供全天候 24 小时不间断装卸车服务。建立日班计划制度，确保运转、货运、装卸、物流服务等部门协同作业，铁路空箱到达卸车、汽车重箱到达铁路场站装卸车、重车挂运等环节环环相扣、便捷高效。

④推动“甩挂双重”运输方式。推动“甩挂”运输方式。“甩挂”主要指在外贸进出口企业与铁路货运场站之间的集装箱货物短驳方式，短驳车将空箱从铁路货运场站拉到进出口企业“甩”下装货，其间短驳车不停留等待，即“箱停车不停”，短驳车继续驶往附近另一家进出口企业，“挂”上前期甩下现已装柜完毕的集装箱运回铁路货运场站，卸下后再挂上铁路货运场站堆放的空箱驶往需要装货的企业，如此循环。以少数几辆短驳车即可完成一个区域内多家进出口企业到铁路货运场站间的集装箱货物短驳，大幅提高短驳车利用效率，降低短驳成本。推动“双重”运输方式。“双重”主要指在铁路货运场站与口岸之间的集装箱货物运输中，进口集装箱货物运抵义乌卸货后，不是传统的空箱返回这种“一重一空”方式，而是将空箱就近调配给货物需要出口的企业，装货后“重箱”返回，实现集装箱运输往返的“双重”，提高集装箱利用率，大幅降低物流成本。通过铁路货运场站建立的物流信息与物流调度平台，集聚义乌及周边地区铁路铁水联运、国际联运集装箱物流信息，同时吸纳周边空箱信息，丰富空箱箱源，保障“甩挂双重”的配对率。

⑤实现港口、铁路口岸和铁路信息系统无缝对接、互联互通。在竞争中，各地应在实现需求的驱动下，推动班列往高质量发展，从单一的通道经济，向带动综合产业布局与产业链延伸的方面扩展。近年来，全国小商品集散地义乌跨境电商业增长势头强劲。2018 年 10 月 8 日，载有 3240 件跨境电商国际邮件的 X8024 次中欧班列顺利抵达目的地波兰马拉舍维奇。这是中欧班列(义乌)成功开展运邮测试后首次正式搭载邮件，标志着中欧班列(义乌)跨境运邮业务实现常态化。该趟中欧班列 9 月 26 日从义乌西站启程，所载的出境邮件以服装、饰品、配件等小商品为主，是当地 100 余家跨境电商企业的交易订单，在国际邮件互换局完成海关监管手续后搭上中欧班列(义乌)，运抵目的国后再通过国外快递公司投递到法国、德国等 14 个欧洲国家的具体收件人，16 天完成投递。详情如图 3.17 所示。

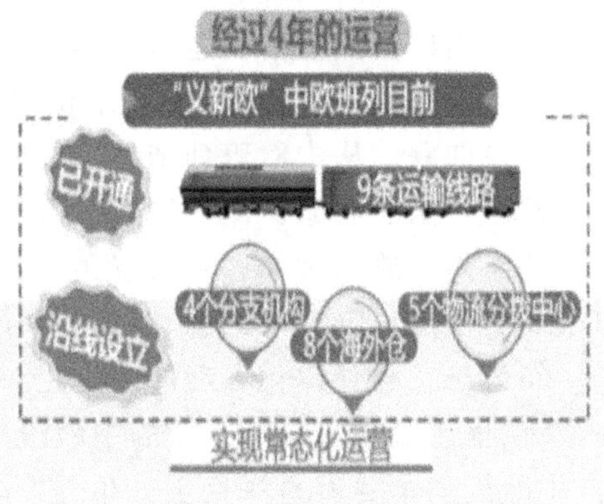

图 3.17　"义新欧"班列

义乌自开行首趟中欧班列以来，中国的日用小百货和纺织品等货物通过这列"钢铁驼队"运往欧洲各国，又将欧洲的奶粉、汽配、红酒、家电和营养品等货物运回我国。为服务好中欧班列开行，金华货运中心先后配备了 2 台 40.5 吨集装箱专用门吊、1 台正面吊，600 个 40ft 集装箱位堆场和 450 个 40ft 空箱位堆场，还将增加门吊箱号自动识别系统、超偏载仪检测数据自动传输、手持机应用、门吊半自动化作业和箱区箱位自动识别等智能化集装箱信息管理设备。

3.8.5　中欧班列空铁联运模式

2019 年 7 月 4 日，一列中欧班列在连云港中哈物流基地整装待发，列车上"连云港—哈萨克斯坦—土耳其"铁空联运首次试单运行大红条幅格外醒目。这标志连云港中欧班列开启"连云港—哈萨克斯坦—土耳其"铁空联运新模式。这个集装箱里装满了家居日常生活用品，该集装箱搭乘中欧班列至哈萨克斯坦的阿拉木图后，再搭乘土耳其航空货运公司飞机运抵伊斯坦布尔。

2015 年 11 月，连云港中哈物流基地开通"连云港—伊斯坦布尔"中欧班列，引发中外客户的高度关注。2019 年 3 月份，土耳其航空货运公司与中哈物流公司洽商，希望通过该趟中欧班列与土耳其在哈萨克斯坦(阿拉木图)的航空公司实施无缝衔接。当该趟中欧班列集装箱抵达阿拉木图后，再由土耳其在阿拉木图的航空货运公司通过空运送至土耳其伊斯坦布尔。这种铁空联运跨境物流运输是继海铁联运、全铁运输之后又一种新的运输模式，其全程运输时间较以往全铁运输缩短了 1 周，效率提高 46%。

2019 年 6 月 28 日，中哈物流基地一批日用品准备通过中欧班列运往伊斯坦布尔，经过多方协商，决定采取铁空联运新型跨境物流模式试运。徐州货运中心、中铁集团公司连云港营运部在铁路安检、货物装箱等方面积极配合。中欧班列铁空联运新模式将带动连云港多式联运的融合发展、推进跨境贸易，进一步满足客户多样化、个性化、高附加值的跨境运输需求。

3.8.6　长三角中欧班列统筹发展展望

中欧班列坚持市场化运作既是规划的要求，也是中欧班列价格需符合市场规律的体现。

未来2年是中欧班列发展的关键时期，从已走向全国前列的中欧班列运营方取经，结合实际情况，发挥自身特色，推动运贸一体化，提升市场运作潜力，逐步降低对政府补贴的依赖，走出低价竞争困局，逐渐步入公平开放、竞争有序的市场环境，是所有中欧班列运营方亟须面对的重要课题。从中欧班列产品发展看，铁海快运、洲际班列、多联快运将成为发展方向。

长江三角洲区域一体化发展上升为国家战略，是推进我国更高起点的深化改革和更高层次的对外开放重大部署。长三角既是长江经济带的龙头，也是“一带一路”与长江经济带的重要交汇点，是改革开放和现代化强国建设整个空间布局的策源地之一。

作为长三角一体化发展的内涵之一，中欧班列的资源统筹协调非常重要。联结产品流、资金流、信息流诸多市场要素的中欧班列，应当成为加深长三角一体化发展的有力抓手。因为，中欧班列本身就是深化长三角与“一带一路”沿线国家经贸合作的重要载体。中欧班列既是市场的产物，也是市场的一种观照，代表的是市场的力量。实际上，在中国往来亚欧的货源中，长三角占据了大量份额，且长三角地区已经初步形成了产业分工协作版图。长三角的各个班列都各有特色，形成了错位竞争，也布局了不同国家的不同目的地。要根据长三角三省一市的产业特点，进一步优化分工协作格局，巩固错位发展态势，更好发挥长三角一体化优势，让长三角的中欧班列平台合作紧密程度进一步提升，政府层面给予整合资源方面更大的支持，共同降低运营成本，在选择海外代理、铁路运输保险等方面形成合力。长三角如何携手打造中欧班列的长三角差异化发展集群、建立协调机制，影响重大。基于长三角各地在中欧班列的运力、资源和目的地等各方面水平特点，对各自货源情况和运营主体实力进行调配，最终实现长三角中欧班列的资源共享、分工协作和差异竞争。

目前，长三角地区已形成义乌至西班牙马德里、捷克等以小商品为主要货源，苏州至德国汉堡、波兰华沙以电子产品和电器为主要货源，合肥至德国汉堡以白色家电及机械产品为主要货源的去程货物品类特征。长三角中欧班列共有欧洲方向俄罗斯、捷克、德国、西班牙、英国等8条运行线路，中亚方向哈萨克斯坦、乌兹别克斯坦、土库曼斯坦、塔吉克斯坦等6条运行线路，到达欧洲8个国家、中亚8个国家。为共同推动长三角区域中欧班列协同发展，已经形成如下共识：

(1)共商体制机制建设。建立联系，互通信息。

(2)共同推动高质量运行。考虑到长三角区域中欧班列开行情况各异，发展不均衡，为保证长三角区域中欧班列高质量运行，要加强政策引导，培育运营主体，坚持市场化运行，资源优势互补，优化线路布局，营造健康市场环境，避免重复开行和同质化竞争。

(3)共享现有建设成果。通过互通资源信息，避免重复建设，鼓励共建中欧进出口贸易全产业链综合服务体系(如捷克站货运场、物流园、商贸服务中心等子项目)，共享国际贸易供应链集成服务等现有建设成果。

(4)共同提升服务水平。组建“一带一路”国际物流联盟，以拓宽“一带一路”物流通道和贸易通道，提高社会力量参与中欧班列建设的特性，提升中欧班列综合服务能力。围绕中欧班列组织和运营，凝聚多方力量，在提供全程物流服务、国际邮(快)件运输、供应链金融服务等方面创新服务模式，合力提升中欧班列综合服务水平。

(5)共同促进对外合作。依托长三角区域常态化、规模化运营能力，统一开展境外价格谈判，提高价格主导权，降低国际联运物流成本。探索外贸企业信用管理、完善税收征管机制、实施小额小批量进口清单管理等便利化举措，加快集聚更多进口资源。

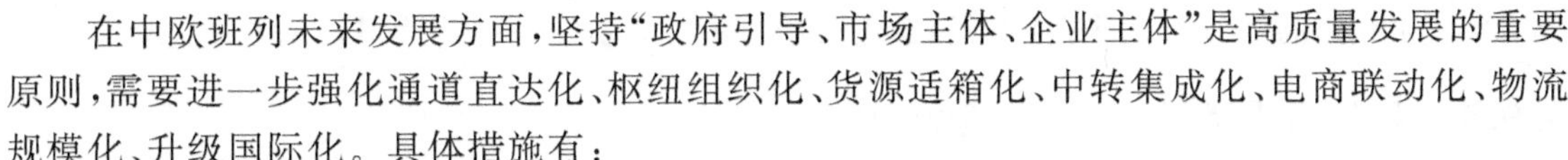

在中欧班列未来发展方面，坚持“政府引导、市场主体、企业主体”是高质量发展的重要原则，需要进一步强化通道直达化、枢纽组织化、货源适箱化、中转集成化、电商联动化、物流规模化、升级国际化。具体措施有：

(1)持续优化班列产品服务及运输组织，打造高质量班列，稳定并扩大集结城市的业务员规模。

(2)加快落地并优化港口基础设施及配套建设。

(3)开展多式联运一单制业务，推进金融服务产品与班列结合，加强供应链金融，依托班列，引导贸易。

(4)开展海铁、铁海、空铁联运，做实集结中心，完善全球网络。

(5)加强通道建设和服务网络的设计，增加合作圈建设。

(6)加强合作机制实施路径，增强政策协调、信息合作机制、设施合作机制、运营合作、技术合作、评价反馈机制等。

(7)加强规模化、组织化、集约化和智慧化的合作。尽快建设集结中心，持续优化运输通道和运营网络。

(8)创新运输组织模式，创新国际国内竞争合作机制，做大运营平台，加快构建班列供应链金融服务体系建设。

3.9　案例分析：铁路汽车商品物流增量发展策略

随着国民经济的发展和人们生活水平的提高，购买汽车的人数越来越多，汽车的产销量相应地也得到快速增长。为满足日益增长的商品汽车运输的需要，2007 年 4 月，铁路部门完成了对商品汽车运输的整合，由中铁特货运输有限责任公司统一负责商品汽车的运输和管理，年运量由整合前的 28 万辆增长到 2016 年的 290 万辆。2012 年，中铁特货与上汽通用五菱汽车股份有限公司进行了深化合作，将商品汽车制造企业下线的商品汽车，通过铁路整列列车运输到各大商品汽车销售区域的铁路商品汽车物流基地进行仓储、配送和二次分拨(以下简称“库前移”模式)，此举不但发挥了铁路规模化运输的优势，而且使商品汽车的运量首次突破 100 万辆，与 2011 年相比，同比增长 22 万辆。“库前移”模式不仅能发挥铁路规模化运输的优势，提高铁路运输商品汽车的时效性，同时又能促进商品汽车制造企业订单式生产，使其更贴近市场，更好地为消费者提供快捷、便利和满意的服务。

商品汽车采用铁路运输基本涵盖国内所有商品汽车的品牌，覆盖全国的商品汽车铁路运输网络已逐渐形成，商品汽车运输进入统一化、规模化和网络化阶段。铁路商品汽车物流服务客户已经覆盖所有年产量超过 50 万辆的汽车厂商，并与中国第一汽车集团有限公司、东风汽车集团有限公司、中国长安汽车集团股份有限公司、上海汽车集团股份有限公司等多个主机厂建立了战略合作关系。全路建成具备商品汽车装卸功能的铁路站点 236 个，配送网络遍及全国各大中城市，以及西南、西北地区 4S 店集中的区县；成功构建并运营“六纵三横”班列线，整列、大组运输时效达到甚至优于公路运输水平，拥有 17981 辆 JSQ 系列小汽车专用车主型车；建设有 55 个商品汽车物流中心，面积达 278 万平方米，具备年发送 600 万辆，同时仓储 10 万辆小汽车的物流仓储能力，年运量由 2008 年的 53 万辆发展至 2017 年的 460 万辆，2017 年铁路商品汽车运输占市场份额近 20%，并在市场中呈现持续增长的发展态势。

3.9.1 铁路商品汽车物流实践分析

1. 构建面向市场的营销管理机制

(1)提供满足客户需求、完整的“门到门”物流服务。中铁特货运输有限责任公司转变过去铁路只负责铁路段运输的产品模式，提供“两端公路＋中间铁路”三段式“门到门”一站式服务。一方面可以延续主机厂一次性下单、一次性考核、一次性结算的物流模式，另一方面通过整体运作内化了许多问题，实现整体最优。同时，综合铁路到站的位置、仓储能力等多方面因素，充分利用闲置货场线路资源，积极延伸多元化服务内容，为主机厂提供场地租赁、仓储管理、城市配送等整套末端服务，实现盈利多元化。

(2)推广“库前移”物流模式。该模式是铁路商品汽车物流营销模式的重大创新，是铁路商品汽车物流快速增长的重要推动力量。商品汽车整批次生产下线后集中统一发送到某一销售区域进行仓储，再按照订单进行分拨，将生产下线库前移到销售区域。该模式充分发挥了铁路规模化运输的优势，特别是货物班列运输时效有保障的特点，解决了铁路物流时效差的顽疾。而且，通过主机厂、中铁特货公司、经销商三方的共同探索努力，结合金融保险服务，创新解决了经销商资金占用时间长、保险重复累计的问题，真正实现了关联各方的双赢，成为推动铁路商品汽车后续快速上量的主要物流模式。“库前移”运输模式已占到总运量的 70%。

(3)开展商品汽车“大客户”营销战略。商品汽车物流的客户大多为大型汽车生产厂家，全国汽车生产厂家仅 20 家左右，年生产上百万辆商品汽车的不足 10 家。为此，中铁特货公司突出把握营销重点，细化完善营销措施。2017 年，与中国第一汽车集团有限公司、东风汽车集团有限公司以及上海汽车集团股份有限公司签订战略合作协议，紧紧围绕大客户需求，制定了高层互访、日常运营定期会谈等机制，为客户提供一体化的物流服务。

2. 优化运输组织方式

(1)构建“六纵三横”班列运输通道。坚持规模化运输，主动掌握市场货源流向，精准定位运输线路，构建了“六纵三横”等 37 条班列运输线路，承载近 80%的发运货源。积极组织整列、大组运，减少在途货检、编组等作业，有效保证商品汽车物流的时效性。现阶段，“六纵三横”主干线运输时效及稳定性远优于公路运输。

(2)实现调度组织集中统一管理。推进中铁特货公司运输调度融入全路运输组织体系，中铁特货公司调度行业进驻国铁集团和各铁路局集团公司调度大楼，实施合署办公，在车辆调配、异常处理等方面给予优先保障，确保重空车调度时效性，并进一步优化了空车走行成本，综合效益较为显著。

(3)构建“两个一公里”一体化运营管理平台。铁路运输两端接取送达是实现“门到门”运输的重要组成部分，是面向客户、提升服务体验的终端窗口，更是降低铁路全程物流成本的重要因素。“两个一公里”一体化运营管理平台如图 3.18 所示。

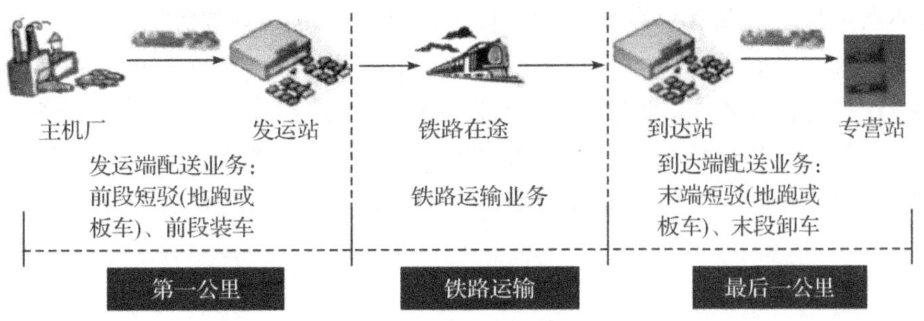

图 3.18 “两个一公里”一体化运营管理平台

3.9.2 商品汽车采用铁路运输发展趋势

1. 我国商品汽车产销发展趋势

随着国民经济的快速发展和人们生活水平的进一步提高以及国民收入的倍增，二三线城市以及广大乡镇将使商品汽车的销量逐步提升，使商品汽车的产销量不断扩大，也使铁路运输商品汽车市场得到健康发展。

2. 国外商品汽车采用铁路运输情况

欧美一些国家，商品汽车采用铁路运输发展较早，如美国，短短十几年，商品汽车采用铁路运输就达到了 400 多万辆。目前，美国采用铁路运输的商品汽车已占行业运量的 70%，欧洲占 50%，其已成为第三大铁路运输货物品类。

3. 我国商品汽车采用铁路运输的发展趋势

随着铁路对商品汽车运输业务的整合，商品汽车采用铁路运输的整体优势得到有效发挥。为此，中铁特货根据商品汽车采用铁路运输的市场需求，研制了 JSQ5、JSQ6 等铁路运输商品汽车的专用车辆，并规划建设了商品汽车物流基地，组建了专业的配送队伍，开展了“门到门”的全程物流服务，逐步得到全国各大商品汽车制造企业的认可。商品汽车采用铁路运输，具有安全、环保、全天候、长距离、大批量的特点，中铁特货通过新增运输装备和周转场地、挖掘铁路“库前移”运输潜力等一系列措施，使商品汽车采用铁路运输实现了迅速增长。随着国家对环保重视程度的不断提高，以及公路治理超载、超限运输政策的出台等，铁路运输商品汽车的规模得到稳定，进而促进商品汽车采用铁路运输市场的发展。

3.9.3 商品汽车采用铁路运输存在的主要问题

1. 商品汽车物流基地建设有待完善

商品汽车是铁路行业新开发的货物运输来源，这项运输业务使大部分铁路作业场站无法满足大批量商品汽车仓储、中转的服务要求。2015 年《铁路商品汽车物流基地布局中长期规划》发布，完善了铁路商品汽车运输、存放、中转、分拨的功能。但还是存在一些问题，主要表现在：部分使用中的商品汽车物流基地周转场地条件较差，周转场地小、场地碎石较多、缺少照明设备等，影响了对商品汽车的作业和周转安全；商品汽车制造企业引入的铁路专用线较少，增加了商品汽车前端配送费用。

2. 商品汽车订单式销售模式作业环节较多

除了采取“库前移”模式的合作公司外，其他商品汽车制造企业仍以订单式销售模式与中铁特货合作运输商品汽车，即商品汽车的销售订单生成后，商品汽车制造企业将需要通过铁路运输的商品汽车货单传给中铁特货办理运输手续，主要业务流程为：接单、提车、转运、装载、发运、在途监控、卸载、配送和交付等。中间流程多，环节繁杂，影响运输商品汽车的时效性。

3. 商品汽车运输信息系统有待完善

随着铁路运输商品汽车的不断增加，人工扫描数据和采集工作量增大，中铁特货专门开发的商品汽车运输物流平台需逐步完善有关功能，以满足运输大批量商品汽车的需要，并形成制约机制。

3.9.4 铁路运输商品汽车发展策略及建议

1. 完善商品汽车物流基地配套功能设施

要满足铁路运输商品汽车销量增长的需要，需要完善商品汽车物流基地配套功能设施的建设，需要对既有商品汽车物流基地配套功能欠缺的设施进行完善；对规划建设的商品汽车物流基地，按其周转功能需求进行设计，建立健全消防、照明、防雷、安防、信息系统等配套功能。

2. 推进商品汽车制造企业铁路专用线建设

促进商品汽车制造企业建设铁路专用线。商品汽车制造企业建设铁路专用线，可以减少铁路运输商品汽车的中间作业环节，提高运输商品汽车的效率，给商品汽车制造企业带来经济效益。

3. 继续推广“库前移”运作模式

商品汽车制造企业可依托铁路运输量大和规模化的特点，以及规划建设的全路商品汽车物流基地，在商品汽车销售区域建立品牌库，推广“库前移”运作模式，直接从其区域品牌库进行配送和交付，减少运输的中间环节，提高运输的时效性。

4. 构建智能化商品汽车物流全程可视化系统

构建商品汽车制造企业从制订汽车销售计划到交付客户及反馈物流信息的全程可视化监控系统，并将中铁特货的信息系统与商品汽车制造企业的销售系统通过互联网联系起来，实现运输、配送和交付数据的互换及共享。这样就可以实现商品汽车制造企业、物流商、客户“三位一体”的智能化商品汽车物流管理平台。

5. 提升铁路商品汽车咨询服务能力

主动参与主机厂、物流商、市政公铁水多式联运方案的研究制订，提供综合物流规划咨询服务。围绕铁路商品汽车物流形成的“生态圈”，积极构建和参与行业的大数据分析。针对商用汽车、工程设备、军事用车等大型装备运输难的特点，提前参与产品设计，输出铁路运输标准，解决行业困难。

6. 创新开发“泛商品汽车物流”新货源

勇于担当“铁路＋汽车”产业间沟通协调的窗口桥梁作用，即：加大开展汽车零配件营销力度，快速推进集装箱零配件运输工作；继续推进商用车运输、军事运输、工程机械铁路运输的营销；探索“自驾游”“二手车”“租赁车辆”等新兴市场的调度运输。

铁路商品汽车物流是铁路运输迈向现代物流的成功实践，为铁路深化货运组织改革，拓展“白货”市场提供了有益的参考。结合国家政策和行业需求，铁路商品汽车物流应更加强调与其他运输方式的协同发展，实现社会物流的合理分工和降本增效。这就需充分满足客户需求，优化物流产品供给质量，在已有智能化基础上加强创新并拓展业务，以实现铁路商品汽车物流增量。同时，应高度重视铁路商品汽车物流规模发展引发整车物流行业内外的发展新趋势、新变革，强化与“互联网＋”的结合，加强新零售业态的参与，引领商品汽车物流的发展，给消费者提供快捷、便利和满意的服务，进一步发挥铁路运输规模化的优势。

第4章 铁路物流基地和物流中心建设

随着货运改革的深入，铁路物流基地建设再次步入深水区，一大批物流基地建设运营项目逐渐走入后精品化货场时代。在铁路适应国家供给侧结构性改革要求下，在社会物流激烈竞争大环境里，铁路物流基地建设显得尤为重要。

4.1 铁路物流基地发展现状与趋势

为创新运力资源配置，满足物流基地货运需求，铁路局集团公司加快“路网性物流中心、区域性物流中心、地区性物流基地”三级物流服务网络建设，创建海铁联运、公铁联运、铁水联运、快件分拨等综合物流基础设施，推进“港站一体化、公铁一体化”建设，将铁路运力延伸至货源集散地最前沿，配套增设服务物流中心基地动力资源（调机和车辆）。铁路枢纽点线能力协调配套、集疏运通道电化扩能改造等项目也需加快实施，尽快打通枢纽和通道节点，进一步提升通道节点通过能力，满足铁路物流基地货运量的需求。

随着货运改革的深入，铁路物流基地建设再次步入深水区，一大批物流基地建设运营项目逐渐走入后精品化货场时代。建设需求由运输能力建设转向以市场需求为导向。

4.1.1 铁路物流基地发展存在的问题

铁路物流基地分为三级。

一级：位于全国综合交通枢纽和市场需求旺盛的地区，负责全国性的铁路物流节点城市的货物存储与分拨服务功能，满足快运班列、国际班列和多式联运需求，具备所有物流基本服务功能和较全面的配套服务设施。

二级：位于区域交通枢纽和市场需求充足地区，负责区域性铁路物流节点城市的货物集散任务，满足快运班列和多式联运需求。具备所有物流基本服务功能和较完善的配套服务设施。

三级：主要位于一般地级市或大型企业附近，担任地区性物流节点城市的货物集散任务。满足普快货物班列、管内循环快运列车、普速货物列车和多式联运需求，具备物流基本服务功能和少数物流增值服务功能。

一级和二级物流基地构建起铁路物流骨干网络，为铁路综合延伸物流服务提供基础条件。

存在的问题有：

(1)铁路物流基地与本地经济体系对接水平较低。目前，铁路物流基地服务地方经济意识相对薄弱，特别是与当地建材市场、农产品市场、机电产品市场、食品交易市场、石材市场等生产资料市场及商贸市场的对接程度较低，上述市场对当地物流基地未形成有力支撑。再从政府层面看，当地政府出台中长期物流规划也没有与铁路物流基地建设有机衔接，市场物流供给未能得到铁路有效支持，铁路物流基地未能实现效益最大化，货运改革红利难以惠及当地经济，未对当地经济持续增长提供有力支撑。

(2)铁路物流基地配套服务相对不足。受土地、线路等因素影响，当下许多物流基地离城区相对较远，周边车辆停车、维修、住宿等配套服务设施尚不完善。从内涵及功能来看，铁路物流基地应是多种运输方式集散地，是不同类型物流企业在空间上集中布局的场所，能实现综合集约、信息交易、集中仓储、配送加工、多式联运、辅助服务、停车场等功能。但从目前物流基地发展来看，上述局面尚未形成，特别是加工、配送、贸易、信息、金融等增值服务环节还有待培育成形。

(3)铁路物流基地智能硬件设施设备少。从平台层面看，货场门禁管理、车辆出入管理、人员出入管理、仓库管理、仓储信息管理、安防管理等均处于待提升状态。不同岗位信息对接、确认过程还需要传统电话支持，不仅效率低，还影响基地物流快速流转。物流基地内货物大多处于“无身份”状态，不可识别，信息采集、核对靠眼观手记，准确性、可靠性差。此外，从感知层面看，基地内各种信息传感设备比较缺乏，实时采集各种信息还达不到智能化水平。

(4)铁路物流基地相关信息系统软件繁多。铁路物流现场运作流转过程中涉及外勤及内勤不同岗位，为了保证物流作业快速流转，不同岗位对于当天物流作业基础信息有着不同程度的需求。在这个过程中，存在信息系统集成度低，相关信息系统繁多等情况，由此带来货场作业基础信息共享程度不高，各部门每日需求上报信息未能在一个集成系统内对当天作业基础信息实现智能加工处理、调取使用，信息重复录入情况严重，而重复输入加大了岗位劳动强度，存在人工错输、漏输风险。

4.1.2 铁路物流基地发展趋势

(1)“公路港＋铁路港”。近年公路运输市场发育逐渐成熟，对于铁路货运业务冲击较大，两者竞争也愈发激烈。当下，随着公路智能运输无人驾驶等技术日臻完善，公路运输生产率和经济效益将极大提升，不断朝着智能化智慧化迈进。为此，要引入现代立体交通概念，借力公路运输发展机遇，将公路与铁路从以往的“竞争关系”转变为“竞合关系”，再逐步过渡到“合作关系”，最大限度地加大不同运输方式的分工合作，适时在有条件的物流基地打造“公路港＋铁路港”一体化综合运作，实现不同运输方式深度合作、无缝对接。

(2)智能化、智慧化。为实现智能化生产、智慧化管理，当下铁路物流基地升级必须紧跟物联网发展步伐。从生产过程看，货物在物流基地要具有高可感知性，货物及物流基地安防要实现智能识别、智慧管理。从信息流来看，货物到达不同环节产生不同数据流，收集、上传要更加智能、便捷。未来不同岗位协作、信息对接、流转能得到更先进的设备支持,信息系统能高度集成,基础信息能在不同岗位不同部门高度共享,物流信息加工、处理更加智慧,物流大数据蕴涵的商业价值要得到最大限度挖掘,资源利用效率和生产组织水平能够极大地提升。

(3)品牌化、特色化。目前物流基地品牌化战略发展处于起步状态,对产品细分市场尚未形成清晰规划。特别是提供服务产品定义、哪个细分市场、定位什么样的价格、具备哪些特征、有哪些卖点、有哪些局限等问题,尚未形成体系。此外,铁路系统受运力及政策影响大,致使物流基地部分服务产品供给不稳定,部分地区去向产品受限。现有产品如"批量入箱"受政策影响大,供给不稳定,影响客户体验,造成客户流失。

(4)无人化。随着人口红利消失,用工成本是行业必须面对的问题。利用技术手段来降低物流成本早已成为趋势,再向前一步就是全面拥抱物流运作无人化时代。环视工业 4.0,立体仓库无人作业在不同领域已经得到大量应用,而在配送领域,电商物流已经在悄然布局未来大规模重载无人机配送项目。从粗放走向集约再步入精细生产、智慧生产阶段,应用更多物流智能设备及系统已成为行业共识,其中最大限度减少人工操作有利于规范管理、减少差错、降低成本、提升效率。

4.2 铁路物流基地转型升级的对策

综合性铁路物流基地划分标准如表 4.1 所示。

建设理念如下:

(1)加大物流基地自主经营权。目前铁路各物流基地自主权小,新增产品审批流程漫长,用户需求响应时间长,客户体验不佳,潜在客户有流失现象。建议循序渐进地提升物流基地的生产自主权,同时因地制宜对物流基地运作模式进行创新,解放物流基地生产力,特别是在多元化定位、自主经营创效方面要有所突破,适时有条件开发物流地产,尝试多种业态,最大限度发挥物流基地的社会效用,为企业可持续发展开拓新途径,最终以物流基地为依托,逐渐打造全新铁路物流生态系统。

(2)打造货运综合信息管理系统。开发一个集成货运综合信息管理系统,系统应满足物流基地不同岗位作业数据上传、加工、处理、调用、共享、上报等需要。特别是未来数据全部电子化后,信息系统将承担物流基地各个环节、各个岗位智能互联的任务。此外,随着高度集成综合信息管理系统的出现,相关基础信息在系统内流转更加顺畅,货运票据实现真正意义上全面电子化,物流基地将有信息系统强大引擎助力。

(3)推动物流基地及产品品牌化、特色化发展。物流基地各货运网点可按照统一名称重新进行品牌化命名,以扩大物流基地整体知名度。落实具体产品品牌化发展时,应适时开发如"中欧班列""中亚班列"等高知名度系列产品。还应在系统研究细分市场前提下,开发不同新产品并赋予产品独有名称,明确产品定位,占领特定细分市场,助推物流基地及产品品牌化、特色化发展(如中通时效性品类下有"隔日达""三日达"等子品牌,顺丰旗下同城配送有"即刻送""同城急送"等子品牌)。

(4)布局物流基地智能化、无人化运营管理。引入物流基地智能化、无人化运营管理集成解决方案，让整个物流基地运作高度智能化。

表 4.1　综合性铁路物流基地划分标准

<table>
<tr><td colspan="2" rowspan="2">指标</td><td colspan="3">综合型铁路物流基地</td></tr>
<tr><td>一级</td><td>二级</td><td>三级</td></tr>
<tr><td rowspan="2">货运量规模</td><td>载体城市全社会货运总量</td><td>≥1.2 亿吨</td><td>≥5000 万吨</td><td rowspan="6">低于上述标准的其他物流基地，包括城市配送中心及既有铁路货场</td></tr>
<tr><td>物流基地远期到发量（不含散堆装）</td><td>≥500 万吨</td><td>≥200 万吨</td></tr>
<tr><td colspan="2">物流基地规模</td><td>≥2000 亩</td><td>≥1000 亩</td></tr>
<tr><td rowspan="3">城市性质</td><td>行政级别</td><td>位于直辖市、省会或计划单列市（含雄安新区）</td><td>处于区域交通枢纽、市场需求充足的地级市</td></tr>
<tr><td>上位规划</td><td>位于国家物流大通道规划中国家骨干联运枢纽城市或区域重点联运枢纽城市</td><td>位于国家物流大通道规划中区域重点联运枢纽或陆路沿边口岸枢纽</td></tr>
<tr><td>交通区位</td><td>铁路至少连接 3 个方向，高速公路至少 2 条</td><td>铁路至少连接 2 个方向，高速公路或国道至少 1 条</td></tr>
<tr><td colspan="2">功能定位</td><td>负责全国性铁路物流节点城市的货物集散与分拨任务，具备所有物流基本服务功能和较全面的物流增值服务功能</td><td>负责区域性铁路物流节点城市的货物集散任务，具备所有物流基本服务功能和多种物流增值服务功能</td><td>主要承担地区性铁路物流节点城市的货物集散任务，一般具备所有物流基本服务功能和少数物流增值服务功能</td></tr>
</table>

4.3　铁路物流中心建设

4.3.1　铁路物流中心的概念

国家标准《物流术语》将物流中心定义为："从事物流活动且具有完善信息网络的场所或组织。应基本符合下列要求：主要面向社会提供公共物流服务，物流功能健全，集聚辐射范围大；存储、吞吐能力强；对下游配送中的客户提供物流服务。"在更一般的意义上，可以将物流中心理解为枢纽或重要地位的、具有较完整物流环节，并能将物流集散、信息机制等功能实现一体化运作的物流据点。

铁路物流中心是物流中心的一种，它依托于铁路货运站，以货物运输为核心，同时经营货物的仓储、包装、流通加工、配送、信息服务及其他增值服务等活动。2016 年国铁集团实施《铁路物流中心设计规范》（Q/CR 9133—2016）。

现有铁路物流中心大都是在原有铁路货运站的基础上发展起来的，铁路货运站有多年从事运输及相关业务的经验，有着自己的货运网络，它们面向广泛的服务对象和相当数量的顾客群体，有的甚至与自己的顾客结成伙伴关系。但一般来说，铁路货运站只提供铁路运输和货物暂存服务，其作业内容相对单一，无法满足顾客的所有物流需求。铁路货运站发展成为铁路物流中心以后，由于物流功能增强、顾客范围拓宽、物流费用降低、减少了中间作业环节，降低了顾客的流通费用，方便了顾客，因此更有吸引力。

4.3.2 铁路物流中心的特征

1.铁路物流中心的特征

(1)在物流中心的功能、信息建设、物流设施设备的配置、顾客服务管理等方面，铁路物流中心与一般物流中心基本相同。但由于铁路物流中心具有依托大型铁路货运站的特色，决定了铁路物流中心与一般物流中心有很大区别。具体表现在：依托的运输方式不同。铁路物流中心依托铁路运输实现货物的中长途运输，同时利用多种运输方式，提供货物的“门到门”运输服务和配送服务；而多数一般物流中心依靠公路运输方式。

(2)核心业务不同。铁路物流中心一般都把运输作为其核心业务之一，同时开展其他物流业务；一般物流中心由于所处的经济环境不同，其核心功能也不尽相同，多数以仓储或配送业务为核心。

(3)配送时货物的所有权不同。通常，一般物流中心的货物归物流中心所有，配送货物时，物流中心在保证货物品质的基础上为顾客自行选择货物；铁路物流中心由于铁路承运的特性，货物的所有权归顾客，配送时要求原物配送，顾客不会同意货物的变更。

(4)选址时需要考虑的因素不同。铁路物流中心既要考虑城市发展和区域经济发展的需要，还要考虑铁路路网规划的要求，依托铁路货运站，选址的范围受到很大的限制；一般物流中心在选址时要考虑能否满足城市总体布局的要求，与物流中心的功能和服务范围半径有很大关系，选址有较大的灵活性。

(5)货物品类结构的不同。考虑到对物品的需求变得多样化，一般物流中心的货物品类呈现出多样性的特点：有的是多品种、小批量的特征，或是为某一企业或某一类顾客服务的，呈现出品种单一的特点。

(6)服务的顾客群体和配送服务的范围及方式不同，一般物流中心为供应商和分销商或者批发商之间的中间联结点，在供应中起到承上启下的作用。铁路物流中心具有承运的功能，既要满足公司、企业的服务要求，还要满足个人的托运服务要求，而一般物流中心的服务范围仅限于较小范围的行业或服务于某些特定的企业。铁路物流中心由于服务群体的多样和其运输的中长途优势，服务范围往往是全国各地，服务对象范围较广；在配送方式上，铁路物流中心除了运用汽车还可以利用铁路专线，实现大宗稳定货物的专业配送。

2.铁路物流中心区别于铁路货运站的特征

铁路物流中心是由铁路货运站发展而来，但与货运站不同。与铁路货运站相比，它具有以下特征：

(1)通过铁路物流中心能够提供多种物流服务。铁路货运站只提供运输服务和短期的货物储存，而铁路物流中心在提供对货物的运输和仓储服务的同时，还可以提供包装、流通加工、配送、信息、物流咨询等增值服务，其服务对象为有物流需求的全体顾客。

(2)铁路物流中心的服务设备机械化和自动化的程度较高、种类较多。铁路物流中心开展多种物流服务，每种服务都需要一定的物流设备和设施，这决定了物流设备和设施的多样化，同时为了提高物流中心的作业效率和物流服务水平，物流中心选用的设备设施要有较高的自动化水平。

(3)不同运输方式在铁路物流中心紧密结合。铁路物流中心能够实现对顾客的全过程物流服务。从顾客手中接受货物,经过短途的配送、长途运输,以多式联运的方式实现货物从发货人到收货人的转移。在不同运输方式相互衔接时,通过详细的计划和安排,实现不同运输方式的紧密结合。

(4)在铁路物流中心作业的货物品类范围更广。铁路物流中心能够充分发挥铁路运输的优势,保持着铁路货运站对大宗生产资料和生活资料的中长途运输拥有的强大优势;铁路物流中心还能够提供多种物流服务,如存储、包装、流通加工、配送等,这对于多品种、小批量的货物也具有吸引力。

(5)铁路物流中心的信息化程度较高。铁路货运站在信息作业管理方面能力较差,而铁路物流中心有着完善的物流信息系统。铁路物流中心内的每项作业、每项设备设施、每件货物、每个员工、每份顾客资料都是信息系统处理的对象,并通过信息网络传输数据,实现数据共享,顾客可以通过信息系统得到需要的资料,物流中心的管理人员可以通过信息系统管理作业、设备设施和人员。

(6)铁路物流中心的网络服务功能强。铁路货运站只进行到达作业、发送作业和少量的中转作业,作业内容与其他货运站之间是相互独立的。而铁路物流中心不是单一的个体,它有着分布在全国各地的服务网络,作业内容常常是与异地铁路物流中心相关联的物流作业中的一部分:顾客可以在一个铁路物流中心提出异地的物流服务要求,物流中心则通过服务网络的异地物流中心来满足顾客需求,使物流服务功能更强。

4.3.3　物流中心的基本类型

线路物流中心按不同特点可以划分为不同的类型。

(1)按照铁路物流中心的构建方式,可以分为一体化物流中心和分立型物流中心两种类型。一体化物流中心往往是由铁路货运站在原来的基础上改建成的,所有的物流作业都可以在一体化的物流中心内完成。而分立型的物流中心依托铁路货运站,可完成包括存储、运输、拆货等部分物流作业,还可进行订单处理、信息交换、配送作业和管理与服务工作。

(2)按照铁路物流中心的规模,可分为大型、中型和小型三种物流中心。年作业量在 100 万吨以上的为大型物流中心,年作业量在 30 万吨以下的为小型物流中心。大型的物流中心服务的对象较多,往往是整个地区,包括大型的企业、工厂或大型的商场超市等,物流作业量大,作业品类较多,所需的作业场地较大,设备和人员较多;小型的物流中心则相反。

(3)按铁路物流中心服务的地区范围,可分为广域型、区域型和城市型三种类型。广域型物流中心服务于全国,通过与国内的其他物流中心合作,实现跨区域顾客的物流服务;区域型物流中心主要服务于所在地区顾客,地域范围比广域型物流中心要小;城市型物流中心为某个城市市区内的顾客提供物流服务,地域范围更小。在铁路货运站发展成为铁路物流中心的过程中,应该结合货运站的实际情况,充分考虑货运站所处的地理位置、发展成为物流中心后的目标顾客类型、目标服务区域、提供的物流服务种类等各种因素,构建适宜的铁路物流中心。

4.3.4 铁路物流中心的功能

铁路物流中心由原有铁路货运站发展而来，所以其既要保留货运站在传统作业上的基本功能，又要开展相应的现代物流功能。

(1)装卸搬运。在铁路货运站传统的作业中，装卸作业是车站工作组织的重要内容，这牵涉装卸机械的选择。铁路物流中心同样应具有装卸搬运的功能。铁路物流中心应该配备专业化的装车、卸车、运送等装运机械，以提高装卸搬运作业效率，减少作业对商品造成的破坏。

(2)多式联运。铁路货运站是一个有大量物资集散作业的场所，多式联运可以扩展铁路物流中心的服务范围，弥补铁路运输的缺陷和不足。对于铁路物流中心来讲，最多的是铁路运输与公路运输的联运，其次是铁路与航空的联运，港口地区也有铁路与水路的联运。

(3)承运和交付。铁路物流中心要具有接收承运和交付各类货物的能力，不仅能接收整车货物到达，还要能接收和交付集装箱货物的能力，还要能接收其他如笨重、散件、超大件、异型货物的到达及出发，其交付和承运功能可以在集货和分货的过程中直接与货主完成。

(4)仓储。仓储在物流系统起着缓冲、调节和平衡的作用，是物流的一个中心环节。仓储的目的是克服产品生产与消费在时间上的差异，使物流产生时间上的效益。它的内容包括储存、管理、保养、维护等活动。铁路物流中心必须具备强大的储存功能，以充分发挥铁路运输的优势和物流配送的优势，为到站及转运货物提供良好的储存服务。铁路物流中心的仓储功能包括仓库储存、散装货物的堆放式储存和集装箱的堆放式储存等。

(5)配送。在铁路物流中心的作业流程中，配送有两个方面的内容：一是到达目的站，根据托运时的运单进行送货；二是需要运输的货物，根据货主的要求，开展上门取货服务。铁路物流中心通过物流配送功能，使铁路做到真正的“门到门”服务。在特殊的运输作业组织上，车站作业都由车站安排。利用铁路专用线开展物流配送，是铁路物流中心的特色和优势，是统一物流配送模式的扩展。因此，铁路物流中心有利用汽车和道路交通进行配送、利用铁路专用线进行配送和铁路专用线配送与汽车运送相结合的三种配送模式。

(6)信息。物流信息管理中心是物流中心的指挥调度中枢，是物流网络中的关键。整个物流系统运转的有序化和正常化，以及整个物流系统的效率和水平取决于物流中心管理职能实现的情况，尤其是信息管理的能力，铁路物流信息管理中心是铁路物流中心信息传递、收集、处理、发送的集中地，强大而有效的信息功能，也是铁路物流中心内各物流作业单元联结成一体化控制的基础。

江苏(苏州)国际铁路物流中心是江苏省响应“一带一路”倡议、构建开放型经济新格局的重要平台，旨在建设成为全球互联互通、多方互动共赢的开放型国际物流中心。该物流中心已被国家海关总署列入中欧班列铁路场站对外开放项目。苏州新城投资发展有限公司与哈萨克斯坦国家铁路公司签署合作备忘录，携手开展铁路集装箱班列运输合作，助力苏州打造国际铁路物流中心。根据签订的协议内容，将试运行苏州至霍尔果斯和华沙的中欧班列，给从苏州始发通过哈萨克斯坦境内向中亚、俄罗斯联邦和欧盟国家的班列争取更多政策支持，同时共同推动组织回程进口班列。全新的班列线路可以让行程从 15 天缩减至 10 天。

苏州西国际物流中心，按照“三区八块”，建设为国际联运、海铁联运、公铁联运的重要节点。口岸作业区：二类口岸海关、检验检疫、仓储。口岸综合服务区：紧邻口岸作业区，办公、商业、会展、物流服务等。码头仓储区:(弹性控制)依托新规划,码头布局仓储服务和相关配套服务。多式联运作业区:公路＋铁路＋水运。综合物流区:整合既有企业,形成产业集群。还有综合商贸区,市场集中区。如图 4.1 所示。

图 4.1　江苏(苏州)国际铁路物流中心总规划

江苏(苏州)国际铁路物流中心总规划面积 222 公顷。以国家铁路一级物流基地——铁路苏州西站为核心,重点建设占地 85.3 公顷的多式联运对外开放口岸,包括铁路国际箱区、口岸功能区、仓储物流区、综合配套服务区等,总投资约 10 亿美元。致力于发展成为水路、铁路、公路多式联运的重要节点和区域性货物快速通关的集散高地。其中,白洋湾口岸是江苏(苏州)国际铁路物流中心重要组成部分,是具备口岸作业功能的监管区域。

规划围网区域约 11 公顷,水域面积约 4.3 公顷。监管区域内新建千吨级港池 1 座,港池岸线 200 米,可同时停靠千吨级货船 4～6 艘。监管中心外围新建千吨级港池 1 座,改建既有 800 吨港池 2 座,实现区港联动、铁公水多式联运。根据《江苏省内河港口布局规划(2017—2035 年)》,白洋湾成为苏州内河港的一部分。苏州内河港包括市区、吴江、昆山、太仓、常熟和张家港港区,以能源、矿建材料、原材料、工业产品和内外贸物资运输为主,开展集装箱运输,逐步发展成为国家主要港口。重点发展白洋湾作业区、高新作业区和牌楼作业区,主要为周边及腹地提供物流服务。

4.4　标准化和智能化货场的创建

4.4.1　铁路货场管理现状

1. 系统建设分散,信息孤岛效应需要打破

目前铁路货场内各子信息系统建设较为完备,但是由于铁路系统内固有的分工原因,各系统内数据无法共享互通。例如,部分货运站内在用的系统有货运站管理系统、集装箱管理系统、货运制票系统、货运保价系统、电商系统、篷布管理系统、危险品管理系统、专用线管理系统、货调查询系统、货运安全信息系统、十八点统计系统、货报系统等大大小小十多个系统,还有视频会议、视频监控、地磅门禁以及海关监管区相关海关在用信息系统。每个信息

系统的信息流向各不相同，接收数据的各部门间横向没有数据交换，事实上形成了一个个数据孤岛。

这种情况增加了现场职工的工作量，他们每天要进行大量数据录入工作，很多系统内的数据是重复的或者可以由后台服务进行自动交换、采集和统计的，例如统计工作中的十八点和货报两个系统，集团公司反复要求提高统计工作质量，提出精密统计的要求，这两个系统内填报的数据大多来自货运站管理系统、集装箱管理信息和制票系统，这些系统如果能够完成互联互通完全可以做到数据的精密、及时、自动上报，既提高了数据精度又减少了职工的工作强度。

2.技术设备落后，作业设备不具备统一标准

铁路货场内作业设备种类繁多，除了常见的卡车、叉车、门吊等，近年来随着集装箱业务的开展，正面吊也逐步进入货场，散装货物还需要使用装载机，部分人力装卸的货物使用皮带机。货场内的装卸设备种类多、品牌杂，技术性能各不相同，而这些设备大多没有实现信息化，基本都是人工操作模式。这让管理人员很难实时、准确地掌握设备的运用和维护状态，给我们的管理带来了极大的难度。

在日常管理中对于机械设备的监控缺乏有效的手段，管理人员无法实时掌握设备的运行状态，大部分货场视频监控未建设，部分货场建设有视频监控，但由于设备处于动态运行中，也常常处于死角或监控区域外。近年来货运部、各个货运中心也开发了多个运用于装卸设备的科技项目，如叉车防跌落、FTR 锁起吊防勾连、装卸机械操作死角监控及预警等，但是同信息系统面临的问题一样甚至更为严重，除了系统不互通之外，由于各个不同厂家的设备硬件参数和设计的不同，系统不仅仅是数据互通有问题，安装方式也各不相同，难以形成标准化产品，最终产品成本高、维护困难，很难形成标准化批量装备推广。

3.人员素质难以支撑新的业务模式

人员老化是货运系统普遍存在的问题。由于历史原因，货运中心从车务站段独立前，车务站段内年轻职工大多安排在行车和客运等有夜班或调车等劳动强度大的岗位，货运人员多为身体、年龄等原因不能适应原岗位后调配到货运岗位的。以某货运中心为例，2021 年在岗职工平均年龄 48 岁，受年龄、学历、精力等方面的限制，对于新业务、新系统、新办法的接受能力有限。随着近年来铁路货运业务的发展，货票 3.0、票据电子化、中欧班列、电子支付、集装箱业务的大规模开展等，一大批新系统、新业务的推进给现场作业人员提出了更高的要求。在现场实际操作中，人员素质已经是新业务推进中一个比较明显的短板了。

4.货场作业组织模式落后

(1)货场内物流功能区信息化程度不高。一是在互联网技术飞速发展的形势下，铁路货运信息化从国铁集团至货运站各层面，多年来铁路内网通信技术发展较慢，难以和社会物流先进的信息技术相匹配；二是经过多年的历史演变，铁路货运自上而下实行条状管理，不同专业间的信息数据至今仍存在着内部堡垒，两个系统间看似实现了数据交换，但并未达到实时交换的水平，数据共享的效果大打折扣，有的信息系统由于跨专业，在系统设计时就因人为因素，导致物流全流程的相邻环节间没有实现数据流贯通。

(2)货场内物流链货物集装化程度不高。集装化是提高货物运到时限的基本要求，是提高货物交付完好率的必然要求，是货物仓储管理的必然要求。集装化运输对于通用性要求

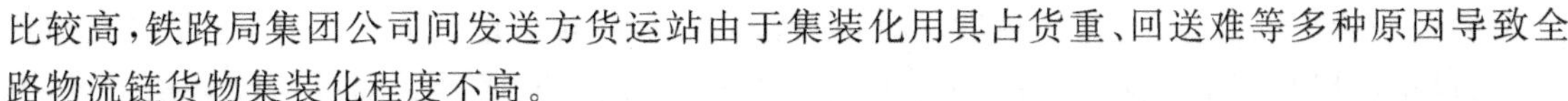

比较高,铁路局集团公司间发送方货运站由于集装化用具占货重、回送难等多种原因导致全路物流链货物集装化程度不高。

(3)货场内作业人员劳动生产率不高。由于货场物流功能区信息化程度不高、物流链货物集装化程度不高等,货场内作业环节岗位设置繁冗。如,目前设置了货运值班员、货运调度员、装卸值班员、外勤货运员、内勤货运员等岗位,若能大幅度提高信息化程度和集装化程度,则可大大提高劳动生产率。

4.4.2　货场智能化建设的对策

1. 规范系统建设,建立货运系统数据共享库

(1)建立统一的货运数据共享库,由货运部牵头确定货运生产、统计、管理各个流程中需要的数据,所有系统数据必须统一报文格式并录入货运数据共享库,对于库内已有数据可直接调用,这样各个系统就可以通过货运数据共享库取用所需要的数据,库中没有的数据再要求现场采集录入。

(2)建设云平台,开发货运信息系统集成平台,将所有应用服务器统一部署,整合算力和存储。将现有系统分批次地进行改版进入平台,最终实现职工入路分配账号,根据职名、岗位的不同分配使用系统权限,所有职工均需采用账号登录,技术条件成熟的情况下可采用生物识别手段登录平台,既方便职工使用又有利于信息安全的管理,做到一个账号用终身。

(3)通过对货运数据共享库的数据开展数据挖掘、分析,在安全管理、货运组织、市场营销等各个方面提供大数据分析报告,为管理和决策提供更科学高效的支撑。

2. 开发智能设备终端,实现设备管理数字化

对于设备管理中遇到问题可以这样解决,建设货场设备管理系统并接入货运信息系统集成平台,具有接入摄像头、传感器及控制电路等各种外设的能力并可以提供充足的网络、存储、运算能力,为现有系统接入和后续系统开发提供基础。

然后通过现有各种应用系统向货场设备管理系统的移植整合,逐渐摸索出设备使用中最合理的传感器、摄像头等组件的配置数量,形成设备信息化改造的初步标准。已有和后续开发的系统需要的数据直接调用现有传感器、摄像头数据,各系统可以共享硬件资源,这样大大降低了成本,提高了标准化程度,降低系统开发难度,加快设备信息化改造进度。最终将货场设备管理系统的数据接入货运数据共享库,实现货场设备管理的全数字化,补上货场内信息化缺口。

3. 构建人才培育平台,做好职工培训工作

目前无论多么智能的系统都无法脱离人的管理和维护。智能货场的建设一方面可以大大减轻劳动强度,减少现场用工数量,实现岗位的优化整合;另一方面也对开发和管理人员提出了更高的要求,对现场作业人员的素质要求也远高于之前。因此,在人才队伍的建设上要未雨绸缪,系统设计、开发、实施等阶段要选用优秀的大学生充实进团队,让他们尽早接触和学习新技能、新知识、新文化、新观念,促进他们的成长成熟,为智能货场建设积累人才。

另外,现场职工的培训也是重要一环,虽然智能货场实现后可以减轻劳动强度,但是由于数据的高度共享和高速传输,实际上对于现场工作的要求更高了。受限于年龄、文化程度等,必定有部分职工难以满足工作要求,这就要求培训工作不能仅仅在规章业务上开展,要

结合当地的各类院校资源，拓展培训科目，提高培训深度，转变培训方式，内容上紧跟当前形势，通过培训提高职工的文化程度和科学技术素养，形式上网络授课和现场教学相结合，鼓励职工利用业余时间参加多种形式的学历教育，努力提高职工队伍的整体素质。

4.4.3 标准化货场管理对策

铁路货场管理存在的上述问题反映出，公司两级有的部门并未真正转变观念，将工作理念转向经营核心，真正服务经营需要，从根本上创新体制机制，真正将铁路货运组织改革跨过深水区。

1. 创新货场设施设备管理新机制

(1)科学调研，明确铁路局集团公司经营主体的职责。明确国铁集团、铁路局集团公司两级在经营管理中的界限和业务范畴，职责匹配，尽可能减少职责交叉，科学设定铁路局集团公司的经营工作自主范围，特别是在设备设施投资、公司核算体系、常态经营管理(包括运输条件)、用工管理、综合性管理等方面要废止不必要的行政行为，从本质上实现铁路货运经营转型，把工作重心转移到经营上来。

(2)重新研判，准确定位货场基础管理新举措。转变粗放型管理理念，立足于经营主体地位，在铁路局集团公司管理自主权限内，着眼于实际需求，认真研判铁路货场标志标识、货区货立、卫生环境、货场治安、封闭管理、消防安全、视频监控、文明服务等基础管理方面的客观标准，量化指标，防止标准和实践能力脱节。

2. 创新货场作业组织模式

(1)强力推进铁路货场作业信息化水平，一是转变观念，广泛引进互联网技术，突破传统，不必要继续停留在既有的铁路内网信息中，从而满足供路货运经营快速发展对信息化的需求；二是应强化顶层设计，消除不同专业信息系统间的壁垒，真正做到实时共享数据。整合所有信息系统，消除信息系统的结合部，以电子货票为核心，不断延伸，将其他货运信息系统进行整合。

(2)强力推进货场物流链货物集装化程度。一是可从运输条件抓起，利用发站与到站之间运输收入清算机制或将清算主动权交由发站，以集装化作为到站运输收入分成比例的重要因素，激励发站的主动性；二是建立集装化用具的统调制度，确保集装化用具的通用性和流通性；三是集装化运输是机械化作业的前提，是铁路货运自身发展的需要，将集装化运输带来的各项成本以及对货物计重的影响纳入物流项目，全成本核算政策到位的前提下，铁路局集团公司应结合实际，不断优化业务流程，改进作业方式，加强设备设施配套，推进集装化发展。

(3)强力提升货场内作业人员劳动生产率。一是在货场作业信息化程度和集装化程度不断提升的前提下，应按照货场内作业岗位的需求，及时优化岗位设置。同时，应逐步优化公司两级核算体系，体现多劳多得，激发铁路局集团公司超额完成利润的积极性。

3. 推进标准化货场建设

高品质建设、高标准管理、高质量运营标准化货场，是铁路货运适应区域经济发展，融入现代物流的必然趋势和战略选择，也是铁路局集团公司货运自身发展、争当先行的必然选择。通过管理标准、设备标准、环境标准、作业标准创建工作，实现安全稳定、管理创新、技术

先进、环境优美、队伍精干、服务优质、文化先进、融合发展的标准化货场创建目标。

(1)创建良好的货场环境。在标准化建设中,坚持外美与内实相结合,生产环境按照"六统一"的标准实施,即:统一设施布局、统一货物堆码、统一车辆停放、统一人员着装、统一杂物摆放、统一生活设施。

(2)狠抓现场按标作业。一是全面立标。动态修订完善货运岗位作业指导书,确保管用实用好用。二是组织学标。开发作业指导书的图文版、视频版、手机版,让职工易学爱用。三是严格落标。通过加强检查监督、完善现场视频监控系统、深化大数据分析等手段,督促职工执标达标,严格违章违纪考核。

(3)夯实基层基础管理。抓标准化建设注重从管理源头入手,全面梳理完善制度机制,促进提升"抓落实"的水平。结合货场生产作业特点,科学务实构建安全保障体系和双重预防机制,建立量化检查、跟班写实、安全包保、履职督查等配套机制,做到"管理有标准、过程有记录、履职有考核",促进各级干部逐级抓落实,夯实货运基础基层管理。

(4)优化货运生产组织。针对货场生产任务繁重、作业结合部多的情况,以货场标准化建设为抓手,加强内外部协调联动,促进各环节紧密衔接。对内,确立装卸组织、货运组织、运输组织三者递进联动关系。对外,吸引铁路专业公司以及社会物流企业进场设点经营,在多式联运、接取送达、物流总包、货源揽收等方面,发挥各自优势,密切作业衔接,共同服务客户、拓展市场,实现融合发展。

标准化货场建设如图 4.2 所示。

以金华南货场标准化创建加以说明。金华南是投入使用的新建货场,为尽快提升该货场在浙江中西部区域物流市场的辐射力,中心从基础硬件配套补强入手,围绕"环境优美、安全可控、生产有序、队伍精良、管理规范、机制有效、文化先进"等七项内容,强力推进货场管理规范化,用制度、机制管人管事,促进基础管理常态化。

(1)规范货物堆码。普及场内货物托盘化作业,场地和仓库内集装箱堆码和货物的堆码,严格按照"一条线""一个面"的规范作业要求,做到整齐、美观、稳固。

(2)明确货运组织流程,落实责任人和上下道工序间的工作要求,并将由谁布置,布置什么内容,谁汇报,汇报什么内容,以及做不到怎么考核等事项进行明确和上墙公示。同时,遵循作业组织原则,即:装卸组织必须服从并服务于货运组织,货运组织必须无条件服从于运输组织,在条件许可并预先沟通的前提下,货运组织争取调度、车务部门的最大支持。并同车务段、关联单位、大客户在新安江南、金华南等较大作业量的货场成立联动办和合署办,并建立定期联劳协作机制,做好前店后厂的衔接,实现运输效率最大化。

(3)创造条件提高装卸机械化、集装化比例。在参与金华南货场建设过程中,金华货运中心根据实际需求,对金华南 1 号门吊实施集装箱专业吊架改造,购置了统一的托盘投入使用,为运营后提高作业效率提前布局。在设备设施上加大了资金投入后,装卸车 90%实现机械化作业,不仅提高仓库库容量,装卸作业质量和作业效率也大幅提升。同时,运输组织顺畅,作业有序高效,也大大降低了安全隐患发生的概率。

(4)建好和管好物流基地。加大路地合作力度,在建设模式、土地处置、资金运用等方面有所创新和突破。完善物流基地的管理办法,从人员配备、设备管理、规章制度、市场开发等方面完善管理制度。加强货场利用率分析,对业务量较小的货运站,实行关停并转,优化资源配置,促进集约化经营,节约成本支出。

图 4.2 标准化货场建设相关图片

(5)动态监控货运站待卸车。发现超过预警值时,由值班调度启动预警处置方案,及时在“金货营销”微信平台上布置卸车要求,将金华东站待发到该站的重车和已进入局界口的重车流,分品类进行预告,并同时布置货运站协调车站解决动力,布置装卸企业安排劳力,通知收货人加派出货汽车和加快出货速度。在本站卸车劳力安排困难时,值班调度适时发布调令,调派中心管内阶段性劳力相对富裕的货运站劳力、机械等跨站助勤,确保及时卸车。

(6)营销组织。实行“保底+提奖”激励模式,同时对开展营销所需要的业务招待费、交通费给予倾斜,极大调动了营销人员的积极性。还有在营销调度联动上,货运中心将调度科和营销科都划为中心内部的“前店”,在工效挂钩分配上将调度科与营销科捆绑在一起。营销科对接市场、对接客户,在铁路运输政策范围内,把适合铁路运输的货源揽进来,后续的仓库安排、送空、去向、挂车、运输组织方案的落地,全由调度科牵头负责,大幅提高了装运方案的兑现率,减少了运输生产组织盲目性,更加贴近市场和客户。金华货运中心通过与知名企业农夫山泉公司多次洽谈,将千岛湖发金华地区的公路运输项目,成功“公转铁”,赢得每年10万吨金华地区产品的运输份额。并进政府营销,取得地方政府的支持。如:在红狮水泥在铁路运输政策范围内还不能实现“公转铁”的情况下，多次与建德市政府沟通，争取每年500万元的财政补贴，项目顺利启动。

卷钢堆码托盘堆码成件、货物标准堆码集装箱堆码分别如图4.3和4.4所示。

图 4.3　卷钢堆码托盘堆码

图 4.4　成件货物标准堆码集装箱堆码

4.5　案例分析：基于“集对—熵权”分析的铁路枢纽物流中心站选址方案

铁路货运站是办理货运业务的车站，是与城市商贸物流衔接的重要渠道和物流节点。铁路枢纽货运站在物流网络上合理的布局分工对枢纽内提高铁路运输效率和货物运输服务水平有着直接影响。其中，铁路枢纽物流中心站是组织枢纽内各种物流运转、完成物流功能、提供物流服务重要场所的重要节点，是枢纽物流系统的基础和核心，能为铁路货运物流化创造更有利的发展环境，为物流作业化的连续有序以及物资流动顺畅化提供保障，是推动地区经济质量升级的重要渠道。因此，铁路枢纽物流中心站选址就显得至关重要。

合肥是安徽省的政治、经济和交通中心。随着城市经济发展，货物运输需求日益增加。合肥铁路枢纽南货运站现位于合肥市中心区，与胜利路平面交叉，导致城市建成区被严重切割，造成周边环境的污染，与合肥市在合肥南站建设市级商贸中心和“绿色之城”的城市发展规划相矛盾，货运站的位置变得不再合理。货场需要外迁至远离市区的地方，组建新型物流中心，能减少对城市交通的干扰，减轻环境压力，消除安全隐患，适应城市规划和经济发展的要求，实现“货畅其流”。近年来，合肥市的公路、航空、水运、邮政快运等迅速崛起，加速了经济及城市建设的步伐，经济结构不断优化调整。多层次、高密度的境内外招商引资，使投资逐年增大，合肥的生产总值年均以两位数增长，具有明显的广阔市场前景和突出的经济发展战略地位。相应地，合肥铁路枢纽将成为华东重要铁路交通枢纽，在中部率先崛起。

硬件环境上存在的问题：布局过于分散，规模小，设备陈旧老化，现代化和信息化技术程度低，导致仓库、装卸机械、运送设备、信息交换等设备远不能适应当前货物储存、流通、配送的需要；货运作业经常出现严重堵车，对城市的环境造成不利的影响，延缓合肥城市经济和规划发展，而且合肥南站地处市区没有扩展的余地。

软件环境上存在的问题：营销机制不适应市场经济发展的需要；运输速度不适应“快捷”的需要；在办理手续上不适应“简便”的需要；价格不适应“灵活”的需要；在与地方物流通道的衔接上不适应畅通的需要；在物流化专业人才的培养和供应链管理的意识上不适应铁路“和谐发展”的需要。合肥铁路货运枢纽物流中心设计方案如图 4.5 所示。

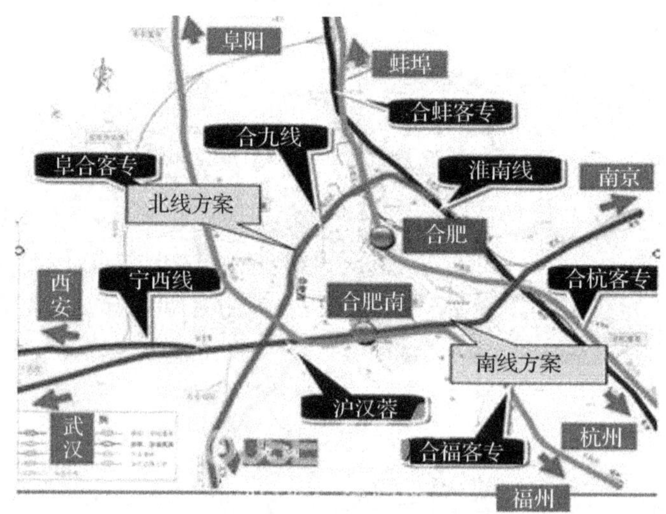

图 4.5　合肥铁路货运枢纽物流中心设计方案

采用“集对—熵权”分析方法进行定量分析过程如下。

4.5.1　集对理论

集对分析(Set Pair Analysis,SPA)是我国学者赵克勤 1989 年提出的一种新系统分析理论。其核心思想是把确定、不确定视作一个系统，二者相互联系、相互影响、相互制约，并在一定条件下相互转化。该方法利用联系度的同、异、反分析刻画两个事物之间不同类型的内在联系，对模糊、随机、中介和信息不全所致的不确定性实现了统一处理。所谓集对就是具有一定联系的两个集合所组成的对子。

利用联系度表达式会更加全面地反映系统的确定和不确定、统一和对立等性质，且思路简明，方法简便，易于操作。在一定问题的背景下，对集对中两集合的特性做同异反分析，用式子表示为：

$$\mu=a+b_i+c_j \tag{1}$$

式中，μ 为两个集合的联系度，严格地说是问题背景和分析过程中的一个函数；i 为差异度标记；j 为对立度标记。但在运算时，i 和 j 又同时作为系数参加运算。规定 j 恒取值-1，而 i 在$[-1,1]$区间视不同情况取值。

显然，a、b、c 三个数满足归一化条件，即有关系式

$$a+b+c=1 \tag{2}$$

假设铁路枢纽物流中心站方案比较在量上不考虑差异度，可利用集对理论中突出统一、对立关系的联系度表达式，将被评价对象与理想方案构成一个集对，进行集对分析。

即 $a+b+c=1$，存在，$b=0$，有：

$$c=1-a \tag{3}$$

4.5.2 熵权系数

权重向量表示的是各影响因素在决策过程中所占的重要性程度，权重确定方法通常有主观和客观两种。为减少决策中的主观因素，本文采取客观权重法中的熵权系数法来确定指标的权重向量，该模型同样具有计算过程简单、使用起来方便等特点。

在信息论中，熵是系统无序程度的度量，它还可以度量数据所提供的信息量，其过程如下：

第 j 个优化目标的熵为

$$H_j=-\frac{1}{\ln n}\sum_{i=1}^{n}k_{ij}\ln k_{ij},\quad j=1,2,\cdots,m \tag{4}$$

式中

$$k_{ij}=\frac{d_{ij}}{\sum\limits_{i=1}^{n}d_{ij}},\quad i=1,2,\cdots,n;j=1,2,\cdots,m \tag{5}$$

式中，d_{ij} 为评价的指标属性值，且当 $d_{ij}=0$ 时，令 $k_{ij}=0$，则第 j 个优化目标的权重

$$w_j-\frac{1-H_j}{m-\sum\limits_{j=1}^{m}H_{ij}},\quad j=1,2,\cdots,m \tag{6}$$

则目标函数的权重向量

$$W=\{w_1,w_2,\cdots,w_j\},\quad j=1,2,\cdots,m \tag{7}$$

在多目标决策中，对各个方案关于某一指标的分值而言，可将属性值进行归一化后再进行熵值计算作为该指标的客观权重。

4.5.3 “集对—熵权”评价方法

设有 $M_1,M_2,\cdots,M_n$，共有 n 个待选对象组成被评价对象集，每个对象 $C_1,C_2,\cdots,C_m$，共 m 个评价指标，每个评价指标均有一个评价值 $f_{ij}(i=1,2,\cdots,n,j=1,2,\cdots,m)$。

构造多目标评价矩阵 A 为：

$$A=\begin{bmatrix}f_{11} & f_{12} & \cdots & f_{1m}\\ f_{21} & f_{22} & \cdots & f_{2m}\\ \vdots & \vdots & \vdots & \vdots\\ f_{n1} & f_{n2} & \cdots & f_{nm}\end{bmatrix} \tag{8}$$

设理想方案为

$$A_0=(f_{01},f_{02},\cdots,f_{0i},\cdots,f_{0m}) \tag{9}$$

其中 f_{0i} 为理想方案中的第 i 个指标的理想值。

比较评价矩阵的各项指标值与理想方案中对应的指标值，构成被评价对象与理想方案的同一度 d_{ij}，有

当 $f_{ij}<f_{0j}$（效益型）时，$d_{ij}=\dfrac{f_{ij}}{f_{0j}}$；

当 $f_{ij}>f_{0j}$（成本型）时，$d_{ij}=\dfrac{f_{0j}}{f_{ij}}$ (10)

构造被评价对象与理想方案之间不带权的联系度矩阵 U：

$$U=\begin{bmatrix} d_{11} & d_{12} & \cdots & d_{1m} \\ d_{21} & d_{22} & \cdots & d_{2m} \\ \vdots & \vdots & \vdots & \vdots \\ d_{n1} & d_{n2} & \cdots & d_{nm} \end{bmatrix} \tag{11}$$

根据式 11，按照式(4)至式(7)计算各属性的权重，确定各评价对象 A 与理想方案 A_0 带权重的联系矩阵 R：

$$R=U\times W=(u_1,u_2,\cdots,u_n) \tag{12}$$

$$u_i=\sum_{j=1}^{m}w_j d_{ij},\quad i=1,2,\cdots,n,j=1,2,\cdots,m \tag{13}$$

根据 u_i 值的大小，可以确定被评价对象的优劣次序。其中，u_i 越大，说明被评价对象越接近理想方案，评价对象就越好。联系度最大的评价对象，即为最优的方案。

4.5.4 影响因素分析

铁路枢纽物流中心站选址首先是基于物流化的货运站，建设工程是一项复杂的系统工程，而且投资大、回报周期长，周密的规划更重要，选址决策的影响因素主要包括以下几个方面。

(1)地理位置条件。物流中心站规划应根据工业区、居民区的分布状况，城市功能定位和远景规划，科学地确定服务半径，应位于或接近货物集散处，要靠近市区边缘，这样能够便利开展枢纽间货运站及货运代理机构之间的运输合作，与城市物流中心（配送中心）很好地衔接、沟通、协调，分工协作，并通过开展配送，大大提高流通中的专业化、集约化经营程度，加快集仓储、装卸、包装、运送及信息交流为一体的物流链式作业化过程，减少流通中的交易次数，稳定铁路货源，降低物流成本，提高流通服务水平和利润，为进一步向物流技术服务现代化、综合化转化打下基础，给铁路运输赢得更多的市场和竞争力。

(2)交通运输条件。在枢纽内各衔接方向要有方便的联系通道，考虑与市内短途搬运工具的合理衔接，尽量避免铁路与城市主要干道的平面交叉，满足地方及长途运输的需要，以使货流有效地集合在一起，使主要货场位于网际的交通结点、仓储运输基地，以产生规模效益，提高设施利用率，达到物流配送目标。考察该项指标可从铁路车流顺畅程度和交通条件两个方面进行。

(3)环境保护条件。环境规章是指对空气、水、土地等使用和噪音等污染进行控制的有关地方、区域和国家性规章。例如，选址距离居民区要远，并且常年风向要背离居民区。

(4)建场条件。选址时要按照“综合规划，分期发展”的原则进行总体规划，考虑到城市的发展规模、货运量的增长、物流发展的需要，要保证未来增建物流中心站时，有足够改建或扩建的余地，避免造成大量废弃工程，节省资源和成本。同时要求该地区地形空旷，土地价值相对较低，而且拆迁量少。综上所述，影响选址的主要因素如表 4.2 所示。

表 4.2　铁路枢纽物流中心站选址影响因素

影响因素	制约因素	适宜场地	较适宜场地	勉强适宜场地	不适宜场地
地理位置条件	距离城市远近	较近	近	较远	很远
交通运输条件	铁路车流通畅程度	很通畅	较通畅	中等	不通畅
	交通条件	便利	较便利	中等	不便利
环境保护条件	离居民区距离	很远	较远	中等	较近
	常年风向	背离居民区	多背离居民区	随机	多朝向居民区
建场条件	地形平坦程度	平坦	比较平坦	略有起伏	起伏较大
	开阔程度	很开阔	比较开阔	不开阔	很不开阔
	拆迁量	小	较小	较大	很大

4.5.5　实例分析

合肥铁路枢纽办理货运业务的车站有合肥南站、合肥北站、合肥西、桃花店、钟油坊、撮镇、双墩集站，合肥东站为编组站。其中，合肥南站为 20 世纪 50 年代的货场，是合肥铁路枢纽唯一的综合性货运站，其余的都是辅助型的小规模货运站。货运站受传统计划经济和运作方式的影响，仍保持着“大而全”“小而全”的经营方式。问题是要在 6 个站中择优选出物流中心站，其选址步骤如下。

(1)专家打分。邀请八位专家根据表 4.2 的影响因素，按每项在[0,1]间打分，其均值如表 4.3 所示。

表 4.3　合肥枢纽货运站制约因素专家打分汇总

制约因素	合肥北	桃花店	钟油坊	合肥西	撮镇	双墩集
离城市距离	0.7	0.7	0.5	0.7	0.5	0.5
铁路车流通畅程度	0.7	0.9	0.9	0.3	0.9	0.9
交通条件	0.9	0.5	0.9	0.7	0.5	0.5
离居民区距离	0.7	0.7	0.9	0.7	0.5	0.5
常年风向	0.9	0.9	0.7	0.7	0.5	0.5
地形平坦程度	0.7	0.3	0.7	0.5	0.5	0.5
开阔程度	0.9	0.7	0.7	0.3	0.5	0.5
拆迁量	0.9	0.7	0.7	0.5	0.5	0.3

其中，离城市距离和拆迁量因素为成本型，其余因素为效益型。

(2)属性数据标准化。根据式(10)，计算可得表 4.4。

表 4.4 合肥枢纽货运站制约因素数据标准化

制约因素	合肥北	桃花店	钟油坊	合肥西	撮镇	双墩集
离城市距离	1.000	0.600	0.600	0.600	0.429	0.429
铁路车流通畅程度	0.778	1.000	1.000	0.333	1.000	1.000
交通条件	1.000	0.556	1.000	0.778	0.556	0.556
离居民区距离	0.778	0.778	1.000	0.778	0.556	0.556
常年风向	1.000	1.000	0.778	0.778	0.556	0.556
地形平坦程度	1.000	0.429	1.000	0.714	0.714	0.714
开阔程度	1.000	0.778	0.778	0.333	0.556	0.556
拆迁量	1.000	0.600	0.600	0.600	0.429	0.429

(3)熵权计算。根据式(6),计算各影响因素权重如下:

$W=\{0.144,\ 0.161,\ 0.114,\ 0.068,\ 0.088,\ 0.111,\ 0.169,\ 0.144\}$

(4)联系度计算。

$R=W\times U=(0.226,0.167,0.191,0.135,0.139,0.139)$

通过以上对合肥铁路枢纽办理货运业务的车站选址从多角度、全方位分析,合肥南站全部从市中心搬出,物流中心选址定位在合肥北站。进一步分析其优势包括以下几个方面。

(1)交通便利。合肥北物流中心站基地位于大房郢水库及淮南线、板桥河之间,靠近城市主干道阜阳北路,离二环路不到 2 千米。距张洼路约 2.9 千米,而且合肥地铁一号线通过张洼路,具有良好的地方交通条件,有利于货流集散,便于实现公铁联运。此外,合肥北物流中心站离合肥东编组站较近,可建立良好的物流网络,修建一条合肥东(上行场、到达场)—新店线路所—合肥北物流基地的联络线,合肥东编组站可以为合肥北物流基地货场所发送的货物提供提前配车和准时发送服务,对于合肥东站发现需整理的货物,合肥北物流基地货场亦可以提供及时的倒装服务。两者相互配合,资源互补,优势明显。

(2)有利于提高市场竞争力。合肥北物流中心站位于合肥市的庐阳工业园区。根据合肥市物流发展总体规划,该区域包括 1 个基地(现代物流园区)、3 个中心(高新区、经济技术开发区和市区)和 1 个平台(合肥市互联网物流信息平台),将有力依托合肥市地方人民政府建立现代化物流园区的规划,利用合肥市互联网物流信息平台,凭借铁路运输的优势和现代化物流设备,有利于形成铁路物流基地的规模效应,集散货物的货车进出物流中心时不需穿越市区,物流作业便捷,有助于降低物流成本。

(3)符合运输安全和环境保护的要求。该地区处于合肥城市下风方向,有利于降低环境污染,场地远景发展条件好,地方物流基础设施功能齐全,符合运输安全和环境保护的要求。

(4)具有可持续发展空间条件。合肥北物流基地货场能满足 1070 万吨/年的需求,其中货场到达 400 万吨/年(含集装箱 126 万吨/年)、发送 200 万吨/年(含集装箱 93 万吨/年),专用线达到 440 万吨/年、发送 30 万吨/年。并预留一定量的远期发展条件。另外,合肥南站拆除后,钟油坊站可设为物流中心辅助站,该站位于合肥市东部工业组团中。可对其余货运站进行分工,合理利用运输能力,向集中化发展。对一些利用率低的货场、专用线、货物线和仓库等货运设备,根据不同情况,实行关、停、并、转,如利用闲置设施开办市场,对外租赁。

目前,合肥市已被国家发改委列为中欧班列内陆主要货源地节点城市和主要铁路枢纽城市，但合肥北物流中心建设与迅速发展的社会物流需求相比，还存在以下问题：与区域产业布局不协调；设备设施较为落后；信息化程度较低；服务质量有待提高；等等。为使合肥物流基地与生产制造企业、工业园区等货源聚集地形成有机整体，缩小短驳距离，降低物流成本，按照“需求引导设计”和“货场围着货源建”的原则，在合肥经济开发区新建铁路物流基地，弥补合肥铁路物流功能的不足，新建物流基地应考虑利用既有铁路站场或铁路专用线。如竹溪站接轨的公司专用线的既有线路资源作为货物装卸线，协调地方政府利用专用线一侧空地建设仓库及货场，联合投资新建货场作为合肥北站物流中心的重要补充，也是铁路进入工业园区的大胆尝试，有效破解“最初一公里”难题，短驳距离由 40 千米减少至不足 5 千米，距离海尔工业园、美菱股份公司等多家工业园不足 5 千米，离江淮汽车厂不足 3 千米，可优化区域物流产业布局，改善投资环境，增强铁路物流竞争力。

2021 年 12 月 8 日，满载着安徽本土制造白色家电的中欧班列从中国铁路上海局集团有限公司合肥货运中心合肥北站物流基地出发，经二连浩特口岸一路向北，驶往俄罗斯沃尔西诺。此趟中欧班列是为美菱电器量身打造的定制班列，全列装载着美菱制造的冷藏冷冻组合机、家用型冷藏箱、压缩式家用冷藏箱、压缩机，共计 100 标准箱。此趟班列的发运标志着合肥中欧班列自开行以来累计发送突破 2000 列。如图 4.6 所示。合肥中欧班列开行前期，运输货物品类主要是服装、工艺制品等轻工业产品，而如今搭乘中欧班列的货物大多数为太阳能光伏、传感器、机器人等高科技的“安徽产”“合肥造”。此外，合肥本地造的冰箱、洗衣机等白色家电，以及江淮汽车、安凯新能源客车也成为“新丝绸之路”上的“常客”。2020 年以来，装载着口罩、防护服以及其他出口物资的中欧班列，从合肥北站发出，驶往捷克、芬兰等中欧班列沿线国家，为畅通全球产业链、满足沿线国家民众消费需求及搭建中欧携手抗疫“生命通道”发挥了重要作用。铁路合肥货运中心对接本土企业，以发运时间灵活、运输高效的定制班列为特色，优化装车计划和装载方案，提供“一对一”“一站式”“一条龙”定制服务，为江淮汽车、奇瑞汽车、美菱电器等企业提供定制班列。2021 年 8 月 28 日 11 时，82 标准箱黄山茶叶搭乘中欧班列运往乌兹别克斯坦首都塔什干，标志着合肥中欧班列携手黄山市，助力黄山茶叶走向世界舞台。合肥中欧班列辐射范围不断扩大，在服务地方企业发展、促进国际合作等方面发挥着越来越重要的作用。

图 4.6　合肥北站发出第 2000 列中欧班列

第5章　多式联运及其发展

随着市场经济的不断发展，运输市场上供求关系发生了巨大变化，各种运输方式都展开了激烈的竞争，铁路现有的货运体制已不适应市场竞争的要求，急需寻找和开拓一种新的运输模式，多式联运是适应这个时段的首选方式。

5.1　多式联运的概念

多式联运作为一种货物运输组织方式存在已久。早在第二次世界大战前后，西方国家在经济生产组织中就出现多式联运的构思，主要是通过铁路运输与公路运输的合作分工和紧密协作提升运输效率。20 世纪 50 年代，集装箱的发明与广泛使用对多式联运起到极大促进作用，多式联运在运作过程中才真正形成紧密衔接一体化的运输模式，同时也降低了运输交易和社会物流运作成本。多式联运是由两种及以上的交通工具相互衔接、转运而共同完成的运输过程，统称为复合运输，我国习惯上称之为多式联运。当前，全球多式联运重心正向中国转移，我国多式联运将迎来快速发展的“黄金十年”。多式联运概念如图 5.1 所示。

概念　联运经营者受托运人、收货人或旅客的委托，为委托人实现两种以上运输方式（含两种）或两程以上（含两程）运输的衔接，以及提供相关运输物流辅助服务的活动。——《物流术语》(GB/T 18354-2021)、《货物多式联运术语》(JT/T 1092-2016)
核心理念是基于标准化运载单元的快速转运，在转运过程中不对货物进行处理。

本质　多式联运的本质是物流资源的整合，是平台经济与共享经济的形式体现，是高阶形态的运输组织方式。宜水则水、宜陆则陆，着力发挥多式联运的组合效率。

要素　主体、运载单元、场站、运输方式。
站场与设施建设、转运设备与技术应用、专业化解决方案制定、运营模式建设与优化、信息系统建设与应用。

图 5.1　多式联运概念

由于多式联运具有这样的优势，我国很早就开展多式联运业务。但是由于我国对于不同运输方式条块分割的管理模式，加上当时经济生产活动的特点，多式联运并未得到广泛发展。近些年，随着我国社会及经济发展的变化，多式联运日益受到重视，其发展迎来了一个重要的机遇期。我国货物运输市场正面临着历史性变局，发展多式联运是经济结构转型升级的必然要求。绿色环保的推动、扶持政策的出台、技术装备的创新，使多式联运迎来难得的发展机遇期。

《联合国国际货物多式联运公约》对国际多式联运所下的定义是：按照多式联运合同，以至少两种不同的运输方式，由多式联运经营人把货物从一国境内接运货物的地点运至另一国境内指定交付货物的地点的货物运输。从国际多式联运发展的经验看，各国政府自上而下建立多式联运系统，促进多式联运发展，都是与四大发展导向密不可分的：促进内陆经济更好地融入国际供应链，提供国际贸易便利的环境；建立新兴的物流通道，铺设新的经济走廊；调整运输结构，减少公路运输量，降低能源消耗和碳排放；提高运输效率，促进各种运输方式协同发展。当今，国际多式联运与生产领域的关系日益紧密，国际联运网络成为核心资源，班轮公司业务不断向陆地渗透。在这种形势下，为更好地促进我国多式联运的发展，必须培育大型国际多式联运经营人，构建国际联运网络；理顺管理体制，消除发展的制度性障碍；以海铁联运为突破口，推进海陆联运网络发展；加快先进信息技术在国际多式联运业务中的应用。

多式联运还是符合国际潮流和我国经济、产业转型要求的先进的生产组织方式，是高效、多模式、先进的服务模式。把多式联运跟相关行业、要素、场景串在一起提供的是高质量服务，是绿色物流、智能平台和开放生态，有可能推动所有的运输方式物理性、技术性、信息化的互联，推动物流与产业在空间结构、组织模式、产业形态等方面的协同与融合发展。

多式联运作为一种高级的运输组织形式，可整合各种运输方式的优势，通过无缝衔接提高运输效率与质量，达到简化货运环节、加速货运周转、减少货损货差、降低运输成本、实现合理运输的目的。多式联运符合个性化需求对商品运输的要求，在全球化竞争环境中发挥着重要的作用，是我国铁路目前发展的主要方向。多式联运与传统的单一运输方式相比，具有无可比拟的优越性，主要表现在：

(1)多式联运的方法简化托运、结算及理赔手续，可节省人力、物力和有关费用。在托运的过程中，不论经过了多少次交通工具的转化，托运人只需办理一次托运手续、签订一份运输合同、支付一次费用、办理一次保险，从而省去托运人办理托运手续的许多不便。

(2)多式联运能够缩短货物运输时间，减少库存，降低货损货差事故，提高货运质量。因为在多式联运的运作方法的帮助下，各个运输环节、各个运输工具在衔接上都能做到密切配合和衔接紧凑，这样就能够使托运人托运的货物更早地到达目的地，减少了货物在运输途中的滞留问题和中转问题。从根本上保证了货物安全、迅速、准确、及时地运抵目的地，因而也相应地降低了货物的库存量和库存成本。

(3)多式联运也同样可以降低运输成本，节省各种支出。且对货主来说，在货物交由第一承运人以后即可以取得货运单据，并据以结汇，从而提前了结汇时间，这样就能够加速货物占用资金的周转，而且可以减少利息的支出。

(4)提高运输管理水平，实现运输合理化。对于区段运输而言，各种运输方式的经营人都是“各自为政、自成体系”，经营范围受到限制，货运量也有限，而在多式联运的模式下，由不同的经营人共同参与多式联运，经营的范围可以大大扩展，同时可以发挥其现有设备的作用，选择最佳运输线路进行合理化运输。

(5)多式联运可以提高运输的组织水平，改善不同运输方式间的衔接工作，实现各种运输方式的连续运输，可以把货物从发货公司的工厂或仓库运到收货人在内地的仓库或工厂，做到了门到门的运输，使合理运输成为现实。我国地域辽阔，更具有发展国际多式联运的潜力。随着我国陆路运输条件的改善、标准的统一、体制机制的健全，我国国际多式联运必将蓬勃地发展起来。

5.2 多式联运的主要形式

可将市场上五种不同运输模式陆运、海运、空运、铁运、管道运输做两两结合，可以得到十种多式联运方式。目前，市场中常见的为海陆联运、陆空联运、公铁联运、海铁联运、陆运＋管道、海运＋管道六种运输模式。其中，主流的方式为公铁联运、公水联运，其余四种运输方式由于特点相冲或是无法达成，所以市场并未推行。十种多式联运方式如图 5.2 所示。

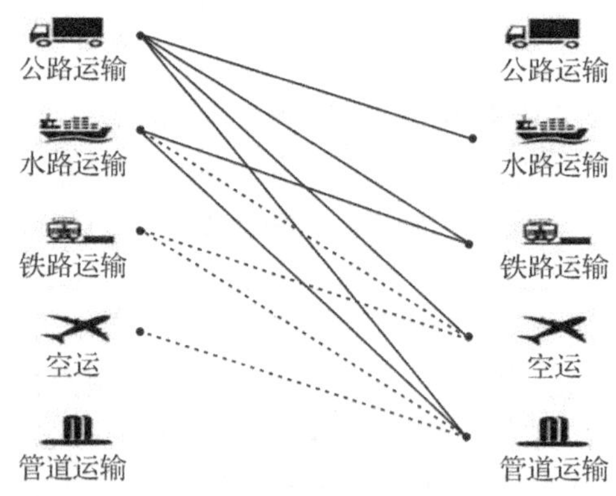

图 5.2 十种多式联运方式

现在常用的运输方式有：铁路、公路、水路、航空、管道运输。多式联运将其中的两种或两种以上组合起来，综合利用它们的优点，主要有以下运输组合方式。

5.2.1 联合运输

联合运输是组织两种以上的运输方式或两种以上的衔接运输，由铁路与其他运输工具或我国铁路与国外铁路共同参加，以一份运输单据完成货物的全程服务。联合运输的经营人不仅要考虑各种运输方式的特点和优势，合理地选择各区段的运输方式，还要考虑各种运输方式组成的运输线路的整体功能效果和各种方式优势的充分发挥。只有综合利用各种运输方式的技术经济特征，才能提供优质高效的服务。

与传统运输相比较，联合运输有着显著的特点，即联合运输是由联运经营人完成或组织完成的全程运输。全程运输中包含几个运输区段，包含几种运输方式，有多少运输环节，联运经营人都要对全程运输负责，完成货物所有的运输与相关的服务业务；联运实行一次托运、一张单证、一次保险、一次费用结算、一票到底的方式，手续大大简化，同时可以提前结

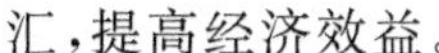

汇，提高经济效益。

联合运输作为物流中的重要环节，是以实现货物整体运输的综合收益最优为目的的一种国际货物运输组织形式。由于物流运输的快速发展，联合运输成为国际货物运输的主要方式之一。它打破了过去海、陆、空等单一运输方式各自发展的传统做法，将这些运输方式有机结合起来，构成了一种跨国(地区)的联合运输方式，在降低运输成本、提高运输效率方面起到了重要作用。因此，为了更好地适应和促进经济一体化的需要和发展，有必要开展联合运输，降低物流成本。

1. 铁路与水路货物联运

铁路与水路货物联合运输简称为水陆联运。水陆联运综合了铁路与水路的优势，可以以最短径路，以最快的速度，以最低的运输价格将货物运抵目的地。我国铁路与内河的港口、沿河的港口都已开展了水陆联运服务。铁道部与交通运输部也联合制订了《铁路和水路货物联运规则》《水、陆联运货物月度运输计划统一编制办法》《铁路和水路货物联运费用的清算办法》。这些规章都详细规定了两种运输工具联运的原则、办理货物范围、运送条件、运输计划的编制执行、换装作业、运输费用核收和相互清算、货运事故的赔偿处理、联运双方的权利义务等内容。

2. 国际铁路货物联运

国际铁路货物联运系指参加联运协定(或公约)的国家之间，办理货物运输时，使用一份联运国统一票据，由联运国铁路作为统一承运人，将货物由一国铁路始运站运抵另一国铁路终到站的全过程运输。即使在国境站办理货物移交时，其交接工作也纯属联运国之间的内部作业，无须托运人或收货人参加，这就为参加联运的国家开辟了一条经济、文化交流的便捷渠道，方便了托运人和收货人，简化了许多手续，加快了货物送达速度和资金的周转速度，还促进了铁路沿线外向型经济和铁路运输业的发展。货物在国境站可以进行不同轨距的换装作业，相同轨距的两国也可以直接过轨运输。

3. 铁路与公路货物联运

由铁路和公路以一份运输票据完成全程的货物运输，称为铁路与公路货物联运。公铁联运是目前我国铁路物流公司的主营方式，也是当前联运的重要内容。公铁联运能充分发挥铁路骨干运输的优势以及公路灵活多变快速的特点，为客户提供一票式门到门运输服务。铁路运输在干线运输上具有得天独厚的优势，但运输服务受线路、站点的局限。公路运输则存在安全性相对不够高的弱点，随着燃油价格上涨，成本也会相应提高，但公路运输却具有门到门运输的绝对优势。因此，规避铁路与公路双方的劣势，充分发挥其各自的优势，建成以铁路干线运输为依托的公铁联运的大物流操作平台，实现全国物流的大运转，既可以让铁路线路、站点与公路运输珠联璧合，又可以提高铁路、公路运输车辆的利用率。在公铁联运物流系统中，公路运输承担着承运货物的提取配送，是实现公铁联运的最初和最终环节，厂家发货只需要将货物交给从事联运的第三方物流公司直接办理，而不必去找多家公司服务，而且货物的主要运输方式是铁路全路运输，货物运输的安全性便得以保障。随着公路运输成本的增加，客户将公路长途运输改为铁路运输模式后成本必将下降，又会给企业带来新的效益，进一步实现成本的经济性。现今，第三方物流的大发展已给实现公铁联运带来了新的机遇。第三方物流又被称为契约物流、效用物流或综合服务物流等。准确地说，第三方物流是在物流供应一体化过程中由物流劳务的供方、需方之外的第三方提供的服务，中间商以合同的形式在一定的期限内，提供企业所需的全部或部分物流服务。第三方物流供应商是一个为外部客户管理、控制和提供物流服务作业的公司，它们通过提供一整套物流活动来服务于整个供应链，从某种意义上讲，这是物流专业化的一种重要形式，是物流业发展到一定阶段的必然结果。通过建立第三方物流企业，充分运用科技手段，整合铁路与其他运输方式的可利用资源，建立起全国公铁联运大运转的第三方物流体系。

促进公铁合作，主要有以下几个优势：有利于促进区域协调，通过运输物流，有效实现产业升级和区域协调，给下一步迈向价值创造打好基础；有利于推进供给侧合理分工，通过有效解决车队问题、公路管理问题、企业经营问题和价值增值问题，实现合理分工的市场作用；有利于扩大运输能力，特别是阶段性补足铁路的短板和弱项，最后是提高服务水平。

公铁合作最大的难度在于铁路与公路体量差距较大，铁路太大，公路太散。因此合作之中的利益分配需要有协商机制。首先要深入研究利益分配的各种情况，包括利益分配的数学模型建立和划分，包括商业谈判，即谈判当中如何体现联盟、协会的居中协调。其次要全面深化改革，实现体制机制配套，才能发挥公铁的比较优势。再次要加强合作深度，随着新一轮产业布局的调整，深化物流网络，从而对实体经济的竞争优势提升提供帮助，提高综合运输效率和质量。

4.铁路与海运集装箱联运

铁路与海运集装箱联运是海陆集装箱联运的主要方式，由于汽车的运费较高、经济运输距离较短，对于陆运距离长的货物，其竞争力不如船舶与火车联运。对于长距离的陆上运输则主要采用海铁联运，这种组织形式多以国际货运代理公司为主体，签发多式联运提单。

随着全球贸易一体化的发展，我国的外贸货物运输对现有的运输工具提出了更高的要求。从近几年开始，全国的铁路运输、海上运输承受着运输量日益增加的压力。开展“铁—海—铁”多式联运，既为海洋运输增加了货源，又为缓解铁路运输紧张状况寻找了出路，实现互利共赢。在铁路集装箱公司运输业务进一步扩展的情况下，可根据自身发展的需要建立和发展自己的海洋运输船队，组织海铁多式联运。海铁联运是现代物流中最好、最便捷、最经济的方式，可大幅降低物流成本。

5.国家铁路与地方铁路的货运直通运输

国家铁路是指由中华人民共和国国务院铁路主管部门管理的铁路，简称国铁。国务院铁路主管部门就是指中华人民共和国铁道部，管理是指对国家铁路的行政管理。地方铁路主要是由地方自行投资修建或与其他铁路联合投资修建，担负地方公共旅客、货物短途运输任务的铁路，它是在中华人民共和国成立以后不断发展起来的。

由于国铁和地方铁路在运输组织方面存在较大差异，大部分国铁和地方铁路没有实现本务机车运输作业全过程贯通和结合部的无缝衔接，即使已实施了路企直通运输，但由于存在信息资源、货车全程动态追踪、日常调度指挥、统计分析等方面的问题，其直通运输的模式也有别于多数路企，直通运输是铁路部门针对当前影响运输效率的主要因素，进一步深化内涵，扩大再生产，在更大范围和更深层次挖潜提效的新举措。国家铁路与地方铁路由于管理体制不同，收费标准不同，实行一票直通运输时，必须按《国家铁路与地方铁路货物直通运输规则》办理，实行分段计费、一次核收的办法。

5.2.2　海陆联运

海陆联运是多式联运的主要方式，按照陆地上运输方式的不同，可以分为船舶与汽车、船舶与火车联运两种。由于汽车运费较高、运距较短，竞争力不如铁路。所谓“陆桥”运输是指采用集装箱专用列车或卡车，把横贯大陆的铁路或公路作为中间“桥梁”，使大陆两端的集装箱海运航线与专用列车或卡车连接起来的一种连贯运输方式，这也是远东/欧洲最主要的运输方式，如西伯利亚大陆桥是较为典型的一条过境多式联运线路。西伯利亚大陆桥是指使用国际标准集装箱，将货物由远东海运到俄罗斯东部，经跨越欧亚大陆的西伯利亚铁路运至波罗的海沿岸如爱沙尼亚的塔林或拉脱维亚的里加等港口，然后再采用铁路、公路或海运到欧洲各地的国际多式联运的运输线路。西伯利亚大陆桥运输包括“海铁铁”“海铁海”“海铁公”“海铁空”等四种运输方式；至于参加联运的各运输区段，则采用“互为托、承运”的接力方式完成全程联运任务。

5.2.3　海空联运

海空联运与陆桥运输类似，目标是以低费率提供快捷可靠的运输服务，但是在运输组织上，通过国际海空联运运输的货物，要在航空港换入航空集装箱，而陆桥运输在整个货运过程中使用的是同一集装箱，不用换装。一般来说，运输距离越远，采用海空联运的优越性就越大，因为与完全海运相比，其运输时间更短，而与完全空运相比，其费率更低。

5.2.4　陆路联运

陆路联运通常为公铁联运，是指以集装箱为运输单元，将公路运输与铁路运输有机地组合在一起，由全程联运经营人将货物从接管地销售检运至指定地点交付的、连续综合的一体化运输方式。公铁联运能充分发挥铁路骨干运输的优势，公路灵活多变、快速的特点，为客户提供一票或门到门运输服务，能减少在运转地的时间损失和货物丢失、损坏、被盗的风险。在货运市场竞争激烈的形势下，货物运输要求速度快、损失小、费用低，而公铁联运适应了这些要求。此外我国地域辽阔，具有发展公铁联运的潜力。

5.2.5　江(河)海联运

江(河)海联运是指利用发达的内陆水系进行的集装箱运输。目前，很多国家都利用既有的内陆河运系统，因地制宜地开展江(河)海联运，如欧洲的莱茵河与多瑙河流域的国家。原西德利用莱茵河开展集装箱联运，在 1976 年开辟了莱茵河集装箱驳运，在有利于开展集装箱运输的地段，即位于主要的工业区或商业区的铁路、公路与港口的交汇处，建造了设备先进、规模相当的集装箱码头与设施。此外，为了保证河运和海运的紧密连接，经营莱茵河驳运的公司还开辟了到鹿特丹和安特卫普的定期航班，可以保证运输时间，又最大限度地缩短了集装箱在港口的停留时间，节省了运输费用。由于河运运输时间长的劣势可通过合理安排而减少，水运运价又比较低，莱茵河的集装箱驳运已成为欧洲多式联运的重要环节。

5.2.6　陆空联运

这种联运主要包括陆空联运，如：铁路航空联运或公路航空联运和陆空陆联运如铁路航空公路联运方式。

5.3 铁路多式联运的发展状况

5.3.1 铁路多式联运发展概述

发展多式联运涉及国家整体发展战略，不是一个单纯依靠市场力量能够推动的事业，因此，在多式联运发展过程中，需要政府推动。近些年，我国出台了一系列政策，推动多式联运事业发展。

我国最早明确提出涉及发展多式联运的政策始于十八届三中全会出台的《关于继续深化经济体制改革若干规定》，其中提到了多式联运。而在随后出台的《物流业中长期发展规划》《物流业调整振兴规划》中，国家明确把多式联运作为发展物流行业的重要内容之一。这些国家纲领性文件大大提升了多式联运的重要性。2016 年，交通运输部等十八个部门联合出台《关于进一步鼓励开展多式联运工作的通知》，进一步细化了在推动多式联运事业中多个方面的工作，包括基础设施建设、多式联运运营主体、信息系统、装备体系等；形成政策部门落地、细化工作目标的局面。2021 年，工信部联合国家网信办、科技部等八部委印发《物联网新型基础设施建设三年行动计划(2021 年—2023 年)》(以下简称《行动计划》)，进一步细化工作内容，围绕打赢蓝天保卫战的目标，细化到执行层面，并且提出了具体考核指标。较之以往的政策文件，《行动计划》对一些问题做了进一步明确，包括：鼓励铁路专用线的建设和共享；进一步明确提出将铁路修进港区，实现铁水的无缝衔接；为多式联运装备提升提出了发展的方向等。详情如图 5.3 所示。

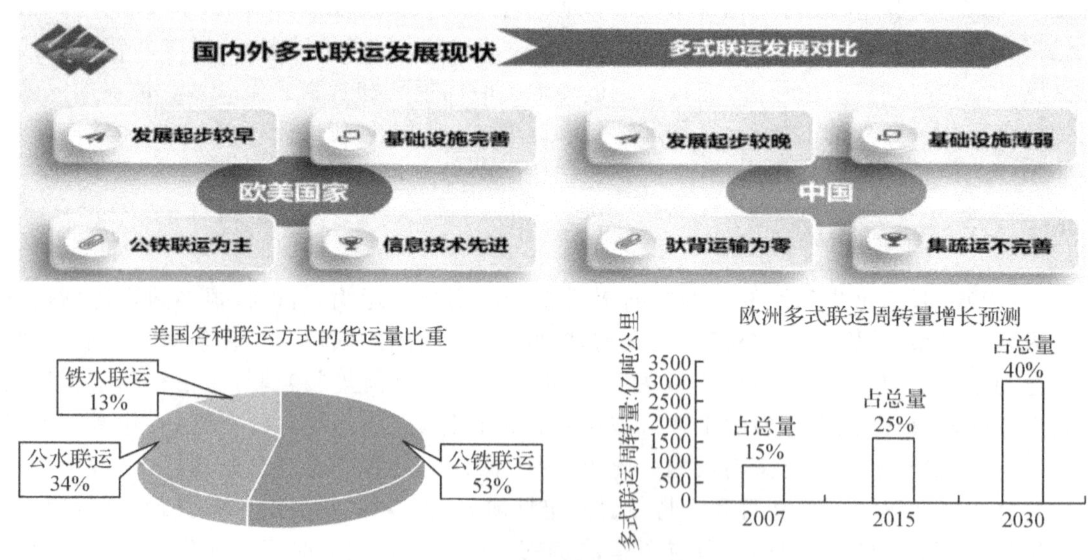

图 5.3 铁路多式联运发展现状

多式联运技术分三个部分：基础设施、信息技术、装备技术。多式联运的发展和进步本身就源于装备技术的驱动——集装箱的发明和应用。我国多式联运的升级发展也必须依靠、必然推动技术装备的创新。

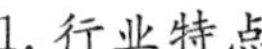

1. 行业特点

(1)货源差异

煤炭、焦炭、矿石、钢铁等大宗"黑货"，具有计划性强、体量大、运输价格较低的特点，纯公路运输无法满足运输要求，需要用到铁路/水路＋公路的联运方式。干线运输时，可以直接用火车或船舶进行替代；前端收货以及后端分流，则需要一些灵活的个性化服务，此时用公路运输更为妥当。相对而言，零散"白货"如日常用品、纺织品、农产品、电子产品等，品类多而杂，发货频次较高但单批次货量较少，对时效的要求较高，不适宜采用多式联运。

(2)距离限制

货物长距离运输(一般为 600 千米以上)时，可采用多式联运。这是因为铁路、水路具有运距长、时效慢的特点，而远距离的公路运输相对而言成本过高，所以对于一些没有时效要求的普货运输，可以将干线运输用铁路或水路替代；对于时效需求特别强的货品运输，可以将干线转变为空运。

2. 多式联运的发展

(1)市场规模

2015—2020 年多式联运货量情况如图 5.4 所示。

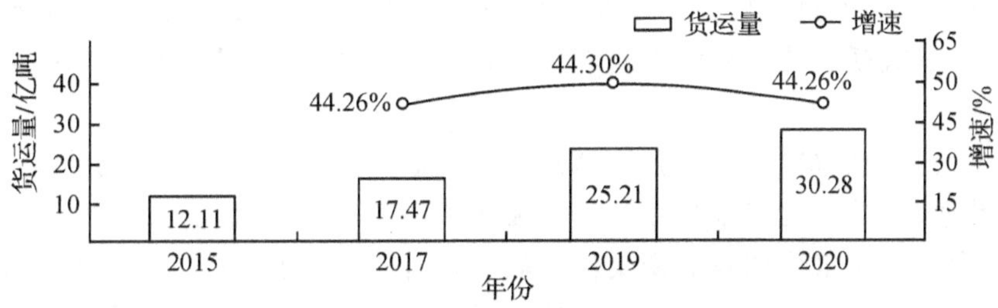

图 5.4　2015—2020 年多式联运货量情况

(2)时效与成本的对比

①时效对比。在时效方面，空运是五种运输模式中效率最高的运输方式，一般可以将运输时长缩短为一天；第二梯队为铁路和公路，但铁路一般受地形影响较大，没有公路运输那么稳定；船舶运输的速度最慢；管道运输受货物形态、管道半径的制约，无法有效评估。各种运输方式时效对比详见表 5.1。

表 5.1　各种运输方式时效对比

运输方式	速度/(千米/小时)	时效
铁路	80～250	运距较长，时效较慢，受地形及货物品类影响
公路	80～250	运距较短，时效快，个性化服务能力强
水路	80～120	运距较长，时效最慢
民航	14～50	时效较快，价格偏高
管道	800～1000	受货物形态、管道半径影响较大

②成本对比。在成本方面，数据显示，水路运输每吨千米价格最低，不到 0.01 元，而公水联运的主要成本集中于转运及短驳费用；航空货运因有飞机的维护费、保险、装卸费等，成本最高，高于每吨千米 1.3 元；与铁路、水路相比，公路运输的吨千米价格偏高，所以在长距离运输中，适宜采用公铁或公水的联运方式进行替代，以达到节省成本的目的。详见表 5.2。

表 5.2　2017 年不同运输方式的货量、周转量及成本

运输方式	2017 年货量/(亿吨)	2017 年货物周转量/(亿吨千米)	运输价格/[元/(吨千米)]
铁路	37	26962	0.26
公路	368	99713	0.87
水路	67	97455	0.01
民航	0.07	244	1.30
管道	8	4757	0.04

(3)现状分析

①基础设施规划衔接较差。多式联运一般要求几种运输方式无缝衔接，而我国在港口、铁路站台的规划方面严重落后。由于长江沿岸比如重庆、武汉、南京、上海等港口离铁路站台较远，在进行多式联运的过程中需要承担中转的成本，因此实现铁水、空桥、空铁联运的难度较大。

②货量不足，空驶率较高。在公铁联运中，物流企业将货物卖给铁路货代，完成干线的铁路运输。然而，大部分货代或企业的货量无法装满列车，也就无法发挥列车的最大使用效益。此外，还会出现因未协调好货物交付时间，而无法在预约车次后的规定时间内将货物装至列车，导致列车到点直接封门开走的现象。较高的空驶率，直接导致了物流成本上升。

③在信息技术建设方面，目前处于百花齐放的状态，发展很快，但是也有一定问题，即企业内部的多式联运信息化比较容易实现，但是跨企业的信息系统协同有一定难度。

④海运集装箱在我国多式联运过程中有多种不适应。多式联运的装备技术包括运载技术、转运设备、装载单元(物流笼、集装箱)等。因为我国的货运结构与国际市场不同，目前在这方面的创新很多。国际上以海运集装箱为标准体系，形成一系列装载单元。但中国市场，内陆多式联运不是从外贸开始的，而是从内部大宗物资散改集开始的。这样，海运集装箱在我国多式联运过程中就有多种不适应。因此，现在我国推出很多适应中国陆运的集装箱，但是这些箱子必须符合国际标准规则。比如，中欧班列上有一些创新的集装箱、柴电一体的集装箱。很多中欧班列需要经过高寒地带，这种情况下就需要箱子自体能够发热保温；如果是运输冷鲜产品的集装箱，还需要具备自主制冷的功能。有些集装箱还向智能化方向发展，解决其全球实时监管的问题。正是我国多式联运市场的多元化需求，推动我国目前在运载单元、装载技术上不断发展，出现很多新产品，使得这个细分领域处于技术快速发展期。

(4)发展潜力

发展多式联运是我国“十三五”期间综合交通运输发展的重点工作，是推进交通运输供给侧结构性改革的重要抓手，是降低物流成本的有效途径。近几年，国家接连颁布一系列改革政策。铁路集装箱运输比重和集装箱铁水联运比重大幅提高，航空货运周转量比重明显提升。顶层设计的持续发力，将给多式联运发展带来更多机遇。以大型规模化企业为代表的装备制造企业，开始把技术和服务的重点转向多式联运装备领域的技术突破，以新装备为核心，定制化地提供多式联运系统解决方案，组织开展重大技术装备和物联网在多式联运领域集成应用等专项科技攻关。这些新技术、新装备对于提升铁路的运能运力水平，提高多式联运转运效率，提升物流的智能化水平，提高冷链、化工、工程大件、商品车等特种货运的集装箱化率，缓解公路拥堵和污染排放，提升多式联运信息交互效率等提供了系列的解决方案，其中包括多式联运的运载单元、专用载运工具、快速转运设备、信息交换接口、全程可视化的追踪技术、包装与加固技术、产品和服务标准体系，成为多式联运产业实践的热点。例如，中车集团将自身的制造研发能力与中国多式联运亟待解决的问题（集装箱转运问题）相结合，开发了多式联运智能空轨集疏运系统，多式联运成为新一轮物流技术发展的热点之一。

5.3.2 铁路多式联运发展现状及存在的问题

随着近年来我国运输基础设施不断完善，以铁路、公路、水路、航空和管道为主体的多层次立体综合交通运输网络基本形成，为开展多式联运提供了良好的基础和环境。铁路自 2013 年实施货运组织改革以来，以市场需求为导向，寻求与其他运输方式的合作发展，逐步摸索推进多式联运工作，取得了一定的成效。一方面，通过发展多式联运项目，加大班列开行组织力度，整合社会资源，建立接取送达服务体系，充分拓展增值服务，为客户提供定制化服务，基本实现了项目制管理，打造了中欧中亚、沿江沿海等特色多式联运班列产品。另一方面，探索推行了“一次报价、一次收费、一次承运、一票到底、一份合同、一次赔付”的“六个一”多式联运模式，成功应用于丰田汽车有限公司运输项目中，得到了市场的关注和认可。与此同时，铁路多式联运发展仍存在以下问题。

1. 传统经营人制约联运服务提升

当前我国运输市场主体结构失衡，铁路企业化改革刚起步，公路运输市场分散度过高，水运企业参差不齐，航空发展规模小，第三方中介代理市场较为混乱，致使各方主体之间缺乏组织对话、平等合作的基础条件，传统多式联运经营人无法真正提供全流程组织服务，真正意义上的多式联运经营人严重匮乏。

2. 铁路多式联运标准有所欠缺

多式联运站场标准缺失。多年来，我国铁路、公路、水运和民航分属不同部门管理，建设的场站更多地体现为铁路、公路、港口、民航系统自身的完善，各运输方式的基础设施在规划、建设等方面相互衔接不够紧密，缺乏包含多种运输方式的多式联运站场建设标准。

技术装备标准不完善。技术装备标准不完善主要表现在运载单元与载运工具之间的不匹配、不协调。例如，铁路集装箱专用车与国际标准集装箱在尺寸、载重方面相互不协调，铁路集装箱专用车运载国际标准集装箱，会产生空间利用不足、亏吨等问题。

多式联运作业缺少统一规范。以铁水联运作业为例，铁路对集装箱重心位置偏移和总重控制的要求严于水运，铁路规定发货人需提供每个集装箱 5 种形态的装箱照片用于铁路发货的货物安全凭证，或对装箱作业的过程录制视频，作为集装箱办理起票业务的装货凭证，这严重影响铁水联运货物的作业效率，不利于货物无缝衔接。

现以上海地区海铁联运的发展为例加以综合分析。自2014年以来，随着上海市市政规划建设布局的调整变化，原先军工路、张华浜等大型海铁联运业务逐渐流失，部分业务转移至洋山港和外高桥，海铁联运量也从高峰期的9.5万TEU下降到2017年的4.5万TEU；近年来，受到“一带一路”政策的影响，我国各大港口的海铁联运量均有不同程度的增长，以2018年统计数据为例，青岛港全年完成海铁联运115.4万TEU，同比增长48.7%，占港口吞吐量的比例从0.5%增长到4.8%，宁波港完成海铁联运60万TEU，同比增长50%，占港口吞吐量的比例从0.6%增长到2.3%，而上海地区海铁联运量仅占上海港总吞吐量的0.1%，这个数值与国内大型港口存在较大差距，海铁联运程度较低。

针对海铁联运发展现状，上海市政府积极贯彻落实国务院出台的《打赢蓝天保卫战三年行动计划》《关于推进运输结构调整三年行动计划（2018—2020年）的通知》的相关要求，在2019年7月联合多部门印发《上海市推进海铁联运发展工作方案》，坚持推进海铁联运组织，方案明确要调整运输结构目标，到2019年上海市海铁联运完成12万TEU，到2020年完成24万TEU，同比翻番。从2021年起实现年均增长10%以上。

5.3.3 铁路多式联运发展的难点

以市场需求为导向，以创新发展为驱动，研究国际多式联运发展经验，针对物流发展痛点，研制适应国情的多式联运新装备，结合大数据、物联网等先进技术，打造线上线下一体化的多式联运新模式，实现公、铁、水多种运输形式之间高效衔接，有序推进以“驼背驮箱相结合，智慧物流一体化”为特点的多式联运体系发展，加快现代综合交通运输建设。

我国发展多式联运主要集中在集装箱领域，其他诸如以厢式半挂车为运输单元的公铁联运、公水联运等形式在中国还没有起步。我国若发展以半挂车为运输对象的多式联运，要解决的问题主要有：半挂车标准化水平低，车型庞杂，半挂车种类约有2万种；基础设施衔接不足、集疏运不畅；缺乏多式联运专用站场；缺乏多式联运专用运输机具；缺乏统一的多式联运规则；缺乏内陆多式联运经营人市场主体；多式联运信息系统及平台建设滞后。

(1)多式联运要求实现多种交通方式的无缝衔接，其中最大的难点在铁路。目前，长江沿岸的港口中，实现铁水联运的港口比例很小。一些港口的进港道路仍是城市公共道路，每一次转运就要额外支出装卸、运输等成本，物流的总体成本也将大大增加，抵消了水路的价格优势。

(2)规划脱节是导致交通基础设施衔接不畅的主要原因。以前铁路和水路分属不同的行政部门，现在铁路虽归交通部门管理，但与地方规划接轨仍有很大问题。以长江沿岸某市为例，该市的铁路规划全部在城市的西面，水路却在城市的东面，铁路和水路相距甚远，如何衔接？铁路企业也要考虑投入产出、人流物流等问题，而地方的港口不得不依江而建，当两者利益无法协调时，难免出现脱节。

(3)硬件上的衔接相对容易，制度规则上的联通才是最难的。目前多种交通方式看似无缝衔接，但由于铁路、公路、水路等不同运输方式管理体制的相互割裂，各自的运单、载距等差别巨大且无法互认，关检的规则效率也各不相同，“最后一公里”问题导致多式联运的制度成本高昂。

5.4　多式联运创新发展的对策

铁路是国民经济大动脉、关键基础设施和重大民生工程，是综合交通运输体系的骨干和主要交通方式之一，在我国经济社会发展中的地位和作用至关重要。在交通强国的战略部署下，鲜明提出“交通强国、铁路先行”。同样，在国家物流枢纽规划建设过程中也要率先规划实施。

5.4.1　结合场站的特色，规划建设相应类型的物流枢纽

物流枢纽布局建设从国家提供公共产品的角度讲，就是要进一步加大铁路等基础设施建设，在空间布局上加以统筹。

根据《中长期铁路网规划》和国家物流枢纽规划建设要求，对照 127 个国家物流枢纽承载城市和 212 个国家物流枢纽建设目标，对接六种类型物流枢纽，整合 19 个综合铁路枢纽和 204 个一、二级物流基地资源，补齐短板，修编铁路枢纽总图。

选择基础条件成熟、市场需求旺盛、发展潜力较大的场站和物流中心进行重点培育，积极申请首批国家物流枢纽。统筹高速与普速、新建与既有、枢纽与通道以及不同地区铁路协调发展，注重路网配套设施系统协调，强化主通道，疏通微循环，实现网络结构优化、层次清晰和效率效益最大化。

依托铁路运输大通道和场站，衔接内陆地区干支线运输，重点建设陆港型国家物流枢纽。依托铁路港前站建港口型国家物流枢纽，畅通铁路运输的“最前一公里”和“最后一公里”。选择毗邻大型厂矿、制造业基地、资源富集区、产业集聚区、农业主产区的编组站，建生产服务型国家物流枢纽。充分利用既有铁路货场和专用线的仓储能力，构建服务于大型专业市场、大城市消费市场的商贸服务型物流枢纽。依托中欧班列国境站，建陆上边境口岸国家物流枢纽，对接国内国际物流通道，为口岸区域产业、跨境电商等发展提供有力支撑。

5.4.2　加快物流平台建设，提高资源整合利用能力

铁路多式联运要想实现爆发式增长，必须在更高层级上进行物流组织形式和运输结构的变革，其中供应、需求、价格和空间布局是基本要素。围绕这四个基本问题，“平台＋枢纽＋通道＋网络”的物流运行体系，是多式联运发展的战略方向和有效路径。

物流枢纽是集中实现货物集散、存储、分拨、转运等多种功能的物流设施群，同时也是物流活动组织中心，中心需要借助平台才能发挥出作用。平台是铁路发展的短板，也是应对外部市场竞争的基本装备。将分散的物流业务资源向平台整合，以平台为窗口加强业务资源协作，统一对接上游产业物流需求和下游物流服务供给。高质量推进铁路信息系统网络安全一体化示范工程，深化专业领域大数据应用。规划中的两种类型的平台必须补上。

在既有铁路发达、完备的网络体系之上，规划建设综合信息服务平台，建立信息互联互通机制，健全数据交换、数据传输等标准，实现公共数据开放共享，进一步提升不同信息系统的兼容性和开放性。

依托综合信息服务平台，建设物流资源要素交易平台，开展挂车等运输工具，集装箱、托

盘等标准化器具及叉车、正面吊等装卸搬运设备的租赁交易，开展水运、航空货运、陆运等运力资源和仓储资源交易，提高铁路各类物流资源的市场化配置效率和循环共用水平。

5.4.3 打造临铁枢纽特色经济，带动产业集群式发展

物流产业是派生性产业，物流活动是产业组织活动的具体体现，依托物流枢纽所形成的要素规模聚集和服务集中组织、整体网络化运行，形成物流与产业的良性互动，充分体现了产业高质量发展和运行的新特征，即网络化、产业链和产业集聚化发展。

如今，中国正在面临产业转型升级和内需规模扩张的双重机遇。正在经历由高速增长向高质量发展转型，由出口拉动向内需驱动转型，铁路引导多式联运的时代大潮已经奔涌而来。在这个趋势转化的过程中，我们要建设服务于庞大内需市场的高铁经济、临铁经济、枢纽经济。大幅度提高我国的铁路收入/资产比，盘活存量资源，吸引增量业务，形成各种要素大聚集、大流通、大交易，带动区域农业、制造、商贸等产业集聚发展，加快推动我国产业向全球价值链中高端迈进，这是基于庞大的铁路物流网络和生态的外溢效应、放大效应。这种放大效应存在于铁路规模扩张与竞争优势形成的互动当中，存在于多式联运与供应链体系互动升级的过程中，存在于现代铁路运输与制造业、农业、服务业互动发展过程中，存在于资源要素投入的优化配置过程之中。

(1)培育铁路枢纽经济。铁路物流枢纽在各种枢纽中处于战略性、基础性地位。在《国家物流枢纽布局和建设规划》的总体框架下，要求铁路与公路、水运、航空物流枢纽的交集，升级改造“传统铁路货场”，打造智能化、低成本、高效率、新一代多式联运枢纽，促进跨区域物流活动组织化、规模化运行。国家物流枢纽支撑国家支柱产业，聚集符合铁路运输时效的关联产业，优先推进现代制造、进出口加工、大宗商品交易、国际贸易等产业联动发展，打造铁路枢纽产业集群，加快推进铁路与区域要素禀赋相适应的产业规模化发展，构建铁路物流与一二三产业交叉融合的现代产业体系，引领支撑沿线城镇、产业、人口等合理布局。

(2)发展临铁经济。发挥路网规模世界领先、铁路技术装备和创新能力世界领先、铁路运输安全和经营管理水平世界领先的“三个世界领先”优势，以铁路通道为依托，以场站及邻近区域为中心，以多式联运枢纽为重点，以铁路产业为支撑，创新土地综合开发，发展与铁路密切相关的特色经济，打造铁路产业集群，推动高铁产业成为我国战略性新兴产业和建设制造强国的率先领域，打造中欧班列国际物流品牌，培育壮大临铁经济新业态，进一步增强中国铁路的产业竞争力、辐射力和国际影响力。

5.4.4 积极培育多式联运运营主体，提升市场竞争力

借鉴国外成熟经验，遵循市场化原则，创新铁路物流枢纽经营管理模式，探索建立国家物流枢纽建设运营参与企业的利益协同机制，推进多式联运示范工程建设，培育协同高效的运营主体，提高枢纽组织效率。积极培育国家物流枢纽建设运营标杆企业，形成可推广、可复制的枢纽建设运营经验。

通过战略联盟、资本合作、设施联通、功能联合、平台对接、资源共享等市场化方式打造优势互补、业务协同、利益一致的合作共同体，推进国家物流枢纽设施建设和统筹运营管理，引导物流服务企业集群发展，提升物流一体化组织效率。

多式联运是运输化发展的趋势，各种运输方式必须相互协调、加强合作来确保一个完

整、有效、经济、迅速、低廉、低耗、环境友好，具有可持续性的交通运输体系。在传统的运输管理分割的体制下，各类承运人往往难以发展综合运输，以及开发新的服务项目。促进我国多式联运的发展必须有组织机构和体制上的保证。

铁路总公司改革后为国家铁路集团公司，主要行使政府的安全监管责任，交通运输部负责统筹各种交通运输方式，推进综合运输体系的建设。通过立法推动并保障各种运输方式的协调发展，利用各种资金建设多式联运基础设施。在法律框架内清晰界定国家运输政策的核心目标、各利益主体的权力与责任，以及推动多式联运发展的重点等方面问题，尤其能够协调并理顺不同运输方式企业之间的责权利关系。

发挥铁路优势，完善配套政策。积极推动落实国家物流枢纽服务能力提升工程、国家物流枢纽创新驱动工程，提高铁路专用线密度，打造高效专业的物流服务网络，健全通达全球主要经济体的国际物流服务网络，辐射带动更多枢纽提升国际物流功能。同时，政府的支持和完善的法规体系是多式联运发展的有力保障。在制定多式联运发展政策的同时，应尽快完善法规体系，保障多式联运健康、快速发展。建立统一的运输管理体制。在政府层面上，建议我国设立类似交通委员会的综合交通协调部门，使相关政策协调统一，在交通基础设施建设方面通盘考虑、协调发展。在民间层面上，建议成立交通协会，既代表运输企业和个体的利益，又发挥市场导向作用。政府在进行决策和政策调整时，也应考虑交通协会的导向作用，拓展铁路集装箱多式联运业务。

5.4.5 铁路应优先发展集装箱多式联运

集装箱多式联运作为当今世界国际物流最先进和最重要的运输组织方式，使货主、货运代理公司、船代公司、船公司、港口、公路、铁路等主体形成综合运输体系的一个完整链条，是一个必须注重时间、成本和效率的典型供应链。我国集装箱运输虽然发展时间不长，但是物流链条长，涉及的部门广，从硬件设施、服务标准和信息传递各个方面都应站在整个供应链需求的角度优化。尤其应注重对运输设施及系统整合效果的评估，以及制定统筹的实施策略，提供高效、安全、便捷的客货运输服务，制定向不同利益主体开放的程序，建立充分的参与机制，保障各主体之间的充分沟通协商，从信息共享、利益共享、价值观共享各方面实现合作，使供应链整体效能最大化。

1. 集装箱海铁联运现状

根据交通运输部发布的《多式联运发展技术指引》数据，从 1997 年到 2011 年美国多式联运货运量增长了 6.5 倍，占到全社会货运总量的 9.2%，计划到 2040 年占货运总量的 12.5%。欧洲多式联运周转量 2007 年到 2015 年增幅达 70%。目前，我国铁路集装箱运量仅占铁路货运量的 5.4%，远低于发达国家铁路 30%～40%的水平，铁路集装箱运输占沿海港口集疏运比例较低，比较优势尚未得到有效发挥。我国是世界港口大国。世界十大港，中国占 7 席（上海港、深圳港、宁波舟山港、香港港、广州港、青岛港、天津港），有 3 个全自动化码头，上海振华重工也是港机份额中的领军企业。我国多式联运事业具有较大提升空间。

2018 年 8 月，交通运输部、国家发展改革委在总结第一批、第二批多式联运示范工程经验基础上，组织开展了第三批多式联运示范工程申报。我国三批多式联运示范工程共有 70 个项目入选，示范工程项目主要聚集在环渤海、长三角、珠三角、北部湾和海峡西岸经济区等重点沿海区域和长江干线。但是,多式联运发展中仍然存在规划建设不统筹不衔接、市场发展不均衡不充分、企业多元化专业化不足、政策体系化规范化不足等问题。

发挥各种运输方式比较优势和组合优势,建立“宜铁则铁、宜公则公、宜水则水、宜空则空”的综合运输格局,实现各种运输方式各归其位、各尽其能、各显其优、协调发展。以推进大宗货物运输“公转铁、公转水”为主攻方向,不断完善综合运输网络,切实提高运输组织水平,减少公路运输量,增加铁路运输量,加快建设现代综合交通运输体系,有力支撑打赢蓝天保卫战、打好污染防治攻坚战,更好地服务建设交通强国和决胜全面建成小康社会。开展多式联运示范工程建设,是加快调整运输结构、促进物流业降本增效、引领多式联运高质量发展、建设交通强国的有效载体和重要依托。

集装箱海铁联运有力支撑交通运输业实现节能减排目标和可持续发展。根据测算,铁路箱千米油耗不到公路集装箱卡车的一半,如果未来铁路采用双层集装箱运输车,节能效果将更加明显。进一步发展公路集装箱运输带来道路拥挤程度加剧和发动机污染物排放总量增加也是必须面对的问题,尤其是集装箱枢纽港口都位于沿海中心城市范围内,对于污染排放和道路拥挤更加敏感,上海、深圳、青岛等港集装箱码头周边地区的道路,已经越来越明显地感受到来自集装箱卡车通行量不断增加引起的交通压力,由此引发的交通拥堵、环境污染与城市发展的矛盾正越发突出。目前,我国集装箱港口集疏运量中公路约占85%,全国集装箱运量中公路运输约占75%。调整我国集装箱运输结构,加快发展集装箱海铁联运,迅速扩大中长距离铁路集装箱运输规模,推进集装箱枢纽港口周边地区开展短途大运量铁路穿梭运输,不但可以使集装箱运输节能减排工作取得立竿见影的效果,缓解集装箱运输主要依靠公路对道路扩容带来的压力,并将显著提高我国集装箱运输综合效益,有效降低社会综合成本。

海铁联运是提升我国集装箱多式联运发展水平的必然选择。集装箱海铁联运的出现是与经济社会发展阶段相呼应的,集装箱海铁联运的发展与国民经济、国际贸易、经济体制、运输政策、技术进步以及综合交通运输业的发展息息相关,它们之间具有互促互进的密切关系。集装箱海铁联运由发达国家率先普及,既是其即将进入工业化后期的产业特征之一,也是与其经济社会发展相适应的经济现象。

随着国民经济稳定快速发展,我国融入经济全球化的步伐不断加快,对外贸易持续高速增长,集装箱运输也呈现持续快速增长态势。我国铁路集装箱运输自20世纪50年代就已开始,由于受当时工业水平落后、管理理念约束和全国铁路运输能力长期紧张等的影响,我国铁路集装箱运输未能得到迅速发展。进入21世纪后,加工贸易分布正由以沿海地区为主,开始向内陆加速转移,内陆地区国际货物交流量不断增加。内陆经济和对外贸易加快发展,铁路在国际集装箱运输中的地位将日益突出。国际经验表明,集装箱海铁联运是国际货物运输发展的主要模式。无论是经济全球化的内在要求还是中西部地区发展的客观需要,都要求在铁路、港口、海运等有关部门间建立高效率的国际集装箱运输多式联运。

欧洲和北美大陆铁路集装箱运输占铁路货运量的比重,一般都在20%,有些铁路公司甚至达到40%~50%。其中,海铁联运在铁路集装箱运输货源组织中占有重要地位,政府鼓励集装箱多式联运的一系列政策措施,对铁路、内河发展集装箱运输发挥了重要作用。集装箱海铁联运是铁路集装箱运输的重要组成部分,也是集装箱多式联运的关键性环节。加快发展集装箱海铁联运是促进铁路集装箱运输发展的必由之路。

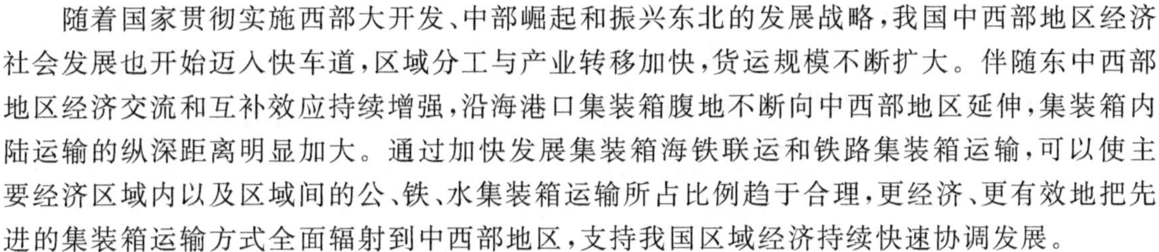

随着国家贯彻实施西部大开发、中部崛起和振兴东北的发展战略，我国中西部地区经济社会发展也开始迈入快车道，区域分工与产业转移加快，货运规模不断扩大。伴随东中西部地区经济交流和互补效应持续增强，沿海港口集装箱腹地不断向中西部地区延伸，集装箱内陆运输的纵深距离明显加大。通过加快发展集装箱海铁联运和铁路集装箱运输，可以使主要经济区域内以及区域间的公、铁、水集装箱运输所占比例趋于合理，更经济、更有效地把先进的集装箱运输方式全面辐射到中西部地区，支持我国区域经济持续快速协调发展。

2.我国集装箱海铁联运存在的主要问题

(1)集装箱海铁联运运行体制存在明显障碍。我国公路、水路由交通运输部主管，铁路由铁道部主管，国际集装箱运输还涉及海关、检验检疫等监管部门和金融机构，这些并行的政府主管部门在管理规定、管理方法、管理手段以及系统运行等方面的做法和特点都有明显不同。

(2)集装箱海铁联运运输组织缺乏有效协调。由于我国路、港、船、货等各环节自成一体，信息系统相互割裂，信息传递阻滞和重复手工操作现象严重，尤其是铁路体系与集装箱海运体系在运票、运价和违约补偿等方面明显不一致，单据、货票和业务信息内容等尚未统一，集装箱海铁联运运输组织缺乏有效协调，使港口集装箱集疏运结构很不平衡，带来运输效率低、物流成本高、资源环境影响加剧等诸多问题。

(3)集装箱海铁联运配套基础设施建设严重滞后。纵观世界集装箱运输发达国家，其在新建扩建港口设施的同时，都同步建设了多种运输方式协调、集疏运能力配套的集疏运体系，并尤其重视铁路、内河在集装箱集疏运体系中的作用。

(4)信息无法共享造成海铁联运发展较为滞后。我国集装箱业务流程中，涉及公路、港口、铁路、海关、国检等多个行业监管部门，由于各运输方式业务单证各异，信息化程度差异较大，各业务系统信息孤立，海铁联运效率低下。我国仅有少数几个沿海港口的集装箱码头前沿堆场具备铁路条件，通过公路短途驳运就能抵达铁路集装箱堆场的集装箱码头也不多。铁路体系与集装箱海运体系在运票、运价和违约补偿等方面明显不一致，单据、货票和业务信息内容等也不统一。从整体上看，我国集装箱铁海联运基础设施建设严重滞后，集装箱港口缺乏海铁联运枢纽或功能不完善，内陆地区缺乏按国际标准运作的集装箱铁路场站，路、港、船、货等各环节信息系统自成一体，相互割裂，信息传递阻滞和重复录入现象严重。

3.海铁集装箱班列装车作业流程

海铁集装箱班列就是顺应物流市场需求变化的货运新产品，持续为铁路带来稳定的运输收入，运输组织也进入常态，安全风险基本可控。通过总结近几年来的管理经验，完善相关管理制度，严格执行作业标准，发挥货运中心、经营部、班组三级联动机制，能够有效保证集装箱班列的有序稳定开行。

(1)车辆配送检查。所需装运集装箱班列的空车，由行车部门负责调入货场股道，调入后货运站派员对全部到达空车进行检查，对检查发现不符合装车要求的车辆立即通知行车部门。

(2)集装箱验货。托运人负责班列装箱，货运站派员对集装箱按规定进行检查(或查验报关单)；货运员要检查落实集装箱箱门关闭和施封情况。

(3)装车作业。外勤货运员根据装车顺序表组织集装箱装车，同时负责在“集装箱管理系统”内按要求及时录入相关信息。

(4)制票环节。集装箱货运员填写所装车号、箱号，将货物运单交货运核算员制票。

集装箱班列装车作业流程如图5.5所示。

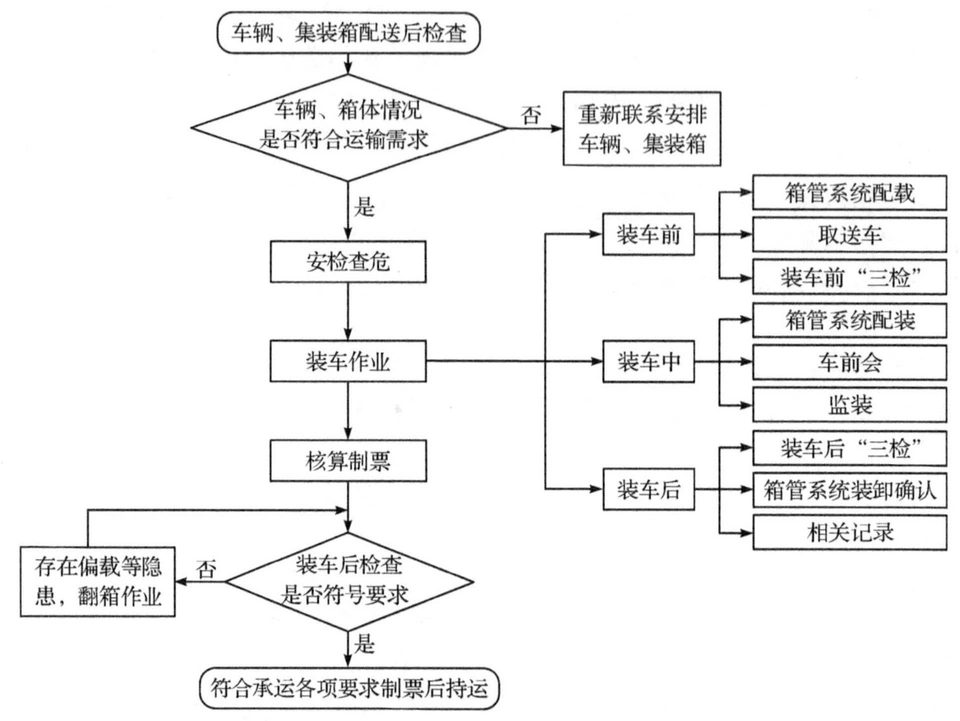

图5.5 集装箱班列装车作业流程

4.加强我国集装箱海铁联运的主要措施

与公路相比，铁路集装箱运输对环境污染小，节能环保特征明显，具有更大的社会效益，这对建设资源节约型、环境友好型社会具有重要意义。铁路应进一步向国家争取在发展集装箱运输方面的财政、税收、金融、土地利用等方面的政策支持，为加快集装箱铁水联运发展创造良好环境。铁路应从优先发展集装箱多式联运、适当放开装运品类限制、优化完善运价机制、强化运力支持保障以及加快场站建设进度等方面增强自身产品的竞争力，另外还要从国家提供扶持政策方面为集装箱运输创造良好的大环境，保障铁路集装箱运输健康、有序发展。

(1)进一步完善联运基础设施建设。铁路应加大设备更新改造力度，与港口、物流企业合作，加大内陆无水港建设。

无水港是资源与服务的集合体。一方面，无水港集约内陆城市的物流资源，为内陆地区提供属地化进出口服务，降低物流成本，提高通关效率；另一方面，集约交通运输资源，有效延伸港口腹地距离，提高港口运营效率，在交通运输业、物流业发展中扮演着重要的角色。自2002年我国建成首个无水港以来，我国无水港在数量和规模上得到了较快的发展。

除了没有港口码头和装船作业外，无水港的其他功能与港口基本相同。无水港主要包含三个特征：主要位于内陆经济腹地，大多具备高效的交通运输方式，服务以对接沿海港口为主；服务功能具有多样化、地域化特点，但以物流的基本服务功能为主；主要为外贸进出服

务，货种以集装箱及箱货物为主。

(2)优化运输组织，保障班列的稳定性和可靠性，加强班列、班轮的有效衔接。

①提高运作效率。集装箱办理站应优先安排多式联运集装箱班列作业，提高装卸效率，缩短车辆停留时间。协调海关、国检等口岸监管部门，优先查验多式联运集装箱，推进内陆无水港、港口按“直通关”方式办理进出境手续。

②形成铁路多式联运枢纽设计规范。借鉴国内外成功的联运枢纽设计，参考国际设计标准，形成适用于铁路的多式联运枢纽设计规范，用于指导我国铁路多式联运枢纽建设。并结合“一带一路”战略和国家物流大通道需求，注重与其他节点规划融合，打造一枢纽一方案，形成具有针对性的联运枢纽。

③提升技术装备水平。坚持配置标准的技术装备，采用大型门吊、智能门禁系统及集装箱追踪管理系统。先进的枢纽设施设备是联运的硬件支撑，按照标准化枢纽的要求和特点，采用标准的装卸设备、门禁系统和信息设备等。对现有装卸机械规格、型号、性能进行综合分析，选择标准、高效、经济、环保的装卸机械为主要机型，科学确定装卸机械配置数量及选型标准，配备专业化装卸吊具，提高装卸机械化、智能化水平。

④制定与国际和海运接轨的技术标准。加快完善集装箱多式联运技术标准和规范，按照综合运输要求统一技术管理标准。进一步简化集装箱多式联运业务流程，建立与我国法律和国际规定接轨的单证体系和管理体制，如图 5.6 所示。

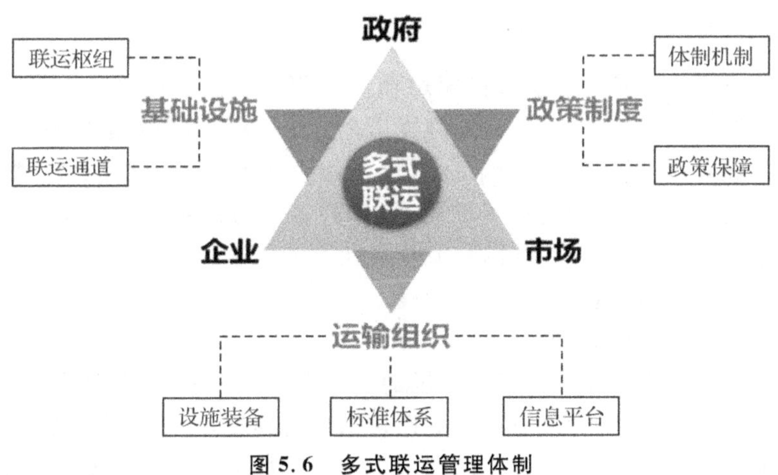

图 5.6　多式联运管理体制

5. 集装箱发展趋势

集装箱已成为全世界最大数量的运输载体。我国作为世界集装箱制造大国，多年以来不断通过各式集装箱把货物源源不断地运向世界各地。在当今全球贸易中，超过总货值80%的货物是使用集装箱运输的。随着运输市场的不断变化及集装箱技术的日趋完善，未来对于集装箱的需求也将变得多样化、复杂化。目前来看，集装箱将呈现以下几大发展趋势。

(1)智能化。集装箱的信息化是影响现代物流的一个关键因素。目前集装箱的信息化主要通过射频识别技术(RFID)、微机电系统(MEMS)等传感技术、控制技术、2G/3G 通信网络技术等相关信息技术，来实现全球环境下全供应链的信息实时与透明，以及全供应链下的集装箱远程监测、跟踪与管理。目前世界集装箱运输仍以单一的运输模式为主，海、陆、空之间的衔接不够紧密。未来集装箱技术的不断进步会为各种运输途径相互衔接提供更为便利的条件。

(2)环保化。在环保政策的压力之下，中国的集装箱产业正面临着向水性化涂装的转变。不过，我国当下使用水性涂料的集装箱仅占全球集装箱总数的约 3.5%，成本冲击成为集装箱产业要面临的一大“难题”。

①加快车辆和箱型的更新。针对铁路集装箱专用车辆数量少、发展速度慢、箱型分布不均等现状，采取措施加快专用车辆和集装箱箱型的改造以及非国际通用集装箱箱型的淘汰，尽快适应集装箱运输发展的需求。

②加快专业站点建设。加快铁路集装箱专业站点建设，改变现有铁路运输经营模式，使其与其他运输业务分离。

③注重管理信息系统的开发。加大资金投入，组织铁路集装箱管理信息系统和 EDI 系统的研制和开发，争取早日实现铁路集装箱运输的全程跟踪，缩小与国际先进水平之间的差距。

5.4.6 铁路无轨站

1. 铁路无轨货场模式优势

(1)提升铁路货运连接市场的能力

铁路无轨货场的建设是积极响应国家运输供给侧结构性改革的内在需要，有助于加快铁路货运企业化改革和转型发展，助力铁路货运企业快速融入市场，适应现代物流发展。无轨货场设立在物流集散基地、制造业园区，铁路货运企业的营销人员深入市场，及时掌握市场信息和供求情况，进一步加强与市场的联系，加强客户与铁路货运企业的直接沟通，更好地了解客户诉求和市场需要，强化铁路物流企业在海铁联运过程中的主体地位，有助于搞活海铁联运市场，促进铁路货运企业的转型发展。

(2)打通海铁联运“最前和最后一公里”

铁路无轨货场的建设使得海铁联运市场的信息更加透明，供需信息能够得到有效对接，物流资源配置更有效率，多种运输方式有效衔接水平得到改善，运输协作能力极大提升。传统海铁联运铁路与港口、物流集散基地的接驳一般是通过货代以及物流公司完成的，市场上货代以及物流公司良莠不齐，货车资源以及调度能力有限，货物接驳常常受到影响，建立铁路无轨货场，由铁路企业集中调度，减少集卡空载和等待，形成“班车＋班列＋班轮”定点运输模式，大大地解决了海铁联运过程中“最前一公里”“最后一公里”的难题，减少公路驳箱对海铁联运的影响，加快货运周转、缩短运输周期，提高海铁联运质量，打通区域间海铁联运新通道。

(3)实现地、港、铁联运

铁路无轨货场的建设有助于简化海铁联运过程中各项业务的办理，海铁联运市场的服务质量不断提升。传统的海铁联运手续一个流程办理完成，托运人常常要辗转于港口、铁路货运站、海关、物流集散基地多地办理，办理手续冗杂、时间长，极大地降低了海铁联运效率。铁路无轨货场的建设大大解决了这一难题，托运人在港口、物流集散基地就可以完成手续办理，解决了多次办理、多地办理的难题，也能减少在运输过程中出现重复查验、重复办理手续、重复收费的乱象，减少货物中转停留时间，实现地、港、铁互认，提升行业整体服务水平。

(4)规范海铁联运市场运作

铁路无轨货场的建设有助于提升上海地区海铁联运行业信息化、标准化、规范化的建设水平。铁路无轨货场实现业务集中办理，大大提升了行业透明度，避免物流公司、货代、黄牛在中间抬高运价，规范市场运作，助力物流信用体系建设。上海物流业近年来也正在加快由粗放式、分散规模扩张向集约化质量提升转型升级的步伐，铁路无轨货场的建设使得要素资源跨行业流动更加顺畅，跨行业合作机制进一步完善，促使海铁联运市场物流标准的制定实施，推动多式联运信息服务平台、港口集装箱多式联运信息服务系统示范工程的建设，实现物流信息资源有效利用，促进信息互通共享，提升海铁联运市场整体水平。

2.铁路无轨货场发展对策分析

铁路货运、海铁联运也可依照“高速铁路无轨客运站”发展模式，在港口、公路枢纽、大型物流集散地建立“铁路无轨货场”，设立相应办公场所办理运输手续，是指铁路货运部门把集装箱运输服务从铁路货场向港口货物集散地延伸，把铁路空箱提前配置在港口，根据市场需求，实现铁路货运业务咨询、集装箱需求提报、安检查危、检斤验货、装载检查、提还箱体以及集装箱箱务管理等业务在港口办理，形成“班车＋班列＋班轮”定点运输模式，提高运输协作能力，打通海铁联运“最前一公里”“最后一公里”，以便优化手续办理，促进路地港跨界融合，谋求共赢。

在港口码头建立“无轨铁路货场”，是发展多式联运的新创举，这样的铁水联运模式可以很好地把区域内铁路货场、港口码头融合在一起，具有物流辐射范围广、物流成本低、绿色环保等优势。“无轨铁路货场”通过在港口设立铁路集装箱运输场区，把铁路集装箱运输业务办理前移到铁轨没有延伸覆盖的区域内的货主身边，逐步实现布局成网，以开行铁路班列的模式办理集装箱业务，实现一站式便捷办理，全程多式联运无缝送达，帮助企业货主降低物流运输成本，零距离办理集装箱运输接取送达服务。开通“无轨铁路货场”业务旨在打通区域间的水铁联运新通道，把铁路、水路运量大，运输成本低，绿色环保的优势在综合交通运输中进一步发挥出来。

(1)尽快推进港口、物流集散基地铁路无轨货场的建设，在“硬环境”上形成站港(场)运输一体化布局。要加快推进无铁路专用线港口、物流集散基地的铁路无轨货场建设工作，铁路企业主动与港口企业、物流企业对接合作，在五大重点物流园区、四类专业物流基地以及制造业聚集区打造铁路无轨货场，提前筹划、精心布局、多方共创，建立物流受理集中办理窗口，实现站港(场)一体化管理、一站式办理目标；地方政府要积极牵线，形成统一的协调统筹机制，协调解决联运建设过程中资金、用地、政策等重大问题，确保铁路无轨货场项目落地生根，努力促进海铁联运“硬环境”上的站港(场)运输一体化布局。

(2)积极促进海铁联运服务体系、信息平台建设，在“软环境”上形成业务流程一站式服务。

①紧密联系市场，做好营销服务工作。铁路无轨货场的建设大大地拉近了铁路物流企业与市场的距离，铁路货运企业的营销人员要主动“走出去”，通过问卷调查、客户座谈、现场考察等方式，更加深入地了解市场需求和客户诉求，找出铁路货运发展面临的瓶颈，直面问题，优化现行的铁路货运发展模式，制定合理有效的营销策略和服务方案，加速铁路货运企

业的转型发展,提升铁路货运在现代物流发展中的竞争力。

②完善"班车+班列+班轮"定点运输模式。铁路无轨货场发展的主要问题就是要解决好海铁联运过程中的公路接驳问题,铁路企业要提升卡车、司机的调配能力,保证物流资源的合理利用,构建组织体系完善、技术手段先进的现代物流统计和运行监测体系,提高调度水平,根据铁路、船舶的运输车次、航次做好接驳工作,尽可能缩短货物公路接驳的周转时间,保证海铁联运时效。

③简化办理手续,实现地、铁、港互认,做到"一次托运、一票到底"。铁路无轨货场要加强铁路车站、港口和海关部门、物流企业的协调沟通,精简海铁联运手续,力争做到"一次托运、一票到底"。铁路无轨货场建设过程中要积极探索综合受理窗口的业务办理模式,加强港口、铁路部门、物流企业、海关的密切配合,避免多次、多地办理查验现象的出现,实现地、铁、港互认。

④促进跨行业信息共享、系统互认,加速推进行业物流标准的落地实施。不断提高海铁联运行业的科技水平,依靠"互联网+"、物联网等科技手段促进数据资源的共建共享,推动多式联运信息服务平台建设,推进港口集装箱多式联运信息服务系统示范工程,大力发展物流公共服务平台,提升物流公共服务水平,破除信息交互壁垒;此外,还要加快海铁联运行业与政务信息的部门间互通互联,利用物联网、互联网和大数据等技术完善物流市场事中事后监管,建立健全海铁联运市场规范机制,加速推进行业物流标准的落地实施。

例如,三水西货场永泰港场作为粤港澳大湾区首个水铁联运"无轨铁路货场",除了国家政策支持和当地政府部门扶持之外,三水西铁路货场和永泰港码头还具有发展水铁联运的独特区域优势。通过三水西货场永泰港场的辐射能力,紧密衔接粤港澳大湾区的铁路网和水运网,可以在码头间开行每日班轮,在铁路货场开行每日班列,进一步提升"公转铁、公转水"的运输效率,发挥低碳绿色环保多式联运的优势。三水西货场永泰港场既可以作为发展成粤港澳大湾区铁水联运的枢纽,也可以打造成粤港澳通向大西南的多式联运交通枢纽,能实现经济和社会效益双赢。

5.5 案例分析:宁波海铁联运发展实践探索和上海临港地区海铁联运发展对策

5.5.1 宁波港组织创新模式

宁波海铁联运高增长态势日益强劲,运量持续增长,线路不断增多,腹地不断延伸,正在成为宁波经济对外交流的一张亮丽的名片,也在全国产生了一定的示范效应。"宁波—华东地区"海铁联运通道被列为全国首批六个示范通道之一;"上饶—宁波五定"班列延伸至鹰潭,被列为全国"百千快捷班列";"宁波舟山港—浙赣湘(渝川)"集装箱海铁公多式联运被交通运输部列为第一批多式联运示范项目。再如,宁波舟山港位于"一带一路"交会枢纽位置,紧邻全球最繁忙的国际主航道,区位优势突出,与100多个国家和地区的600多个港口架起贸易通道,拥有航线251条,远洋干线124条,航线资源丰富。宁波舟山港海铁联运起步于2009年,当年集装箱完成量仅0.17万TEU,到2017年完成量为40.1万TEU,集装箱海铁联运箱量同比增长 60%,8 年年均增长率达 98%,集装箱海铁联运箱量全国港口排名第 4 位,稳居南方港口第一。发展海铁联运既是建设全球一流现代化枢纽港的重要任务,也是打造港航物流服务中心的重要抓手。打造多功能型港口,成立多式联运公共运营平台,通过多项协议将政府、铁路公司、船公司紧密联系在一起,培育多式联运经营人,使海铁联运所需要的各种程序都可以在港口完成,为货主提供更加便利的多式联运服务。近年来,宁波舟山港依托陆港联动,通过在内陆腹地城市建设无水港,将海港功能向无水港延伸,海铁联运功能辐射进一步扩大,使内陆区域内以及区域间的公、铁、水集装箱运输所占比例趋于合理,更经济有效地将先进的集装箱运输方式辐射到内陆地区,对推动内陆区域经济持续、快速、协调发展具有重大意义。宁波穿山港铁路支线工程已建成通车。穿山港铁路支线是浙江省铁路建设"八八计划"的交通类基础设施重点建设工程,新建穿山港铁路大碶站至中宅站,正线长 29.29 千米,有隧道 12 座。该铁路项目是舟山江海联运服务中心的重要组成部分,将打通宁波舟山港货物吞吐量最大的港区——穿山港区海铁联运的"最后一公里"。未来,通过宁波舟山港穿山港区装卸的货物集装箱,可以直接通过这条铁路完成集疏运,减少对地面道路的影响,这对提高宁波港口疏运能力,加快港口经济圈建设,加快融入"一带一路"建设有着重要的意义,穿山港铁路支线的开通,无疑将放大宁波海铁联运的能力。

1. 宁波港创新

宁波集装箱海铁联运能够实现新跨越发展,主要得益于几个方面的创新。

(1)强化顶层设计,把好发展"方向盘"

①建立机制,规划引领。2009 年 5 月,宁波市政府成立了由市主要领导担任总召集人、约 20 个成员单位参加的海铁联运发展联席会议制度,重点负责搭平台、出政策,推进项目建设,研究制订对策措施,及时协调解决海铁联运发展中的有关问题。2014 年组织编制了全国第一个地级市《海铁联运发展规划》,并先后完成了"宁波海铁联运综合试验区研究""宁波海铁联运新通道建设研究""宁波市海铁联运发展财政扶持政策绩效评估"等重大课题,明确了宁波海铁联运在基础设施、运输组织、信息系统、口岸服务等方面的主要发展任务,指导宁波海铁联运科学有序发展。

②多方协调,财政扶持。2009—2017 年,宁波市先后实施了三轮海铁联运财政扶持政策。2009 年 11 月,宁波市政府与上海铁路局、中铁集、中铁联集等签署了《关于合作推进宁波集装箱海铁联运的会议纪要》,共同推进海铁联运发展。

(2)强化"四轮驱动",注入发展"新动能"

宁波年集装箱海铁联运箱量正式突破 60 万标箱,同比增长 50%以上,排名升至全国第 3 位,增速位居全国首位,南方海铁联运第一大港地位得以巩固。宁波海铁联运业务已辐射 15 个省(区、市)的 46 个城市,内陆无水港达到 15 家,常态化运行班列总数 12 条。沿"一带一路"、长江经济带沿线,基本形成了南北两条线同步发展的格局。

①基础设施建设。一是对外通道方面,穿山铁路支线和北仑支线电气化改造加快推进;萧甬铁路完成部分技术改造,宁波至绍兴已实现"一高两平"双层集装箱班列运输;在建金甬铁路正在改进技术规范,以满足双层双高集装箱运输需求,更大程度提高运能。二是宁波港区内部,2016 年完成铁路北仑港站股道改造,全港年作业能力接近 100 万标箱。在铁路到达港区创建空箱基地,船公司将海铁联运所需空箱直接卸至空箱基地,省去空箱短驳环节,提

高运行效率。

②市场开拓。借助合作交流平台“走出去”，先后与南昌、成都、襄阳、合肥、西安、醴陵、东阳等20个城市签订了海铁联运战略合作协议，并和西安陆港缔结成为友好港。省外已实现江西境内全覆盖，重庆至宁波沿江班列由一周班发展到天天班。浙江省内义乌至宁波海铁班列实现一天三班对开，单月破万箱，成为我国最大的集装箱外贸海铁班列。2018年成功助推丽水无水港开港运营。海铁联运模式逐渐获得当地企业认同，客户从最初的纳爱斯一家到现在的十几家。

③资源整合。充分发挥港口、航运、铁路、货代等企业的优势，共同构成海铁联运的发展主体，深挖市场潜力，成功开发了以汽车配件、光伏产品、户外家具、白色家电、电子产品等五大货种为代表的大客户群，与20余家全国500强企业建立战略合作伙伴关系。

④模式创新。在运力配置方面，采取了直达列车与五定班列等方式，在运价上形成了“铁路下浮一点、地方补贴一点、企业分担一点”的共同分担机制。在业务操作上，谋划了一系列创新模式：一是“港航”模式，推进马士基等船公司开通海铁联运班列，真正意义上实现了出口货物在连云港起运并签发全程提单；二是“路港”模式，派员在上海路局调度所合署办公，搭建与路局各部门有效沟通机制；三是“散改集”模式，在开发集装箱货源的同时，不断筹划散货入箱；四是“铁海铁”模式，新辟了“东北—宁波舟山港—华东地区”的海铁联运物流通道，东北地区粮食、矿产装箱铁路运抵营口、大连、锦州等港口，海运至宁波，再经铁路发往华东地区。宁波港开行双层集装箱班列如图5.7所示。

图5.7 宁波港开行双层集装箱班列

例如，为了保证“公转铁”项目顺利实施，2019年5月10日，港口铁路和码头公司在镇海港区进行了试装车和运行，并取得成功。此次首发的30标准箱“公转铁”煤炭专列，采用煤炭水铁中转“散改集”模式，装载用的“35吨型敞顶箱”，亦是宁波舟山港铁路首次采用的新车型，具有装车方便、环保标准高的特色。此项目成功试运行以后，将以便捷、环保、“门到门”服务等优势，形成示范效应，辐射到浙西、江西等地区的煤炭客户，为做强宁波舟山港铁路直通车品牌提供了有力的支撑。详情如图5.8所示。

(3)强化服务争效，助推驶入“快车道”

①构筑政策叠加效应。在政府出台扶持政策基础上，推动铁路方面实行运价下浮政策；宁波舟山港对港区铁路取送费、港站装卸费优惠30%，免收重箱码头堆存、迟到进重、预进港费等码头费用；有关船公司通过空箱箱源支持、重箱舱位百分百保障、海运运价优惠等形式，鼓励客户选择海铁联运物流模式。全面停征出入境检验检疫费，停止收取各类有偿服务费

图5.8 宁波港"公转铁"煤炭专列

用及检查监护费。

②提高联运效率。在业务流程上,建立一次托运,一张单证,一次计费,一次保险,全程负责的服务体系;在操作管理上,在北仑港站设立海铁联运操作管理中心,整合单证受理、装卸车、现场监装、辅助作业等环节,港站操作管理实现一体化;同时与内陆铁路货场共同挖掘潜能,提出"前铁路后仓库"的作业模式,有效解决集装箱"最后一公里"问题。宁波海关推进全国通关一体化等多项改革,实行"进口直通、出口直放",有效提升海铁联运通关效率。

③持续优化监管效能。市交通委与宁波出入境检验检疫局、宁波海事局签署合作备忘录,建立联席合作机制,在发展多式联运等方面建立紧密的合作关系。口岸监管单位与中西部城市对口部门签署海铁联运合作框架协议,建立不同关区间的沟通协调机制。市口岸办加快推进国际贸易"单一窗口"建设,国标版"单一窗口"综合覆盖率达到100%。

(4)探索集装箱运营模式

①探索集装箱大型化。在远洋班轮上,船舶主要使用40ft集装箱,而我国陆地集装箱箱型以53ft和48ft为主,由于53ft集装箱容量为108m^3,40ft集装箱容量为54m^3,通常情况下2个40ft集装箱可以拼成1个53ft集装箱,不仅更有效率,而且消除了把海运集装箱运回海岸港口的管理环节和费用,探索集装箱大型化有利于适应国际环境。

②推广"集装箱+标准化组合分箱"模式。无须换装的运载集装单元应向更小尺寸标准转化,"标准化组合分箱"指更小的封闭式运载集装单元,从而替代传统的"集装箱+托盘"模式,建议标准化组合分箱尺寸为1200mm×1000mm×1200mm或1200mm×1000mm×1450mm。

③发展设备共享池。为规避风险,降低管理成本,不使设备短缺,可以采用共享池形成互用合作体,即组织多家箱公司或设备公司形成合作体,将各自的集装箱、标准化组合分箱等共同投入共享池,供所有合作体的公司使用,满足这些公司对设备的需要。

(5)设计以需求为主的联运产品

①加强需求分析。掌握不同细分市场的运输品类、运输流量、运输距离、运输时间、运输价格等要素信息。针对内陆联运市场,加强与客户的沟通,以及对公路、水运市场价格变化的掌握,结合货源流向,组织好既有班列,同时结合客户实际需求,开发面向电商快递、冷链货物、危化品的专列。针对铁水联运市场,加强沿海港口和内河港口铁水联运市场开发,加

强与港口、航运企业的协调合作，深入掌握客户需求变化，加大重去重回货源组织，协调航运企业向货主提供用箱、舱位预订、运价优惠等，优化铁水联运班列开行计划，确保班列开行质量。针对国际联运市场，加强与进出口贸易企业，尤其是汽车、机械设备、化工和农产品领域的进出口企业之间的合作，签订物流服务协议，统一组织到中亚、俄罗斯和欧洲的集装箱班列，拓展东南亚、南亚及中东等地区铁路集装箱国际联运。

②提高铁路联运产品全流程服务质量。针对客户对运量、运输时限和运输价格的需求不同，制定差异化的运输产品，提供运输、仓储、装卸、包装、转运等基础服务，以及集装化运输、全程运输、出入境服务、货运制单、信息追踪、客户服务、应急处理、电子数据交换等增值服务，提升铁路两端服务效益。

2. 宁波舟山港存在的问题与解决对策

但相比集装箱海铁联运发展成熟的国家及港口，宁波舟山港还存在不少问题，主要表现在：海铁联运占比不高；疏港铁路集疏运能力薄弱；海铁联运综合运价竞争力有待提高；港口、铁路信息化共享程度低。具体到宁波舟山港集装箱海铁联运优化方面，相关对策如下：

(1)搭建组织架构，强化联运运营保障。宁波舟山港股份有限公司业务部专门设置以海铁联运项目为工作职责的海铁联运中心，统筹协调推进全港海铁联运业务发展。成立宁波兴港海铁物流有限公司，作为海铁联运公共运营平台公司。培育宁波港国际物流有限公司、宁波港铁路有限公司、宁波港船务货运代理有限公司 3 家单位为海铁联运经营人，为货主提供海铁联运服务。此外，舟山港股份公司还与中铁联合国际集装箱有限公司合资成立中铁联集宁波北仑公司，负责经营北仑港区集装箱办理站。

(2)优化基础设施，提高联运作业能力。2017 年底完成对北仑港区改造集装箱作业线路 6 条后，北仑港区海铁联运集装箱年作业能力达到 78.2 万 TEU。穿山港铁路(大碶—中宅)支线于 2015 年 12 月份启动，线路按照开行双层集装箱列车设计，同时，开始宁波北站至北仑站的铁路电气化改造。开建穿山港站一期工程，该工程将完善穿山港站与穿山港区间的衔接配套，使年作业能力达到约 100 万 TEU。改造港站机械设施，实现“龙门吊进铁路港站”作业新模式。同时，对吊机上增配集装箱超偏载检测装置。

(3)推进信息研发，提升联运服务水平。2017 年 6 月，宁波舟山港建设国家集装箱海铁联运物联网应用示范工程，为客户提供海铁联运全程一体化的信息服务。宁波舟山港内部已实现信息交换与共享，实现业务托单受理、港铁取送车、铁路计划申报、港站装卸车、口岸协同、车队驳箱等业务统一管理。探索基于海铁联运生产的移动软件应用，推广至集卡司机高效运输预录入和港站货运员装卸车作业确认等生产环节。

(4)扩大网络辐射，促进多方合作共赢。宁波舟山港沿着“丝绸之路经济带”“长江经济带”及周边布置海铁联运业务点，积极推进各业务点至港口的海铁物流通道建设。截至目前，宁波舟山港海铁联运班列 12 条，涉及 11 个铁路局集团公司，海铁业务已辐射至 15 个省(区、市)，提供海铁联运服务的城市(地级市)达到 42 个。近年来，宁波舟山港加强与上海局集团公司合作“点对点”循环班列。

(5)创新多式联运业务模式，增强联运运作效率。为满足进出口货物装箱、拆箱、还箱，宁波舟山港通过在内陆设立无水港、与铁路货场合作等模式建立内陆无水港，引进船公司提还箱功能，为内陆地区客户提供家门口服务，在提升运输效率的同时，也节约了运输成本。

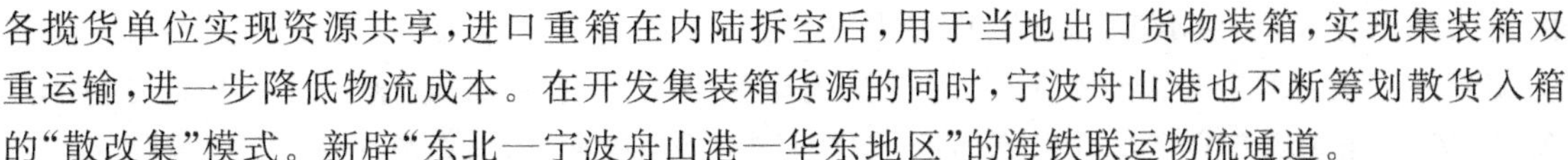

各揽货单位实现资源共享,进口重箱在内陆拆空后,用于当地出口货物装箱,实现集装箱双重运输,进一步降低物流成本。在开发集装箱货源的同时,宁波舟山港也不断筹划散货入箱的"散改集"模式。新辟"东北—宁波舟山港—华东地区"的海铁联运物流通道。

(6)推广海铁全程物流模式,为货物保驾护航。宁波舟山港开行海铁线路后,在内陆腹地城市设立运营机构,并派驻专业团队,做好货源组织、铁路运行协调、车队短驳等服务,提供全程跟踪服务。铁路预驳海运空箱至内陆车站,在车站提供提还箱功能,船公司签发提单至内陆,在内陆提供货代订舱服务。

(7)争取政策支持,推动项目稳步发展。2009 年 4 月,宁波市人民政府出台《关于加快宁波港铁水联运发展若干扶持政策的意见》,对宁波从事铁水联运相关实际经营人予以扶持。自 2010 年起,为支持发展海铁联运,宁波舟山港对海铁联运集装箱在港口端操作的相关费用分别给予优惠,实施调降优惠港站装卸费、调降优惠港区专用线取送车费、调降优惠港区码头间驳运费、免收码头堆存费和转线费等措施。海铁联运不仅为腹地城市提供货物出海口,打通腹地城市与港口间的物流大通道,也促进了外贸经济和相关产业的快速发展。

5.5.2　上海局集团公司的创新

宁波在中国大运河的终点、海上丝绸之路的起点,有着河海交汇的黄金位置,自古就是东西方文明交流的核心港口。走进宁波舟山港,可以看到一番火热景象:无人集卡车往返穿梭,自动桥吊擎臂而立,一趟趟海铁联运班列接连抵达,一个个集装箱被卸下火车,"转乘"国际货轮,发往全球……铁路联手这个已十多年蝉联货物吞吐量世界第一的东方大港。

1.建成大能力集疏运体系

建设穿山港站是集团公司将铁路伸向大海边,构建海铁联运大能力集疏运体系的重要举措。新增两架龙门吊开启了港站一条股道"整列"装车模式,港站装卸作业效率较之前提升 1 倍以上,建成启用后,穿山港区成为铁路在宁波舟山港办理海铁联运的三大港区之一,也是目前铁路延伸到港口的最大"千万级"单体集装箱码头。港站作业已实现"一天三班",11 月份突破了 1 万标箱的发送量,环比增长 71.2%。

宁波舟山港的海铁联运主要通过连接镇海港的萧甬线、连接北仑港的北仑支线和连接穿山港的穿山支线办理。以前北仑支线铁路通道能力不足,穿山港不通铁路,严重制约了海铁联运的发展。与穿山港站同步建成的还有连接北仑港站的北仑支线电气化改造,北仑港站内集装箱作业线路目前已增至 10 条,能同时办理 5 趟海铁联运班列作业。宁波舟山港海铁联运集装箱作业能力由原来的年 40 万标箱,增加到 2021 年的 150 万标箱,远期能达到 200 万标箱。在扩容港口地区联运能力的同时,依托铁路网将港口部分功能向内陆延伸。

在湖州西站体验无水港服务后,在车站无水港就能"一站式"完成订舱、报关、报验、签发提单等手续,集装箱上车就等于上船。无水港依托铁路网迅速在内陆布点。在国铁集团大力支持下,集团公司先后在绍兴、义乌等地设置无水港 30 个,货主在起运站即可办理全程提单签单。同时,集团公司及时补强舟山区域目前不通铁路的短板,在舟山港综保区码头设置铁路无轨站,客户无须再到 90 千米外的宁波铁路货场提还箱,物流成本进一步降低。

2.不断丰富产品创新服务

例如,从义乌西站驶出,开往宁波舟山港。就在 3 小时前,中铁国际多式联运有限公司的集装箱已在义乌西站集结完毕，只待火车一到，立即装车。以前“车等箱”，从港口发来的空箱到站后，经短驳到企业装货，之后再拉到车站装车。现在“箱等车”，让重箱提前在车站集结，等从港口发来的空箱班列到达后，卸“空”装“重”一前一后，无缝衔接，货物装运到港时间心里更有谱了。“箱等车”既方便客户，也提高了运输效率。装车新模式让装运时间更稳定，班次安排更精准，提高了班列运行品质。

集聚“铁＋港＋船”优势，推动海铁联运班列异军突起。在宁波舟山港，海铁联运班列按照固定站点、固定时间、固定车底，每日循环开行，共有钱清、合肥、南昌等 19 个方向，覆盖全国 15 个省(区、市)的 56 个城市，挑起当地外贸运输的大梁。

拓展海铁联运“朋友圈”。双层集装箱运输是一种先进的多式联运组织方式，最大可提高线路运输能力 38%。该班列由 14 辆双层集装箱专用平车固定成组，每辆车下层装载 2 个 20ft 集装箱，上层装载 1 个 40ft 集装箱。如，北仑港一列双层集装箱海铁联运班列和往常一样正点启程。班列 3 个多小时后抵达绍兴皋埠站，再装满当地轻纺产品原路返回，装船远销欧洲、北美、东南亚等地。宁波舟山港至绍兴集装箱海铁联运班列作为国内首发双层集装箱班列，如今已按固定班次开行。到达绍兴后，班列将装载当地的轻纺产品等出口集装箱返回，经宁波舟山港海运到达欧洲、美国、东南亚等国家和地区，双层集装箱海铁班列还将逐步推广到萧山及省内其他线路，这种新的运输模式，将在全国形成示范效应。双层集装箱运输是一种先进的多式联运组织方式，最大可提高铁路运输能力 38%。

3. 多方融合聚力

在宁波车务段北仑站行车室，车站值班员史家波看到电脑上跳出的港口最新货轮信息，立即发出指令，提前安排配空车辆和装卸机具，并及时将铁路运力安排录入平台，与港方实时共享。构建电子数据交换平台是铁路和港口深度融合、高效联运的重要举措，实现了双方信息交换共享、促进业务协同。路港双方综合对方信息，可对下一步生产预判，海铁联运综合效率进一步提升。海铁联运涉及环节众多，牵一发而动全身。集团公司围绕重点环节，打通堵点、连接断点，与中铁集、中铁联集等 15 家相关单位建立海铁联运联席会议制度，破除发展机制障碍，深化系统建设，共同推进基础设施建设，促进海铁联运上量；积极探索融合发展，与宁波舟山港合资成立上铁浙港海铁联合物流有限公司，共同开发地方政府物流园区总包业务，围绕铁路物流基地开展物流增值服务。

市场化运作背景下，比服务质量更能吸引客户的，是综合性价比。起初，运输距离 800 千米以内的，其实铁路并不占优势。海铁联运距离近则百余千米，远则上千千米，全程运价对客户选择起着主导作用。为了扩大运输份额，提升海铁联运品牌影响力，集团公司与宁波舟山港加大市场调查力度，反复研究测算每个联运方向的全程费用，最终根据铁路、港口及企业三方均认可的合理物流方案确定运价政策，与 20 余家全国 500 强企业建立战略合作伙伴关系，合力扶持，共同推动业务成长。2020 年仅用 10 个月，集团公司与宁波舟山港联运业务量已超 2019 年全年总量，达 81.2 万标箱，同比增长 22.9%，在疫情控制期间始终保持高位运行和逆势增长，为畅通长三角地区产业循环，促进上下游协同复工达产贡献力量。

4. 管理措施

(1)制定与国际和海运接轨的技术标准。加快完善集装箱多式联运技术标准和规范，按照综合运输要求统一技术管理标准；进一步简化集装箱多式联运业务流程，建立与我国法律和国际规定接轨的单证体系和管理体制。

(2)适当放开装运品类限制。在确保铁路运输安全的基础上,根据集装箱运输市场需要,修订完善铁路集装箱运输相关规定,扩大入箱品类范围。一是优化调整入箱品类,拓展铁路集装箱运输市场。对海铁联运、公铁联运的集装箱运输品类放开限制,以充分发挥联运优势。除危险化学品和空车紧缺地区的大批量重质货物外,放开入箱品类限制,由客户自行选择运输方式。二是建立健全入箱品类动态调整机制。根据集装箱运输市场实际需求,结合专业集装箱装备发展情况,及时调整入箱品类,不断提高铁路运输整体市场竞争力。

(3)优化完善运价机制。按照铁路整体效益最大化的原则,统筹协调平衡集装箱和整车运价关系,以集装箱运价为试点,探索建立市场化价格机制,提高铁路运输整体竞争力。同时,根据国际运输市场的变化,集装箱国际联运价格自主调节,探讨对全国性、区域性的大客户量价互保的定价模式,进一步适应市场竞争。

(4)完善运输组织,提高运作效率。一是保障班列的稳定性和可靠性,加强班列、班轮的有效衔接;集装箱办理站要优先安排多式联运集装箱班列作业,提高装卸效率,缩短车辆停留时间。同时,协调海关、国检等口岸监管部门,优先查验多式联运集装箱。二是强化运力支持保障。按照集装箱运输"优先受理、重点组织"的原则,加强运输计划的安排和兑现,优化班列线条铺画,加强班列开行组织,提高集装箱运输服务质量。例如,结合"实货制"货运改革进程,由客户随时申报,集团公司给予优先安排,并对计划兑现情况加强分析考核;将班列运行线铺画至货场作业线,班列发、到时刻分别以货场牵出、送入货场时刻为准,同时确定班列发、到时刻应考虑与当地公路短途运输能力的衔接,尽可能压缩集装箱在站停留时间,提高集装箱班列产品全程运输的时效性;提高集装箱班列和整列运输比重,除危及行车安全、线路中断等原因外,不对班列下达停限装,保证开行数量,稳定运到时限;发挥在中心站班列中转接续作用,依托中心站场地面积大、作业效率高、管理现代化的优势,设计开行办理站至中心站、中心站之间的中转接续班列产品,并研究中转组织及支持政策等配套措施,推动中转班列快速发展;港铁信息实现互联互通,通过多式联运 EDI 数据交换,与宁波舟山港集团、连云港、上海港等港口实现铁路与港口信息互联互通、共享共用,促进生产作业无缝衔接;与宁波港成立合资公司,共同拓展物流基地合作开发,拓展港口和铁路服务腹地,提高港口和铁路市场竞争力;由上海港集团、上海局集团公司、中铁多联、中远海运四方出资成立"上海港海铁联运有限公司",搭建海铁联运服务公共平台等。

5.5.3　上海临港地区海铁联运发展对策

上海临港地区位于上海市东南角,地处长江口和杭州湾的交汇处,具有得天独厚的区位优势,南北分别毗邻洋山国际枢纽港和浦东国际航空港,是集铁路、海运、高速公路、内河运输及航空等多种交通运输方式于一体的重点发展区域。目前,临港地区集中物流、汽车、工程机械、民用航空以及大型制造企业等 6 大产业制造基地,在远期规划中将逐渐发挥产业优势,成为世界一流、国内领先的综合型、枢纽型现代化物流基地。因此,亟须针对临港地区构建快捷高效、结构优化的现代港口集疏运系统,提升其海铁联运发展水平,使其从上海组变交通末端转变发展为面向全球、有接轨亚太、服务长三角的国际前沿。

1.临港地区发展定位

2018 年 11 月,上海市正式发布《上海市临港地区融入"长三角一体化"行动方案》,明确临港地区作为长三角区域的重要节点城市，将按照“1+2+5+7”的框架来推进融入长三角一体化，将临港地区打造为“更具国际市场影响力和竞争力的特殊经济功能区”，助力上海作为长三角一体化区域发展龙头城市的引领和带头作用。

为加快推进临港地区发展，2019 年上海市正式对外公布《中共上海市委上海市人民政府关于促进中国(上海)自由贸易试验区临港新片区高质量发展实施特殊支持政策的若干意见》，共计 50 条政策措施，聚焦管理权限、专业人才、财税金融、规划土地、产业发展、住房保障、基础设施等方面，其中明确要构建对外高效畅达、对内便捷绿色、管理智能便民的综合交通体系，将临港新片区建设成为长三角区域重要节点城市，强化临港地区多式联运集疏运体系，依托洋山深水港、浦东国际机场、芦潮港铁路集装箱中心站、南港码头等，进一步增强海铁联运、江海联运、水水中转功能。上海临港地区正在建设与国际航运中心地位相匹配的综合交通网，海铁联运是提升其服务能级的重要方面。海铁联运作为临港地区多式联运集疏运体系的重要构成，在发挥铁路、航运、公路等多种运输方式的集成优势，缓解临港地区陆路交通压力，增强洋山港集疏运能力，提升港口物流服务功能和产业集聚功能等方面起到重要作用，同时也进一步提升临港新片区的辐射带动效力，推动长三角经济一体化联动发展。

上海临港地区已形成集公路、铁路、海运、航空、轨道交通等多种交通方式于一体的立体交通网络。海铁联运是临港地区集疏运体系的重要构成，相关的基础设施有芦潮港集装箱中心站、浦东铁路(金山园区—四团)和上海港洋山港区。铁路方面，目前设有浦东铁路、芦潮港集装箱中心站。芦潮港集装箱中心站作为临港地区海铁联运的装卸场站，是我国“中长期铁路网规划”的 18 个铁路集装箱中心站之一，也是上海国际航运中心洋山深水港的重要配套项目。芦潮港集装箱中心站距离洋山深水港 32 千米，通过 7.6 千米的铁路线与浦东铁路四团站接轨，设有 1 个 5 股道的列车到发场和 8 条装卸线的货场，每周设有开往苏州、海安、合肥、城厢等地的集装箱班列。海运方面，其上海港洋山港区是上海国际航运中心的集装箱深水枢纽港区，是国际远洋集装箱班轮主靠港，通过东海大桥与陆地相连接，其核心腹地为长三角地区，并经长江黄金水道和铁路网络辐射安徽、江西、湖北、湖南、四川等内陆地区。

2020 年洋山港集装箱吞吐量达到 2022 万 TEU，预测远期集装箱吞吐量将发展至 3000 万～3500 万 TEU，未来将继续整合开发小洋山岸线能力，并预留大洋山发展空间。目前，上海临港地区海铁联运由上海港洋山港区经东海大桥，通过公路中转至铁路芦潮港集装箱中心站，再向外发运。其中芦潮港集装箱中心站和上海港洋山港区，作为临港地区铁路、海运集装箱运输的关键节点，是上海临港地区海铁联运重要的基础设施，同时也是临港地区海铁联运的重要载体。

目前上海临港地区集疏运体系中运输结构比不够合理，铁路承担的疏港运量有限，2020 年港海铁联运占比仅为 1.24%，与国际及国内其他大型港口海铁联运 10%～20%比重相比短板明显，与青岛、宁波、营口等国内港口 2%～10%的水平相比也有较大差距。2014—2018 年上海临港地区海铁联运量一直维持低位水平，年均运量约为 3.3 万～4.7 万 TEU。自 2019 年下半年《上海市推进海铁联运发展工作方案》以及相关鼓励政策、运价补贴政策推行以来，临港地区海铁联运发展较快，空进重出业务不断扩大，上海临港地区海铁联运运量由 2018 年的 3.3 万 TEU 上升为 2019 年的 10.2 万 TEU，同比增长 208%，2020 年已达到 25 万 TEU，超额完成任务指标，根据规划远期 2035 年将实现 100 万 TEU 以上集装箱海铁联

运发展目标。

2.存在的主要问题

(1)港站场基础设施衔接不顺畅,港口、物流集散基地“有轨化”程度低

上海地区大型港口、物流集散基地铁路专用线较少,港口、物流集散基地“有轨化”程度低,港口码头专用线协作效率低下、运输能力小,水运、铁路运输衔接无法形成闭环,海铁联运“最前一公里”“最后一公里”的运输弊端突出。目前,铁路货场杨浦站、北郊站到外高桥港区分别存在 24 千米、26 千米短驳距离,洋山港港区到芦潮港港区存在 42 千米短驳距离,铁路货场与港口、物流集散基地设施分离,集疏运体系不完善,运输效率低下,大大增加了物流成本。近年来,上海市正积极建设沪通铁路二期铁路枢纽站上海东站,努力弥补浦东地区铁路货场空白的缺陷,推进铁路与外高桥港区的无缝衔接,但上海东站至少在 2024 年才能投入使用。

传统铁路货场布局不合理,部分货场业务单一,上海市大型物流集散基地发展势头良好,铁路货运对这些大型物流集散基地、制造业集中区域的辐射能力不足,不能提供足够的运力保障。到 2020 年,上海市已形成以外高桥、深水港、浦东空港、西北、西南五大重点物流园区,制造业、农产品、快递、公路货运四类专业物流基地为核心架构的“5+4”空间布局;近年来,铁路企业也在积极加快传统铁路货场的布局调整,着重完善东部滨江沿海集装箱场站布局,调整优化西部铁路货运场站,提升快运物流服务能力,促进铁路货运从大宗资源性物资集散向现代物流服务转变,但受到资金、土地等要素以及上海市城市总体建设规划的限制,铁路物流资源的配置不合理、不充分,新铁路货场建设、旧货场整合难度较大,导致对大型物流集散基地、制造业集中区域的辐射能力不足,不能提供足够的运力保障,难以形成有机衔接的物流业协调互联空间新格局。

(2)海铁联运市场合作共建机制不够完善,“软环境”建设有待提升

传统铁路货场与市场联系不够紧密、辐射能力小,受传统发展模式的影响,在现代物流发展中竞争力逐渐下降,在物流市场中欢迎程度不高。近年来,上海的物流业、制造业蓬勃发展,众多物流集散地和制造业园区地理位置发生了较大变化,传统铁路货场与新兴物流集散基地和制造业园区的接驳距离也逐渐拉大,一方面汽车短驳的提高造成了物流成本的增加,另一方面传统铁路货场与市场联系不够紧密,业务办理不够灵活,铁路货运在现代物流发展中的竞争力逐渐下降,丧失了部分海铁联运客户。

上海地区海铁联运发展中物流信息化和标准化尚有短板,科技化、信息化程度较低,市场整体水平不高。海铁联运中各部门、企业剥离严重,跨部门和行业沟通不畅、运作困难,导致各环节信息共享滞后,信息资源互通互联、信息公开共享难以实现。上海市多部门也在积极推动多式联运信息服务平台建设,推进港口集装箱多式联运信息服务系统示范工程,大力发展物流公共服务平台,完善物流标准化公共信息平台建设,但信息系统建设较为缓慢,跨行业信息交互壁垒仍难以破除。

上海市海铁联运中物流标准的制定不够统一,各企业运输监管规定相互矛盾,海铁联运市场竞争无序、信息透明度低,手续办理相当冗杂。海铁联运中部分企业漫天要价、费用项目繁多、价格不统一、全程价格不稳定,没有合理的收费体系;运输信息不畅通、办理程序烦琐,在运输过程中存在重复查验、重复办理手续、重复收费的乱象,常常一批货物完成海铁联

运业务要到物流集散基地、港口、铁路货场多地办理手续，经由多家货代和物流企业，业务办理相当冗杂。上海市近年来在国际贸易业务中积极探索“单一窗口”试点和“一次申报、一次查验、一次放行”的关检合作机制，但在海铁联运业务中尚无明确标准方案。另外，上海市是我国注册登记货代企业数量最多、业务最集中的地区，但海铁联运市场良莠不齐，部分货代专业能力不高，不能形成高效的统筹组织和有效的协调监管。

(3)上海临港地区集疏运体系中运输比例较不合理，海铁联运潜力尚未充分发挥

①“最后一公里”未有效衔接。由于目前疏港铁路未伸入洋山港区，芦潮港集装箱中心站距离洋山港区仍有30千米以上的距离，中途需要通过公路运输并换装，造成运输不便捷。目前南港专用线沪舟铁路(四团—马岱)、舟甬铁路(宁波东—舟山)等线路仍在规划中，在临港地区海铁联运中尚未发挥作用。

②东海大桥集卡通行压力较大。洋山港作为原浙江嵊泗的一个岛屿，依靠东海公路大桥与上海陆地相连。目前东海大桥运输能力较为紧张，公路集装箱卡车通过量负荷巨大，已远超设计流量，交通堵塞情况更加严重。同时由于集装箱卡车进出时间不均衡，每天6:00—9:00和18:00—24:00两个时间段内，大桥容易出现较严重拥堵的情况。

③铁路运输优势不明显。上海临港地区的经济腹地为长三角区域及长江流域，高速路网较为发达，属于公路运输的优势运距范围，中短距离运输主要依靠公路，公路占据疏港运输方式的比重将近50%；同时在长三角短距离运输范围内，铁路运输的运价不占优势，而且由于海铁联运流程较为复杂，中间过程多，运输时间不稳定且耗时较长，其优势也就不明显。

(4)缺乏货源支撑和客户基础

①港站一体化模式欠缺。目前以芦潮港为中心的海铁联运项目均按“公转铁”模式进行操作，即上海港洋山港区至内陆工厂间从原来公路一站式的运输模式改成公铁联运模式，对各个节点间的衔接要求高，整体运输时间也较长。同时目前开行的所有海铁联运项目，因信息系统未实现互联互通，没有享受到到达芦潮港站视同为进入洋山港区的待遇，未能让客户体验到海铁联运的便利性和优势。

②临港地区环保压力较大。目前临港地区公路集疏运比例将近50%，巨大的公路集装箱运输量已造成上海临港地区交通拥堵，引发地区环保和能源压力，且带来较大安全隐患，不能有效响应绿色、环保、高效货运格局的构建，临港地区综合交通运输结构待转型升级。

3.海铁联运发展对策研究

通过分析上海临港地区发展海铁联运的现状与存在问题，结合目前临港地区海铁联运发展定位，提出临港地区海铁联运发展对策。

(1)完善铁路基础设施建设，打通铁路港口“最后一公里”

①充分利用芦潮港集装箱中心站能力。随着芦潮港集装箱中心站运量逐步提升，其能力趋近饱和后期需要对芦潮港中心站的场站设施及装卸设备实施改造，优化装卸设施的布局分工和场站作业流线、提升自动化装卸水平等，从而提高芦潮港站集装箱作业效率，以更好服务于洋山港及临港地区货物集疏运。

②完善港区铁路专用线建设。浦东铁路是芦潮港集装箱中心站和洋山港的疏港通道，规划南港铁路专用线接轨于浦东铁路四团站，通过新建铁路专用线引入港区，对接“洋山港—上海南港”水中转巴士，补齐“最后一公里”短板。随着铁路集装箱运量的增加，建议适

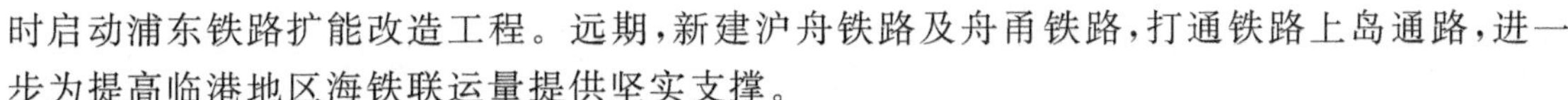

时启动浦东铁路扩能改造工程。远期,新建沪舟铁路及舟甬铁路,打通铁路上岛通路,进一步为提高临港地区海铁联运量提供坚实支撑。

(2)优化区路系统,提高东海大桥运转效率

①启用内集装箱堆场,利用内随集装箱集并场站,将部分出口航线的装箱先临时存放潮港中心站堆场,后续视东海大桥流量空余时段,再安排集装箱卡车进港,实现集装箱卡车错峰通行、削峰填谷,以减轻东海大桥的拥堵、缓解港区场地紧张,从而促进港区集散效率的提升。

②建立智能化集中心。构建“港铁公水集疏运+自动驾驶”物流系统,通过5G智能科技,精准运输到指定地点,短时间内完成货物装卸,从而提高东海大桥的公路运转效率集疏运能力。

(3)注重腹地业务范围拓展,提升临港产业支撑作用

①注重培育客户,提供全程物流服务。依托运价补贴政策,保持运价优势,从公路运输市场中吸引货源转移;做好宣传与市场营销,积极开发客户资源,激发企业使用海铁联运业务的积极性,逐步培育客户,同时形成精品班线和固定班列提高运输服务的时效性。后期应注重发挥多式联运的优势,解决两端“门到门”服务、提供精准、定化的全程物流服务,满足客户的不同需求。

②发展临港产业填补回程货源。充分利用自贸区的区位及产业优势,大力发展临港重装备产业区、物流产业,与周边物流园区形成良好的联动,积极填补海铁联运班列回空方向的货源缺口,充分利用铁路运输的技术经济优势,延伸带动沿海与内陆地区的货物交流量。

(4)提高港站一体化管理,优化海铁联运作业流程

①压缩作业流程与时间。尽量压缩非必要的物流环节,解决当前港站之间衔接时间长等问题,切实提高运营效率,优化运输组织流程,拓展铁路物流功能。

②加强港站一体化建设。加快平台信息系统的开发与构建,提供一站式的全程海铁联运服务,在此基础上,构建高效顺畅的海铁联运协调平台与协调机制,实现货物进芦潮港站即视作到达洋山港,让客户体验到海铁联运的优势和便利性。

下篇

铁路货运向智慧物流发展

第6章 技术支撑

支持智慧物流的技术逐渐成熟和完善，打造智慧物流的时机已经到来。云计算、物联网、互联网、大数据、移动通信、人工智能等技术是实现智慧物流的必要条件。智慧物流是信息及智能等技术在物流业中的应用创新和集成创新，是为满足物流市场需求，提供高品质、高满意度的服务，实现物流运作有效利用的系统化、集约化的管理变革。

6.1 云计算技术

确切地说，云计算不是指某项具体的技术或标准，而是一个概念，是一种计算模式和对IT资源的应用模式。它对其可配置的计算资源（如网络服务器、存储、应用和服务）提供无所不在的、方便的、随需的网络访问。终端使用者无须了解云计算的技术细节或相关专业知识，只需关注自己需要什么样的资源以及如何通过网络来得到相应服务。云计算的目的是解决互联网发展所带来的海量数据存储与处理问题。云计算的核心思想是计算、信息等资源的有效分配。

云计算包含两个方面的含义：一方面指用来构造应用程序的系统平台，其地位相当于个人计算机上的操作系统，称为云计算平台（简称云平台）；另一方面是指建立在这种平台之上的云计算应用（简称云应用）。云计算平台可按需动态部署、配置、重新配置服务器，这些服务器可以是物理的，也可以是虚拟的。

云计算应用也可指一种可以扩展至通过互联网访问的应用程序，它使用大规模的数据中心以及服务器来运行网络应用程序与网络服务，这使得任何用户通过适当的互联网接入设备与标准的浏览器就能够访问云计算应用。云计算的服务可以分为三个层面：云应用、云应用平台和云操作系统。详情如图6.1所示。

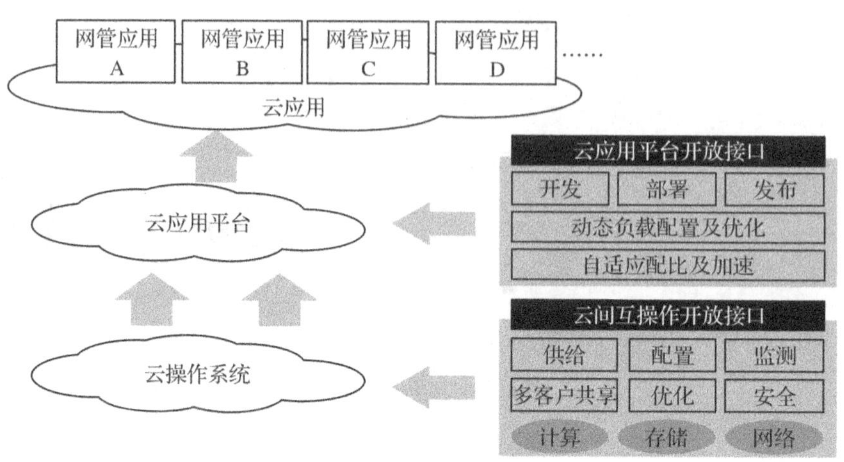

图 6.1 云计算服务模式

6.2 物联网技术

物联网主要是依托射频识别等信息传感技术与设备,将任何物品按照约定协议与网络进行连接和通信,从而构成“物物相连的网络”,实现物品信息的智能识别和管理。随着信息技术和应用的不断发展,物联网的内涵也在不断扩展。

科学界普遍认可的物联网是指利用射频识别、全球定位系统,以及传感器、执行器等装置对物理世界进行感知识别,并依托通信网络进行传输和互联,利用计算设施和软件系统进行信息处理和知识挖掘,实现人与物、物与物的信息交互和无缝连接,从而达到对物理世界的实时控制、精确管理和科学决策。

物联网的体系构架由感知层(传感设备、识别技术)、网络层(无线通信技术、广域网技术、网关技术)和应用层(云计算、海量数据存储、数据挖掘与人工智能)组成,如图 6.2 所示。物联网技术在智慧物流中的应用具体表现在营销、管理和服务等方面。

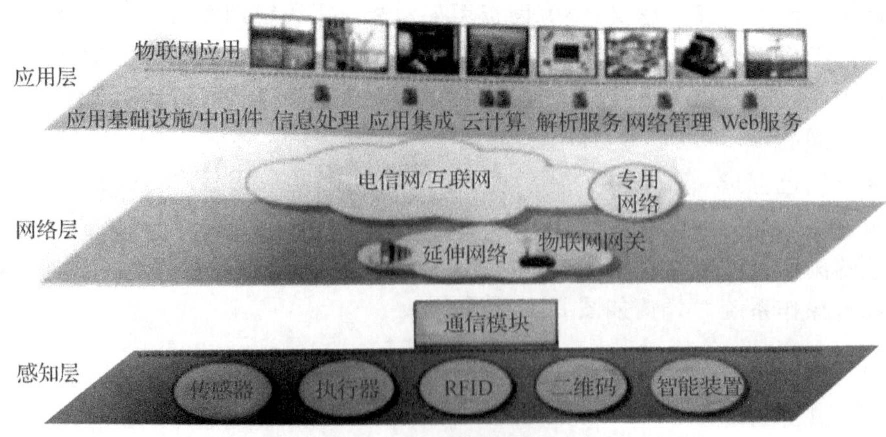

图 6.2 物联网的体系结构

一方面，现实社会中物理世界和数字世界是分离的，物理世界的基础设施和信息基础设施是分开建设的。在社会的发展进步中，我们不断设计和建设新的建筑物、高速公路、机场与公共交通设施，以完善物理世界。另一方面，随着社会的信息化建设，不断组建宽带网络，建立数据中心，开发应用服务系统，物联网将我们身处的物理世界与数字世界融合在一起，帮助我们获得对物理世界的"透彻的感知能力、全面的认知能力和智慧的处理能力"。这种新的计算模式可以改善劳动力生产关系、大幅度提高生产效率，进一步改善人类社会与地球生态和谐、可持续发展的关系。物联网就像人类的感官系统一样，通过物联网可以感知到物理世界的变化，可以看到数以亿计的传感器采集来自医疗、交通、环境、农业、国防等各行各业的数据。而大数据就相当于人类的大脑，通过综合感知信息和存储的知识来做出判断选择处理问题的最佳方案。物联网技术体系如图6.3所示。

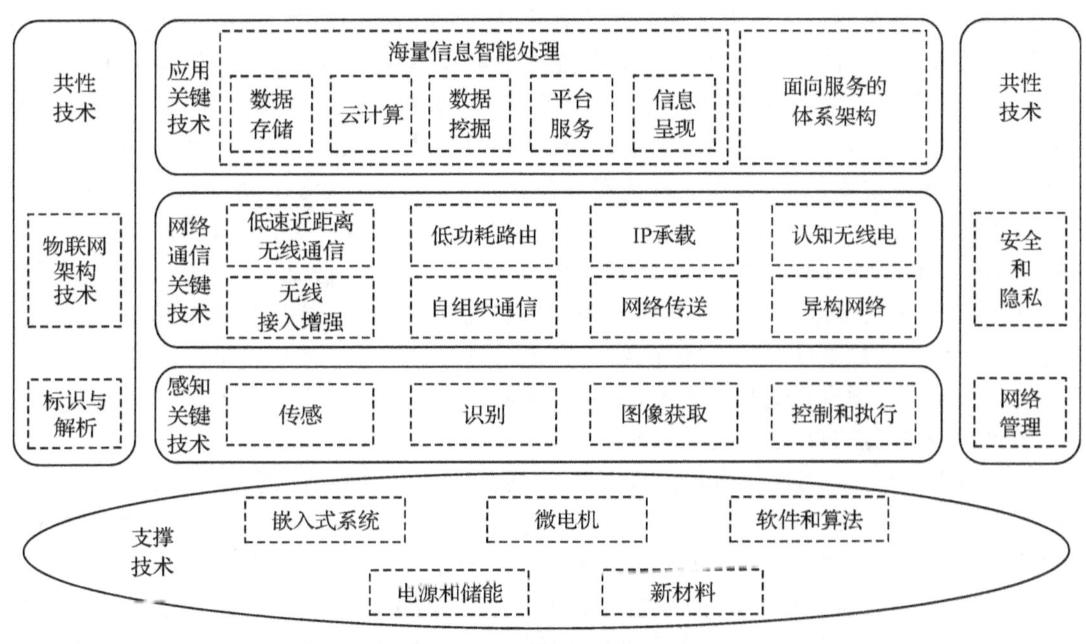

图6.3 物联网的技术体系

在大数据时代，数据就是新能源，数据中蕴含着巨大的社会价值和经济价值。物联网产生以来，数据已经成为一种重要的战略资产，在未来的商业竞争中占据重要位置。大数据如何从这海量的数据中分析挖掘出我们需要的信息和价值，这就需要用到大数据技术。可以说物联网离不开大数据，所有物联网触及的领域都会有大数据的运用，其发展趋势主要有：

(1)信息获取扩大。物联网不仅降低了信息获取和传递的成本，扩大了信息获取的范围，使观测物质世界的手段和方式得到前所未有的提高，如对海洋生物、气候以及外层空间的信息获取与传递，还可以进行人力无法企及的远程控制，以及对人类社会活动进行智能管理，以节省设备等固定成本以及人员劳动成本的投入。智能化管理提高决策的及时性和准确性，达到节能减排的目的，同时还可以避免资源浪费和损耗。

(2)物联网的数据分析是大数据应用的核心。该过程包括数据挖掘、知识发现、智能决策和控制等，物联网通过覆盖全球的传感器、RFID标签等智能设备获取数据，对数据进行梳理、整合、分析和挖掘并获取知识，为社会和经济发展提供智能服务。其中，实时计算强调的是计算的实时性，即处理满足非实时计算要求之外，还需要能够实时响应计算结果。实时计算一般应用于两种场景，一是数据量巨大且不能提前计算出结果，但要求用户响应时间是实时的；二是数据源是实时的不间断的。

可以说，物联网的血液是大数据，物联网的发展离不开大数据，依靠大数据可以提供足够有利的资源；同时，大数据能为物联网提供更大更多的应用场景。随着物联网、互联网、智能终端、云计算平台、移动互联网等技术的联合应用，物联网上的大数据可以帮助人们建立起智能的监控、智能分析、智能决策模型等应用，深刻地改变着我们的生活，这也是一种智慧化的新形态，其外在表现就是物联网，而其内涵就表现为大数据。简单来说，物联网的应用其内在本质就是利用了大数据。

物联网为物流业将传统物流技术与智能化系统运作管理相结合提供了一个很好的平台，进而能够更好更快地实现智慧物流的信息化、智能化、自动化、透明化以及系统的运作模式。智慧物流在实施的过程中强调的是物流过程数据智慧化、网络协同化和决策智慧化。从物流领域来看，物联网只是技术手段，目标是物流的智能化。对智能的认识是一个逐渐深化的过程。早期认为自动化等同于智能。而后随着科技的发展，出现了一些新的智能产品，如傻瓜相机、智能洗衣机等，它们能够从现场获取信息，并代替人做出判断和选择，而不仅仅是流程的自动化，此时的智能是“自动化＋信息化”。物流企业一方面可以通过对物流资源的信息化以优化调度和有效配置，来降低物流成本；另一方面，物流过程中加强管理和提高物流效率，以改进物流服务质量。然而，随着物流的快速发展，物流过程越来越复杂，物流资源优化配置和管理的难度也随之提高，物资在流通过程各个环节的联合调度和管理更重要，也更复杂。要实现物流行业长远发展，就要实现从物流企业到整个物流网络的信息化、智能化。因此，发展智慧物流成为必然。

在以物联网为基础的智慧物流技术流程中，智能终端利用射频识别技术、红外感应、激光扫描等传感技术获取商品的各种属性信息，再通过通信手段传递到智能数据中心对数据进行集中统计、分析、管理、共享、利用，从而为物流管理甚至是整体商业经营提供决策支持。

(1)智能获取技术使物流从被动走向主动，实现物流过程中的主动获取信息、主动监控车辆与货物、主动分析信息，使物品从源头开始被跟踪与管理，实现信息流快于实物流。

(2)智能处理技术应用于企业内部决策，通过对大量数据的分析，对客户的需求，商品库存、智能仿真等做出决策。

(3)智能利用技术在物流管理的优化、预测、决策支持、建模和仿真、全球化管理等方面得到应用，使企业的决策更加准确和科学。

6.3 大数据技术

大数据是指无法在一定时间范围内用常规软件工具进行捕捉、管理和处理的数据集合，是需要更新处理模式才能具有更强的决策力、洞察发现力和流程优化能力来应对海量、高增长率和多样化的信息资产。

大数据是继云计算、物联网之后IT产业的又一次技术变革，它对于社会管理、发展的预测，企业和部门的决策，乃至对社会的方方面面都将产生巨大的影响。大数据是一个不断演变的概念，它的兴起是因为从IT技术到数据积累都已经发生重大变化。大数据已成为决定我们未来数字生活方式的重大技术。大数据具备Volume、Velocity、Variety和Value4个特征，简称为"4V"，即数据体量巨大、处理速度快、数据类型繁多和价值密度低。

大数据使得物流管理智慧化、营销精准化、服务人性化。目前的大数据发展格局中新的数据观主要体现在数据的聚集和让数据说话两个方面。在大数据时代下，如何获取数据进而开展研究成为一个重要的议题，传统的方式是基于研究目的进而通过抽样的方式来获取用于推断总体特征的数据，而如今的数据获取可以说是将数据聚集到一起的资源共享，也就是说要打破现存的数据孤岛、信息孤岛的问题。

可以说，我们正处在一个数据大到不可想象的时代，大到现在的国际计量单位都已经用完了。因为现在英文的计量单位只命名到10的23次方，但10的27次方、10的30次方都还没有命名。现在大数据已经不能够用指数的方法描述，数据在以千倍的速度增长。美国供应链协会发布了影响未来10年的关键技术，包括分享经济、物联网、基于需求的物流、可替代的能源、自主决策。美国物流成本大概在7.5%～8.0%徘徊。我们知道物流业就是经济的晴雨表，现在美国物流成本占GDP的比率上升0.1%，他们认为是好的事情，是需求拉动和经济有活力的结果。2021年年度报告也反映出美国物流的五大趋势：稳健的宏观经济和近期的税改将增加物流需求；利率增高，劳工市场缩紧，高燃油价格将使物流成本上升；需求模式强健以及新的竞争者将对原有的商业模式形成挑战；配合电商和"最后一公里"当日达的完全电子化、相互链接、灵活性高的供应链将成为必然；下一代供应链将通过大数据和预测分析工具、人工智能、机器人以及电子和自动化车辆等技术，提升订单的履行效率。

大数据分析包括以下几个关键环节和步骤：

(1)数据采集。优化和完善综合管理平台建设和应用较为成熟的安全信息化设备，设计在相关平台上实时采集不同领域、不同结构化的信息数据。

(2)数据预处理。通过对数据提取、筛选、转换、加载等各类基础操作，对采集的数据初步进行组织和梳理。

(3)数据分析及挖掘。设计智能模型和算法，对实时的设备、人员和外部环境、管理等大数据进行加工分析，相关信息等数据汇入分析模型，与历史信息进行对比分析，从大量的、随机的、有噪声的实际应用数据中发现隐含的、规律性的、事先未知但又是潜在有用的并且最终可以被理解的信息和知识。

(4)数据展现和应用。运用定性或定量的统计分析方法寻找到隐含在海量数据中的潜在规律、关键因素、数据间的复杂关联，再通过比较分析，充分利用大数据大样本的特点，发现差异，进而探寻因果。

(5)管理决策。大数据的价值在于为使用者提供更专业的数据分析能力，其最终目标是为使用者提供高效的支持决策。例如，可通过数据分析来实现数据的有效利用，动态掌握铁路运输现场生产和安全管理现状，实现对安全、营销、现代物流、运力资源以及收益管理等的有效识别、研判和预警，并推断相关发展趋势，预测未来状态，进而确定控制的优先顺序和控制措施，提供铁路运营管理的决策支持。

另外，大数据分析不是某一个学科可以完全承担的，真正做好大数据分析，需要培养团队协作意识，将统计学与大数据有机地结合。大数据的产生，使得统计学的定义、思维方式、作用都不同于传统统计，并促使统计学的发展进入了一个新的阶段，可以从下面几个角度再次审视统计学理论：

(1)改变总体、个体及样本的定义方式。传统的统计分析是先有总体再有数据，而大数据是先有数据再有总体。因此，这就需要我们改变总体与个体的定义方式，与此对应，如果要从大数据库中提取样本数据，那么样本的定义方式也需要改变。

(2)转变抽样调查的功能以拓展其应用空间。对于传统统计学来说，抽样调查是收集数据最重要的方式。现在进入了大数据时代，抽样调查也要适当转变其功能以便进一步拓展其应用空间：可以将互联网数据作为补充资源对统计机构的数据进行实时更新。同时可以把抽样调查作为数据挖掘、快速进行探测性分析的工具。

(3)如何使结构化数据与非结构化数据对接。在大数据时代，数据的概念从结构化数据扩展为结构化数据和非结构化数据。因此，如何有针对性地收集所需的结构化数据，又能从大量非结构化数据中挖掘出有价值的信息，也是值得思考的一个重要问题。

(4)采用新的梳理与分类方法处理大数据。传统的数据梳理与分类是按照预先设定的方案进行的，而对于当今海量的数据，创新与发展数据的梳理与分类方法，是有效开展大数据分析的重要前提。这就需要从数据本身和观察数据分布特征入手。

(5)不确定的来源和表现产生差异。大数据时代的不确定性取决于数据来源的多样性与混杂性，以及总体的多变性，不同于传统统计学中同类个体之间的差异性。

(6)相关关系分析与因果关系分析并重。如果只关注相关关系不关注因果关系，那么数据分析的深度只有一半；如果知道了因果关系，则可利用相关关系来帮助进行科学决策。

(7)结合多种统计方法全面驾驭大数据。将归纳法与演绎法完美结合，我们就既可以从大数据的偶然性中发现必然性，又可以利用全面数据的必然性去观察、认识和驾驭偶然性。

(8)统计思维与现代信息技术相结合。计算能力问题的存在，要求我们在不断创新与发展统计技术的同时，还要紧紧依靠现代信息技术，特别是云计算技术。

需要明确的是，在这些获取到的数据中不仅可以得到真结果也可以得到伪结果，伪结果的产生往往是因为存在着一些“虚数据”和“假数据”。应该是让“真实的数据说真话”，数据分析就是不断求真、持续务实的过程。

在铁路货运领域，大数据应用平台主要用于综合分析社会生产数据、社会物流数据、铁路运输数据、货运需求分析、货运市场价格监测、物流市场需求调查与监测、货运收益管理、围绕货运收益管理和现代化物流服务需求，进行一系列预测算法模型的构建及大数据分析方法的探索，完成海量数据的有效信息挖掘并应用于货运业务的智能测算；同时，从社会商品生产—物流需求—铁路货运需求—铁路运输能力—铁路货运产品体系设计—货运收益管理—市场关系维护等方面进行数据的搜集、分析、处理与提供辅助决策建议；还有就是要围绕铁路快捷货运市场分析及预测研究、铁路快捷货运营销及客户关系管理研究、铁路零散“白货”浮动运价管理软件开发、基于货运客户需求偏好的货运产品体系等方面开展相应的工作。

6.4 移动互联网技术

移动互联网的发展促进了智能移动终端的蓬勃发展。移动互联网是互联网的技术、平台、商业模式和应用与移动通信技术结合实践的活动的总称。它是一种通过智能移动终端，采用移动无线通信方式获取信息和提供服务的新兴业态，包含终端（如智能手机、平板电脑等）、软件（如操作系统中间件、数据库和安全软件等）和应用（如旅游类、娱乐类、工具媒体类、商业财经类等）三个层面。移动互联网有移动的优势，也有互联网的优势。移动互联网的优势主要体现在随时随地，互联网的优势是开放的，可以进行分享和互动。移动互联网融合了两者的特色和优势。移动互联网的特点如图6.4所示。

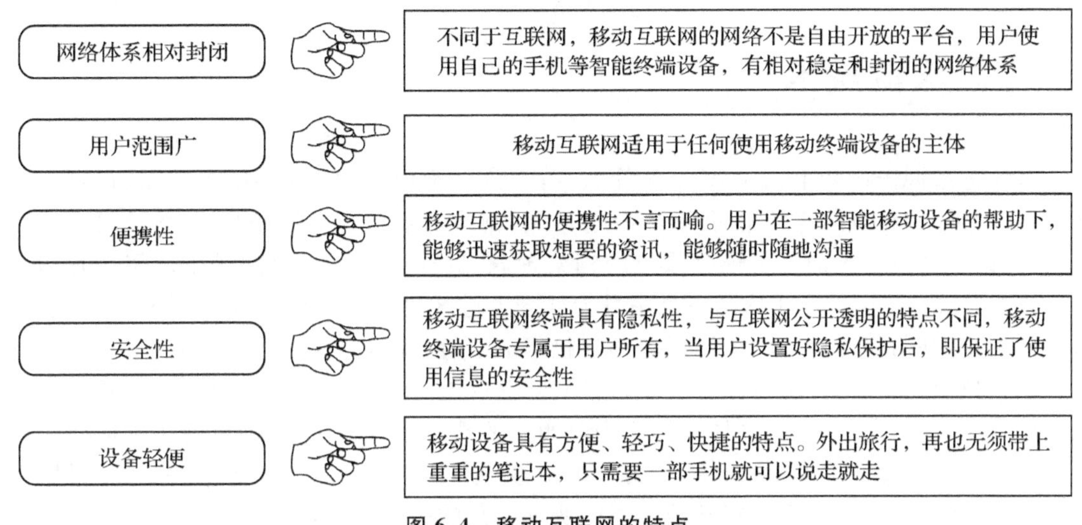

图6.4 移动互联网的特点

6.5 移动通信技术

移动通信是指物与物通信模式中的一种，它主要是指移动设备之间以及核心设备与固定设备之间的无线通信，以实现设备的实时数据在系统之间、远程设备间的无线连接。

移动通信技术为智慧物流应用的构造提供支持，客户可享受到全程（游前、在途、游后）信息服务，可实现在任何时刻、任何地点的移动接入服务，多样化的用户终端（个性化）语音、触觉、视觉等多方式人机交互服务以及智能服务等。

随着移动互联网广泛应用，移动互联网在铁路行业应用越来越广，铁路“95306”、货运App等移动互联产品推广使用，推动铁路打造物流信息平台、畅通外接信息端口，形成较低准入条件开放市场环境，使铁路物流行业信息化快速发展，以助推铁路现代物流转型发展。

6.6 人工智能技术

人工智能（artificial intelligence）是研究、开发用于模拟、延伸和扩展人的智能的理论、方法、技术及应用系统的一门新的技术科学。目前该技术已经被广泛应用于机器人决策系统、控制系统以及仿真系统中。

要深刻认识到加快人工智能发展是实现高质量发展的强大动力，并与铁路智慧物流发展相融合。例如，推进不同运输方式、不同区域之间货运服务信息共享、标准衔接，打造智能多式联运系统；以人工智能推进运输服务产业变革，在创新引领、绿色低碳、共享经济、现代供应链等领域培育新的增长点；建立健全适应人工智能发展的法规制度、规划战略、产业政策、标准规范等，确保交通运输领域人工智能安全、可靠、可控；推进开发适用于行业服务和决策的人工智能系统，提升交通运输治理能力和现代化水平。

6.7 区块链技术

区块链起源于比特币，2008 年 11 月 1 日，一位自称中本聪(Satoshi Nakamoto)的人发表了《比特币：一种点对点的电子现金系统》一文，阐述了基于 P2P 网络技术、加密技术、时间戳技术、区块链技术等的电子现金系统的构架理念，这标志着比特币的诞生。两个月后，理论步入实践，2009 年 1 月 3 日第一个序号为 0 的创世区块诞生。2009 年 1 月 9 日出现序号为 1 的区块，并与序号为 0 的创世区块相连接形成了链，标志着区块链的诞生。

从科技层面来看，区块链涉及数学、密码学、互联网和计算机编程等很多科学技术问题。从应用视角来看，简单来说，区块链是一个分布式的共享账本和数据库，具有去中心化、不可篡改、全程留痕、可以追溯、集体维护、公开透明等特点。这些特点保证了区块链的“诚实”与“透明”，为区块链创造信任奠定基础。而区块链丰富的应用场景，基本上都基于区块链能够解决信息不对称问题，实现多个主体之间的协作信任与一致行动。

区块链是分布式数据存储、点对点传输、共识机制、加密算法等计算机技术的新型应用模式。区块链是比特币的一个重要概念，它本质上是一个去中心化的数据库，同时作为比特币的底层技术，是一串使用密码学方法相关联产生的数据块，每一个数据块中包含了一批次比特币网络交易的信息，用于验证其信息的有效性(防伪)和生成下一个区块链。从本质上讲，它是一个共享数据库，存储于其中的数据或信息，具有“不可伪造”“全程留痕”“可以追溯”“公开透明”“集体维护”等特征。基于这些特征，区块链技术奠定了坚实的“信任”基础，创造了可靠的“合作”机制，具有广阔的运用前景。

区块链的主要特征如下：

(1)去中心化。区块链技术不依赖额外的第三方管理机构或硬件设施，没有中心管制，除了自成一体的区块链本身，通过分布式核算和存储，各个节点实现了信息自我验证、传递和管理。去中心化是区块链最突出最本质的特征。

(2)开放性。区块链技术基础是开源的，除了交易各方的私有信息被加密外，区块链的数据对所有人开放，任何人都可以通过公开的接口查询区块链数据和开发相关应用，因此整个系统信息高度透明。

(3)独立性。基于协商一致的规范和协议(类似比特币采用的哈希算法等各种数学算法)，整个区块链系统不依赖其他第三方，所有节点能够在系统内自动安全地验证、交换数据，不需要任何人为的干预。

(4)安全性。只要不能掌控全部数据节点的 51%，就无法肆意操控修改网络数据，这使区块链本身变得相对安全，避免了主观人为的数据变更。

(5)匿名性。除非有法律规范要求，单从技术上来讲，各区块节点的身份信息不需要公开或验证,信息传递可以匿名进行。

在铁路安全管理、质量控制、现代物流、客运服务、组织优化等方面,若导入区块链技术及思维模式,探索研究应用,有望助推铁路深化改革,促进铁路高质量发展。

(1)优化物流供应链体系。铁路发展现代物流,推进多式联运发展,提高物流市场的占有率,是贯彻"创新、协调、绿色、开放、共享"新发展理念,深化运输供给侧结构性改革、降低全社会物流成本的时代重大课题,需要铁路自我革新,从铁路运输链生产组织向物流供应链管理迈进。按照区块链技术特征,系统中所有节点之间无须信任也可以进行交易,数据库和整个系统的运作是公开透明的,在系统的规则和时间范围内,节点之间无法欺骗彼此。铁路除加强物流基础建设、提升运输能力和效率、优化节点兼容性等传统意义上的努力之外,导入区块链技术,有望解决铁路各单位,特别是铁路企业与社会企业之间的信任问题,减少物流供应链交易成本,提升物流服务质量和效率,减少铁路企业物流服务风险,提高交易量,还会增强铁路对整个大物流服务的掌控能力。

(2)推动加密数字货票生成。货运服务与信息技术融合发展,铁路数据中心和一体化信息集成平台建设推进,为推进铁路货票电子化发展创造了良好的条件。区块链技术可进一步助推铁路货票电子化发展,破解数字货票发展中涉及安全和智能化发展方面的难题。应用区块链良好的加密特性,可加快推进铁路货票系统由集中式向去中心化或多中心化发展,提升货票信息的安全性和可容错性,实现数据透明,增强社会公信力,提升货运资源利用效能;进一步保障用户隐私,优化信用管理,在必要软硬件设施设备支撑下,简化货票交易、查验等环节,提升货运服务的自动化和智能化水平。在加密数字货票成熟应用、政策许可、社会环境适应的情况下,铁路部门可大胆探索,向铁路加密数字货币发展。

(3)去中心化优化。铁路需要充分利用区块链去中心化的特点,实现铁路内部运作管理体系的去中心化。当然,去中心化是有前提做保证的,即铁路有关总部必须是铁路区块链技术规则的制定者和操盘者。在此基础上,才能对整个铁路系统进行去中心化操作,以确保铁路所有节点的权利、义务、责任等都相等,减少人为非科学理性干预,让铁路全网成为最理想的拓扑结构,促进系统整体最优化运作。

(4)助推铁路改革发展。中国铁路已迈入公司化改革征途,区块链技术与铁路结缘,可帮助铁路越过改革发展的"激流险滩",挺进发展新时空。应用区块链技术,有望帮助破解多年来似乎是无解的铁路改革发展的一些难题。比如,助力解决多年来制约铁路发展的清算、价格、分配、定额、劳资等诸多难题;增强铁路发展规模持续扩大后其对自身系统以及上下游的掌控能力;避免铁路改革陷入区域分割、铁路局集团公司整合等传统误区。

6.8 北斗卫星定位系统

北斗卫星导航系统是中国着眼于国家安全和经济社会发展需要,自主建设运行的全球卫星导航系统,是为全球用户提供全天候、全天时、高精度的定位、导航和授时服务的国家重要时空基础设施。

自2020年7月31日,北斗全球卫星导航系统(北斗三号)正式向全球用户提供导航、定位和授时(PNT)服务,并已保持稳定运行。根据国际监测评估中心的评估结果,北斗三号单频定位精度优于 6 米,其中水平方向优于 3 米,高程方向优于 5 米,授时精度优于 14.7ns,远优于系统设计指标。高精度的 PNT 服务是一流卫星导航系统的重要标志,特色的设计和特色的服务才是让北斗系统耀眼全球的最大亮点。

北斗系统提供服务以来,已在交通运输、农林渔业、水文监测、气象测报、通信授时、电力调度、救灾减灾、公共安全等领域得到广泛应用,服务国家重要基础设施,产生了显著的经济效益和社会效益。基于北斗系统的导航服务已被电子商务、移动智能终端制造、位置服务等厂商采用,广泛进入中国大众消费、共享经济和民生领域,应用的新模式、新业态、新经济不断涌现,深刻改变着人们的生产生活方式。中国将持续推进北斗应用与产业化发展,服务国家现代化建设和百姓日常生活,为全球科技、经济和社会发展做出贡献。随着北斗系统功能的完善,其特色功能和服务可以唤起人们对北斗应用更丰富的想象。

例如,在货物列车完整性安全监测方面,目前,我国铁路大多采用列车尾部安全防护装置(简称列尾装置)进行列车完整性监测。列尾装置能够实现司机在途了解列车完整性,地面调度员无法了解列车在途完整性情况以及列车具体位置。因此,通过北斗卫星的定位、报文、授时等功能来实时监控列尾的状况具有可行性。列车在区间临时停车时易发生脱钩、制动风管折角塞门关闭等突发状况,极易造成丢车和车辆溜道事故。已有的列车完整性监测设备通过列车首尾无线电台向车首传输车尾制动风压来监测列车完整性,但存在列车风管关闭情况发生时首尾通信链路中断的情况,导致司机无法及时了解列车完整性,无法满足列车完整性检查“实时、全程、连续、不间断”这一原则。系统可以为列车完整运行提供有效保障。常规的列车完整性监测系统在信息来源方面较为单一,可引入北斗卫星导航系统采用基于位置的完整性判别方法,借助轨道地图数据库完成定位辅助,进一步形成基于轨道空间态势的完整性监控算法,形成了方法创新。利用地图信息辅助能够有效解决单一采用卫星导航定位信息可能导致车长计算随线路曲率变化存在的错误及异常情况,为货物列车完整性监控功能并充分发挥北斗卫星导航系统的优势提供有效的支持。其原理如图 6.5 所示。

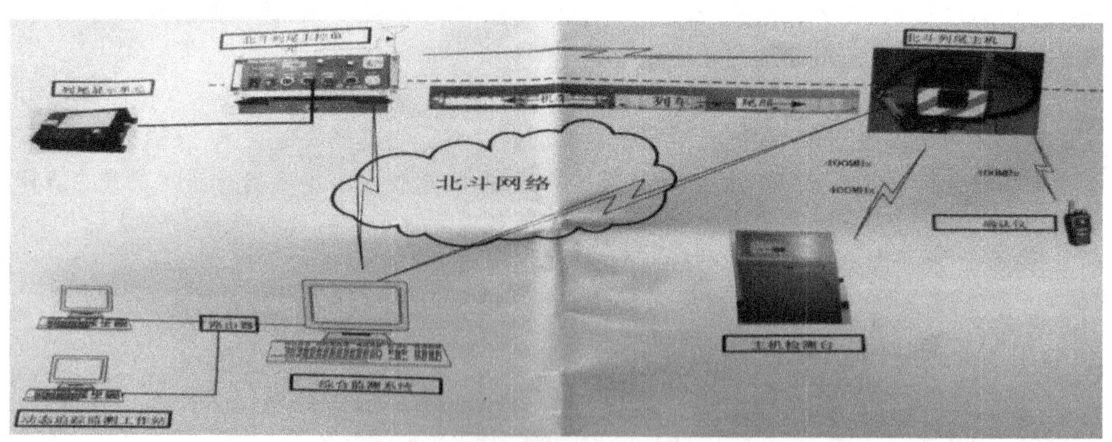

图 6.5　列车完整性远程监控测试原理

第7章　铁路智慧物流

智慧物流是指以互联网为依托，广泛应用大数据、人工智能、机器人等新一代信息技术与设备，以及深度学习5G、机器视觉、边缘计算、工业物联网以及自动驾驶等先进技术，提高物流系统思维、感知、学习、分析决策和智能执行的能力，部分或全部代替人力和人工决策的新兴业态，具有推理判断和自行解决物流中某些问题的能力。智慧物流利用消费者、商品和物流大数据，做到知人、知物和知场，从而达到智慧学习、决策和运营的物流管控。

7.1　智慧物流

7.1.1　概念分析

随着“互联网＋”的发展，智能化和信息化技术在生产与物流中快速普及应用，所有核心环节都将变得更加“智慧”。智慧物流使整个物流系统能模仿人的智能，具有思维、感知、学习、推理判断和自行解决物流中问题的能力，智慧物流标志着信息化在整合网络和管控流程中进入一个新的阶段，即进入一个动态的，实时进行选择和控制的管理水平。智慧物流是指以互联网为依托，在物流领域广泛应用物联网大数据、云计算等新一代信息技术，通过互联网与物流业的广泛链接和深度融合，实现物流产业智能化，提升物流运作效率的新兴业态。

智慧物流以链接为前提，以数据为基础，以融合为核心，最终实现智能化目标，其重点在于资源整合以及在此基础上进行整体协同，从而实时高效灵活地响应人性化的物流需求，并能动态快速地适应物流环境复杂变化的新的物流业态。智慧物流的运行与物联网密不可分，物联网的核心在于实现物物相连从而实现自主运行，即智慧化。在智慧物流的各个环节中如互动感知环节、网络传输环节、应用服务环节等，均需要物联网技术的支撑。

可见，智慧物流是指以信息技术为支撑，在物流的运输、仓储、包装、装卸搬运、流通加工、配送、信息服务等各个环节实现系统感知、全面分析、及时处理及自我调整功能，实现货物运输过程的自动化运作和高效率优化管理，提高物流行业的服务水平，降低成本，减少自然资源和社会资源消耗。

智慧物流强调构建一个虚拟的物流动态信息化的互联网管理体系，智慧物流更重视将物联网、传感网与现有的互联网整合起来，通过精细、动态、科学的管理，实现物流的自动化、可视化、可控化、智能化、网络化，从而提高资源利用率和生产力水平，创造更丰富社会价值。

智慧物流作为互联网与物流业深度融合的产物，是高质量发展的必然选择。通过智慧物流系统的四个智能机理，即信息的智能获取、传递、处理、运用技术，智慧物流在功能上要实现六个“正确”，即正确的货物、数量、地点、质量、时间、价格，在技术上要实现物品识别、地点跟踪、物品溯源、物品监控、实时响应。

另外，智能新技术在物流领域的创新应用模式不断涌现，成为未来智慧物流发展的基础，不仅推动了电子商务平台的发展，还极大地推动行业发展。智慧物流的理念开阔了物流行业的视野，将快速发展的现代信息技术和管理方式引入行业中。作为中国物流行业先行者的智慧物流，站在行业的前沿，以敏锐的嗅觉，把握物流业的发展方向，通过物流信息平台的搭建，率先实现物流行业信息化，为物流行业领航掌舵，全面迎接智慧物流时代的到来。

7.1.2 主要特征

智慧物流代表物流的发展方向。智能化、可视化、标准化是“智慧物流”的重要标志。智能应该具有三个特征，即自动化、信息化和网络化。移动互联网、物联网、大数据、云计算技术是实现智慧物流的基础。物联网技术和架构是智慧物流实现上下游垂直产业链各环节无缝隙对接的基础；移动互联网技术实现物流业中发货人、承运人、收货人的紧密连接；大数据技术带来的则是思维的变革、商业模式的变革及管理的变革，更是跨界经营的依据和手段，是颠覆传统物流业商业模式、实现转型升级的基础，是提升企业核心竞争力的保证；云计算技术使物流业实现从定性管理向定量管理的跨越，是科学决策、提升产品质量、服务质量的基石。

集成智能化技术的使用，使物流系统能模仿人的智能。“智慧物流”即利用集成智能化技术，使物流系统能模仿人的智能，具有思维、感知、学习、推理判断和自行解决物流中某些问题的能力。即在流通过程中获取信息从而分析信息做出决策，使商品从源头开始被跟踪与管理，实现信息流快于实物流。

在大数据时代，数据成为新的生产要素、新能源；云计算则是引擎，激发出大数据所蕴含的信息与动力并通过网络收集与传播，赋能行业。同时，当互联网成为社会基础设施，当物联网技术开始大规模应用于物流业，整个供应链也将升级为立体的、无边界的、网络化的供需网，并全面推动智慧物流的实现。概括来讲，云服务、互联互通、智能化成为近年来物流信息化最明显的变化趋势。

产生物流大数据的前提条件是：物流要素、设施、作业工具、作业过程等得到充分的数据化，这需要广泛应用物联网、移动互联网等先进技术，深入物流场景、作业过程中去采集相关的物流数据。其中，物流要素的数据化，简单讲就是货物、包装、物流单据、人员等方面的数据化；物流设施的数据化，就是园区、码头、货站、仓库、货架、分拣输送系统等的数据化；物流工具的数据化，包括运输车辆、叉车、托盘、堆垛机、扫码枪等作业工具的数据化；物流作业过程的数据化，例如对从装车开始到装车结束的整个过程的现场信息进行采集，即把谁和谁交接、交接的凭证、装车的货物、装车的时间等进行数据采集。

7.1.3　运作模式

从整个物流发展轨迹来看，智慧物流的发展是从传统配送到集中配送、协同配送、共同配送，最后到智能配送，用互联网技术改进传统的运作模式。

通常说来，智慧物流包含智能产品和智能服务两个部分，通过将现有物流技术进行整合，使技术能够以智能方式进行运用。同时智慧物流具有“连接”属性，因此其发展与环境紧密相连。按照服务对象和服务范围划分，智慧物流体系分为企业智慧物流、行业智慧物流、区域或国家的智慧物流三个层次。在企业层面，要应用新的传感技术，实现智慧仓储、运输、装卸、搬运、包装、配送和供应链；在行业层面，要建设智慧区域物流中心、区域智慧物流行业预警和协调机制，推动物流行业向智慧化发展；在国家层面，要打造一体化的交通同制、规划同网、铁路同轨、乘车同卡的现代物流支持平台，以制度协调、资源互补和需求放大效应为目标，以物流一体化推动整个经济的快速增长。

从智慧物流将要实现的功能的角度出发构建智慧物流体系，可将智慧物流体系分为物流功能体系、技术信息体系、法律法规体系、基础设施体系和智慧人才体系五个并列的子体系，并针对每个子体系构建企业智慧物流体系，新战略下基于物联网技术的智慧物流系统，其系统功能主要实现对物流仓储过程、物流配送路径、信息收集的管理过程的实时监控和报警。在“一带一路”倡议下构建国际物流网、区域物流网和城市物流网运输网，并将基于物联网技术的智慧物流系统应用于物流各个过程。

智慧物流的发展模式有以下几种。

1. 产品的智能可追溯系统

产品的智能可追溯系统，如食品、药品的可追溯系统等，为保障食品安全、药品安全提供了坚实的物流保障。例如粤港合作供港蔬菜智能追溯系统，通过安全的 RFID 标签，可实现对供港蔬菜进行溯源，提高监管效率，实现快速通关。目前，在医药、农业、制造等多个领域，产品追溯体系都发挥着货物追踪、识别、查询、信息等方面的巨大作用。

2. 物流过程的可视化智能管理网络系统

基于卫星导航定位技术、RFID 技术、传感技术等多种技术，可视化智能管理网络系统在物流过程中可实时实现车辆定位、运输物品监控、在线调度与配送可视化等功能。目前，全网络化与智能化的可视管理网络还未出现，但初级的应用已经比较普遍，如 GPS 智慧物流管理系统、食品冷链车辆定位与食品温度实时监控系统等，这些应用初步实现了物流作业的透明化、可视化管理。

3. 智能化的企业物流配送中心

智能化的企业物流配送中心是基于传感、RFID、移动计算等各项先进技术，建立全自动化的物流配送中心，以实现物流作业智能控制、自动化操作的网络，智能配送可以促进物流与制造联动，实现商流、物流、信息流、资金流的全面协同。如有一些先进的自动化物流中心，就实现了机器人码垛与装卸、无人搬运车进行物料搬运、物流中心信息与制造业 ERP 系统无缝对接。基于智能配送，整个物流作业系统与生产制造实现了智能化转型升级。

4. 智慧供应链

利用多种现代信息技术，构建完善的采购需求计划系统、物料需求计划系统、运输管理系统、仓储管理系统、配送管理系统，实现产品生产供应全流程可追溯；构建数据交换平台、物流信息共享平台、财务管理和结算系统、物流分析系统、决策支持系统，实现物流企业的信息化运作，实现整体供应链的信息共享，打造智慧供应链体系。

7.1.4 智慧物流的发展现状

相对于发达国家，我国社会物流总费用占 GDP 比例仍然较高；快递业务量持续增长，人力成本高昂，无法满足行业需求；国家政策支持助力智慧物流发展，推动传统物流向智慧物流转变；智慧物流使物流更有速度和温度，可以更好满足人们对美好生活的追求。

随着全球科技革命和产业变革的深化，我国将进一步实施"互联网＋"战略，智慧物流将保持快速增长态势，成为引领行业高质量发展的新动能。未来一段时期，智慧物流将在物流资源互联互通、数据全程透明、平台开放共享、体验个性服务、智能替代革命、供应链重构生态等领域取得新突破。必将深刻影响社会生产、流通和消费方式，促进产业结构调整和动能转换，推进供给侧结构性改革，为物流业高质量发展和现代化经济体系建设带来新机遇。

国务院《物流业调整和振兴规划》提出，推进企业物流管理信息化，促进信息技术的广泛应用；开发和利用全球定位系统（GPS）、地理信息系统（GIS）、道路交通信息通信系统（VICS）、不停车自动交费系统（ETC）、智能交通系统（ITS）等运输领域新技术，加强物流信息系统安全体系研究。2011 年 8 月，《国务院办公厅关于促进物流业健康发展政策措施的意见》持续强调，加强物流新技术的自主研发，重点支持货物跟踪定位、无线射频识别、物流信息平台、智能交通、物流管理软件、移动物流信息服务等关键技术攻关。适时启动物联网在物流领域的应用示范。两项政策都从国家宏观层面，强调了地理信息系统等关键信息技术在物流信息化中的作用。

2016 年，国务院办公厅和各有关部门密集出台了多项物流行业政策，智慧物流的发展得到了国家高度重视，国办印发《关于深入实施"互联网＋流通"行动计划的意见》，要求加大流通基础设施信息化改造力度，充分利用物联网等新技术，推动智慧物流配送体系建设。发改委在《"互联网"高效物流实施意见》中提出，依托互联网，建立开放共享、合作高效便捷的智慧物流体系，广泛应用先进信息技术，显著提升仓储、运输、配送等现代化水平。商务部在《商贸物流发展"十三五"规划》中提出：推广应用物联网、云计算、大数据、人工智能、机器人、无线射频识别等先进技术，促进从上游供应商到下游销售商的全流程信息共享，提高供应链精益化管理水平。鼓励有条件的地区开展政府物流信息共享平台建设，将交通运输、海关、税务、工商等部门可公开的电子政务信息整合后向社会公开，实现便民利企。顺应流通全渠道变革和平台经济发展趋势，探索发展与生产制造、商贸流通、信贷金融等产业协调联动的智慧物流生态体系。可见，智慧物流是中央提出的"十三五"时期五大发展理念在物流领域的最好实践，"创新、协调、绿色、开放、共享"在物流新技术、新模式、新业态、新服务上体现得非常充分，并涉及顶层设计、思想观念、经营理念、管理机制、基础设施建设、业务流程等各个方面。

目前，我国很多先进的现代物流系统已经具备了信息化、数字化、网络化、集成化、智能化、柔性化、敏捷化、可视化、自动化等先进技术特征。很多物流系统和网络也采用了最新的红外线、激光、无线、编码、认址、自动识别、定位、无接触供电、光纤、数据库、传感器、RFID、卫星定位等高新技术，这种集光、机、电、信息等技术于一体的新技术在物流系统的集成应用

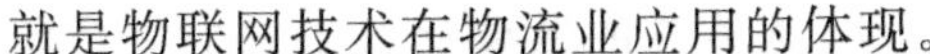

就是物联网技术在物流业应用的体现。

7.1.5 智慧物流的发展趋势

为全面理解智慧物流发展趋势，可从以下几个方面去分析。

1. 从物流系统技术趋势角度看

智慧物流系统是由物流大脑、信息传输系统和作业执行所组成的。目前物流大脑创新方面处于数字化发展阶段，正在向程控化和智能化全面进化；信息传输系统方面处于“互联网＋”阶段，正在向物联网和信息物流系统（CPS）进化；作业执行系统目前热点是自动化和机器人，正在向柔性自动化、无人化和智能硬件系统进化。

2. 从智慧物流应用领域看

电子商务物流领域智慧物流发展最快，但在传统的物流领域，智慧物流发展刚刚起步。由于传统物流领域各环节货物交接订单杂乱，不仅还没有实现电子化，物流订单不能够“一单到底”，订单标准规格不统一，让传统物流系统的信息流无法互联互通，物流全链条流程难以数字化，没有数字化就无法实现网络化和智能化。传统物流领域智慧物流发展需要加速，传统智慧物流发展预计将先从数字化开始，通过物流订单标准化与电子化，打通物流各个流程，实现一切流程数字化，进一步推动传统物流全链路的信息互联互通，实现一切数据流程化，以全面推动传统物流领域实现数字化发展。

3. 从智慧物流核心技术创新趋势看

从智慧物流技术发展趋势展望，叠加机器学习和人工智能、运筹学和全局优化、区块链等技术形成物流行业的巨大商业价值。围绕这些重大核心技术战略，人工智能、区块链、机器视觉、实时计算、柔性自动化等技术将呈爆发趋势，驱动整个物流业从人力密集型向资本、技术密集型转型。

4. 从智慧物流创新理念角度看

传统的物流系统，硬件是硬件，软件是软件，硬件没有智能。随着智慧物流发展，软件系统也成为物流硬件的大脑，软件与硬件结合成为智能硬件发展方向，其中软件进化将是硬件系统进化的重要特征。软件在硬件的排列、组合、管理、调度、控制上将居于主导地位。软件定义技术理念要求硬件层、软件层、控制层虽然在物理上融合但在逻辑上需要分离，通过把物流硬件资源虚拟化，按照单元化和标准化的思想，归类成基础的物流功能模块，通过程序软件对虚拟的硬件单元进行更开放、灵活、智能的管理与调度，实现物流装备系统的柔性化。物流硬件系统的软件通过联网可以不断进化与迭代创新，相当于让智能硬件有了可以进化的思维大脑，在不改变硬件情况下实现硬件系统的进化。

7.2 智慧铁路货运内涵

7.2.1 发展铁路智慧物流的重要意义

铁路智慧物流是以物流互联网和物流大数据为依托，以“创新、协调、绿色、开放、共享”

发展理念为指导，通过创新发展模式、引入先进信息技术，对传统的铁路运输组织方式进行重塑，对既有铁路物流产品进行调整，实现铁路物流产业发展的新生态。将物联网、互联网与现有的铁路网进行有效集成和整合，通过管理创新，实现物流的自动化、智能化，从而提高全社会物流资源利用率，降低我国物流成本。以发展智慧物流为目标，充分运用互联网技术，不断优化物流结构，全方位开展物流经营管理，不断提升物流服务水平。

1. 适应物流业发展趋势的必由之路

随着经济社会不断发展进步，社会物流总额逐年增长，其中 2001—2008 年年均增长在2%以上，现代物流业的迅速发展，使传统的位移式货物运输已不适应新形势。特别是电商物流迅猛发展，不断刷新物流业的历史纪录。随着我国经济发展进入新常态，物流市场需求更加呈现出多样性、层次性、细分化特征，专业化的第三方物流市场迅速崛起。

2. 深化铁路货运改革的需要

物流铁路货运实行“站到站”的生产组织模式，处于现代物流产业链的低端，发展空间受到制约，与铁路在经济社会发展中的地位很不匹配。在经济发展新常态下，从市场出发，突出智慧货运的导向，从优化运输组积、完善基础建设等方面入手，发展智慧物流，是加快铁路货运发展，促进可持续发展的战略举措，是铁路货运企业升级和转型的根本之路。

3. 降低社会物流成本的重要举措

现代物流作为生产性服务业，是我国转变发展方式重点发展的战略性产业，是国家扶持的新兴产业，在推动我国现代物流发展中占有重要地位，同时在推进智慧物流发展方面优势明显。铁路加快发展智慧物流，通过信息联通、资源共享、智能化应用等措施，把电子商务与铁路运输、物流服务联结起来，可以带动社会物流业发展，促进多式联运发展，实现各种交通运输方式合理匹配。

铁路发展现代物流、融入互联网经济已成当务之急，推进“互联网＋”高效物流，强化信息技术支撑，鼓励新兴业态发展，促进物流业技术性“降本增效”将成为当前和今后一段时期的主要任务，也就是向智慧物流发展。如用好大数据、物联网等新技术，逐步完成“移动 App 综合物流服务系统”，重点整合“95306”、网上营业厅、集装箱管理系统、物流总包、接取送达、客户档案、网上理赔、货运站系统、货票、营销辅助决策、限界管理和超限超重运输、保价运输等系统，实现信息的互联互通，资源数据充分共享。对外以网上营业厅为服务窗口，将客户需求、服务全部纳入平台管理；对内以货运站系统为管理平台，将货运生产的各环节、车站装卸监控全部纳入该系统，实现货运票据电子化，改进客户网上服务体验。

7.2.2 智慧物流的需求分析

铁路物流需要在做好传统大宗货物运输的同时，考虑“白货”运输，以构筑绿色共享的物流生态圈为目标，运用互联网思维和共享经济理念，探索线上信息平台与线下实体网络相结合的发展模式。

1. “一单制”服务

建设综合性服务平台，集物流交易、信息交互、支付结算、物资采购等于一体，实现线上为线下引流、线下为线上导流，为客户提供更经济、更环保、更高效的物流解决方案，打造绿色共享的物流新生态。

（1）加强综合信息系统建设。以物流全链条服务管理为目标，推进铁路网、配送网、电商网、物联网、信息网融合，充分挖掘和扩大铁路供给能力。

（2）加强铁路电子支付平台建设。完善电子支付功能，拓展电子支付业务，进一步丰富铁路电子支付与结算渠道。

（3）加强客户服务信息系统建设。以服务客户为中心，拓展客服语音、短信、微信服务功能，建设客户关系管理系统，提升客户满意度。

（4）推进信息互联互通。以电子化、数据化方式采集物流信息，促进物流活动和物业交易传统模式革新，与公路、水运、航空等不同运输方式间信息衔接，与国家交通运输物流公共信息服务平台、电子口岸公共平台等互通，实现物流活动全程监测预警、跟踪查询。

（5）探索物流全程“一单制”。把承运商的“订单号”作为发货人、收货人和公水航各承运人互认的身份证，关联货物信息的各个要素，探索物流联盟、企业主导、合作企业共享“一单制”发展模式：一家起票、各家互认，让客户一张单据跑通全流程，实现一票结算，一单到底。

2.“一站式”服务

完善“节点＋通道”实体网络，升级货运基础设施，实现铁路与企业、铁路内部信息系统的互联互通，为客户提供“一站式”服务整体解决方案，构建适应市场需求的绿色融合发展物流体系。

（1）构建布局合理的网络节点。着眼于打造全国性物流基地，建设公铁水集散分拨中心，建成多式联运综合货运枢纽和快进快出的仓储配送枢纽，完善业态丰富的延伸服务设施。通过改造升级硬件，增加信息管理系统等手段，将既有铁路货场升级为区域性、地区性物流中心。与社会物流公司合作，打造遍布各地的物流集散点，形成“门到门”的三级物流网络，满足客户“一站式”业务办理需求。

（2）构建快捷畅达的物流通道。加强合作，促进不同运输方式间的无缝衔接。在铁路局集团公司管内方面，针对货源“小批量、高频次、快中转”等特点，可开行物流专线，构建区域快运通道。在国内方面，对接各类企业，多方挖掘货源，根据流量流向，开发“点对点”等我国快运班列，构建我国长途快运通道。在国际方面，加强与进出口企业和境外物流贸易企业对接，开行更多的中欧、中亚班列，发挥铁路口岸功能，推行通关“一站式”办理，构建以铁路为主导的国际物流大通道。

（3）加快升级智能化物流园区。建设园区智能信息管理系统，提升产品可追溯、在线调度管理、全自动物流配送以及智能配货的组织效率。

（4）加快应用智能化设备。运用电子标识、自动分持、自动拆封包；采用危化品智能监测等技术，对运输、仓储、配送装备进行升级，优化作业流程，提高物流各环节效率。

3.“一体化”服务

发挥铁路节能减排，绿色环保的优势，开展以铁路为骨干的多式联运经营业务。开发大宗直达班列、多式联运、中欧班列等多样化、系列化货运产品，为客户提供全程一次委托，运单一单到底、结算一次收取的“一体化”服务。

（1）做强大宗货物运输产品。以中长期协议为抓手，加强大宗货物合同运量兑现落实。与冶炼、粮食等大型企业合作，开展“总对总”营销，精准设计大宗直达班列，最大限度做大大宗货物运输。

(2)推广城市生产生活物资公铁联运产品。构建“外集内配、绿色联运”的公铁联运城市配送体系;打造“轨道＋仓储配送”的铁路物流新模式,提高物资运输中公铁联运的比例。

(3)做优集装箱多式联运产品。加强与其他运输方式的融合协作,开发新产品;优化与港口、船公司、海关、质检部门EDI信息交换,压缩集装箱周转时间,提高集装箱运用效率。

(4)做好商品汽车和冷链专业物流产品。主动对接汽车制造企业,发展新增客户,增加班列线;以冻品和生鲜等货物运输为重点,优化冷藏车和通用车混编、普快班列挂运冷藏箱等运输组织措施,提高铁路冷链物流市场竞争力。

(5)深化中欧班列国际品牌。进一步做优做大中欧班列,扩大辐射范围,参与中欧班列提单研究和使用,更好地服务国家“一带一路”建设。

(6)创新物流金融服务产品。引入银行、保险金融机构,为供应链上下游客户提供资金结算、银行贷款等服务;为物流企业提供仓单质押、代收款等服务。

(7)开发“商贸＋物流”一体化服务产品。建设大宗商品物资交易平台,在实现生产物资交易的同时,提供安全、快捷、价廉的综合物流服务。

对于铁路企业来说,发展智慧物流,既是践行“强基达标、提质增效”工作主题、促进铁路向现代物流转型的重要举措,也是服务经济社会发展、降低社会物流成本的需求。铁路智慧物流有效反映了满足市场需求的管理理念、组织架构、运力安排、硬件设施、产品体系、价格体系、信息支撑等,主要包括:广泛地掌握物流市场的实时信息和铁路内部的运输组织信息,智能地对运能、运力配置进行匹配调整,有效地对市场主体、各工种进行组织协调;迅速实施运输组织方案,严格按照市场需求组织生产。

7.2.3 铁路智慧物流的表现形式

1.货主服务智能化

利用“线上＋线下”智能识别设备对货主身份数据进行识别,自动为货主提供及时、准确、全面的物流信息服务。“线上”货主可通过“95306”网站及手机App实时掌握其需求受理进度、到发货物送达、车站(场)内取送货径路等信息;“线下”货主通过智能终端实时掌握货主业务办理动态,实时为货主做好服务准备,实现客户服务由“被动”转为“主动”,全面提升客户服务水平,提高客户满意度。

2.货场管理智慧化

货区货位状态智能监测将货场内所有作业相关元素,以图形化的方式动态、直观地呈现给用户,让货运作业人员体验到电子化、智能化带来的方便和快捷;利用货场既有监控资源将生产作业中各关键业务结点数据与业务发生时的视频信息相结合、匹配,实现重点作业实时监控,事后作业可查、可追溯;利用图像智能识别技术,自动分析货区货位内货物变化,同时提取货运生产作业系统数据与之进行比对,判断货位内货物变化的合法性。例如:图像智能识别可自动判断出货位货物变化,若生产作业系统并无该货位出货作业记录,则系统发出预警,推送预警信息至相关岗位,提醒货位货物安全异常。通过货区货位智能检测功能,可提高货区货位货物的存放安全。

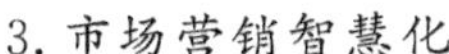

3. 市场营销智慧化

以物流市场数据和铁路生产作业信息为依托，利用大数据技术，深度剖析企业需求，细化客户分类，及时准确反映区域内物流市场变化，制定营销策略，构建货运营销管理体系，使营销更有目的性和针对性，并用技术手段逐步消除铁路市场营销的"短板"，从而综合构建物流市场监测系统和客户关系管理系统。

4. 生产组织智慧化

通过信息汇聚和整合，打造安全监控、生产组织指挥，市场营销、物流调度服务、资源设备监控、数据统计分析的综合调度中心。

(1)汇聚各类生产源信息

集成现车系统、货运站系统、集装箱系统、快运系统、货调系统等，自动分配作业计划，生产人员实时掌握作业进度，系统辅助分析作业瓶颈点，作业过程实时定位跟踪，有效降低货运员、货调等现场作业人员劳动强度，提高作业效率和企业效益。

(2)图形化货场资源

利用数字电子地图技术，图形化显示货场内股道现在车的位置信息、空重信息、装卸车作业信息、货物存放信息、货区货位占用信息、货场监控点位分布信息，同时具有作业智能提醒、故障自动预警、视频追踪等功能，即能够将货场内所有与作业相关的资源进行统一管理。

(3)自动采集各类信息

利用图像处理、机器视觉技术，在场站出入口实现自动检测集装箱外观状态，自动识别箱号，道闸自动放行的功能，结合场站集装箱堆放原则及作业规则，提高集装箱车辆进场效率。利用超宽带微波测距定位、GNSS 及 UWB 等定位技术，使门吊在运行中进行定位、识别集装箱箱号及位置，实现集装箱箱位智能化动态管理，实时、动态、自动掌握作业信息和集装箱分布情况，提高集装箱生产作业效率；实时采集和共享信息，保证业务发生时间与信息采集、上传时间一致；自动采集技术，减少错误采集、信息作假的机会；使用可视化展示工具，利用电子地图、图形报表、视频等工具，实现物流信息可视化查询；借助信息系统，打破管理暗箱操作，业务环节不存在盲区。实现铁路运输业务中其他物流信息共享，降低物流信息不对称产生的物流成本。还可以通过手持机进行相关作业节点的确认，完成作业消息推送、作业过程图片采集、业务信息查询、语音通话等作业。

(4)自动监测

通过实现对公路、铁路、水运等物流信息的集成及共享分析，反映出区域内物流市场变化，制定营销策略，包括区域市场货物发送到达情况、运量去向情况、货物品类构成情况、物流运输情况、货源、运价、营销机会评估、营销目标、可用物流资源与物流需求、营销计划等功能。

5. 分析决策智慧化

利用大数据技术建设统一的数据交互系统，通过对数据挖掘分析，实现决策由"主观决策"向"数据决策"的转变。例如：对车站装车数趋势、货物发送趋势、货运收入趋势进行实时的统计分析，同时对货物发货流向、发货品类进行分析展示，监控各类指标的完成情况，为决策人员提供依据。

6. 铁路物流信息化标准体系

遵循国家、地方有关法律法规，采用物流行业基础标准和社会通用标准，以及政府部门和相关机构有关标准，借鉴其他物流企业标准，围绕铁路物流全过程构建和铁路物流信息化标准体系，构建铁路物流信息技术标准。

7. 铁路对外数据交换技术标准

在多式联运建设方面，除了加强相关基础设施的建设与衔接外，信息系统的建设与多式联运业务中各相关主体之间信息系统的互联互通也是十分重要的任务。通过对公铁、水铁多式联运数据交换标准优化与完善，使铁路信息系统互联标准更加成熟、通用，进一步完善铁路与公路、水运、航空等运输方式以及生产企业和国外铁路间的信息共享、互联互通。

8. 货运票据电子化

铁路智慧物流中心的研究与实践通过信息汇聚和运用，实现作业环节全覆盖的电子票据信息采集和应用电子化，实现全生命周期电子票据管理，让客户方便快捷地办理货物托运、追踪查询电子交付等业务。

9. 铁路智慧物流作业过程控制

物流信息系统涉及环节众多，涉及铁路、港口海关商检、众多的物流企业，系统建设标准不统一、关系复杂，信息共享难度大。对各作业环节进行细分，发现单项作业的随机性、各作业相互联系相互制约的复杂性，以及全程运输组织随时间推移的动态性，系统建设紧密结合当前货运改革现实需要，以客户、用户为中心的物流作业过程控制的方法及策略，设计基于客户、用户中心的作业过程控制信息系统。

7.3 发展铁路智慧物流的相关对策

通过发展智慧物流，使铁路运输企业能够根据市场的变化情况，提供更加方便、快速、绿色、实惠的运输服务，这既是国家、社会对铁路提出的期望要求，是铁路运输企业真正走向市场，实现自身可持续发展的需要，也是铁路全面落实“创新、协调、绿色、开放、共享”发展理念的具体体现。

7.3.1 转变服务理念

(1)顺应新常态下市场的变化，主动改变理念，尽快完成“以生产为中心”到“以市场为导向”的转变。在满足社会公益服务需求的基础上，将市场需要作为工作的落脚点，建立以提高货运市场占有率和现场服务水平为目的的管理模式和考核激励机制，改变传统铁路以指令性生产、专业化管理为主导的格局，实现向以效益为中心、以市场为主导的转变。

(2)树立“合作多赢”理念，勇于打破铁路既有的封闭格局，把其他运输方式、物流企业、信息公司视为合作伙伴，充分认可社会物流企业在贴近市场、服务理念上的先进之处，加强在信息共享、接取送达、多式联运等领域的协同发展，既作为竞争对象，又作为利益同盟，通过战略合作，发挥各自优势，共同打造全程物流服务链，为客户提供更好的产品，为降低全社

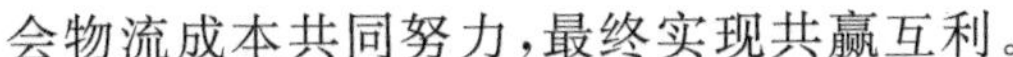

会物流成本共同努力，最终实现共赢互利。

7.3.2　搭建统一平台

建立和完善覆盖路内路外，包括大宗货物、高铁快运、班列等所有物流产品的统一信息平台，通过信息化流程改进，将货运需求信息、企业生产信息、车辆配置信息、仓库装卸信息有机集成并形成完整的物流服务体系。

(1)不断完善“95306”铁路电子商务物流交易平台，在既有“95306”网站功能基础上，完善开放、共享的物流信息数据交换接口，将第三方物流企业、港口、工业园、厂矿企业等外部信息系统引入，同时可逐步开放铁路物流产品运力资源和报价信息查询，通过云计算、大数据等后台技术手段，实现市场信息的深度挖掘、供需信息的高度融合。

(2)建立高度统一、标准一致的信息系统。逐步实现各种运输生产和经营管理信息系统的数据集成整合，结合数字地理、手持终端、电子标签、车号识别等技术手段，实现物流信息的全程追踪。

(3)高度重视营销大数据的分析挖掘工作，在广泛收集市场信息的基础上，研发物流营销系统，将对内的产品经营效果分析、对外的市场需求分析、宏观的路网车流匹配分析、微观的客户行为分析等纳入，提升市场营销管理效率和效益。

(4)统一基础标准。完善铁路物联网相关技术标准，统一射频识别设备、智能装卸设备、手持智能终端、电子单据等技术规范，明确铁路物流生产组织中相关信息的采集和存储要求，确保信息采集完整、及时准确。

(5)坚持统一调度指挥。保持全路集中统一调度指挥，这既是铁路运输自身网络特性的客观要求，也是资源运用优化的基础，在坚持全路一盘棋的前提下，建立各市场主体之间的协调制约机制，形成纵向的利益共同体。

7.3.3　明确市场主体

以市场为导向，以获得较快的市场响应能力和便于协调为目标，按照大宗货物运输与小件快捷运输不同的需求和特点，在统一的信息平台和调度指挥系统的基础上，分层次地明确市场主体。

(1)针对大宗货物运输与车流组织、列车编组、机车动力、企业生产、重点运输等关系紧密的特点，将铁路局集团公司作为市场主体，负责普速货物列车组织，成立相应的物流营销机构，负责对接大客户需求，跟踪运输流程，优化装载方案，解决客服平台反馈的问题。

(2)针对小件快捷运输与市场联系紧密、客车化开行的特点，整合相应的专业公司，或成立快运物流公司，负责高铁快运、快运专列、城际班列、零散运输等客车化组织的列车，提供多元化、专业化的物流产品，实现运输、装卸、仓储、配送的全程物流服务。

7.3.4　创新物流运输组织

铁路运输是发展铁路智慧物流的重要依托，适应智慧物流发展需要，按照市场需求组织铁路运输生产，在研究编制相对稳定的货运运行图的基础上，建立列车运行图动态调整机制，优化货物列车开行方案，充分运用大数据手段，不断优化物流各环节作业流程，发展货物列年直达运输，提高铁路物流整体运行效率，适应货主对运到时限的要求；以经济适用、集约高效为原则，与社会物流企业开展合作，加快构建接取送达服务网络，解决“最前和最后一公里”问题；深化运输供给侧改革，与其他运输方式之间加强合作，拓展海水联运等合作领域，发展多式联运、集装运输，降低社会物流成本。

铁路智慧物流系统的实现除了各种先进的信息技术、智能技术的支持，还必须同铁路运输组织优化有机结合起来，通过运输组织方案和运行图对资源进行统一整合，实现物流、信息流、车流的集成和优化运行。

(1)改革既有的运行图编制模式。铁路运输组织的核心在于运力资源的配置，随着铁路改革的不断推进，涉及运力配置的独立主体将会逐步增加，自负盈亏的快运公司、铁路局集团公司、第三方物流公司在运输组织协调过程中，必须有一个合同作为基础。需要改革既有的运行图编制模式，各市场主体根据市场调查预测提报各自需求，由国铁集团统一编制公布，并落实考核，对于热门开车线条，可以建立市场化竞拍平台和配套的管理机制，各市场主体根据自己的需求和承受能力开展公平竞争。

(2)优化完善传统的调度指挥体系。以“95306”网站为基础，成立统一的物流受理配送中心，集中处理接取送达业务，在铁路局集团公司调度所设立快运物流计划和调度台，负责日常需求对接、运输协调、重点项目跟踪。

(3)合理编制运力调配计划。可升级优化既有调度指挥系统，运用大数据、云计算等先进手段，组织研发物流预测、车流调整系统，推算车流，优化调配运力资源，及时将物流信息平台受理的客户物流需求信息转换成配车信息，实现运力调整的智能化。

(4)科学组织技术站作业。发展 SAM、CIPS 等自动化、智能化编组站系统，采用智能化的调车作业装备，加强调度系统与车站系统的深度融合，实现列车流、车流、机车、股道运用等信息的提前预测以及解体、编组、发车计划的自动编制，不断提高作业效率和列车运行品质。

7.3.5 改善客户体验

良好的客户体验是铁路赢得市场的关键环节，方便、快捷的服务是实现铁路、货主协调发展的基础。

(1)以窗口业务为突破口，对原有的咨询、托运、装卸、仓储、配送等业务进行整合，将铁路运单格式与社会物流企业电子面单进行统一，真正实现“一次托运、一次结算、一张合同、一票直达、全网查询”，为货主提供良好的用户体验。

(2)发展多式联运。将铁路物流与其他运输系统、厂矿企业、第三方物流公司作为一个互惠互利的整体，充分发挥各种运输方式和各类企业的优点和长处，全面开展港口直通、路企直通和门对门运输，为货主提供更为便捷的产品和服务。

(3)完善“95306”铁路电子商务系统，不断丰富网站在商品购销、第三方物流运力匹配、厂矿企业物流链管理、企业产品形象展示等方面的高附加值内容，为货主提供物超所值的服务。

(4)建立包括互联网、呼叫中心、网上支付、手机 App、微信小程序等方便快捷的托运办理、信息查询手段，为客户呈现方便便捷的界面。

7.3.6 优化运价调整机制

(1)建立价格浮动机制。在总体价格基本稳定的基础上,给予市场主体一定的价格浮动权,实行灵活的价格调控政策,根据市场实行协议运价,以增强市场竞争力。

(2)健全定价制度。健全价格调整、批准、公布、市场调查、信息反馈等管理制度体系,广泛收集市场价格信息和客户偏好,最终实现"一人一策、一户一价"的针对性价格策略。

7.3.7 逐步实现智慧支付

铁路货物运输费用的结算方式分为现金结算和非现金结算两种,非现金结算目前包括支票、银行转账汇款、承兑汇票、银行卡等几种方式。现金、支票及银行转账汇款是铁路货物运输费用一贯使用的结算方式,也是绝大部分客户在用的结算方式,其中支票和银行转账汇款是实现预付款、汇总结算等大笔进款资金收款的主要方式;而现金结算是以零星发货使用为主。除发送客户外,到达货物产生费用使用现金结算更常见。随着铁路货运改革的推进,2014年出现承兑汇票结算方式,暂适用于货物快运业务,普及率不高;2015年开始运行POS机,实现刷银行卡支付运杂费,机具安装基本能覆盖所有货运站营业窗口,但使用率也不高。

移动扫码支付的创新和发展,为拓展铁路运输费用多样化支付,提升铁路货运竞争力提供了有力支撑。在既有结算方式的基础上新增移动扫码支付,有利于节约运营成本,控制资金风险,保障运输收入进款的安全,更好地集中资金,加快资金周转,提高资金使用效率。

(1)增强后台集中管理力度,降低资金管理风险。扫码支付的使用能促进资金管理后台化,借助技术成熟的平台能加强资金保管的安全性,同时降低货运站资金管理的压力和风险,是实现零散资金管理集中化的有效手段。

(2)减少资金管理过程中的人工干预,促进进款管理现代化。实行扫码支付能减少资金收取后存入银行账户这一环节的人为影响,为铁路货运进款管理现代化走出实质性的一步。同时还能减少资金送存银行的次数,一定程度地释放人工,实现减员增效。

(3)加速运输收入及时、完整的存缴,压缩资金在途时间。利用扫码支付进行结算后,资金存入第三方平台账户并可实现转入运输收入专户,具有及时核收、及时汇存、实时到账的优点,大大压缩了资金在途时间,对提高企业经营效益具有较大作用。

7.3.8 建设智慧物流基础设施

(1)从受理、仓储、装卸、配送等基础设施出发,科学合理加大投入,为加快铁路建设创造条件。深入研究物流业发展规划及城市建设规划,构建全国性、区域性、地区性三级铁路物流服务网络,实现融合发展;主动与地方沟通,将公铁联运、铁水联运、快件分拨等综合物流基础设施规划纳入城市总体规划,并将线路、仓储设施延伸至物流园区等货源集散地,实现一体化发展;结合物流发展要求分工和市场定位,梳理物流中心、作业站、受理站和受理点装卸、包装、仓储、流通等不同的物流服务功能需求,做好规划设计工作;充分运用国家支持政策,统筹利用诱增土地资源,将物流发展与土地综合开发结合起来,建设现代化、智能化物流产业以提供基础物流、公共信息、金融商务等综合性服务。

(2)货运营销服务技术。着眼推动铁路货运向现代物流转型发展,重点研究货运需求预测、货运新产品设计和优化,促进多种运输方式的现代物流发展,合理衔接运力资源配置、物流方案设计、流程再造等技术;加快研究冷链物流、多式联运、中欧班列、高铁快运、商品汽车物流等物流产品经营与技术优化;深入研究铁路现代物流经营管理模式、服务和保障策略关键技术,持续提升铁路现代物流产品经营管理水平;开展客户关系管理及大客户服务等现代营销技术研究,重点研究建立货运大客户 VIP 增值服务机制,铁路综合资源优势与客户服务需求匹配,"门到门"配送径路选择、配送计费等技术;开展运输结合部协调与配合研究,建立需求、能力、作业和保障等环节的信息交互台,重点研究业务受理、查询、咨询、评价等技术,建立基于运输效率提升、货运产品盈利的评价体系,以及铁路货运市场的定价和快速反应机制。

(3)现代物流技术应用。重点开展物流分层服务网络构建、物流节点网络布局优化、物流中心设施布置与优化技术研究,需求导向下货运组织、物流中心经营以及增值物流服务开发等模式创新研究,物流中心智能化、信息化应用技术、现代物流市场营销技术、全程物流运到时限保障技术、现代物流业绩评估技术研究,冷链物流、多式联运、高铁快运等物流产品运输专用装备研制;依托货运电子商务平台,进一步探索物联网应用技术和货运信息图形化、地理化展示技术,完善货运服务链,实现货运全流程信息服务。

7.3.9 搭建物流信息平台

以大数据、互联网技术为依托,构建以"智慧物流云平台+园区智能管理信息系统"为基本的"四通八达"的铁路网络及以铁路物流园、货场、发运、专用线等节点构成的"地网",通过线上线下快捷交易的综合智慧型现代物流生态体系,逐步构建一体化的现代物流管理体系。

主要构建两级平台:一是物流信息平台,主要以物流服务为核心,提供物流订单、商品交易、智能调度、企业展示、支付结算等服务,打造物流生态链;二是园区信息平台,主要以物流执行为核心,提供物流、货代、仓储、装卸、包装、金融、汽配、加工、商业等方面的智能化、自动化服务,打造园区产业链,形成线上线下相互融合的智慧物流服务体系。

围绕物流基础业务,从订单开始,为客户提供车货匹配、智能调度、物流配送、电子商务交易等基础服务,以及金融服务、物流流向分析、物流轨迹追踪、营销市场分析、客户资信评估。增值服务分析等智慧便捷的物流综合服务,实现线上对线下的智能管理,从而构建智慧物流生态体系;特别是要依托铁路内网、物流园区信息平台及开放云平台,实现物流生态资源、服务、数据的有效整合。

7.3.10 构建铁路货运安全保障体系

安全永远是铁路运输的主题。安全是货运各项工作的基础和保障,铁路货运安全保障技术经历了一系列的发展,20 世纪 60—70 年代铁路货运安全保障主要依赖独立装备的车载列车自动控制设备;20 世纪 90 年代铁路货运开始依靠计算机辅助系统对灾害信息进行收集和处理,以保证铁路货运安全。随着近几年的发展,我国铁路货运相继投入使用了超偏载仪、轨道衡、货检智能监控系统、安全门、电视监控管理系统,以及电子测密仪、轮重测重仪、电子磅秤等设备来确保货物装载的安全,并且已经基本实现计算化的维护与运行。

在行车安全保障体系方面,先进的车号识别系统、列车状态监测和诊断系统、环境监测和报警系统等都应用到了铁路货物运输安全中。同时,大量直达、直通运输、长交路列车的开行,取消了大部分的中间站列检和货检作业。但由于铁路货运线路长、路内外情况复杂,如何充分整合和融合货运安全设备，构建全方位、立体化的货运安全屏障，确保货物列车的运行安全，仍然是项重大挑战，需要在下面几个方面进行深入研究。

(1)构建具备“空、车、地”一体化协同创新与综合试验能力的平台，形成大范围状态实时感知、灾害识别预警、应急指挥调度、管理可视化的安全保障系统、装备和标准规范体系，实现货物列车运行信息的可靠传输与共享；研究对多源立体感知数据智能分析和挖掘，实现货物列车安全状态信息深度融合与整体行为的跨尺度演化涌现。

(2)综合运用大数据、物联网、卫星定位等新技术，探索研究应用站场运营管理仿真、后评估和优化技术，以及智慧物流场站集成技术、散堆装货物运输智能扬尘技术；研究冷藏集装箱供电、货运视频监控智能识别、作业信息采集集成、装卸智能化作业、货物远程监控检测和货运站安检监控集成技术；研究应用重点货物远程智能监控和应急处置技术、替代人工随车(货)押运；推进集装化和装卸机械化；在集装化运输、多式联运、装卸工艺、集装箱装箱方案和货装作业流程再造、资源配置等方面进行动态优化。

(3)继续加大超偏载检测装置、轨道衡、视频监控装置、安检查危仪、巡检记录仪等既有安全监控设备的投入，研究通过卫星导航定位、智能化传感报警等新技术设备，加强对风险突出的重点货物运输监控，及时发现、预警和应对突发风险，注重安全监控数据与货运服务大数据建设的整体融合，全方位提高货运安全风险控制能力。

第 8 章　铁路智慧物流建设

铁路物流智慧化是一项相对复杂系统工程，智慧物流是未来智能社会在物流领域的重要表现形式。其中，货票电子化是基础，能够实现铁路物流、作业流、信息流三流合一，并能提供一种新的货物追踪途径，建立起货物从受理到交付全过程服务链条，为客户建立透明可视化服务。

8.1　电子货票

8.1.1　实施电子铁路货运票据的意义

铁路货运票据是托运人与承运人之间的运输合同，以及货损、货差等赔付的凭证；是铁路挂运、解编、运行，以及站车交接、货物扣修等生产作业组织的凭证；是铁路财务工作的凭证。铁路货运票据电子化的实现是以列车不带纸质票据为目标，从需求受理、装车、承运、挂运、在途、到达、交付等作业流程实现电子票据信息的快速有效流转，涉及货运作业、运转技术作业等工作环节作业信息电子化流转。

长期以来，在铁路货物运输组织中先后使用了货物运单、货票、列车编组顺序表、货运记录等 20 多种纸质票据，涉及货运、车务、车辆、机务等生产作业过程，以及统计、收入、财务等相关业务。从货运市场方面来看，客户填写运单办理货物托运，持领货凭证领取货物。随着信息技术的进步，客户对优化托运和领货手续、取消纸质领货凭证的要求日益强烈。从铁路内部生产方面来看，各作业环节间传递纸质票据，生产作业环节效率低，要求以信息化手段提升运输组织与管理水平；从技术条件方面看，铁路信息系统经过多年建设，以及网络扩容建设提供的信息通道，已经为各作业环节取消纸质票据传递奠定了一定的基础。因此，取消纸质票据随车传递，实现铁路货运票据电子化，对优化运输途中作业和承运交付作业、降低营运成本、提高运输效率、改善客户体验意义重大。

铁路货票是托运人核收运输费用的收款收据，是收货人办理交付手续的一种凭证，也可以理解为货物信息“身份证”。没有“身份证”电子化，铁路纸质货票都采用人工传递、交接签认，中间环节多，效率不高，具体如下：

一份货票分为“甲乙丙丁”四联，每一张票都有属于自己独一无二的票号，也就是说不可更改(修正)。同时，这些货票作为有价证券，会被严密地锁进保险柜里，非工作人员绝不允许随意拿放。每天18点后承认车批示后，勤劳的内勤工作人员还要提前计算好使用张数，一张一张地盖日期戳。别看只是一张小小的运单，上面的每一条内容都需要内勤货运员逐字逐句去输入，反复核对，仔细、仔细、再仔细。

为适应我国物流“一单制”运输需求，进一步改善客户体验，推进铁路货运应用技术创新，规范铁路运输信息采集，简化作业环节，降低铁路成本，从2017年底开始，铁路部门推行货运票据电子化改革。电子货票将全面取代纸质票据，货票从此被藏到“芯”和数据里。货运票据电子化的目标主要包括：实现铁路货物流、作业流、信息流三流合一；提供一种新的货车追踪途径；建立货物从受理到交付全过程服务链条；为客户建立透明可视化服务；对每辆货车都建立了运用、检修、效益台账；对货运场站、技术作业站能力、效率分析提供数据；为承运清算提供数据支撑；等等。

随着我国市场经济的发展，运输业、物流业快速发展壮大，增强市场竞争能力、扩大货运市场份额，已经成为铁路货运工作的必然选择。实施铁路货运票据电子化，可以有效促进铁路主动适应市场，提高运输效率，提升竞争能力。铁路货运票据电子化是支持货物业务流程优化的基础，是货物全程运输组织实现精细化管理的信息支撑，可以有效促进运输组织水平的整体提升。

实施铁路货运票据电子化，完善和提升相关信息系统功能，可从提报需求、办理托运、途中运输信息跟踪、到达领货全过程为客户提供方便快捷、优质的服务，促进服务质量有效提高，树立良好的铁路企业形象。同时，能够及时全面掌握与铁路运输需求及市场变化相关的各类信息，提升铁路大数据分析能力，为铁路创新营销手段、设计符合客户需要的物流产品提供有效决策支撑，实现铁路货运票据电子化具有以下有利条件：

(1)符合国家物流发展趋势。国家政策推动多式联运，推进“互联网+”便捷交通，促进智能交通发展，以旅客便捷出行、货物高效运输为导向，铁路货运票据电子化可以为我国交通发展现代化提供有力支撑。

(2)符合铁路信息化总体规划。基于运输信息集成平台，实现车站级各专业系统的信息互联和应用功能整合，实现信息一点采集、全路共享，是铁路信息化总体规划的总体要求。

(3)前期信息化建设奠定了应用基础。铁路货运票据电子化研究多年，早期因车站级系统覆盖不够，功能不足，铁路货运票据电子化难以实施。随着铁路信息系统建设的不断完善，其具备了票据电子化的应用基础。

(4)网络扩容建设提供了信息通道。近年来，全路不断提升车站到铁路局集团公司的网络通道能力，为车站级作业系统及时获取电子票据信息提供了网络基础，取消纸质票据成为可能。

实现我国货运票据电子化的重要意义在于：

(1)铁路适应运输市场信息化的需要。随着我国运输市场不断快速发展，互联网+、物联网、电子商务等信息化手段在运输行业、物流企业广泛运用。实施货运票据电子化，提高铁路货运信息化程度，有利于铁路主动适应市场、走向市场，更好地服务货主、服务企业、服务社会，提升市场竞争力。

(2)铁路提高运输效率效益的需要。实施货运票据电子化,按电子票据优化货运作业流程,既能减少作业结合部和作业差错,加快车辆周转速度,压缩运到时限,又能优化劳动组织,减少车站作业人员及票传设备等,有利于进一步加强运输组织管理,提高运输效率效益。

(3)开展多式联运、推动融合发展的需要。铁路管理体制改革后,随着铁路市场化改革的深入推进,加快发展与其他运输方式、其他行业及国外铁路间的联合运输、联程运输,已经成为铁路扩大市场份额,实现货运增量的必然选择。实施货运票据电子化,有利于实现铁路与公路、水运、航空等运输方式以及生产企业和国外铁路间的信息共享,互联互通,更好地促进融合发展。

(4)适应市场需求。提高铁路货运信息化程度,更好地服务客户、服务社会,提高市场竞争力,提高运输效率。

8.1.2 电子货票基本概念

以整车为例,在货票电子化实施前,客户在办理承运时需要三个环节,一是携带证件、运单等到受理窗口核验;二是转外勤装车,核对货物品名、抽查货物重量、确认装车号及装车后的施封号;三是转制票窗口,进行费用核算及运单填记。2013 年货运组织改革后,客户可以选择 5 种渠道办理发货。例如,客户申请一个用户名,即可在“95306”网站上自助办理申报。货运票据电子化后,客户只需在网上填好运单就可以直接下单,货运员不需要输入任何内容,只需核对后即可完成。同时,电子货票具有信息共享和货物追踪功能,机车乘务员也不用交接货票了,到站只需输入货票号码,用户即可凭证件提货,也不用邮寄取货凭证了。纸质货票退出历史舞台,是铁路发展更进一步的重要标志。电子化货运票据主要包括:货物运单、货车装载清单、特殊货车及用具回送清单、货运记录、普通记录、物品清单、不良货车通知单、装卸作业单、货车篷布交接单、货车调送单、铁路箱破损记录、铁路箱出站单、垫款通知书、车辆检修通知单、检修车回送单、检修车辆竣工验收移交记录、新造车辆竣工验收移交记录、货物运输变更要求书、超限超重货物运输记录、调卸作业单、列车编组顺序表等。

当列车开车时,将列车装载货物的电子货票指向列车的货物;当列车运行时,将电子货与 TDMS 和 TDCS 绑定,当货车解体或者甩车时候,将其电子货票绑定车站的货物;当列车新编组、加挂时,将其电子货票重新绑定列车的货物;当货物需要倒装时,电子货票需要重新绑定车辆和列车的货物;当列车到达目的地后,将其电子货票重新绑定车站货物。

货运票据电子化的任务主要是电子签名条件下的无纸化受理、承运和交付。货运票据电子化可以有以下优点:收货人体验更加便捷,承运人效率显著提升;“运到时限”数据化分析得到信息支撑;铁路内部作业流程得到优化;客户服务得到提升;劳动生产率得到提升。

以电子运单为基础,可对铁路货运信息系统进行整合。目前,在受理环节已从运输组织、运输安全和运输方式三个维度对“后厂”进行综合整合。其中,运输组织包括受理、仓储、装车、货物编入车辆、车辆集结成列车、出发、中转、卸车、仓储、交付等;运输安全包括施封、装载加固、危险品、超限超重、货检、保价等;运输方式包括整车、集装箱、零散快运、行包、高铁快运、班列等。通过电子货票代替原来纸质运单能够追踪货运的全过程,货票只加增值税发票,取消其他四联货票(甲、乙、丙、丁四联),全部使用电子货票替代。

8.1.3 电子货票系统功能

1. 货票信息系统功能

铁路货票管理信息系统分为三级，分别是国铁集团货票中央数据库、铁路局集团公司级货票库和车站货运制票终端。

(1)车站货运制票终端

对于集装箱和零担，运单受理后，车站可以收费、制货票；对于整车，按照规定装车后，收费、制货票。车站货票制票终端一般位于货运站，也可以位于收货代理点(无轨站)。若运单记录了完整的货运过程，货票可以直接读取运单；但由于目前的运单记录不完整，仍需要制票货运员补充完整的运单信息，如施封、装载加固等信息；然后，完成径路里程计算、计费、打印、存储等一系列操作，终端具有键盘输入控制、数值和逻辑校验、计费和记事智能处理、联机帮助等辅助功能；可打印普通、国联、水联、军运、快运、集装箱货票等，并支持发送货票、交付货票、杂费票、补退款；支持现金支付、网银支付、预付款、预冻结、窗口 POS 机等支付方式；支持货票套打营改增发票打印；货票数据保存后，在铁路局集团公司集中存储。

(2)铁路局集团公司货票数据库

在铁路局集团公司建立完整的全局货票库，完成局内货票的收集和到达货票向到达车站的转发工作，为统计、收入、调度等部门提供原始货运信息。实现货票补退款、货票统计更正、军运后付货票的信息采集和查询、统计、报告文件生成与处理。

(3)国铁集团中央货票库

国铁集团正在建立完整的全路货票库，同步生成统计数据库。在货票轨迹库中记录货票的作废或恢复，运输途中的变更、转装、径路变更等信息。对跨局发送和到达货票信息进行分类整理，以标准格式按到达铁路局集团公司组织文件，并转发到达铁路局集团公司，由铁路局集团公司转发到车站。国铁集团货票信息综合应用系统主要实现货票信息的查询、信息共享、统计分析，以及数据挖掘结果的查询与可视化显示。

2. 确报信息系统功能

列车确报是车站现车系统最主要的数据源，确报的另一个作用是铁路局集团公司调度所依据列车确报制订列车的停站和卸车计划。其他作用包括作为统计系统的数据源，为 5T 系统确定问题车辆；还作为违流违编检查的依据，导致有些车站为了逃避检查，人为修改确报中车号的方向和重量。确报系统由车站、铁路局集团公司、国铁集团三级系统构成，对车站来说，车站系统接收确报，通过调车作业计划改变列车编组，再发送确报。铁路局集团公司系统负责铁路局集团公司内转报；跨铁路局集团公司的报文交给国铁集团，由国铁集团系统负责铁路局集团公司间的转报。转报时，需根据列车的发报站、实际“经由”分界站或技术站、终到站确定转报的车站。确报系统的主要问题是重复的报文太多，主要原因是确报每经过一个停站要重复发一次确报，而且，因为担心漏报，宁可多转；有的铁路局集团公司专门设置确报调度员负责挑出正确的确报。

3. 主要变化

(1)货运票据格式的主要变化

物品清单、特殊货车及运送用具回送清单、货车装载清单、货物运输变更要求书、货车篷布交接单等 13 种货运票据以及证明文件需采集电子信息。

将现行货物运单、货票、快运货票整合为运单。将现行的货车装载清单、集装箱货车装载清单、零散货物装载清单、1.5 吨小型箱货物装车清单整合为货车装载清单。

修改了物品清单、货运记录、普通记录、货车调送单、特殊货车及运送用具回送清单、货车装载清单、超限超重运输记录等单据格式。

(2)货运系统功能完善

电商、货运站、货票、箱管、零散平台、货检、保价、危险品、计量、物流配送、现车、确报、车辆 HMIS 和集成平台系统等 14 个货运相关信息系统，从适应货运票据电子化角度出发，进行功能完善和数据共享。

(3)作业流程的主要变化

内勤：由审核纸质运单改为在电商系统审核需求信息；由在纸质运单、货票上加盖的各类戳记，改为电子标识；增加电子领货方式，内勤需验证电子领货密码；增加证明文件等相关资料图像采集；由套打货票改为直接打印运单(运单、货票合一)。

外勤：由补充纸质运单、填制纸质回送清单、集装箱装载清单，改为补充电子信息，不用再填制纸质票据。

货调：由核对纸质票据信息改为核对电子票据信息，根据电子票据信息安排取送车。

(4)客户办理的主要变化

客户在电商中提报需求(可车站代报)，整车装车(集装箱进货)后才打印运单。

客户进货凭运单需求联或电子信息出货凭收货人存查联。

增加凭电子领货服务，解决客户传递纸质领货凭证的不便。

通过电商系统或者 App 软件录入专用线(专用铁路)的装卸车信息。

(5)规章文电变化

铁路货运票据电子化仅货运就涉及《铁路货物运输规程》《货位管理规定》《铁路货物运价规则》《铁路零担货物运输组织规则》等 13 个货运规章，100 多条规章要进行修改，考虑过渡期的不稳定性和进一步功能完善的需要，国铁集团制定《铁路货运票据电子化管理暂行办法》《铁路货运票据电子化作业办法》《货运票据电子化铁路货物列车车号员作业标准》等。

8.1.4 铁路货运票据电子化作业流程

推动货运电子运单，建立包含基本信息的电子标签，形成唯一赋码与电子身份，推动全流程互认和可追溯，加快发展多式联运“一单制”。实现铁路货运票据电子化的总体目标是：所有货运票据均使用电子格式，取消手工填记，托运人可以通过系统终端、互联网或手机 App，方便快捷地办理货物托运、追踪查询、电子交付等业务。取消纸质票据传递，通过完善相关系统功能，实现货物“承运—运输—交付”全过程电子化办理和信息化管理，优化作业流程，减少作业环节，提高运输效率和质量。为优化作业流程，减少作业环节，提高运输效率和质量，为实现铁路与国家相关部门、行业、企业，以及国外铁路货运信息互联互通，数据共享，促进铁路与其他运输方式和相关行业融合发展奠定基础。结合现铁货运票据电子化存在的主要问题，对票据电子化作业场所及上门服务等渠道敞开受理客户需求。运输需求在铁路货运电子商务系统(以下简称为“电商系统”)中提报。铁路局集团公司通过 FMOS 系统和货调系统审定运输需求，车站通过电商系统进行实货核实和运单受理。如图 8.1 所示为电子货票阶段作业流程与纸质货票阶段比较。

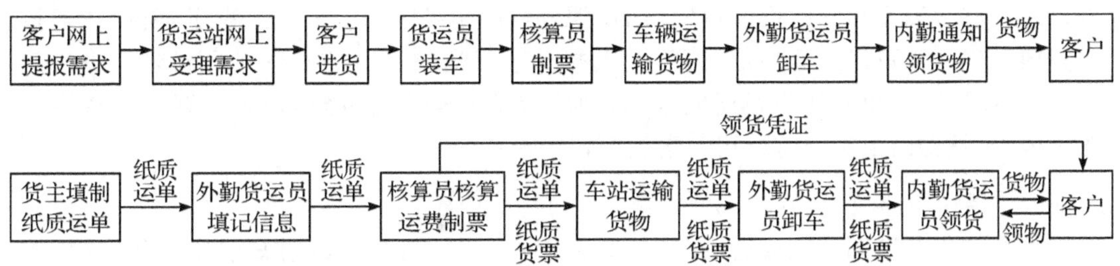

图 8.1　电子货票阶段作业流程与纸质货票阶段比较

1. 客户提报阶段

客户提报阶段是货主报送运货需求的阶段，客户现在可以通过登录货运网上营业厅(byfw."95306".cn/Hywsythome)进行自主提报，大客户可以客户登录的方式转入电商系统。

进行阶段装车需求和当日装车需求的提报时，也可以到货运中心的各个营业网点的营业厅，让工作人员替货主提报。货运票据电子化后，货主提报全部在网上进行，客户不出户就能报送货物运输需求。在报送的过程中，货主在网上填报货物件数、货物价格、增值税信息、物品清单等，物品清单包括具体货物品名、包装、件数、重量、体积、价格等信息，同时货主可以选择门到门、站到站、门到站等服务方式。这些信息将在整个货物运输的过程中一直随着车辆流转，直到客户收到货物。

2. 运单受理阶段

当客户把需求提报后，由货运营业网点的受理岗位工作人员进行信息确认，通过受理，把需求上报到铁路局集团公司，铁路局集团公司电商服务器会自动受理客户的需求，产生一个需求号，受理通过的需求根据运输种类的不同进行推送。整车的信息会推送到"货运站安全监控与管理系统"(简称货运站系统)，集装箱的装车信息会推送至"车站集装箱管理信息系统"(简称箱管系统)。

3. 运货阶段

运单受理通过后，货主会收到进货通知的短信。若在报需求的时候，客户选择了门到门服务，铁路物流企业会上门帮助客户把货物运送到铁路货运站仓库，或客户也可以自己把货物运到货运站。进货时，外勤货运员可以在货运站系统上进行物品清单的核对，核对无误后，货运站即开始准备装车。

4. 装车阶段

当货主所有的货物进齐以后，货运站的货运员就可以开始装车了，整车装车由货调在货运站系统中进行"派班"，外勤货运员选择车辆，进行"接车对位""前后三检"等操作；集装箱装车则由集装箱货运员在箱管系统中进行"安排空箱""检斤验货"等操作。这样，外勤装车时就可以直接在系统里的运单上填记车号、重量等承运人信息，等装车完成后，信息就会上传到铁路局集团公司和国铁集团，同时信息也会直接推送到制票系统。

5. 制票检报

在货运站系统中或者箱管系统完成装车后，所有信息将会推送至货运制票系统中，制票系统就可以核算运费、制货票了。因所有信息全部一步一步推送过来，客户的资料、货物的清单、件数、重量以及客户的增值税发票的开票信息、车号等信息都已经有了，所以货运核算员在制票过程中不再需要添加信息了，大大减少了货运核算员的工作量。制票完成后就会产生一个运单号，运单号作为票据编号，连同所有信息与车号绑定，传到了现车系统中。等货票生成后，就即时上传至总公司和集团公司的票库。

6. 车辆运输阶段

当整车和集装箱制票完成后，在货运站系统中进行票据确认，通知取车操作，这样车务系统就具备了取车条件，可以进行计划的编制、调车、出发等操作。在车辆运输过程中，如果中间的车站需要对票据信息进行核对，可以在现车系统中与车辆绑定的票据信息进行核对，也可以在票据综合管理信息平台上把票据打印出来进行核对，避免了纸质票据随车在各个车站间传递和核对修改、填写普通记录。车站行车人员根据货运站、箱管等系统推送到现车系统的信息组织取车作业，并在现车系统编制列车编组顺序表，补充车辆“其他记事”信息，发现问题编制普通记录。车站货检人员在铁路货检安全监控与管理系统编制普通记录，按规定进行途中签认。

7. 卸车阶段

等车辆到达目的地货运站后，先由车务系统接收到确报报文，由货调进行卸车派班，通知车务系统送车，然后把车辆推送到卸货的股道上，这个时候货运站就可以进行卸车作业了。整车由外勤货运员在货运站系统中进行“接车对位”“前后三检”等操作；集装箱卸车则由集装箱货运员在箱管系统中进行到达卸车、掏箱等操作，等外勤货运员组织把车辆都卸完后，就可以通知货主领货了。同时，做完卸车作业的车辆信息会即时同步到现车系统，在现车系统中被置为空车，把票据同车辆进行解绑。这样，这个车辆就可以再次进行装车等其他作业了。这些操作信息全部都即时上传到铁路局集团公司和国铁集团。

8. 交付领货阶段

货运员通知货主领货后，货主收到领货短信通知，就可以到货运站营业大厅办理领货手续了。有时候会在运输过程中产生一些其他的费用，例如暂存费、到站装卸费等一系列费用，就需要有核算员在杂费系统中进行补收，货主交完这些费用后，就可以领货了。至此，货主完成了运货全过程。

通过所有货运票据均使用电子格式，取消手工填记，托运人可以通过系统终端、互联网或手机 App，方便快捷地办理货物托运、追踪查询、电子交付等业务，实现货物“承运—运输—交付”全过程电子化办理和信息化管理，优化作业流程，减少作业环节，提高运输效率和质量。

铁路货运票据电子化为实现铁路与国家有关部门、行业、企业以及国外铁路间货运信息的互联互通、数据共享，促进铁路与其他交通方式和相关行业融合发展奠定了基础，为提高铁路货运服务水平和经营效率效益提供了技术支撑。

2018 年 3 月，货运票据电子化正式实施，铁路货运正式进入“电子票据”时代，货运票据电子化在梳理既有生产流程的基础上，创造性整合和优化生产流程，打通既有独立的专业信息系统，通过多系统有机结合、多工种紧密协作，实现了客户需求和内部生产信息电子化流转、无缝衔接，货运数据实现全程共享，数据质量大幅提升，满足客户需求和内部生产信息的电子化流转与无缝衔接。货运票据电子化总体业务状态监控如图 8.2 所示。

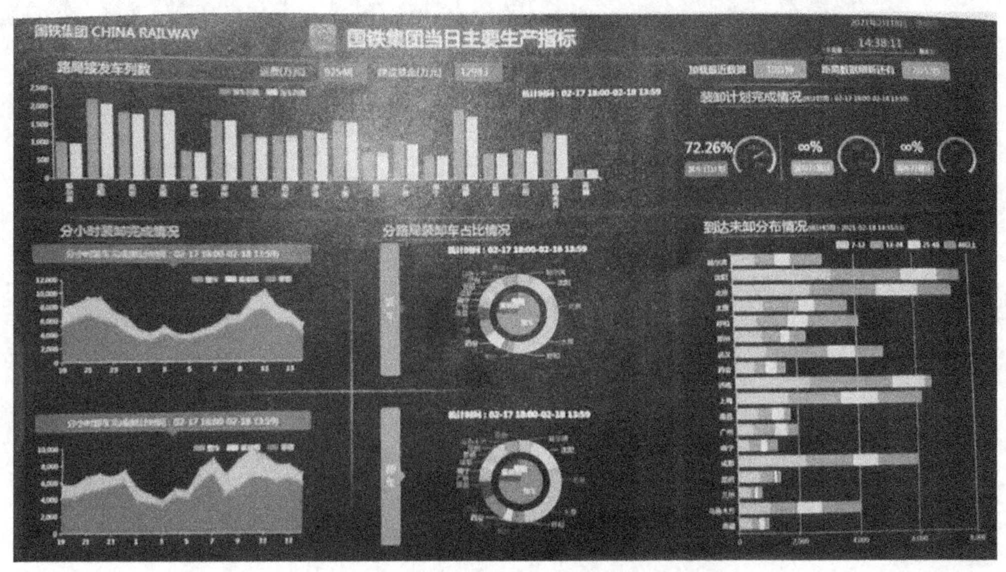

图 8.2　货运票据电子化总体业务状态监控

整车、集装箱、零散作业流程如图 8.3 所示，货运票据电子化信息流程如图 8.4 所示。

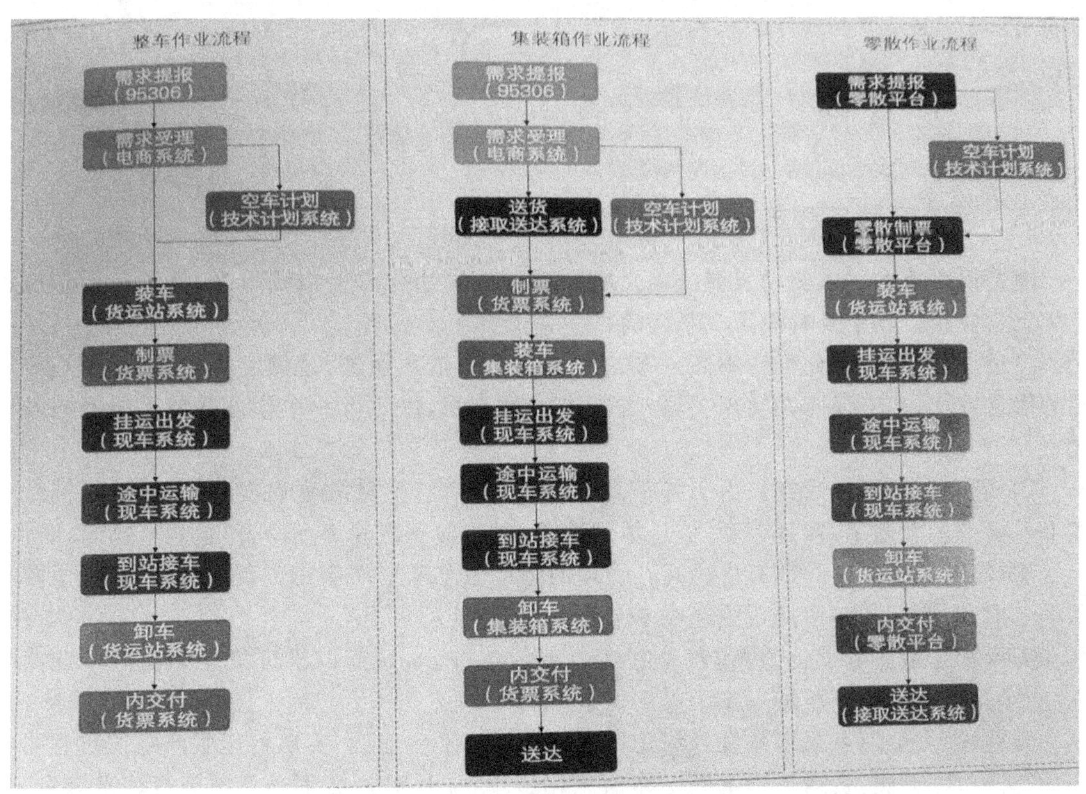

图 8.3　整车、集装箱、零散作业流程

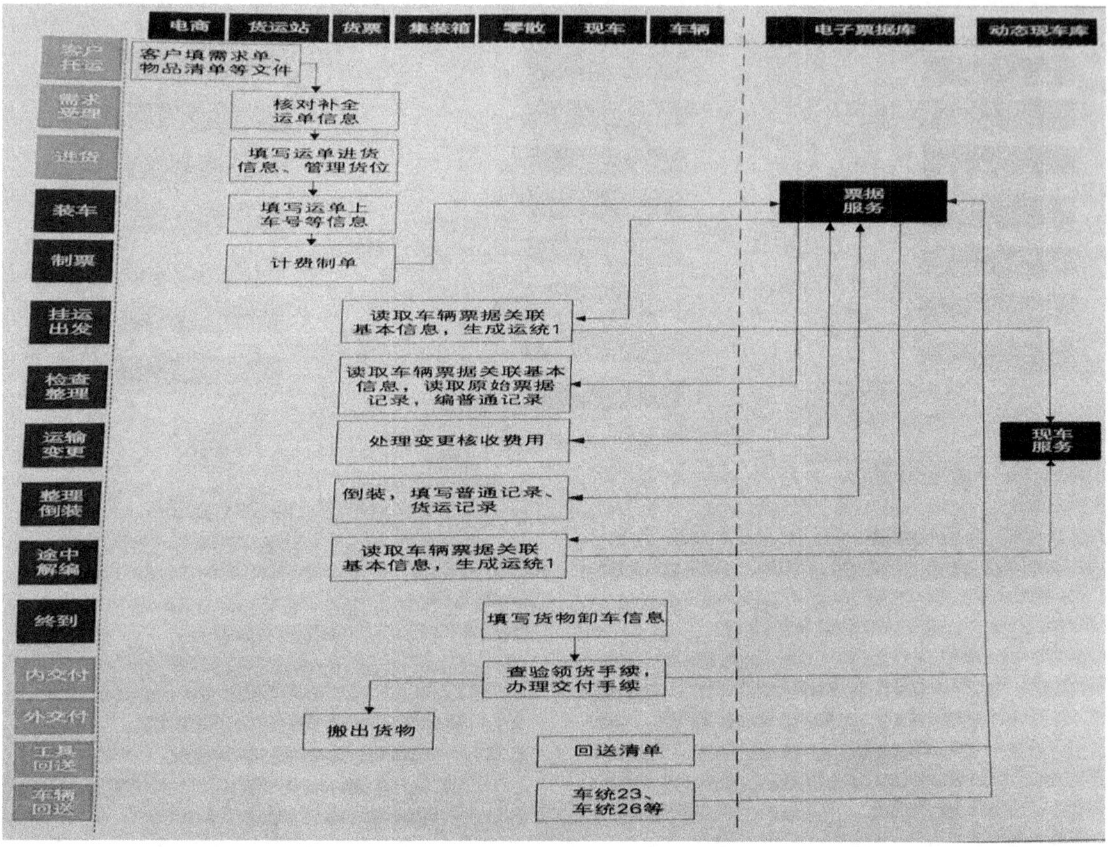

图 8.4　货运票据电子化信息流程

8.1.5　运输组织工作的进一步优化

随着铁路落实创新驱动发展战略，铁路信息化、网络化水平提到提升，铁路货运票据电子化正式实施。其主要解决了以下问题：

(1)铁路货运电子化程度不高。车站作业仍依赖纸质票据，虽然已电子化，但存在于不同的信息系统中，未建库并实现关联，数据未实时上报，以致下一个作业环节不能及时获取信息。

(2)同一信息多次采集。由于各信息系统分别建设，信息共享程度不高，导致同岗位在多个系统中多次采集，重复劳动，信息填记缺乏卡控，信息准确率不高，作业效率较低。

(3)信息规范性统一性有待提高。受理的运单信息未全面应用到现场作业，部分运单信息填记不实，而且同一信息系统存在多个版本，信息处理水平不一。

实行货运票据电子化改革，只是货运改革的第一步，还需以推进货运票据电子化为契机，从作业组织改革方面进一步予以优化。

(1)推进货运信息系统建设。深化货运信息系统平台建设，实现货运生产组织过程可查询、可监控、可追溯，货运营销基础工作信息化管理；加强对各类生产系统进行信息融合，逐步实现与相关港口、公路物流企业、大型厂矿等的对接，实现信息系统互联互通；完成货运信息分析及辅助决策系统(货运大数据)一期建设，推进货运信息分析及辅助决策系统二期建设;研究货运设备与生产作业系统信息互联与共享、货场视频与生产作业系统联动,逐步实现部分作业环节自动化、安全检测监控智能化。实现经营管理数据分析,为货运场站扩能改建提供数据支撑,构建基地信息平台。改变以往建设独立业务信息系统为全流程贯通的综合服务信息系统,向客户提供一体化的公、铁、海物流解决方案。

(2)进一步推进货运站作业标准化,整合内部相关信息系统和岗位设置,实现内部岗位人员配置优化,提升劳动生产率。同时,在综合性货场、专用线运用手持机、手机 App 等终端应用,实现信息实时传输。

(3)推进作业组织流程优化,进一步完善“互联网+”服务,实现电子签名、网上支付、无纸化受理承运交付等,不断提升客户服务水平。也可以在区域内的某一个货运办理站,实施“集中受理优化装车”组织方案,货运营业厅采用集中部署方式,外勤、专用线作业人员按需派班。

(4)推进路企信息交换,深化信息开放共享,共同建成 EDI 数据交换平台。充分利用货运票据电子化全流程信息平台,做好延伸功能开发,解决铁路与公路、水运信息系统不联通、物流信息不共享的问题,整合各方资源,探索推进多式联运信息互联互通等工作。

8.2　铁路货运物联网应用对业务流程的影响

铁路货运物联网的应用和现代货运市场需求的变化,对传统的铁路货运业务流程产生了冲击,并对铁路货运业务流程提出了更高的要求。为了适应铁路货运快捷化、便利化和物联网技术服务的新要求,铁路部门必须对货运业务流程进行具体的优化与再造,以便为铁路货运物联网应用提供业务流程基础与支持。

8.2.1　铁路货运物联网应用需求

铁路在快速发展的物流需求市场上,必须顺应客户发展趋势和要求,提高自身竞争力。将物联网技术应用于铁路货运中的信息采集和货物跟踪,铁路货运数据才能转化为有用的铁路物流信息,通过整合的方式提供给铁路货运运营管理相关部门,从而提高铁路货运的智慧化水平与整体运行效率。

近年来物联网技术在铁路运作系统的应用有一定的发展,但仅限于局部和小范围,如车号自动识别系统(ATIS)、列车调度指挥系统(TDCS)、铁路运输管理信息系统(TMIS)、铁路办公信息系统(OMIS)、集装箱站场定位识别等。物联网技术在铁路系统运作的全面应用瓶颈主要有技术和管理两个层面。技术层面主要是信息识别和货物标识,我国研究得比较多,如 RFID、Zigbee、Wi-Fi、Bluetooth 等电子标签技术和 CGPS、北斗的定位技术;管理层面投入研究的人比较少。物联网技术的应用与对应的应用领域业务息息相关,并制约了其相应的发展。由于铁路系统本身是一个动态的、复杂的大跨度系统,如何将物联网技术运用到铁路货运活动当中仍然是个需要解决的问题。现代物流理念、物联网技术及北斗技术的创新与发展对铁路货运企业运作管理能力提出了更高的要求。

(1)及时获取信息的需求。随着产品生命周期的缩短,铁路货运需要随时获取产品的全面信息,如货物的详细信息、货物现在处在哪个环节等,铁路货运是由众多部门的不同环节构成,其中涉及一系列委托或者代理的关系,这种传统的物流管理模式阻碍了铁路货运的发展。

(2)完善货运信息增值服务的需求。随着市场竞争的加剧,客户对铁路货运服务的要求越来越高,迫于来自运输、配送等环节的基础物流服务和基于货运成本的竞争,需要一种能够全面、准确和及时地捕捉产品服务和基于货运成本的竞争手段,需要一种能够全面、准确和及时地捕捉产品信息的服务,并以此为基础划分信息级别,为企业、行业和供应链级分别提供信息增值服务,提高铁路货运企业的核心竞争力。

(3)铁路货运应急安全的需求。由于受到自然环境和人工作业疏忽等影响,在铁路货运过程中,货物丢失、损坏的现象时有发生,提高铁路货运应急安全,降低铁路货运损失,及时发现和消除安全隐患,显得尤为重要。

(4)一体化智能终端的需求。即在能够实现快速识别、实时定位、可以追踪和查询的功能基础上,提供既满足铁路货运系统内企业所需的基本货运服务,又能满足整个铁路货运供应链资源优化配置的信息服务。

8.2.2 铁路货运物联网应用对货运业务流程的影响

铁路货运物联网应用能够实现货运全程可视化,对于货运中的物品可以进行实时监控,随时了解物品所处的位置和状态,也可以对货运管理和运作状况及时进行优化和调整,提升货运的总体反应速度,从而有效地提高货运运作效率和降低运作成本。物联网技术使铁路货运的技术支撑发生变化,这必然会给货运业务流程带来变化。因此,流程再造是铁路货运物联网应用的必要过程,在物联网技术应用中导入流程再造,在再造流程的基础上进行物联网建设,是促进铁路货运物联网成功应用的关键因素。

货运作业物流化已经成为铁路货运发展的重要趋势和方向,目前我国铁路货运改革正向着发展"门到门"全程物流服务的方向前进。铁路全程物流的核心发展基础是以满足客户个性化需求为导向的,而铁路货运业务流程的完善程度直接影响客户需求受理和铁路全程物流化生产组织的衔接程度,从而决定客户的需求能否得到满足或能否得到高质量的满足。因此,对货运业务流程进行重新设计也是基于物联网技术的铁路货运物流化改革的需要。

铁路货运物联网应用对业务流程的影响主要体现在以下六个方面:代替或减少流程中的人力劳动,提高流程效率;使得信息能够远程交互,流程不受地理位置的限制;导致流程任务顺序的变化,使多项任务改串行为并行处理;使过去依赖中介才能沟通的两部分直接连接起来;为流程提供大量详细的资讯和复杂的分析方法,提高流程能力;减少人为失误,便于流程的监控和跟踪,提高流程的安全性等。

8.2.3 铁路货运物联网应用的业务流程基础——业务流程再造

1.流程再造

1993年,美国学者迈克尔·哈默和詹姆斯·钱皮率先明确了流程再造理论,"业务流程再造就是对企业的业务流程进行根本性的再思考和彻底性的再设计,从而获得可以用诸如成本、质量、服务和速度等方面的业绩来衡量的戏剧性的成就"。铁路货运业务流程再造的目的是构建物联网技术应用到铁路货运各环节中的铁路货运业务流程,最终确认物联网应用系统的技术架构，具体流程再造过程如下：

(1)原货运业务流程。要描述清楚正常作业状态下的业务流程，如中铁快运零担运输产品的业务流程包括承运入库、装车运输、到达交付作业等环节，每一环节具体做什么、怎么做，存在哪些不足之处，最后画出详细的业务流程图，以便与新流程图比较。

(2)对原货运业务流程进行详细分析，找出核心业务。应该以流程为基础，优化调整企业的组织结构，通过制度的制定和完善，确保机制的运作。针对货运业务流程，利用管理学相关理论，对业务流程各环节做定性或定量分析，找出哪些是核心业务、哪些是辅助业务。物联网技术的应用主要针对核心业务，这样才会有更大的应用价值。

因此，铁路货运物联网应用的组织结构优化的核心是从职能式管理过渡到流程式管理，以客户为导向，以流程为中心。铁路货运物联网应用的组织结构需要根据具体货运和业务流程的不同要求来进行优化，这里仅说明物联网应用在业务流程再造基础上组织结构优化的整体措施，主要有以下三个方面：

(1)以满足客户需要为最终目标。铁路货运客户需求向个性化、快速化发展，同时，市场竞争日趋激烈，这就需要铁路相关部门关注客户满意度，以便发现客户价值的真正驱动因素，满足客户的快速化发展需求。

(2)组织结构的设计应与铁路货运系统相协调。进行业务流程再造后，设计的组织结构应与其相适应，全面考虑影响组织的各个方面因素。

(3)铁路货运物联网应用业务流程再造的技术基础是物联网技术，因此，业务流程再造一定要结合组织变革，充分利用物联网技术达到降低成本的目的。

2.层次分析

顶层设计是介于规划和工程实施之间的设计，在理念和方法上已经深入各行各业、各个领域，特别是运用于信息系统和电子政务设计和建设中。智慧货运顶层设计是用系统论的方法，对智慧货运建设的各个方面、各个层次、各种参与力量、各种正面的促进因素和负面的限制因素进行统筹考虑，理解和分析影响智慧物流建设的各种关系，从全局的视角出发，对智慧物流的基本问题进行总体的、全面的设计，确定长期的建设目标，制订实现目标的路径和战略战术，并建立智慧物流建设发展的保障措施，将建设的风险降至最小。顶层设计关系全局，是方向性的举措。智慧货运顶层设计对智慧方面的各项建设任务给予系统的部署，有利于具体项目落地，避免因建设标准、技术体系、数据接口等多元主体而导致信息孤岛化。铁路货运物联网应用各层技术问题如下：

(1)数据采集层

数据采集层主要完成信息的标识及信息采集、转换处理、环境信息收集等，利用物联网技术将采集的信息通过通信模块、延伸网络、网络层的网关、网络层及应用交互信息。针对铁路货运整车、零担、集装箱及特种货物运输形式，可采用不同的标签标识货物信息。整车、零担多采用一维码、二维码、RFID类标签、北斗或GPS类标签标识；集装箱及特种货物运输多采用ZigBee类标签、北斗或GPS类标签及体感器标识；接口技术包含各类通信协议、媒体接入层、短距离无线通信、分布式信息处理、嵌入式技术、节点级中间件等多项技术，在本层中嵌入传感器和射频类标签元件形成局部网络，协同感知周围环境或自身状态信息，经初步处理和判定，根据相应规则响应，通过各种接入网络把中间或最终处理的结果接入网络层。

例如，在集装箱及特种货物运输过程中，通常需要安装传感装置，这些传感装置要检测网络标识出货物的状态信息。感知层是多种技术的集合，具体实现是以控制单元为核心，实行软件硬件裁剪，适应不同种类接口、控制功能要求来设计中间件，完成不同传感器、不同接口、不同电源电压下的剪裁、整合和测试，通过 GPRSDUT、CDMADUT，GSMModem，3GDUT 等模块将感知层的信息和数据发送到网络层或应用层上位机 TCPIP 接口上。

(2)网络层技术

网络层主要完成信息传递和处理。承载网的构建应充分利用公网设施、铁路内部(生产网、内部服务网、外部服务网和管理网)的公用数据通信网及铁路数字移动通信系统等已有资源；接入网除采用通用的射频接入单元、2G/3G/4G 移动接入模块等，由于铁路运输线路上信号盲区很多，还应考虑卫星接入模块等。考虑到铁路信息管理系统庞大异构等状况，铁路货运物联网应用需要多种数据预处理技术，包括信息融合、异构网聚合、资源与存储管理、数据分析、数据挖掘、智能决策、智能控制、云计算技术、海量信息技术、专家管理系统。网络层具体通过各类移动或固定数据采集基站、中继器实现，各类移动或固定数据采集基站、中继器要与所采用的标识、铁路物流业务管理信息系统的科技硬件接口相适应。

(3)应用层技术

应用层包含物联网应用业务中间层和铁路货运物联网应用两部分。物联网应用业务中间层包含信息管理、业务分析管理、服务管理、用户管理、目录管理、终端管理、认证技术、仓储管理、物流管理、结算管理等相关技术，提供通用支撑服务、数据智能处理等服务，与相应的各铁路货运管理系统相连，并与不同铁路货运产品的专业知识和业务模型相结合，构建管理平台和运行平台，以实现更加准确和精细的智能化信息管理。数据智能处理包括数据汇集、存储、查询、分析、挖掘、理解，以及基于感知数据决策和行为的理论和技术。数据汇集将实时、非实时物联网业务数据汇总后存放到数据库中，以方便后续数据挖掘、专家分析、决策支持和智能处理。铁路货运物联网应用与现有的铁路运输管理信息系统、货运营销与生产管理系统、车站综合管理信息系统、列车调度指挥系统等铁路运输管理系统相连，为其提供货运状态的各种实时数据，建立不同领域的各种应用。

8.3 铁路物流大数据技术的信息平台分析

大数据已经引发铁路运输发展变革。建立铁路运营的大数据感知体系、数据共享、信息服务和决策支持是今后的发展趋势。相应地，实现“状态预测—状态管理—健康管理”的新常态模式已经成为铁路运营管理工作的需要。但铁路信息系统呈现出条块分割的现象，在一定程度上具有分散性，信息集成优势尚未显现，导致铁路管理信息的碎片化，难以支撑数据挖掘和深度分析，这就需要将相互关联的分布式异构数据源信息整合到一起，建立综合的运输信息体系，提高铁路运输信息集成和组合的效率。铁路物流大数据技术还需要围绕“数据资源”转化成为“决策能力”，进而提升“行动效果”，逐步建立起大数据分析理论的完整体系，通过大数据技术量化管理对象和管理行为，实现对铁路货运中作业、计划、组织、控制、协调等职能的管理。

信息技术的快速发展已推动网络时代兼有大数据的特征。随着铁路信息化步伐的加快,铁路运营系统的数据已具有海量、多源性、数据类型多、处理要求快等大数据特点。为适应市场化的经营要求,构建铁路运输企业的核心竞争力,提升铁路的持续发展能力和盈利能力,在铁路运营中应用大数据技术,能够提高信息处理效率,进而挖掘出有价值的信息,以便为铁路运营系统提供智力支撑和决策支持。

可利用大数据技术的信息采集、分析、挖掘能力,将物流信息在铁路内部实现系统化管理,将现有的粗放、零散的铁路物流数据资源加以整合,实现信息共享与物流资源协调管理,并通过向客户提供铁路物流信息、管理与技术服务,建成可以根据空间地理信息统一协调运作的现代化物流体系,从而提高铁路物流运作的自动化程度和决策水平,达到合理配置铁路运输资源、降低客户物流成本、提高铁路物流服务水平的目的。

8.3.1 铁路物流大数据需求

铁路大数据是指以容量大、类型多、存取速度快、应用价值高为主要特征的铁路数据集合,是铁路企业各类数据的总称。铁路大数据是国家基础行业信息,是国家大数据资源的重要组成部分,在国民经济和社会发展中具有极为重要的作用。围绕大数据的采集、共享、存储、分析等全生命周期数据流程,铁路大数据服务可分为数据集成服务、数据共享服务和数据存储与分析服务。

铁路大数据安全在传统的物理安全、设备安全、网络安全、数据库安全、系统安全等铁路信息化安全保障措施之上,更强化数据在集成、共享、存储、应用等全过程的数据安全防护。铁路大数据在全生命周期各阶段面临的安全保障需求如下:

(1)数据集成服务:针对来自铁路业务系统、物联网、互联网、外部相关机构和企业的各类数据源,提供批量导入和实时同步的方式实现结构化数据和非结构化数据的采集,对采集到的原始数据进行清洗、加工、转换、标注等规范化处理后,形成结构化数据集成和非结构化数据集成。

(2)数据共享服务:构建适应铁路大数据环境的操作型数据存储和非结构化数据存储,并统一通过直接访问、数据文件、数据复制、应用服务接口等技术为各业务信息系统提供结构化和非结构化两类数据的共享。

(3)数据存储与分析服务:采取基于 Hadoop 的大数据分析框架和数据仓库技术相结合的融合架构,面向结构化数据构建企业数据仓库和数据集市,开展统计分析、多维报表、交互分析等。面向非结构化数据,采用流分布式批量计算框架、流计算框架、深度学习计算框架和图计算框架等实现非结构化数据的分析。构建历史数据区实现全量结构化和非结构化数据的统一存储,并实现结构化分析和非结构化分析结果的统一融合。

在数据流向上可分为结构化数据和非结构化数据(如文本、视频、图片等)2 条主线。结构化数据经批量导入或实时同步后,采用 ETL 技术进行数据的清洗、转换、加工,建立操作型数据存储和共享,然后构建数据仓库和面向不同主题的数据集市,进行多维统计、多维报表等结构化数据分析。非结构化数据通过文件数据采集接口等进行批量导入或实时同步经过数据标注、特征提取和预处理后提供非结构化数据存储和共享,采用大数据分析挖掘算法实现非结构化的数据分析。所有分析结果统一通过直接访问、数据文件、数据复制等方式对外提供给各业务信息系统使用。

8.3.2 铁路货运大数据综合信息平台建设

传统的营销方式在很大程度上限制了铁路货运的现代物流发展步伐，铁路企业在大数据时代应充分利用自身的数据资源，创新铁路物流营销方案，降低货运营销成本，提高铁路货运竞争力，实现安全、便捷、经济及高效的现代物流服务。

1. 目前铁路货运营销状况及瓶颈问题

铁路货运营销主要由内部服务营销、外部市场营销两部分构成。

(1)铁路货运内部服务营销。坚持以满足客户需求、为客户创造价值为核心，通过完善内部服务流程、明晰服务关系、强化服务手段来提升整体服务水平。

(2)铁路货运外部市场营销。铁路货运外部营销主要是为了探明客户的真正需求，了解客户基于大数据综合信息做出的快速反应，为产品品种、流程和服务的设计提供依据。根据市场变化及客户需求，建立铁路货运外部营销策略，主体结构由铁路局集团公司直属车站及其设立的服务窗口、市场开发机构来实现，可与客户直接接触，通过了解客户需求、推广服务产品来满足客户需要。

现有铁路货运营销方式基本处于粗放地围绕铁路运输生产进行，尚需从铁路货运大数据资源中挖掘出价值来优化营销组织，存在下面要解决的问题：

(1)营销手段较为滞后。铁路货运营销观念需要向现代物流市场营销观念转变，但对货运大数据分析还没有建立全方位、多渠道的营销方式，营销手段较为滞后。

(2)货运市场精准分析不够。铁路货运中心尚未从货运大数据中描述出优势市场资源，根据市场优化配置资源还存在一定限制，资源使用效率较低。

(3)客户关系管理不足。对客户信息掌控程度不够，尚未真正从客户相关的货运大数据中发掘出潜在的客户价值；面对日趋多元化、精细化的现代物流市场需求，对客户市场细分不够，不能针对不同价值的客户提供有针对性的精准营销策略。

(4)定价模型有待优化。自铁路货运组织改革以来，铁路运价已经有所调整。但从我国整体的铁路货物运输市场来看，铁路货运定价对不同线路、不同区域的运输成本差异，以及因时空差异带来的运能配置问题考虑不足，在一定程度上对营销工作产生影响。

2. 铁路货运大数据综合信息平台基本框架

铁路货运大数据是指由铁路货运组织过程中的基础数据，包括业务数据，企业管理等各业务领域的结构化、非结构化数据所汇集而成的数据集合，其具备大数据的“4V”特征。铁路信息系统可以提供丰富的大数据。例如，铁路互联网订单、货票系统、集装箱系统、行车安全、设备状态等数据，可为精准营销、建设服务型企业提供数据基础。可整合目前铁路拥有的各种信息平台(系统)信息资源建设铁路大数据综合信息平台，核心模块包括铁路货运大数据综合信息平台。

铁路货运大数据综合信息平台包括供货运大数据营销系统、货运生产管理信息系统，以及铁路“95306”货运服务平台，其设计理念以铁路货运需求为驱动，以大数据技术为支撑，对海量的数据进行收集、处理、存储、分析、应用、展现等操作，达到优化客户关系、提升营销能力的目的，其逻辑架构设计包括数据采集层、数据传输层、数据存储层、数据分析层、数据应用层、数据展示层。铁路货运大数据综合信息平台的基本架构如图 8.5 所示。

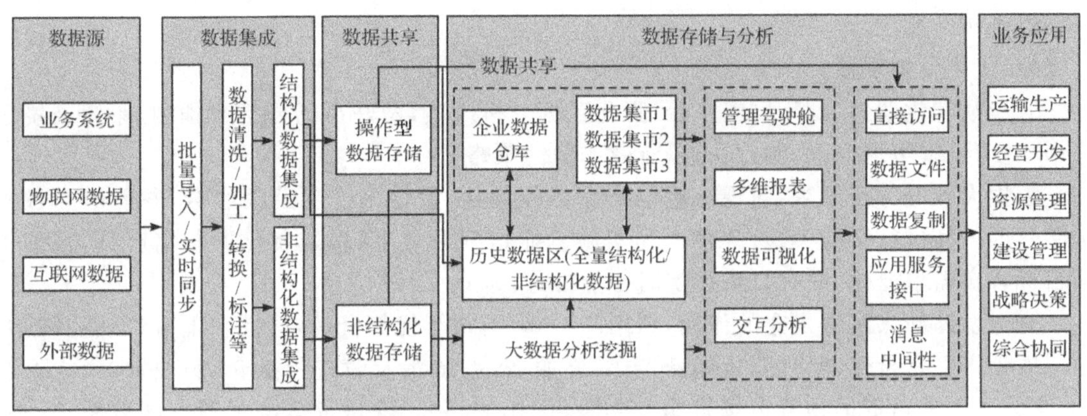

图 8.5 铁路货运大数据综合信息平台的基本架构

铁路货运大数据营销系统作为铁路货运大数据综合信息平台的子系统，目标定位为货运营销组织管理，为铁路货运营销提供智能决策支持、优化营销组织方案，其中：

(1)数据采集层。主要依托 TMIS 系统中的货票系统(货主信息、货物信息、节点信息等)、“95306”系统(客户信息、货物信息、客户满意度信息等)、TMIS 系统中的货车动态管理信息系统(货车状态信息)、集装箱管理信息系统(集装箱动态信息)进行实时动态信息采集。

(2)数据传输层。数据传输层一般应用铁路数据通信网络进行。通信数据网是覆盖全路各车站及相关节点、专网专用的宽带数据通信网络；铁路通信网由通信传输网和通信数据网两部分共同组建。传输网由骨干层、汇聚层、接入层三层构成，其中，骨干层为国铁集团至铁路局集团公司，各铁路局集团公司之间的网络传输通道；汇聚层为各铁路局集团公司内部的干线传送网络；接入层为沿线铁路各车站、区间节点提供传输接入。

(3)数据存储层。铁路货运大数据综合信息系统中的数据将大多数以关系型数据库进行存储，由于大数据的密集性，在大数据存储方面尽量避免使用传统关系型数据库，应构建具备对海量数据的存储管理能力的数据库，并保持传统数据库的一些特性。

(4)数据分析层。数据分析层主要是将采集到的数据进行整合处理，通过软件将结果可视化或者通过大数据分析算法，对数据进行推断，使数据具有指导性。

(5)数据应用层。铁路货运大数据的分析应用和其他信息化应用一样，基于业务需求产生。通过业务细分，在货运营销方面，大数据分析结果可以应用在货运市场分析、竞争行业分析、定价及收益管理、运营成本分析，以及向客户展示推销，还可以进行货流预测等。

值得一提的是，2021 年 12 月“95306”功能整体得到提升，此次升级打通了货运内部各业务环节的信息流，实现铁路货运内部生产数据一体化，各层间和不同业务部门间的数据实现互联互通。具体包含 11 个方面的变化：电子注册服务、数字证书服务、运单电子签署、电子支付服务、货物全程追踪和到达预测、电子领货(交付)、专用线电子交接、网上理赔服务、运营条件管理、运价策略管理、“95306”新版 App 等。此次“95306”系统的改版升级为后续电子运单推行做好铺垫，涉及后端货管、箱管、保价、制票等系统的变化，同时涉及的作业岗位、交叉内容较多，内部作业人员均需实名制。同时，加强客户沟通协调，积极引导客户使用新版 95306 系统功能，迅速提升网上办理比例，争取尽快实现货运服务从营业厅办理向网上办理转变。

3.营销方案

(1)优化营销手段

开展数字化营销,利用网络平台,强化数据分析反馈,做好市场分析与预测,紧紧围绕运输市场变化、政策取向等,制订快速、有效的营销策略。

根据大数据分析结果,对现有运输产品进行优化,设计多样化营销组合,并能够对各种定制化的产品进行智能模拟,评估产品实施可能达到的效果,将定制化的营销产品,根据不同目标客户需求变化,向客户进行实时智能推荐。

充分发挥新兴网络媒介的作用,利用"95306"网站等优势资源,与社会上有影响的网站、第三方销售平台合作,对铁路货运新产品、新服务、新政策及时进行推介,实现货上、货下互动,充分开发铁路货运物流市场资源。同时,优化"95306"铁路货运电子商务服务系统。将运单追踪功能安置进"95306"系统中,客户可以及时查询在途货物运输相关信息,包括到站时间、到站地点、货物状态等。优化"95306"网站界面设计,采用灵活的信息推送模块,根据收集到的客户账号历史数据或 IP 地址信息,将适用于该客户的相关货运信息呈现在信息推送模块中,达到精准投放的目的;开发"95306"手机 App 系统,使客户体验向简单化方向发展,以收集到客户账号及历史数据等相关信息为依据,在手机界面中为客户推送相关货运信息。

(2)精准分析货运市场

①加强市场分析研判。市场分析是对市场供需变化的各种因素及其动态、趋势的分析,分析过程需要搜集大量的样本资料和数据。

②发展铁路现代物流。铁路货运改革的方向是向现代化物流转型和融合,发展供应链物流服务。

③优化运力资源配置。利用大数据技术,对铁路的车辆信息进行整合、分析;结合运输信息集成平台,通过分析典型数据,总结货运量变化的相关规律,为进一步满足客户需求做好运力优化的配置和调整。

④提高货运收益管理。货运收益管理可以定义为在合适的时机将合适的货运产品以合适的价格出售给合适的客户。

⑤做好运输市场分析,制订优化运销策略,并且协同铁路货运部门预留相关运转资源,再将相关运输信息及时通过传统营销方式发送至有粮食运输需求的主体客户与潜在客户,从而达到稳定货源、精准营销的目的。

(3)建立科学的定价模型

通过平台提取的大数据信息,进行分类整理,实时掌握货流信息、客户信息、运力信息及物流市场相关信息,制订灵活的运价调整方案,以此建立不同方案下的定价模型。通过及时调整运价方案及模型中的参数,确定合理的运输价格体系,最终形成科学的定价机制,提供辅助决策。

(4)改革客户关系管理

大数据技术在处理客户关系方面的核心是实现客户细分和管理。大数据在客户关系管理中的应用重点主要包括客户分析和客户管理两个方面。在客户分析中,可从不同途径积累的海量客户数据中挖掘用户习惯、市场变化、运输趋势等有价值的信息。例如,通过对发货时间、发货品类、发货量、发货方向等的分析获取客户的发货习惯等。同时,可利用搜集和积累的互联网、物联网、照片、视频、地理位置、客户投诉等数据,分析客户的忠诚度和满意度,进而分析客户价值,预测客户的长期增长潜力,评估客户的流失风险,并能够及时进行预警。在客户管理中,可利用对客户分析的结果,结合客户在历史上对价格等信息的敏感度,对客户进行分类营销,筛选出核心和非核心以及重要和次要客户,从而针对不同的客户群通过主动、服务、价格等不同方式有针对性地传递相关服务信息,开展营销活动。

同时,加快信息化建设,推广自动化、组织化和智能化应用技术,并依托"95306"升级版平台,建设集团公司货运业务办理中心。

综上所述,货运电子商务系统正在向物流和贸易一体化方向发展,向打通货运全流程方向和准时快捷运输方向发展。随着高速铁路网的建成,铁路货运能力已逐步得到释放,铁路货运还有很大的发展空间,应加快推进铁路货运向现代物流转型。不仅需要对外挖掘运输市场需求与经济发展的变化规律,还需要对内优化自身体系,整合内外部资源和能力,极力解决目前铁路货运大数据应用存在的问题。借助大数据技术的应用,强化客户分级管理,加强市场监测、分析和预测,均衡铁路货运的运输需求与运力供给,科学合理地安排营销计划,针对性地制定营销策略,更好地服务铁路货运营销,打开铁路货运新局面。

8.3.3　货运营销辅助决策系统的构建

1. 需求分析

铁路货运电子商务系统、货运计划管理系统、货调系统、货票系统数据实现互联互通后,系统已经掌握了客户预约、订车、货票的基本信息,通过对信息多维度、多时间段、多种查询条件和多展示方式的统计和分析,可以从运量运费、装车走势、订车兑现、收入、货物流向等角度,研究客户运输行为分析方法,提出各角度下客户运输分析重点评价指标与分析方法,明确不同类别客户运输行为特点,提升铁路服务质量。

充分收集整理加工现行货运相关信息系统的数据,生成多角度、多维度的统计分析数据,减少各级营销人员统计制作报表的工作量,便于货运营销人员及时准确掌握货运生产情况和货源货流的变化情况,强化铁路对货运市场的研究分析,提高铁路货运产品供给能力和适应性。同时,建立起国铁集团、铁路局集团公司、站段、车站多级市场信息的收集交互渠道,及时掌握市场的变化情况。

掌握铁路货运需求情况,分析铁路运量的构成和变化,研究铁路运力(产品)的市场适应能力,进而分析铁路货运经营收益情况,细化到每个客户基本信息、运输情况、分级分类,以客户为单元深入研究货运市场的变化和铁路营销策略,促进铁路运输发展方式的根本性变革。

可改善货运经营性渠道不突出、市场分析工作薄弱、运输产品体系不完善、货运计划与市场衔接不紧密等具体问题,有助于企业重组营销组织、建设营销网络、及时调整产品策略、升级营销手段,实现铁路传统运输向现代物流转型,全面提升铁路货运服务质量和水平。

通过平台建设,有效组织各层级市场调查、日常监测、营销分析等活动,支持铁路货运营销策略的制定和经营生产决策。

互联互通后,积累了大量的货运市场和运输生产信息,挖掘这些数据的价值,建立起全路统一完整、上下互动的货运营销信息服务平台，辅助铁路货运营销工作展开，提高整体生产效率和综合经营效益。

兼顾客户需求与运力资源，运用数据融合、智能决策、大数据分析、可视化等信息技术，通过进一步细分客户和市场，实现更加灵活的营销策略，分阶段地使用运力资源满足客户需求的铁路货运市场化营销。

2. 构建内容分析

根据货运营销工作业务需要展开，先从了解市场动态入手，之后掌握铁路货运需求情况，分析铁路运量的构成和变化，研究铁路运力（产品）的市场适应能力，进而分析铁路货运经营收益情况，最后细化到每个客户的基本信息、运输情况、分级分类，以客户为单元深入研究货运市场的变化和铁路营销策略，并且通过上述数据的加工处理，对市场、需求、运量、客户、运价 5 个方面的异常情况进行预警。

(1)生产概况。方便货运营销部门及时了解日常影响货运生产量及变化情况，掌握下属单位货运生产进度。系统按单位类别统计每日订车、配车、装车数、收货人以及对应的月累计、年累计，对比上月同期和去年同期，计算完成年年度期值的进度；同时统计生成装车数、发送吨数、货运收入、集装箱完成量的月度报表。

(2)市场动态。系统提供市场调查、行业监测、企业监测、政策环境 4 个功能模块，收集分析宏观经济、关联行业企业、其他运输方式、价格等运行指标，以及政策环境的变化，为各级货运营销工作提供全面的经济运行状况参考。

(3)需求兑现。对货运需求进行分析，梳理铁路货源货流情况，并且分析需求装车兑现情况和落空原因，研究铁路运力（产品）适应市场的能力，为营销部门深入了解市场需求、优化运输方案、完善货运产品提供数据依据和决策支持，并建立日常装车台账。

(4)运量预测。将针对不同运输需求下的不同品类（行业类别、货物流向等），采用大数据技术，提供运输起始地到终到地的运量预测，并能够提供给决策层不同时间段的运量预测值。从而提高铁路预测预警能力和运营监控能力。

(5)营销分析。包括基于不同品类、运输地点、运输流向等的运输资源分布，并根据市场经济情况和铁路运输历史数据预测运输市场趋势，制定营销规划。从而提高铁路营销策划能力和资源优化能力。

(6)经营收益。对货票库数据进行加工处理，从运量和收入两方面分析铁路货运的经营收益。从总量上按品类、去向、车种分析铁路运量构成，并且对集装箱、零担、货场、专用线从多个维度进行专项统计，方便使用者通过对信息的比对、分析，实时掌握货运收入的费用构成实际及建设基金、物流服务收入等的比重，结合管理范围内主客户的运输变化实际，分析、预测后续的收入趋势。

(7)客户管理。针对不同客户类型，分析所采用的营销方法，形成事务报告，包括：对货主运量、运费、行业、忠诚度、收入率、增长率等不同指标的分析；重点货主的发现与提升；对货运营销工作进行准确市场定位等功能，从而提高铁路客户管理能力和客户服务能力；建立客户档案，通过对客户运量、运费、收入率等不同指标的分析，进行货运市场细分，对客户从不同行业、企业进行分类管理，挖掘新增客户，分析客户流失的原因，指导货运营销工作进行准确的市场定位。

(8)预警分析。分析市场动态，对电厂、港口、钢厂库存、行业产品价格、宏观经济景气指数、企业产量异常变化进行预警，对国家、地方出台的相关新政策影响进行预判；分析需求情况，对订车需求大幅升降、装车卸车通过能力不足进行预警；分析运量情况，对行业、品类、发区、到区、班列运量异常变化进行预警；从客户角度分析，对客户流失、客户数量变化、客户构成变化、客户运量运费变化、客户投诉进行提示；分析运价变化，对调价、下浮对运量收益产生的影响进行预警，对其他运输方式运价变化进行预警。

(9)产品分析。项目可分为三部分：对批量快运、散货快运产品开行情况的分析；对营销项目的开发、实施情况进行跟踪管理；根据不同的业务管理需要，有针对性地对部分数据进行提取统计分析，如重点物资运输、国际联运、运价下浮项目、集装箱运输、特货运输、保价运输、物流服务、零担运输、铁路货场装卸、专用线装卸、危险品运输。

3.决策系统

货运营销决策支持系统，决策系统功能涵盖全局概况、营销体系、厂矿企业、品类去向、份额分析、营销重点6大功能模块。

(1)模块介绍

①强化客户管理。可通过对局集团公司货运客户发运情况进行统计分析，按照“二八”定律筛选出年度运量15万吨以上的货运大客户，作为货运重点客户，并按主要运输品类进行分类管理；通过决策系统对客户年度各阶段生产数据、运输数据进行分析，帮助营销人员在决策时预测客户运输需求，提前做好服务。

②稳定既有货源。通过系统重点板块数据分析和预警提示，发现既有货源变化，针对性制定措施，吸引货源回流。

③挖掘潜在货源。通过决策系统对企业产销量、物流方式、原材料来源、产品去向等情况进行对比分析，挖掘潜在增量；通过不断扩大市场调查范围，增加决策系统企业覆盖面，拓展非铁路运输企业。

④规范价格制定。通过决策系统“份额分析”板块实现对价格项目制定、申报、上会、审批和评价的全过程记录和盯控；定期对价格项目进行分析评价，确保项目有效跟踪及项目执行的可行性分析；对运输市场价格进行采集、记录和建档，通过对比分析其他运输方式的价格，尤其是竞争去向、竞争运输方式的价格，提高市场响应速度，促进全局货运增运增收。

⑤优化运力配置。通过对客户运量、运输收入等数据的分析计算，测算出客户运量贡献和运费贡献。同时，纳入单车收入，确保效益最大化；纳入淡季贡献，确保路企互保，实现双赢。

(2)货运营销大数据应用分析

当前铁路货运营销分析仍局限于对既有数据的分析，致使铁路运输需求预判、后续营销策略等信息匮乏，需要引入大数据营销手段加以运用。

①数据采集渠道和维护。目前决策系统所有企业的数据都由营销人员按月采集，人工维护，耗时间耗人力；按月采集的数据，时效性差，对市场预判不足；人工采集数据准确性不高，不同途径收集的数据不一致。

②数据应用的共享。信息系统还包括铁路运输管理信息系统、调度指挥管理系统、铁路车站综合管理信息系统等，这些数据在多个独立系统中，形成众多的“信息孤岛”，缺少跨部

门的信息整合，数据应用水平不高，使得互联互通、信息资源共享举步维艰，难以为决策者提供综合、高效、准确的信息。

③运输能力。货运大数据的应用最有价值之处在于运力调配和优化，但实际使用效果不佳。受限于铁路的运能，要增加运力必须增加车底，但在运力不紧张的时期，闲置的车底又将造成更大的经济负担；受限于运力的分配。空车调整计划较复杂，空车的周转没有利润且消耗能力。

(3)相关做法

在大数据技术广泛应用的背景下，应重点研究如何通过整合内、外部信息资源，从外部市场数据和内部生产经营数据中挖掘有用的信息，并通过完善和优化自身管理运行机制，更好地利用大数据技术创造价值，更好地服务于铁路货运营销的发展。

①建立货运大数据应用平台。搭建智能化、可视化的货运营销大数据应用平台——“智慧供应链服务平台”，实现客户数据信息的时效性、完整性、效用性和共享性；畅通双方沟通渠道，建立快速响应机制；实现对客户信息与铁路货运信息的交换及融合分析，为客户生产组织的安排、运输过程的监控等提供信息支持，为铁路运输组织、营销组织决策提供基础保障。

②优化整合社会资源。整合交通运输、环保、国土资源、城乡建设、商务、航空、邮政、电信、气象等相关方面涉及交通物流的数据，同时与网络搜索引擎和旅游电子运营商合作，深入挖掘运输市场需求及发展态势，研究不同经济发展阶段下运输市场需求的演变规律，推行物流的数字化管理，开展数字化营销，最终达到铁路物流网络化、散客化、大众化的目的。

③优化内部运输组织。在明确市场需求的基础上，调整运输产品供给，由传统运输模式向电商运行模式转型，在统一的电商平台下实现货运以营销为中心，统一协调调度指挥、应用车辆，各部门配合实现战略部署，建成运输商务一体化管理模式。

④优化货运营销机制。拓宽渠道，包括利用电商直销平台、微信推送平台、第三方销售平台等方式扩大客户群体，同时加入客户评价和推荐功能；针对大客户，建立客户信息库，及时跟踪大客户和机构客户在投资和消费方面的偏好变化，同时培养营销管理部门自己的销售队伍；做好市场预测。利用大数据进行预测是大数据挖掘的核心，营销部门应利用信息平台优势、结合同业市场产品动向进行预测。

⑤实施营销定制化服务。通过对集团公司辖区内货源分布、产业布局、客户的发货习惯等进行研究，分区域对客户群进行充分细分。以客户需求为导向，以优化客户物流链为目的，从客户整条销售链找切入点，通过对客户研发、生产、销售和服务等环节的数据分析，为客户提供全面、个性化的运输方案，从而更好地服务客户，增加客户价值，同时获取铁路货运可持续发展的竞争优势。

8.4 铁路货运收益管理探析

收益管理产生于20世纪60年代的美国航空业，有效解决了航空业资源浪费或低价竞争所带来的整体收益下降的问题，逐步形成了一套管理体系，并在交通运输行业得到推广应用。但收益管理主要被应用于客运领域。随着收益管理技术的成功应用，针对铁路货运的收益管理应用拓展研究也开始受到关注。国外铁路货运开展的收益管理研究相对起步较早，在我国铁路货运中引入收益管理的思想理念和先进方法，可促进铁路运输业以市场需求为导向，以最大收益为目标，充分利用运力资源，灵活应对市场动态变化，开展货运营销。

8.4.1　应用条件分析

通过对比分析国际铁路物流企业发展趋势，铁路现代物流企业必须具备“十大标志”才能发挥其在综合交通运输体系中的骨干作用，成为国家经济发展的重要推动力。

(1)市场导向的运营体系。在市场经济环境下，铁路要走向市场、适应市场、开拓市场、抢占市场，以现代物流企业的身份服务客户，必须转换经营机制，建立以市场为导向的运营体系；从创新铁路物流产品入手，开发新产品，不断完善产品结构；形成层层反应，市场反馈机制，互相联结辐射，形成营销网络；建立市场营销的配套机制。

(2)完善的基础设施网络。健全的基础设施网络是现代物流企业服务与功能的支撑，铁路要想具备现代物流企业的服务能力，就必须拥有完善的运作网络，弥补线网密度低而导致的运输能力的不足和区域服务能力较弱的问题。同时，既有铁路物流节点要与社会物流发展相匹配，形成与社会物流相对接的分层次、专业物流网络。物流节点内设施设备健全，保证物流节点功能的完善，以提供全面的铁路物流业务。

(3)现代化的技术装备体系。技术装备现代化是现代物流企业服务能力的重要基础，是提升物流服务质量的基本条件。铁路要想转型升级，就必须依靠安全可靠、技术先进、经济适用、环保的各类技术设备，实现机械化、自动化作业，节约人力物力，提高物流效率，同时通过立体化发展节约土地等资源。

(4)健全的现代企业制度。现代物流企业拥有健全的企业制度和运行机制，以保证企业的正常高效运作。铁路在计划经济体制向市场经济体制转型中，一直保留一定的计划性和垄断性，严重束缚了其企业角色定位和市场化步伐。铁路建立健全的现代企业制度，达到企业不再全面依赖政府、政府不再承担无限责任的状况。铁路以运输经营为主要职责，但有明确的盈利目标，实现多种经营。改进人事机制，改变以往员工依赖企业的状况，调动员工积极性，减轻企业负担，促进企业发展。

(5)先进的物流信息系统。即完备的软硬件条件。收益管理的成功运作，必须建立在收益管理系统平台之上，需要成熟的软硬件环境支持。收益管理系统应具备多源数据整合、运力存量监控、成本收益评估的运行分析功能，提供需求精准预测、方案比对选优、策略实时调整等辅助决策功能。完备的软硬件设施是应用收益管理技术的必备条件，也是铁路运输企业对货运市场进行实时跟踪、对管理决策进行灵活调整、对运营效果进行科学评价的重要基础保障。

(6)多样的物流服务业务。现代物流企业不能只有单调的运输仓库等功能，因此，铁路除传统的铁路优运作业，如装卸搬运、货车的集结、取送、专用线到发服务等基本功能外，还要有金融物流、统运代理、咨询与方案设计、市场交易、贸易代理、商品展示、设备等延伸货运服务链系，提升货运产品的增值服务。同时要具有市场咨询、代收货款等增值服务，酒店、餐饮、住宿等综合服务，生产辅助和生活辅助的配套服务。全面的物流服务功能可带来多项业务收入，实现收入结构的调整。

(7)成熟可信的品牌形象。现代物流企业由于良好的服务能力和水平而广受称赞。铁路物流企业要与其他现代物流企业相竞争，除了要凸显运输方面的优势，还需要树立起成熟可信的品牌形象。作为一个现代物流企业，必须拥有一个统一的品牌，通过良好的服务建立信誉，树立中国铁路货运自主品牌统一形象，不仅可以开拓国外运输市场，同时也能提高品牌竞争力。

(8)规范的物流标准体系。物流标准化是物流实现系统最佳的基础，它能够加快流通速度，保障物流质量、减少物流环节、降低物流成本、提高经济效益，是现代物流企业的重要标志。铁路建设现代物流企业应建立规范的物流标准体系。使用标准化的基础设施，在运输、装卸、储运等环节实现有效对接；开发标准化的信息系统，实现数据结构、信息交换的准确与快捷；建立标准化的作业流程，提高作业效率，减少中间环节的差错；形成标准化的服务与管理，保障服务的质量，实现对服务各环节的管理与控制，提高客户满意度。通过规范的标准体系，以实现物流系统的最佳秩序。

(9)灵活的运价管理机制。铁路货运运价的放开，已经逐步形成基于市场供求关系的运价调整机制。只有铁路运输企业真正具有市场定价主体地位、灵活的价格管理策略、敏感的价格传导机制，才能应用收益管理方法实现运输产品差别定价。

(10)成熟的市场运营环境。市场需求的多样性是收益管理的市场基础，培育目标市场和维护忠诚客户是企业制胜的重要策略。铁路运输企业通过市场细分并按照产品和服务类别的不同设计差别化的定价，在满足市场需求的同时，对客户资源进行分类管理、有效开发，才能保证长期稳定的企业收益。

8.4.2 应用策略分析

铁路货运具有市场可细分、能力供给固定，产品易逝性、高固定成本与低边际成本等符合应用收益管理的基本特征。同时，铁路货运在供给能力的限制条件等方面具有一定的特殊性，使得铁路货运收益管理应用更为复杂，需要根据铁路货运自身特征选择可行的收益管理方法。

(1)产品超售策略。超售是收益管理中最常见也是非常有效的一种技术手段。例如，航空公司会根据取消订座以及未乘机的概率，通过座位超售来减少收益损失。超售比例过高，持有机票但无法登机的旅客会获得赔偿，也会对航空公司带来损失。我国铁路货运长期以来不能满足市场对运力的需求，存在“一车难求”的情况。随着既有线运输能力的提升，铁路货运已具备探索超售管理的基础条件，需要事先考虑潜在的经营风险、完备的补偿办法和可行的配套措施，尽可能降低负面影响。

(2)差别定价策略。同传统的定价理论和方法相比，差别定价是一种面向市场的定价方法而不是面向成本的定价方法。航空公司在市场细分基础上，针对旅客的不同需求进行定价，形成差异化的多等级票价体系。我国铁路推行市场化改革，铁路货运也将更加贴合市场，铁路货运运价逐步放开，基于市场细分的差别定价策略研究将会发挥重要的作用。铁路运价改革的持续推进将有助于铁路货运市场化运价体系的形成。

(3)存量管理策略。航空公司通过存量控制技术，将座位保留给价值最高的旅客，以实现公司收益最大化，这也是收益管理的核心关键技术。在完成市场细分与差别定价的条件下，使用存量控制技术实现铁路运力优化分配是可行的，传统的铁路运力分配会以运输任务的紧急和重要程度作为依据，而不是根据市场需求进行灵活分配。铁路货物不同品类对运价、时限的敏感程度都有所不同，按照运输需求的异质性，实行差异化运力资源分配原则是提高铁路市场适应能力、调节市场供需关系的有效途径。

8.4.3　系统架构设计

(1)优化目标

①收益最大化。铁路货运收益管理的首要目标就是实现收益最大化。铁路货运业存在固定成本、低边际成本的特征，考虑收益管理的优化目标时应考虑运输变动成本的影响。首先，不同品类的货物，其运输变动成本有所不同，比如有特殊的包装储存、运输时效要求；有些货物需要租用铁路特定车辆进行运输；有些货物因自身特性存在机械装卸、人工装卸的区别，使得类似车辆租用费、装卸作业费等营运性杂费会有所不同，相比运费所占比重也会不同。另外，同一运输起讫点货物，采用不同运输路径、不同运输组织方式，因经由径路、运输时效性要求等不同，核算的平均运输成本也会出现明显差异，相应运输成本也有很大区别。

②效率最大化。保证运输最大限度得到充分利用，尽可能多地增加运输产品销售数量，很多情况下，达到这一目标都会以牺牲价格为代价。如果仅以销量作为评判经营业绩的标准，往往会产生以价格换取数量的短视行为。

③收益最大化。对于同一产品，不同客户往往会有不同的保留价格，收益管理的理想目标就是针对每一位客户都能以其所接受的最高价格卖出产品。

(2)研究内容

铁路货运收益管理就是要在满足市场需求的同时，实现运输资源的最大利用、运输效益的最大获得。运用收益管理的相关理论方法，铁路货运收益管理体系主要包含以下部分。

①供给与需求分析

对铁路可供分配的运力以及市场潜在的需求进行分析预测是应用收益管理的基础。精准的市场定位、精确的需求预测是货运生产组织的基本依据，也是实施收益管理的前提条件。市场潜在的需求包括货运市场细分和需求总量分析。货运市场细分是根据细分市场的需求特点进行特定产品设计开发的关键环节，可以根据货物品类、运输时效、货物价值等因素加以细分。铁路运输企业结合自身服务特点和市场需求特征进行市场细分，确定货运服务产品，有针对性地开展市场需求预测，并将运力保留给最有价值的货物，使得运力得到有效利用。需求总量分析是对需求总量的变化趋势、流向分布进行分析，综合运用数理统计、运筹学等科学方法对某一个地区、某一品类以及整体运输需求量进行预测。需求总量预测的主要步骤包括明确预测目的、确定预测变量、采集基础数据、建立数学模型、预测结果校验、预测结果应用等。

②运力分配策略

可供分配的运力分为可使用的实际运能和可超售的虚拟运能。科学有效的运力分配是铁路运输计划完成、运输效率提升的有力保障。传统的铁路运力分配已经很难适应铁路运输需求的可波动性和运输供给的可调节性。铁路货运运力分配的收益管理思想是以差异化的服务来取得最大收益。差异化服务需要针对各细分市场明确服务内容、服务标准、服务费用等，在满足基本运输任务的前提下进行运力分配。根据铁路货运具有远期规划、近期调整的特点，结合收益管理理念，铁路货运运力的分配销售包括长期协议销售、短期自由销售以及超订销售三个部分。长期协议销售是指在远期规划阶段，铁路运输企业与货运代理公司或货运量较大的固定货主签订运输协议，以“量价互保”的方式进行长期协议稳定货源，铁路运输代理公司或货主提供运力保障，以优惠的价格政策吸引货源。为了协议价格，货主要保证获得合理收益，要求铁路运输企业对市场需求做出准确预测。

短期自由销售是通过准确将运力供给与市场需求进行匹配，针对零散客户将铁路空闲运力进行销售，保证铁路运输收益达到最优。通常情况下，协议销售价格会低于零散销售价格，在进行运力分配时，会根据市场需求情况保证部分剩余运力可以进行零散销售，即短期运力分配。

超订销售在航空客运业中应用较为普遍。铁路货运市场应用超订销售可以避免因用已分配的运力未能承运货运造成运力闲置给运输企业带来的利益损失。由于采用超订技术时，预订货运量会超过铁路实际供给能力，需要根据货运实际兑现率、货运市场的供给需求状况、超订成本进行评估，确定超订比例和相关应用细则。

③动态定价策略

在收益管理的理念影响作用下，铁路货运服务产品定价需要考虑运输成本、支付意愿、竞争威胁三种因素。传统定价方法通常是基于生产成本的静态定价方法，收益管理则更强调以市场供需关系、支付意愿进行定价的动态定价方法。处于激烈竞争环境下的铁路货运生产服务还应充分考虑自身产品所面对的竞争，从而进行差异定价。对于铁路具有绝对运输优势并占有较大运输份额的运输市场，可以根据自身成本水平、市场供需关系进行市场化定价；对于具有替代性产品竞争的运输市场，铁路运输企业需要密切关注竞争对手定价策略，分析市场需求变化机理以及消费者行为特征，基于市场细分实施灵活的差别定价。

针对铁路运力分配销售方式的不同，也应制定有差别的定价原则和方法，形成由长期协议销售价格、短期零散销售价格以及超售价格组成的定价体系。长期协议销售价格是一段时间内执行的不变价格，通常情况下，长期协议销售价格应低于短期零散销售价格，以价格优惠的方式来吸引货源，保证货运收取；短期零散销售价格则是根据剩余运力情况、市场供需关系变化进行灵活定价，是实现铁路收益最大化的重要环节；超售价格是为了避免铁路运力虚糜，根据运输计划兑现率、超售损失来确定超售的运力和相应的价格。三种价格体系应用的对象、考虑的因素有很大差异，其定价策略也需要与运力分配进行统一考虑。

综上所述，围绕收益管理在铁路货运中的应用技术相关问题，结合铁路货运自身特点，探讨了铁路货运企业应用收益管理技术的意义和技术途径。从放松的价格管制、成熟的市场环境、完备的软硬件条件等方面对应用收益管理技术的基础条件进行分析，建立铁路货运收益管理系统框架，着重对供给与需求分析、运力分配及动态定价策略等关键技术问题进行研究，根据铁路货运远期规划、近期调整的运输组织特点，提出具有远期协议销售、近期灵活销售的差异化运力分配及定价策略。对铁路货运企业收益管理应用进行研究，可为我国铁路货运企业的运营管理策略提供借鉴启示，不断增强铁路货运的市场竞争能力，实现我国铁路货运的可持续发展。

8.5　铁路物流园区建设

8.5.1　物流园区概念分析

物流园区最早出现在日本东京，当时被称为物流所在地，随后在欧洲一些国家出现物流基地、物流战场、物流港、货运村等具有现代物流意义的名词。一般而言，物流园区是以政府为主导，从城市整体经济利益出发，为缓解城市交通压力，顺应现代物流业发展趋势，实现"货畅其流"的重要措施。

物流园区是现代物流发展到一定阶段的产物，抽象地说，是物流节点作业活动的空间聚集体，为实现规模化和多种服务而将多种物流设施设备和多家物流组织单位在空间上进行集中布局并承担物流业务的载体场所，其构成基本要素包括物流作业处理对象、物流设施设备及技术手段、物流相关信息和组织经营机构等。物流园区是布局在城市周边，由多家专业从事物流服务、拥有多种物流设施的不同类型物流企业在空间上相对集中分布而形成的具有物流产业集群特点的物流产业集聚区，是服务领域广泛，物流辐射范围广阔（涵盖城市范围、区域范围、国际范围），能够提供规模化、集约化的大规模物流服务和综合服务功能的物流节点和两种或两种以上交通运输方式（公路、铁路、水路、航空）相交会的区域。如上海洋山深水港物流园区位于上海南汇海港新城西部，东临沪芦高速公路，距洋山深水港区 32 千米、市区 55 千米、郊区环线 10 千米、浦东国际机场 30 千米。园区规划面积 13.8 平方千米，包括港口辅助作业区、口岸检验区、国际保税物流区、铁路集装箱换装区、内河集装箱换装区、危险品仓储区、综合管理服务区和临港保税仓储区八大功能区。

物流园区产生的主要原因，可归纳为以下几个方面：

1. 缓解物流发展给城市交通带来的压力

物流业的发展往往带来货运量的迅速增加，给城市的交通带来压力。通过建立物流园区将货物运输尽量安排在市中心边缘或者市郊，是国外许多大城市缓解交通压力的有力措施。如 20 世纪 60 年代日本东京在它的内环线外的市郊边缘带建设了四个"物流团地"，使进入市区的货物先集中在物流园区，化整为零，按市内的运输路线统一分送。限制大型运输车辆进入市区；出市区的货物集中到物流园区，化零为整，再统一运输，提高了车辆配载利用率，节省了运输成本。

2. 优化城市用地结构

随着经济的不断扩展，原来的城市边缘区逐渐成为市中心区的一部分，商贸、金融、饮食服务等第三产业在此集中，大型货运战场因无力支付上涨的地价和因对城市交通与环境影响较大需要迁出中心区，物流用地性质发生变化，城市用地结构亟待调整，物流园区的出现既为货运站等物流节点提供了新的发展空间，也为城市用地结构调整创造了条件。

3. 缓解物流对城市环境造成的不利影响

物流除了会给城市交通带来压力和产生噪声污染外，分散的物流节点本身也会对城市环境造成一些不利影响，因而在空间布局上受到规划的限制和制约。例如，大型储运仓库与周围建筑的环境协调性低,会造成对城市景观的破坏,因此不宜零散布局。物流园区的建设将分散的小型物流节点集中于一处,有利于其产生的废弃物的集中处理,从而有利于物流行业的可持续发展。

4. 提高物流规模化效益的内在要求

组织建设物流园区,可将多个物流企业集中在一起,发挥其整体优势和规模优势,实现物流企业的专业化和互补性。同时,这些企业还可共享物流基础设施,可以有信息管理组织平台,因此,物流园区有助于企业降低运营成本和费用支出,获得经营规模效益,提升综合竞争能力。

8.5.2 物流园区的内涵及其类型

综合来看,物流园区的内涵包括以下几个方面:

(1)物流园区应该作为区域物流网络的节点而存在,除具有物流节点的一般功能外,物流园区对区域物流系统的正常运转起着重要的支撑作用,并且推动区域物流系统总体目标的实现和区域经济的发展。

(2)一般布局在大城市周边,靠近交通枢纽,是多种运输方式的集结地,因而在物流网络的节点中处于枢纽点的地位。

(3)物流园区必须具备一定的规模性,包括用地规模、投资规模、物流流量、辐射区域等。

(4)物流园区是集约化、大规模的物流设施集中地,以从事物流服务为主,是多个物流企业集中布局的场所,通过园区内企业提供的物流服务实现物流综合功能。

(5)从功能上讲,物流园区应该提供较高水平的综合物流服务,除了基本的物流服务之外,还可以提供物流系统设计、职业培训等增值服务。

(6)物流园区具有经济开发性和产业发展性质,物流园区同布置在其中的不同功能的物流企业之间的关系可以是租赁、资产入股、合作开发与经营等。从不同的角度划分,物流园区的类型不尽相同。目前来看,各国和地区对于物流园区的具体类型和分类标准没有形成统一的意见,有的从辐射范围划分,有的从服务对象或是行业导向划分,更为普遍的是从功能角度划分。智慧物流园区建设价值如图 8.6 所示。

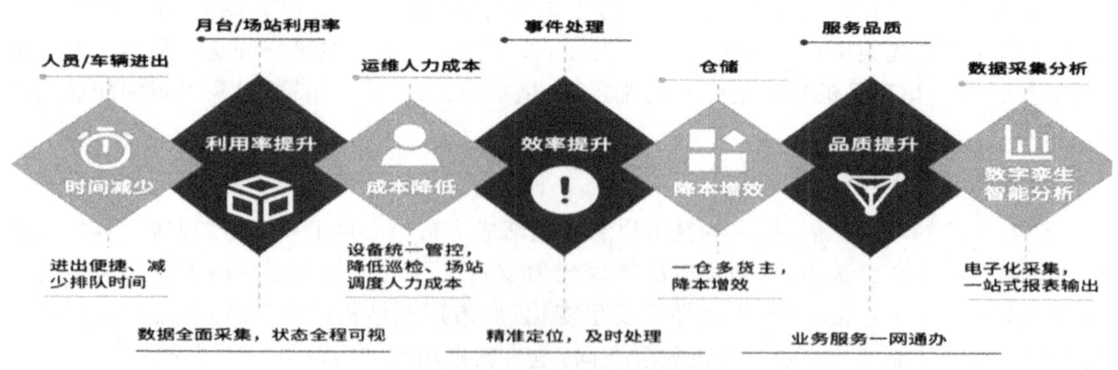

图 8.6 智慧物流园区建设价值

从物流园区发展趋势看,遵循以下六个趋势:网络化让物流园区互联互通,这是园区发展面临的重要问题;综合化通过多式联运、专线联盟、仓干配一体化,实施“互联网+”、供应链、物流金融等的深度融合，寻找园区的新的增长点；产业化是指目前物流园区是做停车和生活配套等，已经不能适应时代发展需求，要与当地产业相结合，没有产业支撑的物流是没有灵魂的；智能化是将新科技应用到物流园区的服务场景中；平台化是指实现物流、信息流、商流、资金流、技术流的五流合一；国际化是适应国际化的发展，参与到“一带一路”建设。物流产业大数据平台通过企业调研和网络抓取等多种方式对全国物流园区信息进行采集，并利用智能分析技术对数据进行分析、汇总。目前平台已收集的数据主要包括园区名称、园区地址、园区类型、创建年度、投资金额、占地面积、仓库面积、集装箱堆积面积、停车场面积、园区绿化面积、园区办公面积、从业人员数量、园区定位、服务行业、服务范围、服务功能、入驻企业名称、入驻商家数、基础设施等信息。

8.5.3 物流园区信息平台

1. 整体规划

把传统的铁路货场打造成现代物流园区是一项战略工程、系统工程、希望工程。关于总体目标规划和实施方案的具体思路为：立足“三个面向”，推进“一个开启”，实现“两翼格局”。

(1)“三个面向”：面向国际国内市场，提高物流市场份额；面向信息化，提升物流市场的核心竞争力；面向经济新常态，满足运输需求的新变化。

(2)“一个开启”：以现代铁路物流园区建设破茧，开启高速货运时代。

(3)谋求“高铁客运”与“高速货运”相辅相成，使之成为铁路发展的两翼。

为此需要对现有货场进行“现代化、信息化、专业化”的根本性重塑，设计好以下几个方面：定位应以抢夺“白货”市场为主体、以巩固“黑货”市场为基础、以参与“战略合作”为补充；布局应以依托路网调整布局为基础、突出特色、着眼发展；功能上包括集散、信息、配送、金融、保障、机制(经营和合作)等方面统筹协调做好设计与实施。

2. 构建智能管理信息平台

铁路物流园是以大型铁路物流枢纽为依托，衔接铁路物流与其他物流方式，集聚众多物流服务企业并提供仓储、信息等综合物流服务的场所。作为铁路物流的重要节点，铁路物流园在铁路物流仓储、运输方式衔接等方面具有重要作用。铁路智慧物流园是以智慧园区的方式升级改造铁路物流园，是具备互联互通、开放共享、协同运作、创新发展功能的新型园区发展模式，是物联网、大数据等新一代信息技术与园区建设、管理深入融合发展的产物。为了充分利用物联网等技术，有效组织园区物流管理，提高园区自动化和智能化水平，实现对铁路智慧物流园的信息管理，提出构建铁路智慧物流园信息管理平台。平台基于物联网技术，可以实现物流管理和追踪、仓储管理、车辆人员管理、物流信息共享、安全管理、集装箱管理、智能监控、大数据分析等功能。物联网是指基于各种有线或无线网络技术，将各种信息传感器、射频技术、图像处理技术、定位系统以及信息处理技术等与设备有效结合，将设备采集到的信息和数据进行整合、分析、计算和判断，以实现远程监视、自动报警、控制、诊断和维护。平台利用物联网技术可以解决铁路物流园智能化水平低、物流效率低、无法有效整合物流资源的问题，为铁路物流园改造和铁路智慧物流园建设提供了一个新的选择方案。

重心是围绕园区调拨、仓储管理两大业务，为园区人员、车辆、货物、司机、用户提供智能化信息服务，包括仓储、配送、装卸、导航等基础服务，以及车货匹配、市场金融保险、餐饮住宿、通信保障等增值服务，形成产业集聚效应，其优点是能够与物流云平台打通信息接口，线上整合信息资源，线下支持园内物流业务开展，在支撑园区运营的基础上，与智慧物流云平台实现高效数据对接、协同和交换，衔接起订单管理、仓储管理和运输管理等业务，同时为生态模式在园区的落地提供信息化支撑。

通过对铁路智慧物流园信息管理需求的分析可以发现，对物流自动化管理、追踪以及仓库的自动化管理，是实现物流园区自动化和智慧化最迫切的需求。而结合物联网技术可以通过各种信息采集设备自动化地采集数据，并对数据进行整合、分析、计算和判断，从而实现远程监控和控制。为了满足对铁路智慧物流园信息管理的需求，实现对车辆、人员、物流、仓库等的管理和信息自动化采集和智能控制，需要对铁路智慧物流园信息管理平台总体架构进行分析与设计，清晰刻画出系统应实现的功能，挖掘实现系统的重点、难点。铁路智慧物流园信息管理平台由技术层、数据感知层、存储层和应用服务层组成，如图 8.7 所示。

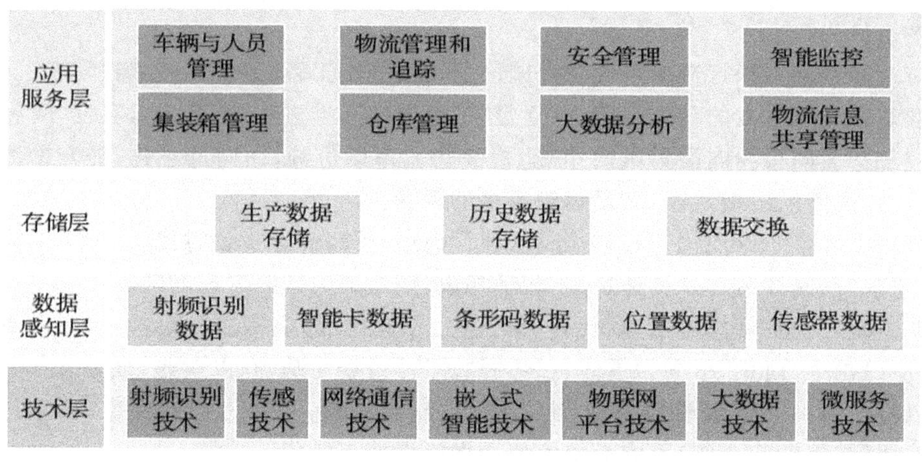

图 8.7　铁路智慧物流园信息管理平台总体架构

(1)技术层。主要展示了平台使用的相关技术，以物联网技术中的射频识别技术、传感技术、网络通信技术、嵌入式智能技术、物联网平台技术来实现数据的获取、传输和反馈，以大数据技术实现大数据分析，以微服务技术实现平台应用服务层的构建。

(2)数据感知层。主要通过射频识别技术、传感技术等物联网技术实现数据的感知获取，如物流数据、监控数据、位置数据等信息。在物流的不同阶段，主要获取到的数据内容也有区别，如图 8.8 所示。

(3)数据存储层。主要实现异构数据的统一组织和存储。数据感知层获取到的数据，通过互联网等手段进行传输，最终在数据存储层中实现数据存储。

(4)应用服务层。主要是在数据存储层的基础上实现平台需要的功能，通过微服务的形式实现系统，实现对物流管理和追踪、对仓储的自动化管理、对物流园内车辆和人员的管理，物流信息共享管理，同其他物流系统进行数据交换以支持多式联运等功能。

物流监控管理主要是对物品从进入园区到离开园区进行全方位的监控管理，而物流跟踪溯源是在物流园对物品监管的基础上进行的物品来源的追溯。平台实现智能监控，核心在于充分利用物联网获取到的感知数据，进行自动化控制，采用的主要方式是构建物品监控指数调节服务。物流监控管理获取每一个物品的限制条件，划定相关属性阈值，通过传感器对物品进行监测，并实时对比物品限制条件，在超出条件后进行自动控制或报警。由此，构建了一个统一的接口，来进行统一操作，即物品监测服务、物品监测指数调节服务、物品监测反馈服务。如图 8.9 所示。

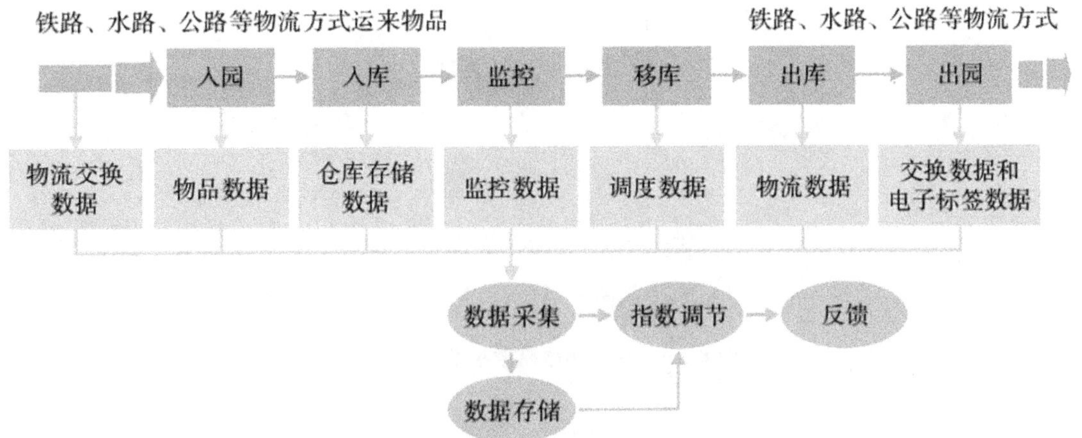

图 8.8 铁路物流园区中的物流和数据采集

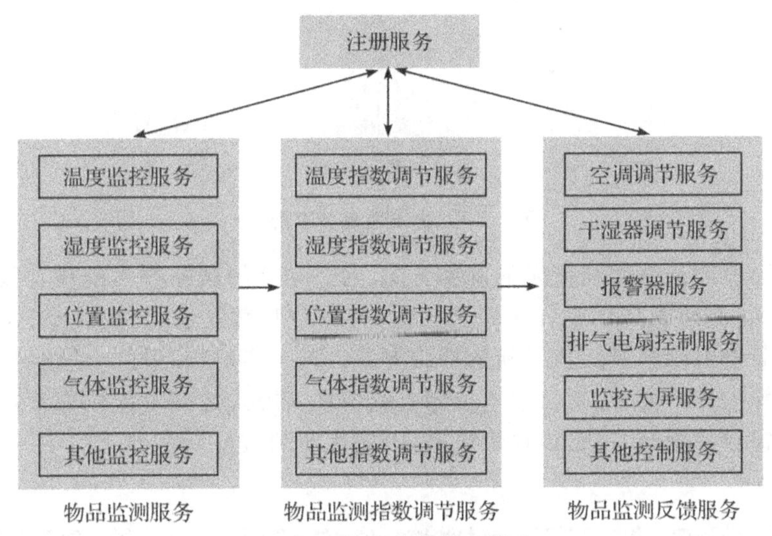

图 8.9 物流监控管理模式

仓库货位包括空置态、正常态、监测态、警报态、反馈态、故障态几种状态。仓库中所有货位的状态集合构成仓库状态。使用三维空间描述一个仓库，当其内部每一个货位发生变化时，都会使其状态发生变化。如图 8.10 所示。

物流存储数据服务主要通过 RFID、条形码和外部数据交换获取，可提供物流信息；物流监控数据服务将物联网获取到的当前和历史监测数据整合后提供给其他服务；物流统计数据服务是对物流存储数据和物流监控数据进行统计和加工后，向其他服务提供。铁路运输交换服务主要采用与对应的系统，构建相互调用接口的方式来实现，而对于公路和海路运输相关系统，由于系统的多样性，因而采用由平台构建统一的访问接口，然后相关系统对统一访问接口进行调用的方式来实现。物流监控和存储信息查询服务用于实时向货主和客户提供物流信息，提高客户服务效率、物流支持服务，用于将物流统计数据根据需要向社会提供，为有需要的企业提供。如图 8.11 所示。

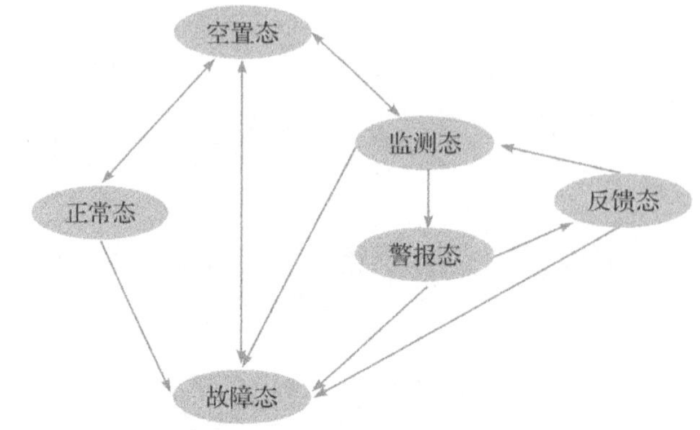

图 8.10　基于物联网监控的货位状态

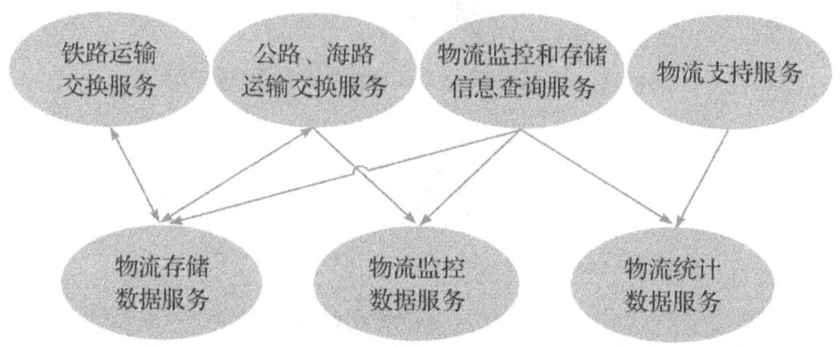

图 8.11　物流信息共享服务

铁路智慧物流园是铁路物流园的发展方向，通过结合物联网技术的相关技术研究，在物流和仓储管理、物流开放共享等方面做出改进，为构建互联互通、开放共享、协同运作、创新发展的铁路智慧物流园建设提供了新的解决方案。进一步对物联网与铁路物流园结合的相关技术进行更深入的研究，包括探索物流园与其他物流方式之间衔接的效率提升、集装箱业务改进和用户需求挖掘等方法，以提供更有效、更优质的服务。

8.6　案例分析：基于区块链技术的多式联运信息平台特征

8.6.1　多式联运发展存在的主要问题

1. 智慧物流联运尚未形成全面发展态势

多式联运智慧物流作为一种新型物流生产方式，其发展程度取决于物流生产力各要素智慧化变革的程度。总体来看，铁路多式联运智慧物流发展仍处于起步阶段，“小、散、弱”的特征还未得到根本改善。具体来看，首先是联运要素主体智慧化规模小。例如，铁路运输产品如中欧班列、公铁联运、水铁联运智慧化未从系统、流程、组织、架构、操作等层面全面开展，单个物流要素智慧化规模不足。其次是联运要素主体智慧化布局相对分散，大多呈现点

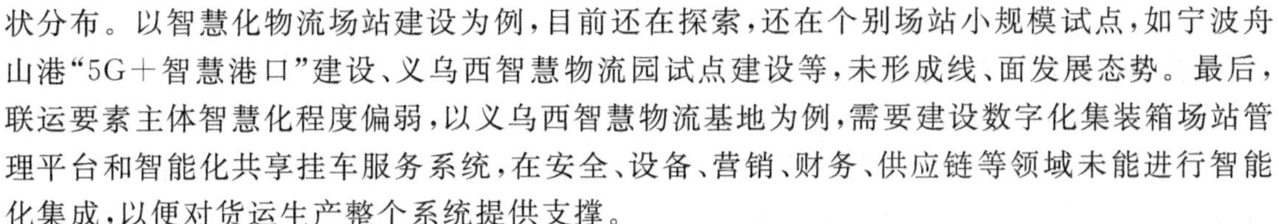

状分布。以智慧化物流场站建设为例，目前还在探索，还在个别场站小规模试点，如宁波舟山港“5G＋智慧港口”建设、义乌西智慧物流园试点建设等，未形成线、面发展态势。最后，联运要素主体智慧化程度偏弱，以义乌西智慧物流基地为例，需要建设数字化集装箱场站管理平台和智能化共享挂车服务系统，在安全、设备、营销、财务、供应链等领域未能进行智能化集成，以便对货运生产整个系统提供支撑。

2. 智慧化基础设施设备还处于萌芽发展阶段

未来物流生产以网络空间和物理空间深度合作为主导，共同构建物流生产网络物理系统。多式联运智慧化基础设施和设备作为多式联运物流网络系统的关键构成，是智慧物流重要组成部分，也是物流新基建重要内涵。当前，铁路多式联运物流网络系统这一关键组成部分还处于萌芽发展状态，以铁路货运生产为例，从网络空间层面看，如 5G 技术、云计算平台、工业大数据平台、人工智能、区块链、边缘计算、移动物联网、工业 App 等技术还未深入融合铁路物流生产全过程。聚焦工业 App，铁路货场内有代表性的消防设备管理 App、模块化题库 App 等，总体来看目前基于工业互联网满足铁路货运特定需求的工业应用软件还偏少，企业知识和技术诀窍模型化、模块化、标准化和软件化程度低，铁路货运知识显性化、公有化、组织化、系统化程度不高。从物理空间层面看，智能传感器、控制器、无人机、智能芯片、智能仪表、智能终端等还未全面嵌入铁路物流生产各个环节。以智能传感器为例，铁路货运智能叉车定位测速装置就是智能传感器的具体应用。

3. 智慧化联运产业协同关系还未广泛形成

智慧物流下铁路多式联运具有多运输方式、多联运主体、多产品供给的特征，运输方式集合了铁路、公路、水路及航空等，联运主体既涵盖了铁路货运中心、集装箱公司、货运代理企业、物流技术装备企业、物流科研院所、物流行业协会，又涵盖了公路港、公路运输企业、码头港务公司、港口运营商、地方海关，还包括了移动运营商、通信设备供应商、AI 芯片厂商、移动终端厂商、系统方案解决商等，产品供给包括了中欧班列、中亚班列、公铁联运、海铁联运、冷链运输、商品车运输、敞顶箱运输及其他。基于不同层、不同级联运主体形成的关系决定着不同层级多式联运质量与效率。

目前铁路智慧化多式联运产业协同关系还未深度构建，有如下表现：一是从同层视角，联运体内部未形成行业协同。如系统层，铁路货运系统、电商系统与客户销售系统等未形成网络协同关系；如产品层，铁路运输与公路配送未形成良好协同关系；如设备层，集装箱公司及科研院所及市场需求方协同成效还不够。二是从同级视角，联运体内部未形成跨网络协同。例如产品层和系统层、产品层和设备层跨网络协同有待提高。三是从层级视角，联运体内部未形成生态集群。例如产品层、系统层和设备层未广泛形成共生共融一体化生态关系。

8.6.2　智慧物流下铁路多式联运发展对策分析

1. 全面深化智慧物流联运发展战略

基于多主体、多产品复合型物流运输生产模式，需要把握新一轮科技革命和产业变革历史交汇窗口期，全面深化智慧化物流联运发展战略，进行物流要素全面智慧化变革。具体可从以下三方面展开：

(1)扩大联运要素主体智慧化规模。以货运中心智慧物流基地为例，除了建设数字化集装箱场站外，还需要集合智能门禁系统、智能计量检测、智能红牌系统、智能货运生产系统等群体智慧化建设，发挥整体合力。

(2)集聚不同联运要素主体智慧化升级。改变联运要素主体智慧化相对分散的点状分布局面，强化跨区域、跨企业、跨行业物流链上下游纵向和横向要素主体智慧化整体升级，例如加强科研院所、物流技术装备企业和铁路物流基地协作，研发智能货运生产周边配套物流设施设备，助力多式联运智慧化在横向和纵向层次全面升级。

(3)深化联运要素主体智慧化水平。以智慧物流基地为例，探索基于铁路的工业互联网标识解析体系建设，搭建基于底层信息架构和管理对象的识别体系，为安全、生产、设备、营销、财务、供应链管理以及服务全生命周期管理一体化提供可能，进一步深化铁路物流基地这一联运要素主体的智慧化深度。

2. 构建数字化物流基础设施设备网络

基于智能化技术驱动多式联运物流要素主体全面智慧化的前提和基础是构建人、机、物全面互联新型数字化物流基础设施设备网络。以建设智慧5G铁路场站为例，从物流生产网络物理系统视角看，构建新型数字化物流基础设施设备网络可从两方面入手：

(1)网络空间层面，建设高性能数据中心、私有云、光纤有线网、低功耗广域网络等物流IT基础设施，建设货运生产、交易、支付、消防、安保、安全等基于若干微服务架构的操作系统及移动终端工业App，为货场全面感知、智能处理搭建起网络组建和操作系统组建。

(2)从物理空间层面看，可研发基于边缘计算的、可编程的AI芯片及配套的通用化智能硬件终端，使铁路货运场站内每个物流要素对外部环境变化能做出即时智能响应，达到即实时感知、协同交互、智能反馈。例如智能叉车芯片，实现超速和超重自动报警、站台边缘及物体碰撞自动预警；又如构建基于边缘计算的新型视频监控系统，将视频数据计算和存储从数据中心下沉到监控终端，对监控摄像头赋予计算能力，并开发基于货运安全不同需求的功能模型，结合边缘预处理功能，实现对监控对象不同行为特征即时决策，可实现诸如移动对象多摄像头联动监控、大型机械作业区非作业人员车辆实时监控以及集装箱标准化堆码智能检测等。

3. 统筹构建智慧化产业协同联运生态体系

在智能物流和新商业时代，基于铁路多式联运传统多层级供应链模式，在新竞争环境下，如何提高发展后劲，需要重建基于互联网多层级网络协同系统，利用智能技术加速形成新型社会化分工合作关系，统筹构建智慧化产业协同联运生态体系至关重要。可尝试以下做法：

(1)加强联运体内部横向产业协同，以铁路货运内部系统层为例，改变以业务、以部门分割分块开发系统带来的业务隔离、各系统堆砌以及系统维护成本高、系统数据库重复等弊端，建设前台以用户为中心、后台以业务为中心、基于端到端完整场景的大型服务化系统，以IT中台化战略为客户构建相关业务一站式全流程在线处理，例如构建从客户需求受理、订单结算、货运生产(检斤验货、安检查危、进货、储存、出货、途中超偏载管理等)、货物交付、接取送达、货损处理、发票服务、在线客服等相关功能紧密联系、有机整合简化的服务化系统。

(2)强化联运体内部纵向产业协同，以集装箱运输为例，从产品层和设备层、系统层和设备层协同来看，例如可围绕集装箱运输的定位追溯、智能密码、自动识别、安全监控、状态监控等设备和系统进行有效集成。同时，还要不断提升联运体内部多维度产业协同关系，重点

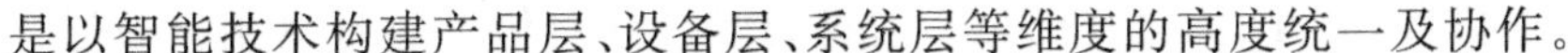

是以智能技术构建产品层、设备层、系统层等维度的高度统一及协作。

8.6.3 基于区块链的技术应用

多式联运的焦点在于“联”和“运”两个方面，而制约多式联运发展的突出问题也主要体现在这两个方面。其中，行业目前还缺乏信息交换共享平台，各个实体部门采集数据格式各不相同，无法为行业提供标准统一、安全可靠的信息服务；公共信息服务质量不高，多式联运相关参与主体信息获取成本较高。目前政府掌握着行业基础信息，但未建立权威、可靠、易用的公共信息获取渠道；缺乏多式联运数据综合分析与展现，准确性高、时效性好、颗粒度细的数据支撑不足；多式联运产业链上的各个节点部门没有建立良好的信任关系，无法开放自有数据库给其他机构组织调用。

区块链技术的出现为解决多式联运信息共享问题提出了新的思路，其点对点传输、信息传输过程加密、自动执行、可溯源、安全性好等特征，能够有效解决多式联运中的信息共享、互联互通等问题。

区块链系统可分为公有链、联盟链和私有链。公有链是各节点可以自由加入和退出网络，并参加链上数据读写，为扁平的拓扑结构，网络中不存在任何中心化的节点。联盟链是各节点有与之对应的实体机构组织，通过股权后才能加入与出售网络，各机构组织以利益约束构成联盟，共同维护区块链的正常运转。私有链各节点的写入权限收归系统内部控制，可选择性开发读取，权限范围更加广泛。区块链2.0的典型技术有：

①智能合约：是已编码的、可自动运行的业务逻辑。

②分布式应用：主要是用户界面的应用。

③虚拟机：执行职能合约编译后的代码，是图灵完备的。

将区块链技术中的私有链技术应用于多式联运信息平台，其关键技术体现在以下几个方面：

(1)去中心化。不同于以往的信息平台数据池，即对数据进行收集、整合并存储到信息平台的中心服务器之中。对于以私有链为依托所构建的信息平台，多式联运信息共享平台仅作为信息通信架构，是实现参与方之间连接的平台，用户通过信息系统调用所需要部门存储于自有数据库之中的信息，实现点对点信息交互，系统通过节点设备将多式联运信息平台与各部门数据库相链接，使其成为多式联运各个组织机构互联互通的重要基石。

(2)多数据系统。区块链是一个不断增长的分布式数据库。在多式联运信息共享系统中，仅将用户信息和用户调用物流信息存储于私有链数据库中。且在私有链中，存储的数据由全部节点共同维护。多式联运各个子系统整合处理的数据和平台运作产生的数据等，储存在独立于私有链数据库之外的、不使用区块链技术的关系型数据库中。

(3)共识机制。共识机制是区块链技术的核心之一。该机制是通过代码设计来实现信任，即确定区块链的区块构造者，以及维护全网数据一致性是区块链不可或缺的内容。网络中所有节点如何记账、验证记账结果及维护等问题达成一致认识，若要修改某个区块内的交易信息，就必须将该区块和后面所有区块的信息进行修改。通过区块链技术的共识机制，可以保证存储于私有链数据库中数据的不可更改性，是平台通过私有链技术的追溯功能建立各方间信任的科技保障。

(4)关键词检索。在用户发出调用各部门数据库指令时，仅在用户输入指定关键词时，如货物运输时间节点、种类与运输方式等信息组合，通过智能合约对信息进行调用。通过良好的关键词检索机制设计，实现使用者单个调用数据和批量调用数据的功能，让用户快捷精确地搜寻到所需要的数据，也可为子系统的功能与服务提供便捷的数据检索功能。

(5)智能合约。智能合约可视为一段部署在私有链上的去中心化、可信息共享、可自动运行合约条款的计算机程序或代码，这段程序将协议双方约定的内容进行数字化编码写入区块中，约定内容一旦发生，系统将自动执行智能合约。由于智能合约满足要求并自动调取数据，相比于传统人工调用请求更高效。

(6)信息输入过程加密，将用户调用物流信息的过程加密，可在使用多式联运信息平台的各组织机构之间建立良好的信任关系。

8.6.4 基于私有链技术的信息共享机制设计

1.私有链技术应用于多式联运信息平台的特征

私有链具备区块链多节点运行的通用结构，由于使用控制在一定范围内，虽然可以改善可审计性，但不能完全解决信任问题，所以适用于特定结构的内部数据管理与审计。多式联运信息平台囊括了平台用户以及提供数据库的多主体，是在有限的部门与企业中使用的内部系统。所以，平台中更适宜采用私有链技术，主要特征体现在以下几个方面：

(1)信息传输速度快。在私有链上节点数量少，信任度高，信息传输不需要所有网络节点的确认，所以其信息传输速度较公有链和联盟链快。

(2)隐私保护良好。只有用户提交符合相关要求的调用信息请求才能得到指定信息，而对数据库中的其他信息无法调用，既达到了使用户获取需要信息的功能，又起到了保证被调用信息部门数据库中其他信息不被泄露。

(3)可溯源。可以追溯到在平台中调用信息的任意用户。

(4)信息传输成本低。信息传输只需要几个高算力节点确认，其交易成本与公有链和联盟链相比极低。

(5)简化信息平台。与原来的信息平台技术相比，使用私有链技术的信息共享平台不必作为中央服务器对各部门上传的数据做整合划分，仅仅是在各部门自有数据库的基础上搭建一个服务功能性的平台。

(6)安全性较高。私有链上成员是经过审核授权的，恶意攻击的可能性较小。

2.共享机制的目标

多式联运涉及物流节点众多，现阶段各节点已形成稳定的业务规范流程并针对自身业务特点建立了一个甚至多个管理信息系统，但各系统间的业务构架、作业流程、数据库结构、数据标准存在较大差异，使得各个系统运行操作相互独立，多式联运信息无法共享，联运效率低。信息共享机制的建立旨在运用相关信息技术，如ED、RFID、GPS、物联网、5G、区块链技术等，在多式联运产业链上的各个节点如港口、铁路、海关、货运代理公司、船务公司等各自搜集物流信息并存储在自有数据库的基础上，搭建多式联运信息共享平台，以建立全程“一次委托、一单到底、一次收取”的服务方式，实现区域多式联运协同服务信息开放共享和互联互通，有力提高区域物流资源一体化组织效率，实现运力和货源的结合增长，打通物流行业的关键痛点，实现多方共赢的格局。具体来看，该机制应实现如下几个功能目标。

(1)统一数据标准。以国际行业标准为基础,建立统一的多式联运数据标准,是数据采集、筛选、转换和关联的基础。

(2)实时信息采集。充分利用先进的5G技术、物联网技术、人工智能等现代信息技术,逐步实现瞬间连接,实现各个节点信息采集的全面化、精准化、自动化,及时掌握各种运输资源的闲忙程度,为用户提供面向多式联运全程的货物、运载工具及单证等动态跟踪服务,大力提高多式联运效率。

(3)高效信息交互。以区块链技术链接不同物流节点信息管理系统、数据库等的信息资源,实现系统建设的点对点信息交互,防止上下游参与方信息传递错误与厌恶,促进各物流节点的作业信息和商业服务无缝连接的实现。

(4)安全数据流动。采用区块链技术,构建能够生成记录时间先后的、不可篡改的、可信任的多式联运信息共享平台;并且在信息传递与交互过程中,对其通过密码学进行加密,保证信息传递和交换的安全,又可追溯到任何信息进行传递和交换的记录,同时防范来自内部和外部的安全攻击。

3. 机制设计

多式联运信息共享机制主要采用区块链中的私有链技术,围绕构建平台数据标准体系、构建平台信息交换体系、丰富平台公共信息服务内容、推进多式联运信息互联共享应用示范等内容,提供安全、可追溯、自动执行的服务平台,涵盖整个多式联运产业链的相关组织机构,主要有:国家监管部门,如港务局、海关、海事、检验检疫、交通运输部等;运输相关企业,如铁路、公路、航空、船公司、码头、运输公司、航运公司等;金融服务部门,如银行、保险;货主企业,如制造业企业(托运人)、贸易型企业(收货人)等;货代,如多式联运经营人(或代理人)。各组织机构间相对独立并各自拥有信息系统,是信息共享机制的用户基础。多式联运信息机制就是将所有参与的组织机构连成一个整体,实现充分的信息沟通与共享。多式联运产业链相关主体组织机构如图8.12所示。

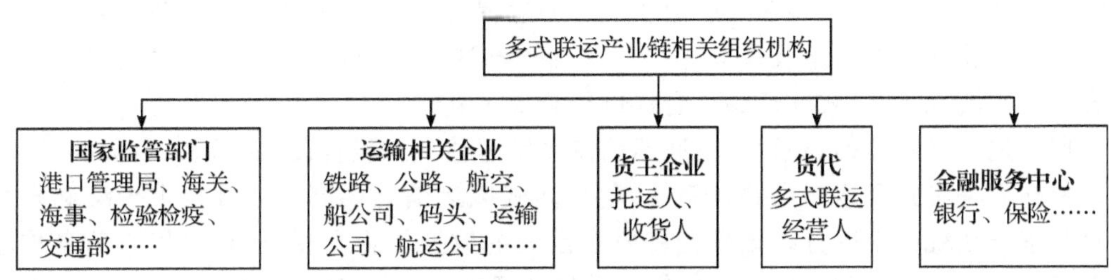

图8.12 多式联运产业链相关主体组织机构

信息共享机制考虑具体设计以私有链技术为基础的信息调用机制,两条信息链贯穿其中,如图8.13所示。以此为核心的多式联运信息平台共享多式联运各环节及其参与者,并与其各自建立的管理信息系统对接以已有的技术架构为基础的信息调用机制,任何调用各机构自有数据库中数据信息的过程都由该调用机制完成。一条信息链是用户通过调用机制调取多式联运产业链中所有相关主体的信息数据;另一条信息链是用户接入多式联运子系统,子系统利用调用机制调用各机构数据库中的信息,再根据各自子系统的功能对数据进行处理、整合、存储以及调用。其中,子系统是由平台通过串联多式联运各业务流程,各个节点部门功能,各流程如业务申报、业务审核、货物装卸、货物起票、货物查验实时跟踪等,从而衍生出的。各数据库是由多式联运子系统将相关数据进行调用、存储、整合、处理过后保存子系统相应数据的数据库;各机构数据库是各外部部门与企业的自有数据库。

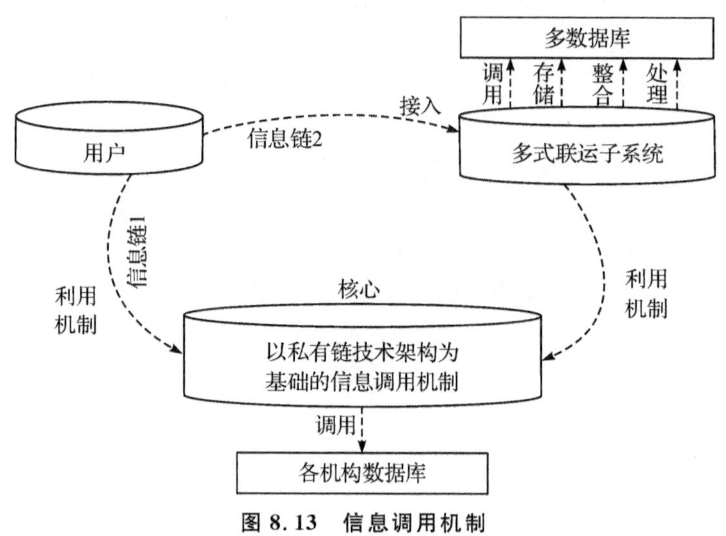

图 8.13 信息调用机制

4. 多式联运信息平台构建

多式联运信息共享系统是实现多式联运全程"一次委托、一单到底、一次结算"服务目标的基础性信息系统,该系统将通过全网智能调度、动态运营方案,实现各种运输方式最佳结合,建立起高速多式联运走廊,极大提高运营率,同时也增加了相关企业的供应链柔性和可靠性。该信息系统应满足以下基本功能:实现多式联运作业链上用户点对点调用物流信息实时高效;实现多式联运信息共享平台上任意信息传送与交换,既能保证安全又能对其信息交换过程可追溯;实现多式联运过程中所涉及的各主体之间的货运流转信息通过无纸化的电子数据形式进行交换;实现多式联运作业链的过程管理功能;实现货主和货代对货物运输作业全过程的物理动态信息及作业操作状态的动态追踪与查询功能;实现多式联运运行数据综合分析与展现,为多式联运参与者提供经营决策支持。

根据上述信息系统的要求,多式联运信息系统总体架构设计图,如图 8.14 所示。

平台核心是多式联运信息共享系统,包括多式联运信息共享私有链技术构架和多式联运信息共享子系统两个部分。该平台需要有巨大的数据作为支撑,信息采集与信息传输的水平对平台发展水平起到重要作用。信息采集来源于采用信息感知技术从感知终端获取得到的信息,铁路运输、监管中心、铁路口岸、海关、检验检疫、公路运输以及金融等外部系统将各自所采集信息录入自有信息系统中,建立完备数据库。其中信息感知是利用 RFD 和 ED 等电子通信技术实时采集集装箱、列车和汽车等运输实体的实时位置、编号等信息,实现货物在途运输中各类状态信息的感知。信息传输过程除采用 ED 和 RFID 等技术之外,还可应用新兴的 5G 技术,利用 5G 技术所具备的高速度、低功耗性来实现信息传输的实时高效。

5. 多式联运信息共享和私有链技术构架

多式联运信息共享私有链技术构架,为用户从各机构自有数据库中调用数据提供技术支持,是多式联运信息共享系统的基础部分。其包括数据层、网络层、共识层及合约层四个部分。

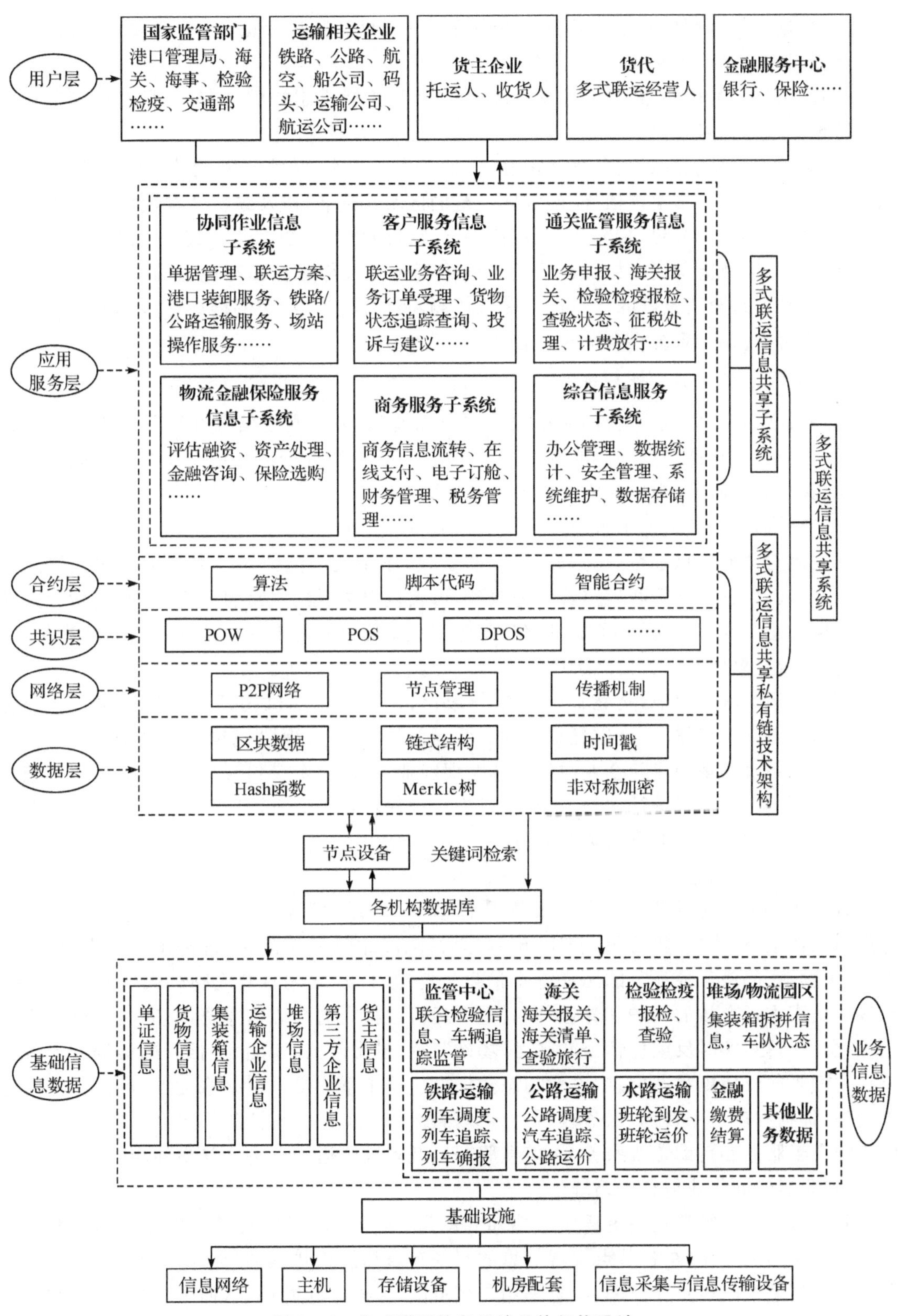

图 8.14 多式联运信息系统总体架构设计

(1)数据层。数据层是私有链技术架构的底层,封装区块数据、哈希函数、非对称加密等。数据层一般是不可篡改、分布式的。

(2)网络层。网络层由P2P网络、节点管理及其传播机制构成,实现了私有链各节点之间的数据传输与信息交换。

(3)共识层。共识层封装各种共识算法,如工作量证明、权益证明、委托权益证明等。共识层是通过代码设计来实现信任、确定区块链的区块构造者,以及维护全网数据一致性。

(4)合约层。合约层封装算法、脚本代码以及智能合约三个部分。其中智能合约是由各类不同的算法以及脚本代码构成。智能合约可视为一段部署在私有链上的去中心化、信息共享、可自动运行合约条款的计算机程序或代码,将协议双方约定的内容进行编码写入区块中,约定内容形成后,系统将自动执行合约。

6. 多式联运信息共享子系统

从多式联运信息共享平台的应用服务层可以看出,多式联运信息共享平台由多个子系统构成,在私有链存储信息调用的基础上,共享信息子系统进行部分信息整合、处理、利用以及提供衍生功能为用户提供多方面的服务,具体如下:

(1)通关监管服务信息子系统

通关监管服务信息子系统为码头、船代、货代、场站及物流公司等客户提供多式联运在线申报、审批、信息查询等联运监管业务服务,可实现海关、检验检疫局、海事局、边检等政府监管机构信息互联互通,提高了监管部门与各作业单位之间的表单交接及信息流通效率。

(2)物流金融保险服务信息子系统

多式联运运输过程中,货物流通需要与银行、保险等金融机构开展合作以满足客户金融、保险、结算支付等需求,该信息系统为各联运单位和银行、保险机构提供电子化平台。货主可通过该系统实现向保险企业质询和选购保险业务,同时在交付保费时,可通过该系统联系银行对所拥有的资产进行评估,并在银行进行担保融资等业务,且银行可通过该系统对未按期交付资金的货主企业进行资产处置。

(3)客户服务信息子系统

客户服务子系统旨在加强客户服务质量,实现“一站式”客户服务。该子系统为客户建立虚拟工作室,将货代、船公司、船代、班列运营商、场站班列经营人、自备车经营人、集托运人、码头物流、码头等各环节的用户基本信息进行整合,建立起一套完整的大客户数据库并对该数据库进行有效的维护和管理,同时整合运行过程中的系统信息资源,对货物进行实时追踪、全程监控,实时反馈包括公铁联运、场站装货、进出码头、装船、运抵目的地等物流各环节在内的当前及历史状态信息,以及动态数据库。该子系统提供包括联运业务咨询、业务订单受理、货物状态追踪查询、服务投诉与建议等服务。该子系统包含了网上在线服务、呼叫中心的人工服务和自助热线服务、短信息服务以及多式联运信息论坛等多种功能。

(4)联运协同作业信息子系统

联运服务子系统是利用更透明的感知和度量、更全面的互联互通和更深入的智能化实现智能信息的网络化,在各节点实现信息的互联互通和信息共享,并在此基础上进行集约化管理来提高多式联运服务效率、质量和用户满意度,形成良性循环,从而吸引更多的货源,该系统涵盖了港口装、海运中转、陆路运输、场站操作等各个环节的综合物流业务,包括船舶电

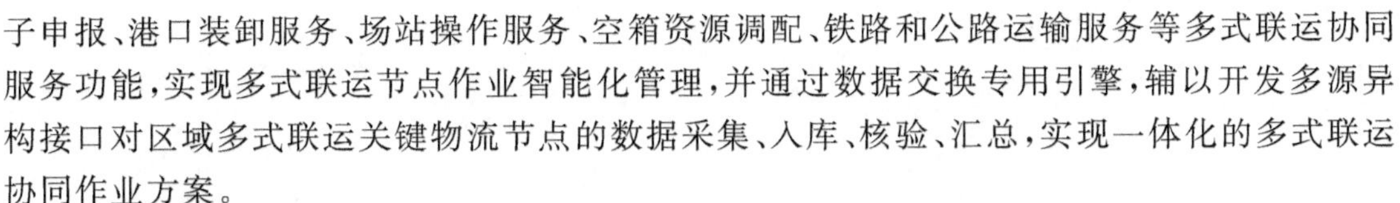

子申报、港口装卸服务、场站操作服务、空箱资源调配、铁路和公路运输服务等多式联运协同服务功能，实现多式联运节点作业智能化管理，并通过数据交换专用引擎，辅以开发多源异构接口对区域多式联运关键物流节点的数据采集、入库、核验、汇总，实现一体化的多式联运协同作业方案。

(5)商务服务子系统

商务服务子系统负责管理这些资金的流转方式。商务服务子系统主要为货主、货代等业务服务客户和铁路、海关、口岸等资源合作客户提供商务信息交流和财务电子化结算的服务功能，包括商务信息中转、财务管理、资金结算支付管理、客户交税管理、列车订舱电子化管理、客户间合同洽谈和签订以及对客户追踪服务等。此外，针对全程“一次委托”、运单“一单到底”和“结算次日收取”的服务方式，该子系统将商务信息自动推送给各节点作业单位，再通过统一的服务窗口反馈给用户。多式联运客户或货主在进行联运业务时，只需填写一次委托单据，便可享受到“货运一单制”的全程服务，还能使多式联运作业流程和各阶段的服务得到协调、调度，提高货物流转作业效率。

(6)综合信息服务子系统

综合信息系统包含了办公管理、数据统计、安全管理、系统维护、数据存储等功能，其中数据统计是在调用业务信息基础上，借助有效的数据挖掘工具和综合统计分析模型，实现市场预测、运营效能分析、商务支持、业务模型构建、作业流程优化、适箱货源分析、自备车辆利用率统计、联运运能统计、联运吞吐量统计、车辆编组信息、联运整体效率、分货类统计分析、联运大货主分布区域分析、联运监管监控等功能，为决策层制定与业务流程相关的政策、法规提供依据，逐步优化运输作业全过程。

第9章　货运增量后的铁路运输组织优化

——以铁路上海局集团公司为例

坚持“运输围绕市场转、生产围绕运输转、要素围绕生产转”，全面优化运输组织全过程、全环节，通过开展运输挖潜提效攻关，打通了专业间的隔阂壁垒，激发了铁路大联动机制的内生动力，完善了运输组织管理体系，有效保障了运输秩序畅通，推动货运增运上量效果明显。

9.1　实施背景

上海局集团公司主要负责江苏、浙江、安徽、上海三省一市范围内的铁路运营管理工作，与国家长三角一体化发展战略区域高度契合，包含京沪、陇海、京九、沪昆四大繁忙干线，徐州北、阜阳北、南京东、乔司、南翔等五大路网和区域性编组站，以及芜湖东、合肥东、金华东、宁波北等地区性区段站，是全路重要的接车、卸车和排空局。随着国家运输结构调整政策实施，公路货源逐步向铁路转移，全国铁路货物发送量持续攀升，对运输组织工作提出了更高要求，上海局集团公司坚持整体联动、系统最优，以深化供给侧结构性改革为主线，聚焦运输生产全过程、全环节，全面梳理优化既有制度办法，创新运输组织模式，着力解决一批影响运输效率提升的突出问题。

9.1.1　实施货运增量行动的重要保障

自2018年起，国铁集团实施货运增量三年行动，积极承接“公转铁”货源，推动运输结构加快调整。虽然铁路具有运量大、能耗低、绿色环保的比较优势，但铁路货物运输受季节、节假日、淡旺季、企业环保等因素影响也较大，货源及市场需求存在不确定性，带来阶段性、区域性的运力紧张和运输不畅等状况。

9.1.2　适应区域经济结构转型升级

长三角是我国经济发展最活跃、创新能力最强、开放程度最高的区域之一，也是国家运输结构调整的主战场。近年来区域内货运需求由高增长转向平稳增长，货运结构受产业政策影响较大，大宗散货运量持续下滑，高价值、分散性、小批量、时效性货运需求迅速攀升，外贸货物运输保持稳定增长。同时，随着运输结构调整，多式联运战略地位将进一步得到提升。

9.1.3　释放发达路网和技术装备红利

近年来，长三角高铁新线大量开通并逐步成网，为普速铁路货运通道提高运能腾出了空间，各类先进技术装备推广应用，市场化谱系化产品列车推出，使得传统铁路运输组织模式发生了极大变化。但繁忙线路运输能力与市场需求的阶段性矛盾仍然存在，部分进港进企专用线、点线配套工程尚未建成，运输组织中安全冗余过多，工种联劳协作不密切，货运场站接卸不畅等问题，对货运量增长形成了一定程度的制约。

上海局货运路网结构如图 9.1 所示。其中，“徐州北—蚌埠东—南京东—南翔”是通常说的“一通道”；“阜阳北—淮南西—合肥东—芜湖东—乔司”为“二通道”。

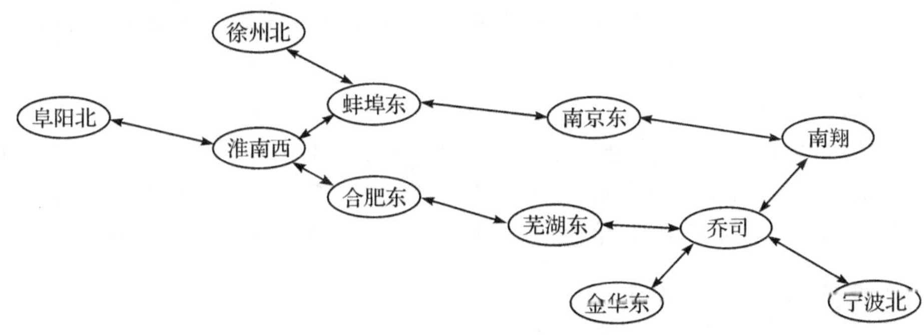

图 9.1　上海局货运路网结构

9.2　创新市场导向的精细货运营销

9.2.1　准确掌控货源市场

在发挥货运板块营销组织体系作用的基础上，建立铁路局集团公司、货运中心两级货源结构分析机制，每季组织行业调查，每月组织重点企业调查，掌握重点行业、企业产销及运输需求，梳理形成铁路省、市、县三级货源结构分布及变化趋势报告。为此，集团公司开发运用货运营销决策辅助系统，发挥互联网、大数据技术绘制和开发全局货源结构分布图、趋势变化示意图，通过全局货运货源布局图表，动态了解掌握全局货源动态变化及分布情况，与铁路货场布局、功能、能力数据库有机结合起来，为开发货运产品、货运业务提供数据支撑，为货运经营管理和营销活动提供决策依据。

9.2.2 全面推进板块化营销

调查梳理长三角区域主要货物品类、产业布局、上下游关系等情况，将货运业务划分为煤焦炭、金矿、石油化工、钢铁、水泥、粮食化肥、矿建、非金属、集装箱、批量快运、商品车、冷链等12个货运板块，发挥营销、运输、安全、信息专业联合团队之合力，研究12个板块、28个行业、28个货物品类的货运需求规模、特征及变化趋势，深入研究相关行业供应链管理模式及方案，制定适应市场的价格政策，设计铁路货运产品、运输组织方案，建立从受理、方案设计、接取、装车组织、协调发送、在途跟踪、到达预报、调配车辆、送货上门到信息反馈等的全程物流门到门服务流程、规范和操作标准，形成板块营销服务和运输组织方案。

9.2.3 全面实施大客户营销

对大型厂矿企业和规模民用物资生产制造企业，实施大客户战略营销，推行总对总战略合作。

(1)对厂矿企业客户以淮南、淮北、新集、大屯煤矿和连云港、宁波港、南京港等的“八矿五港”为主，开展煤炭保供、铁矿石疏港运输合作，由货运中心与相关客户建立季度商务对接机制，集团公司组织召开大客户座谈会，研究运能保障机制、项目运作效率提升方案、日常协调机制建设、路企战略合作协议和量价互保协议，以高效、优质服务赢得客户，扩大市场份额。

(2)对先进生产制造企业客户，以农夫山泉、海尔电器、上海大众、吉利汽车等先进制造企业为主，开展原材料到厂、产成品外销物流合作，推行物流总包服务，成立由营销、服务、信息、安全、运输、车辆装备等专业人员组成的联合项目组，梳理分析客户需求及变化趋势，设计商务方案、运输组织、接取送达、信息服务、车辆保障、装备改进等一体化方案。

9.2.4 加强路地港联合营销

建立路地常态交流和路港联合营销机制。坚持以市场需求为导向，以服务经济发展为目标，强化路地协同发展策略，举办货运产品推介会多场，覆盖区域内多个主要行业，涉及超过2000家企业，对新线新站货运业务开展推动作用。在推进铁海集装箱联运、港口大宗物资集疏运方面，共同研究港口集疏运需求及现状，设计一体化营销服务、货运价格和运输组织方案，营销服务港口集疏运客户，大幅提升港口铁路疏港运量。

9.2.5 推行市场定价策略

1. 制定灵活定价策略

按照国家发改委关于铁路货物运价政策规定，根据国铁集团运价管理办法，集团公司实施板块化、差异化定价策略，建立多层次、灵活的运价动态调节机制，优化平台化、阶梯化价格调整手段，形成市场导向、依量定价、量大价优的定价模式，针对不同地区、季节、速度等级、重空流向实行差别化定价策略，形成与其他交通方式的良性互动，贴近货运市场变化趋势，增强铁路货运产品的整体竞争力。2019年以来，每年分板块实施货运价格政策，平均每年执行运价项目超过300个。

2. 规范审批过程管理

创新铁路运价集体决议机制，集团公司货运、财务、收入、纪检监察等共同研究运价政策和运价项目审批，确保对市场信息既快速响应又规范操作。在运价下浮审批前，组织开展市场调研，集体审核运价下浮项目，充分考虑现行铁路所有收费项目及标准、其他运输方式同比口径价格、现行铁路运量、运价下浮后可增加运量、建议下浮幅度等内容，确保运价政策贴近货运市场。同时，建立巡视检查制度和效果评估机制，加强对运价下浮项目日常执行情况的管理，严防在执行下浮运价的同时发生价外收费等问题。

3. 科学优化货运价格

健全运价政策优化机制，动态监控 12 个板块、28 个品类、300 个主要企业产品种类规格、货物流向流量、运输方式和运价数据，以及 200 个以上重点项目运价执行数据，并在上海、无锡、杭州、宁波、义乌、温州、徐州、南京、合肥等主要节点城市，采集公路、水路主要流向的货运价格数据，形成主要货物品类、流向、多种运输方式的货运价格矩阵数据库，为运价项目提供合理依据和有效支撑，以推动运价政策科学优化。

9.2.6 创新服务方式，提升服务质量

1. 创新集中受理方式

向社会推广"95306"货运电商平台、电话办理等在线受理方式，创新货运受理方式，由"管理客户"向"服务客户"转变，简化受理流程，拓宽受理渠道，全面推行网络平台在线受理和集中受理服务，实现铁路货运"一站服务、一次办结"，在多个货运站发货的可在其中一个货运站集中办理货运受理，办理整列发货的可一次性办理货运受理制票业务。建立客户代表服务制度，全局范围选聘客户代表，为 544 家重点企业客户提供一对一服务，在受理过程中，客户只需提出需求，后续货运受理、接取送达、装车挂运等由客户代表全程办理。

2. 创新平台服务模式

长三角区域外向型经济发达，进出口贸易量大，铁海联运、中欧班列需求旺盛，但存在客户分散、货源复杂、小批量、多批次等特点。为了更好地服务长三角区域企业，构建铁海集装箱联运平台，联合上海港、宁波港集团、中远海运集团、中铁集装箱有限责任公司成立上铁浙港海铁联合物流有限公司、上海港海铁联运有限公司，作为铁海联运集装箱运作平台；与江苏、浙江、上海、安徽"三省一市"交通委研究成立浙江省义乌天盟和江苏、安徽国际联运有限公司，作为中欧班列运作平台；推出铁海联运、中欧班列平台运价政策，"客车化"开行铁海联运班列、中欧班列，并在义乌、金华南、苏州西、合肥北、铜山物流基地等，引入海关、检验检疫部门，为进出口企业提供一站式物流、报关、检验检疫，服务下沉，压缩环节，降低企业物流成本，提升服务体验感。

3. 探索路港共享服务

(1)场站互用共享。针对通过铁路运输发到的空自备集装箱，鼓励堆箱，给予 5—30 日不等的免费仓储期限，并在部分场地条件较好的货运站推出港口、航运企业租赁场地方式，解决空自备集装箱堆存；对不经铁路运输的空自备集装箱，可参照港口集装箱仓储费收费标准收取仓储费；在宁波港、上海港、南京港等地试点铁路集装箱无轨站建设，支持铁路箱就近

提箱、还箱，支持办理铁路承运作业。

(2)箱源互用共享。与港口、航运企业合作开发铁路箱下水出境业务，客户在铁路场站使用航运企业集装箱直接订舱，实现国际货运铁海联运“一站办理”和“一票服务”。初期，以日韩、东南亚等近洋航线为试点，逐步形成铁路箱下水出境物流大通道，促使铁路集装箱与海上丝绸之路“有机结合”和“互补助力”；远期将整合铁路、内河港口、沿江航运等资源，建立多方联动战略合作机制，促进集装箱多式联运发展。

9.3 围绕市场需求开发货运产品

9.3.1 铁路货运产品现状

目前，全路入图开行快运货物班列线条近200个班次，月均组织开行近4000列，发运近10万车；针对临时性、阶段性物流需求，月均组织“点到点”直达列车近50个班次，月开行近千列，初步构建了较为完善的货运列车产品体系。

(1)构建以港口进出口货物集疏运为目标市场的水铁联运班列产品体系，与主要港航企业开展合作，采取“客车化”模式开行，形成东南沿海主要港口辐射内陆主要经济城市的铁水联运通道。

(2)围绕区域经济系统重构，打造以“一带一路”为统领的国际联运产品体系，102条中欧、中亚班列初步搭建形成国内外主要经济区域、经济体间的铁路运输通道，引领区域战略空间拓展和产业联动。

(3)适应区域产业梯度转移变化，着眼运输衔接和促进生产消费，围绕供应链上下游无缝衔接和产业向价值链中高端升级，构建了全国主要经济城市的城际快运公铁联运通道，实现供应链的价值增值。

(4)积极融入国家重大战略部署，助推区域经济发展的特色货运列车产品体系。如：响应国家扶贫攻坚战略，着力推动老少边穷地区产品输出、生产资料输入的扶贫班列线条；配套国家长江经济带战略，开发设计沿江班列产品；国家重点工程项目的保供运输产品；等等。

9.3.2 铁路货运产品存在的问题

(1)货运列车产品最“前一公里”和“最后一公里”时效亟须改善。从运行图资料看，120千米/小时技术标尺的列车产品技术站至技术站间平均旅行速度约54千米/小时，其中，特快班列已达到90千米/小时旅行速度，广州、成都、哈尔滨方向部分快速班列也突破60千米/小时旅行速度，基本可以与公路运输时效持平。但是受最“前一公里”和“最后一公里”时耗影响，铁路列车产品门到门时效比公路多出24小时。编组站的解编效率、线上运行图资源，最终被两端接取送达、到发线至货物线等环节消耗。

(2)列车产品衔接成本需要优化。从120千米/小时技术标尺的列车产品从站到站运价分析看，其产品虽然具备市场竞争优势，但是受公铁、水铁衔接成本影响，门到门运价优势不足，叠加公路、水运季节性价格波动，公铁、水铁联运成本甚至高于市场价格。

(3)联运方面存在短板。在铁水联运方面，部分港口与铁路货运站之间存在一定距离，港铁之间短驳距离一般在5～50千米，基础条件不足增加了港铁衔接的时间和经济成本。公铁联运方面，地方政府城市规划未考虑铁路货运选址，致使大多数新建铁路货运站与货源地之间存在20～50千米距离不等，其间仍存在一次公路短驳和“铁转公”装卸作业，也存在一定的作业时间成本和经济成本。

(4)列车产品的两端场站配套薄弱。长期以来，铁路货运定位大宗物资运输，同时铁路货场作为铁路运输辅助设施，在装备设施以及选址规划方面，明显滞后于多式联运需求。如部分货运站与其他运输方式衔接不紧密，许多老货场周边已是城市商业中心或住宅区，与城市规划与产业功能分区不协调，造成进出货运车辆通行受限、货源组织困难、设备利用率低；同时，部分货场基础设施欠账较多，不能适应开展仓储、联运、保税监管等物流服务的要求。

9.3.3　货运产品体系的完善

1. 创新货运产品设计理念

(1)市场导向设计。创新以市场需求为导向的货运产品设计理念，改变以运输组织为导向的思路，在掌握各行业运输需求规模及变化趋势的基础上，横向比较公路、水路龙头企业运输产品、价格构成及核心竞争力，拆解客户需求，按行业需求共性和大客户个性需求，设计铁路货运产品。

(2)数据驱动优化。发挥大数据技术力量，利用铁路货管系统、车管系统、列车途中监控系统，掌握货物装车、列车挂运、途中运行、到站卸车等产品运行数据；通过大客户产销运信息共享机制，广泛开展客户市场调查，行业协会信息共享数据，掌握客户运输需求动态和满意度情况，优化重点货运产品。

2. 铁路货运列车主要产品设计开发策略

(1)构建多维度、谱系化多式联运列车产品

围绕区域经济物流需求特点，按照80千米/小时、120千米/小时、160千米/小时3个速度等级打造特快班列、快速班列、集装箱多式联运快速班列、普快班列、多式联运普快班列、中欧班列、中亚班列7个系列的客车化货运列车产品。其中：特快班列，以快递物流为目标市场，加强与规模快递企业合作，通过公铁联运模式，构建以一线城市为主要节点、二三线城市为分拨节点的梯度城际快递公铁联运通道；120千米/小时速度等级的快速货物班列，以保障城际快消品、生产生活物资的多式联运物流需求，实现1000千米以上主要经济城市的全覆盖；集装箱多式联运快速班列，全部采取集装化运输模式，以承接公路运量，降低社会碳排放为目标；中欧中亚班列，构建形成全国主要外贸进出口城市至中亚、欧洲的国际铁路通道，全力助推区域经济融入“一带一路”倡议；普快班列，以保生产、保民生运输为主，为需求方构建长期稳定安全的物流供应链。

(2)提升货运列车产品运输时效

①提高班列技术标准。特快班列，使用最高运行速度160千米/小时的25T等专用车辆编组，原则上按不低于2200千米/日标准铺画运行图；快速班列，使用符合最高运行速度120千米/小时开行技术标准的货车编组，原则上按不低于1000千米/日标准铺画运行图；普快班列，使用按普通货车标尺运行的普通货车编组，原则上按不低于800千米/日标准铺画运行图。

②压缩列车产品车列集结时间，优化“最前一公里”时效。车列集结时间是指从组成某

一去向出发列车的第一组货车进入调车场之时起，至组成该车列的最后一组货车进入调车场之时止的整个过程延续时间。由于编组出发车列时在机车牵引定数和到发线有效长度上有一定要求，使陆续进入调车场的货车有先到等待后到、凑集满重或满长的过程，这一过程称为货车集结过程。货车集结时间是指在上述过程中货车所消耗的时间。上海局集团公司在快运班列开行方案编制时，应尽可能将装卸站集中在 1 个枢纽内组织，特殊情况不超 2 个枢纽，装车或卸车站原则上总量各不超 6 个，从方案编制环节压缩班列“最前一公里”时效；同时，建立车务站段中停时指标，按月进行激励考核。

③加强列车产品在途跟踪和跨局协调，压缩列车产品“最后一公里”时效。利用在途追踪系统，进行列车产品运行监控，各级调度运输部门对快运班列装卸车及运行情况要重点组织和掌握，安排专人盯控，坚持按图行车，原则上不得迂回、途中保留和停限装。遇沿途保留和到站延时送车的情况，及时启动跨局协调机制，优先安排班列通行、入线卸车。目前国铁集团层面已经建立“最后一公里”时效考核制度，其中特快班列“最后一公里”不得超过 2 小时，120 千米/小时速度标尺班列不得超过 5 小时，80 千米/小时速度标尺班列不得超过 8 小时。

(3)推广集装箱运输，降低铁路货运列车产品衔接成本

①创新集装箱多式联运产品列车设计开发。重点针对港航企业量身打造无缝衔接海运航班和运河长江航班的集装箱多式联运班列，更好服务于海上丝绸之路。

②场站互用共享。对通过铁路运输发到的空自备集装箱鼓励堆箱，可根据场地能力采取港口、船公司租赁场地堆箱；也可由集团公司批复给予 5～30 天不等的免费仓储期限。对不经铁路运输的空自备集装箱，可参照港口集装箱仓储费收费标准收取仓储费。在全国主要港口或重点港区试点开展铁路集装箱无轨站建设，支持铁路箱就近提箱、还箱，支持办理铁路承运作业。与公共堆场企业合作，在全国主要集装箱中心站建设国际化的集装箱堆场，提供验箱、洗箱、修箱、堆存、放箱等服务，通过公共堆场一次性引入全球主要的船公司。

③推行箱源互用共享。与港航企业合作开发铁路箱下水出境业务，免收押金，初期以日韩、东南亚等近洋航线为试点，逐步形成铁路箱下水出境物流大通道，促使铁路集装箱与海上丝绸之路“有机结合”和“互补助力”。整合铁路、内河港口、沿江航运等资源，建立多方联动机制，推动铁路箱下水，研究铁路 35 吨箱下水条件，促进集装箱多式联运发展。铁路使用港航企业的集装箱并直接订舱，开展到欧美地区的海铁联运国际物流业务。

(4)创新货运列车产品开发，提升铁路通道能力

①设计开行双层集装箱多式联运班列。目前国铁集团已经推进“北京—上海”“上海—株洲”双层集装箱运输通道建设，根据国铁集团双层集装箱运输通道规划，与宁波舟山港集团共同开发双层集装箱班列，在“北仑港—绍兴”双层海铁联运班列启动的基础上，在全路推广增加 20ft 集装重箱货源品类，扩大开行规模，通过特殊货运列车产品创新，释放既有线路通过能力。

②设计开行冷链多式联运班列。随着国内消费升级，冷链运输需求日益增长，加大两端铁路货场冷链装备投入，增加铁路货场充电桩、冷藏箱机车直供电等设施装备，按照小编组、快速度的特点设计开发冷链产品列车，国铁集团已确定蓄电池式冷藏箱技术条件组织造箱后，配合推进冷链运输。

③设计开行特种运输多式联运班列。积极探讨上海至广州、上海至北京等主要城市间驼背运输，减少公铁联运衔接成本；扩大 JSQ 车、散粮车、35 吨敞顶箱、罐式箱的配属、投放，

创新列车产品设计，铺画适应多式联运需求的小编组、钟摆式、点到点、快速度、循环式特种运输多式联运产品列车开发设计，提升铁路商品汽车、液体化工和食品、粮食、水泥等专业物流服务水平。

④优化货车开行方案，不断完善货运产品组织。加强与中铁快运、中铁顺丰、京东等快递企业合作，挖掘区域“白货”市场，不断提升铁路运输占比；加快多式联运快速班列产品的开发设计，优化设计开行更多的多式联运快速班列；通过点到点技术直达列车组织模式，满足市场紧急临时需求，助推管内“白货”市场开发以及“公转铁”项目落地。

铁路货运产品开发策略如图 9.2 所示。

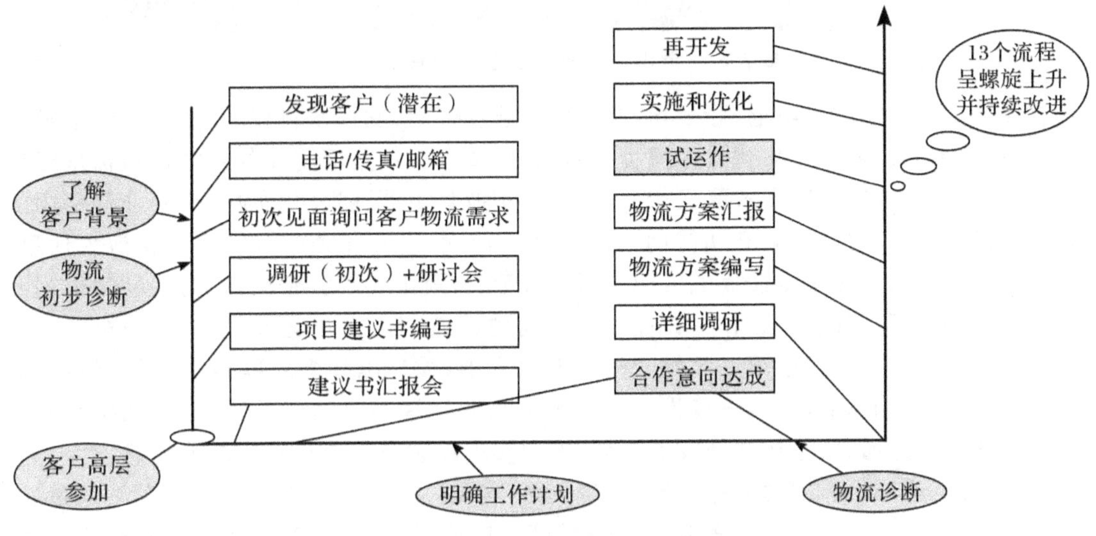

图 9.2　铁路货运产品开发策略设计

9.3.4　多元化梯度产品体系的构建

1. 大宗直达货物列车

煤炭、焦炭、金属矿石、非金属矿板块货物是净载重高、运量大、盈利水平高的铁路优质货源，货源稳定，货物发、到站相对集中，符合成组成列运输条件，统筹煤矿企业生产、电厂耗煤、钢厂铁矿石采购、港口作业能力及铁路运力等因素，设计 19 条宁波港、连云港、温州港等港口金矿、煤炭疏港运输班列线条，39 条淮南、淮北、新集等煤矿集团煤炭外销及电煤保供班列线条，货物班列常态化满编开行，实现铁路、港口、煤炭、电力、钢厂等融合协同发展，提升供应响应，降低企业库存，提高冶炼、电力产业生产效率。

2. 铁海联运集装箱班列

(1)海铁联运产品。依托宁波舟山港、上海港、连云港三个大型深水港优势，主动靠前对接外贸船期，创新“船车直取”运输模式，推行港站一体化运作，设计开行 20 余条集装箱班列线条，基本形成覆盖管内主要港口和城市的集装箱铁路运输通道。

2021 年 12 月 7 日，随着载有 90 个标箱全地形山地车的 81832 次列车从铁路萧山站发出，驶向宁波舟山港铁路穿山港站，经由宁波舟山港运输到美国洛杉矶港的“萧山—宁波舟山港”“春风动力号”海铁联运专列成功首发，如图 9.3 所示。

图 9.3 “萧山—宁波舟山港”海铁联运班列

铁路部门携手宁波舟山港、船公司、海关等企业和部门，发挥各自优势，量身定制运输组织方案，助力专列出口企业简化操作流程、降低物流成本。铁路部门抓住浙江出口需求旺盛的契机，主动推介海铁国际多式联运产品，加强与宁波舟山港、船公司、海关等企业和部门的战略合作，助力港口船务等服务功能向内陆地区延伸，畅通外贸企业海铁联运物流大通道，吸引了很多航运巨头纷纷将揽货触角伸向浙中腹地。“萧山—宁波舟山港”海铁联运班列开行实现“一天两班”的常态化运作。铁路部门还将继续发挥规模化运输优势，依托全球一流枢纽港和国内南方海铁联运第一大港——宁波舟山港，强化国际多式联运中的铁路运力保障，优化网点布局和运输组织，争取推出更多的海铁联运精品班列产品，为实现铁路与海上丝绸之路的高效连通、服务构建新发展格局、助力实现碳达峰碳中和目标做出贡献。

(2)国际联运产品。主动服务国家“一带一路”建设，加快中欧、中亚班列装车站点布局，优化“就地转关、一次申报、一次查验、一次放行”运输流程，简化通关、装卸、接取送达手续，积极培育开拓市场，形成浙江义乌小商品、江苏苏州电子、安徽合肥家电汽配等特色货物的出境班列产品。

(3)“散改集”运输产品。充分发挥 35 吨敞顶箱装卸效率高、货物损耗少、污染环境小等优势，推动煤炭、焦炭、矿石等大宗货物“散改集”运输，通过固定车底、定点定线、每日往返开行的固定循环班列模式，实现快装快卸、快编快开，缩短运输周期，降低企业物流成本。并在义乌西、金华南、湖州西、合肥北等货运站布局作业基地，辐射浙江省全境、皖南地区，开行宁波港铁海联运集装箱班列；在苏州西、无锡南、常州布局作业基地，开行至芦潮港集装箱中心站的上海港铁海联运集装箱班列；设计 12 条天天班、隔日班、周一至周五班、周末班客车化班列线条，每天开行班列 75 列。

3. 中欧国际联运班列

统筹各省(区、市)出口货源结构、分布、流量、流向及出口通道情况，在义乌西、金华南、苏州西、尧化门、合肥北、铜山站和连云港中哈物流基地布局中欧班列，统筹分工，协同共进。以义乌西、金华南站辐射浙江省全境，苏州西站辐射上海市、江苏省南部，尧化门站辐射江苏中部，合肥北站辐射合肥市及安徽省南部，铜山站辐射江苏省北部地区，连云港中哈基地服务日韩过境发往“一带一路”沿线国家货物。设计从阿拉山口、霍尔果斯、二连浩特、满洲里等过境站通关出境中欧班列线 14 条，通往俄罗斯、德国、荷兰、波兰、匈牙利等 16 个国家，打通长三角主要经济发达城市与中亚、欧洲国家的国际运输铁路通道。

4. 特快电商货物班列

长三角电商产业经济高速发展，电商包裹批次多、批量少，发挥铁路干线运输主导优势，充分利用顺丰、京东城市配送网络，开展战略合作，为客户提供铁公联运服务。如，综合电商交易、流量、流向数据，在上海、杭州建立铁路电商物流基地，设计开行客车化特快电商货物班列 3 对，即上海市闵行站—北京市黄村站、上海市闵行站—深圳北站、杭州市萧山站—广州市大朗站，打通了长三角与珠三角、京津冀区域的铁路特快物流大通道，以 160 千米/小时的速度、夕发朝至的频率，极大满足电商客户的需求，建立了铁路在高端物流中的快捷、经济、高效品牌市场形象，为将来开展高铁货运奠定市场基础。

5. 跨局快速货物班列

长三角是我国先进制造业基地，铁路支持地方经济产业快速发展，统筹研究电子信息、家电、五金、服装、乳饮等先进制造企业布局、销售网络、货物进出流向等大数据，建立尧化门、闵行、杭州北、长兴南、宁波北、义乌西、金华南、温州西等 14 个铁路物流基地，设计 21 条货运班列线条，开行速度为 120 千米/小时的客车化铁路快速货物班列，直达华南区域广州、深圳，西南区域成都、重庆、贵阳、昆明，西北区域乌鲁木齐，华北区域北京、天津，东北区域沈阳、哈尔滨等城市，打通长三角与珠三角、京津冀、东三省、成渝经济圈的快速物流通道，为企业构建长期稳定安全的物流供应链服务。

6. 发展商品车运输

发挥铁路商品车物流基地的“蓄水池”调节作用，积极推广“库前移”模式，有计划、成规模地将商品车通过铁路运输迁移至铁路物流基地，再根据市场需求二次分拨至各经销商。同时，将同一物流基地不同方向的零散装车，集中到编组站进行“零拼整”编组，有效提高商品车运输时效。

7. 发展散货快运产品

针对“白货”运输时效性强的特点，构建完善 160 千米/小时、120 千米/小时、80 千米/小时三个速度等级的快运班列产品体系，满足城市快消品、外贸出口、电商快递等运输增量需要，散货快运产品主要体现在：以京沪、沪深、浙粤 3 对特快班列为基础，构建形成北上广电商物流铁路通道；以 12 趟快速货物班列为基础，逐步完成长三角地区辐射全国主要经济区域的铁路快运通道；积极开发多式联运快速班列，形成以汽车配件、小商品、白色家电、电子产品、农副产品等为特色的集装箱运输专列；为满足客户紧急临时需求，通过点到点技术直达列车组织模式，指定开行日期、列车编组、运行时刻、装车货源等，助推“白货”市场和“公转铁”项目开发。

8. 跨境国际货运产品

2021 年 12 月 6 日，伴随着中老(昆明—老挝万象)铁路的开通运营，中国铁路上海局集团有限公司无缝对接江苏省国际货运班列有限公司、海关等企业和部门，提供“一对一”“一站式”“一条龙”定制服务，加强计划申报、通关模式、运输组织等统筹协调。12 月 8 日，随着载有 76 个标箱出口货物的 79561 次列车从铁路尧化门站启程，经由中老铁路驶往老挝首都万象，标志着首趟“江苏号”中老铁路(南京—万象)国际货运列车开行。该趟列车装载有远程教育工程配套物资、建材、电缆、电器、汽车配件等“江苏造”出口货物，货值近 300 万美元，经云南磨憨铁路口岸出境，终至老挝首都万象，全程运行里程3500余千米。“江苏号”中老铁路(南京—万象)国际货运列车的成功开行，是江苏国际货运列车精品化、多元化境外线路布局的有力延伸，为本地企业打通新的对外贸易通道、培育新的外贸增长点，有效带动更多的“江苏造”走出国门、走向世界。详情如图9.4所示。

图9.4 “江苏号”中老铁路(南京—万象)国际货运列车成功开行

中老铁路北上连接“丝绸之路经济带”，南下链接“21世纪海上丝绸之路”，向东遥望长江经济带，是融入和服务“一带一路”建设、推进中国与周边国家互联互通的重要基础设施。在加强运输组织方面，铁路部门落实落细常态化疫情防控措施，实行承运、吊装、挂运“三优先”，提前挑选优质箱源，做好空车车源调配，科学组织装车和挂运，确保各个环节有序衔接，高效运转。2021年12月份“南京东—磨憨(境)”点到点运输组织方案如下：“南京东—磨憨(境)”开行79561/4次。开行日期：12月8日、15日、25日各1列。装车货源：汽车配件、生活用品等，集装箱整列开行。装车组织站：尧化门。卸车组织站：磨憨(境)。始发站：南京东。全程运行距离约3200千米。编组、径路：基本组35辆、不超2000吨，整列计长不超过68.0米。经宁芜、皖赣、沪昆线运行(倒湖、灯芯桥、大龙、凤凰山口)。运行时刻：南京东16:00左右始发，磨憨(境)第三日23:00左右到，全程约80小时。

搭乘中老铁路“大动脉”，跨境运输可实现全天候、低成本快速通达，在为中老铁路沿线众多产业带来发展机遇的同时，也将为跨境物流注入更多的增长驱动力。铁路部门还将协同地方政府、平台公司、海关等企业和部门，加强中老铁路国际货运列车的运输组织，优化开行方案，提升运营品质，着力推动常态化开行，为推动中老命运共同体建设走深走实、服务构建新发展格局、绘好共建“一带一路”的“工笔画”做出贡献。

9.4 精细化调度指挥和运力资源

9.4.1 精心设计和组织货物列车开行方案

1.优化货物列车开行方案

(1)在每季度调图中，综合考虑新线开通运营、新设备建成投用、线路通行能力变化、车站装卸业务量增减等因素，动态调整货车运行径路、发到站、技术作业站，以及效益欠佳的普速客车实施停运，释放普速线路货运能力。

（2）为满足客户紧急临时需求，不定期公布图外货物班列开行方案，指定开行日期、列车车次及编组、运行时刻及径路、装车货源、车流挂运等事项，通过点到点技术直达列车组织模式，助推管内“白货”市场和“公转铁”项目开发。

2. 精心铺画列车运行线

（1）统筹考虑不同等级客货列车的速度差异，采取平图画线、交错停站等方式，提高线路通过能力；灵活安排枢纽地区列车运行径路，充分利用车站平行进路接发列车，合理匹配机车换挂、乘务员换乘、列检试风等技术作业，压缩车站股道占用时间，提高枢纽整体能力。

（2）根据阶段性货运上量实际，在繁忙干线图定预留天窗时段铺画一定数量的货车运行线，遇天窗调整日即可组织开行，既不影响正常天窗作业，又增加了紧张区段开车能力。如安排“京沪线徐州北—南京东天窗时段”直通货车 10 对，在此基础上，又安排“京沪线徐州北—济西”直通货车 4 对、“京九线阜阳北—南仓技术”直达列车 2 对。

3. 提高计划编制执行质量

（1）科学编制下达计划。根据国铁集团调度中心下达的日计划，统筹考虑全路车流移动、局间分界口交接车数和管内货源分布、装卸车需求、施工天窗安排等因素，充分挖掘线路通过能力、车站作业能力和机车机班、货车车辆等潜力，编制下达日班计划，指导现场一线生产作业。

（2）精心组织计划兑现。将 3～4 小时阶段计划作为兑现日班计划的基本单元，科学调整列车运行，通过选择合理会让站、组织反方向运行、合并运行、在车站平行作业等措施，加速车辆移动。

（3）加强专业协调。计划、列车、机车、货运等专业调度紧密联系，动态掌握编组站车流集结、货运站装卸车、重点物资挂运、机车机班安排等信息，有针对性地采取干预调整措施，提高计划兑现率。

4. 科学合理调整车流

（1）在重车车流调整方面：对移交外局重车流，综合运用机车站接、机班紧交路、人车立折等调整措施，协调接车局提前安排单机回送，全力保障机车机班供应。优先组织交接车流放行，加快沿途接发车、列检货检等作业进度，确保 18 点前有效交接。严格执行列车编组计划，严控违编、违流列车开行，优先组织成组直达运输，尽量编组远程技术直达列车，减少邻局技术站重复解编作业。对到达管内重车流，合理安排技术站解编计划，优先组织开行区段内整列到站列车，加速支点车流移动，确保第一班（18 时至次日 6 时）管重移到率达到 60%以上，为第二班（次日 6 时至 18 时）装卸车、排空创造良好条件。

（2）在空车车流调整方面：全路及管内空车流均呈现由南往北移动的特点，长距离输送将导致空车走行率加大。对管内排空车流，积极采取卸空利用、就近配空装车等手段，对整列卸车后空车底进行循环套用，有效满足货主装车需求。对跨局排空车流，尽量选择王楼、利国口交出，控制虞城县、新沂西口排空数，同时用好阜阳北站扩能改造后释放的能力，增加京九线淮滨、王楼口交接空车计划，缩短空车走行距离。

（3）在车流径路调整方面：针对设备故障、自然灾害导致的线路中断，以及集中修、车流结构不均衡导致的阶段性通道能力饱和，合理组织迂回运输，用好用活平行通道能力，实现快输送、多过车、少积压。比如，遇京九线王楼口接入、淮滨口交出的南方重车流较大，本线能力无法满足时，用好京沪线和二通道能力，迂回运输至新塘边、倒湖、孔垄口交出，同时积极向国铁集团公司申请迂回命令，增加清算收入。

5. 优化机车运用组织

(1)实施机车集中配属。为解决机车频繁换挂拉低运用效率的现状，分机型、分线别推进机车集中配属。将 HXD2B 型机车集中配属徐州机务段、南京东机辆段，HXD1C 型机车集中配属合肥机务段，HXD1B 型机车集中配属杭州机辆段，逐步形成一通道京沪集中使用 HXD2B 型，二通道集中使用 HXD1C 型，沪昆线集中使用 HXD1B 型的货运机车牵引格局，节约机车使用的同时，减少机车乘务员培训和操纵难度，降低机车检修成本，同时也为编组站机车直通创造条件。

(2)推行机车交路贯通。充分运用和谐型机车修程修制改革成果，最大限度延伸机车行走路程。在统一干线机型的基础上，对无调中转的直通货物列车，实施编组站、区段机车交路贯通、乘务员换乘，既提高了机车运用效率、压缩了乘务员辅助作业时间，又释放了编组站的能力，促进了运输畅通。以南京东站为例，实施京沪线 HXD2B 型机车交路直通后，日均节约机车 3 台、机车乘务员 6 名。

9.4.2 强化装卸车组织

(1)精细装车组织。针对货源分布不均衡、货运旺季空敞车运用紧张的情况，合理制订装卸车、配空车计划，细化去向别、品类别配空方案，按照距离最短、时机最佳原则组织配空，确保有货必装、应装尽装。对煤矿、港口等大宗货物装车点，紧密衔接企业生产进度和港口船期、库存，合理确定区域内配空车数，均衡空车输送节奏，利用固定车底开行循环列车，避免“有车无货”“车等货”造成运输资源浪费。对物流基地等“白货”装车点以及零星、紧急配空需求，结合区域内待卸车情况，提前安排空车到位，满足货物运到时限的同时，减少无效配空。对管内卸车积压点和分界口难交车流，坚持以卸定装、以交定装，按照适度保留原则组织配空，避免车流积压。

(2)提高卸车能力。卸车是运输工作的重要环节，是兑现排空和装车计划的重要保证，坚持以卸保排促装，改进加强卸车组织手段。根据车站、货场、专用线企业卸车能力限制，均衡重车输送进度，灵活安排机车动力，满足对货位、取送车及空车挂运等需求。加强在途货源盯控，用好调度生产与辅助决策、货车追踪、运输集成平台等系统，提前掌握重车到达情况，科学配置仓储、货位、劳力、机械等卸车资源，协调货主及时安排短驳车辆，加快出货效率。紧盯到卸集中车站作业进度，加大第一班卸车组织力度，灵活调整作业班次，努力提高夜卸比重，确保夜卸率达到 50%以上。对邻局重车流集中到达、节日期间地方企业和装卸人员放假、冬季煤炭冰冻卸车难度加大等因素带来的卸车积压，及时启动应急预案，发布卸车预警提示，成立工作组赴一线督导检查，加强货运中心、车务站段、货主企业三方沟通协调，采取分流到卸车站、招收本地闲置劳力、临时调用加热设备、租赁外部仓库、调集短驳车辆等措施，确保车站、货场接卸顺畅。

(3)创新装卸方式。适应市场竞争需求和货源结构多样化，规范装卸生产组织，加大机械化装备投用，提升装卸作业效率和服务质量；合理规划货场堆放区域，制定货物堆码标准，满足集中到卸需求；对粮食、皮棉等包装货物，全面实行集装化作业，采用托盘堆码和皮带传输等方式，减少货物落地，方便转运出货；对煤炭、焦炭、矿石等散堆装货物，推进35吨敞顶箱“散改集”运输，组织厂矿企业对C70车型翻车机改造，提升装卸车效率；对集装箱货物，加大门吊、正面吊、堆高机等设备投用，促进高效便捷转运移动。

9.4.3 提升车站作业能力

1. 提升技术站作业能力

随着全路装车增长、车流增大，管内编组站、区段站日均办理辆数逐步增加，出现阶段性的等线接车、调机运用紧张等现象。聚焦提升效能、打通堵点，多措并举改进完善，提升枢纽节点运输能力。

（1）开展能力查定。围绕货物列车到达、解体、集结、编组、出发全过程，组织对主要技术站进行作业能力和作业时间标准查定，摸清作业能力上限，找准提升空间，制定改进措施。比如，在车列解编方面，明确编组站单向自动化驼峰应具备日解体40～45列/班的水平，其中阜阳北、南京东、乔司站单班高峰期解体50列/班，较现状提升5～10列/班。

（2）提高调机作业效率。开展调机作业过程写实，排查清理超过规定停车次数、限制走行速度等安全过度冗余规定，以促进作业效率提升。如对徐州北站驼峰系统进行定速重设，将上下行驼峰机遥预推速度由7千米/小时分别提高至9千米/小时、10千米/小时，压缩了驼峰解体和空峰时间。同时，优化技术站驼峰、编尾等各类调机作业范围，实施跨系统、跨场调车作业，避免忙闲不均。还改进调机交接班制度，实行“固定时段、灵活交接”，确保生产过程不中断，并将原来分散入库改为按作业区域集中安排，减少调机在场内不同区域频繁转线，压缩非生产作业时间。

（3）提升科技信息化水平。充分发挥编组站综合自动化系统（CIPS、SAM）决策智能化、指挥数字化、执行自动化作用，重构运输组织流程，实行作业统一管理，对货物列车、调车进路按下达计划自动排列，促进技术站调度岗位与现场运转、货检、调机等各岗点紧密联系，提高运输组织水平。推行车号、货检作业由人工改为机检，在南京东站试点应用货车装载视频智能化系统，在原有视频监控的基础上，增加智能分析识别功能，每列车货检平均作业时间由15分钟压缩至5分钟。并根据技术站场作业性质和工作量差异，对同一站场的调车人员和调车司机，统一生产绩效考核奖励基数、指标、方式和兑现，引导共保运输畅通、提升作业效率。同时，对站区内车务、机务、车辆生产大班的运输组织、安全生产、交接班质量等，按月排名奖励，打造现场作业中的利益共同体。

2. 提升中间站作业能力

针对部分车务站段管辖线路长、作业点分布零散，带来的运输管理各自为政、生产组织较为分散、不利于作业管控等问题，按照“以中心站为基础，辐射相邻中间站”的模式，推行运输组织区域集中管理，实现由分散组织向集约化、扁平化转变。将车务段区分线路繁忙程度、作业站工作量等因素，改变以往中间站调车区长或车站值班员自行编制调车作业计划的模式，由段安全生产指挥中心统一编制全段日班计划、阶段计划和调车作业计划，集中管理各区域车流组织、调车作业、动力运用、货运组织等工作，实现对运输生产的全过程管控。对开往区域内中间站的摘挂列车和小运转列车，由车务段直接统筹考虑各站站场结构、站存车数、甩挂车辆等情况，按站顺、卸货品名、收货人选编成组，最大限度减少中间站重复调车次数，提高货场、专用线直送率。如将新长车务段划分为新长、宁启、海安三个运输区域，并以海安、袁北、盐城北、扬州北、殷庄5个车站为运输支点，成立流动调车组，安排固定调机对区域内各站实行定点、定线、定时调车作业，减少本务机车调车，提高机车、货车旅行速度。

9.5 强化保障能力建设

9.5.1 强化货运能力建设

1. 加快推进物流基地建设

适应“白货”运输对仓储配送、包装加工、金融贸易等多元化的需求，补强货运场站基本、增值、辅助配套等功能，根据区域经济发展的不同特点，有针对性地选择主要功能定位，先后建成合肥北、杭州北、湖州西、金华南、尧化门综合型，义乌西陆港型，海安园区型等不同类型的现代化物流基地。

2. 优化长三角铁路货运布局，为区域经济社会发展提供运输保障

加快推进物流基地建设，投产运营沪苏通铁路张家港北站等货场，推进陆家浜等新建或改扩建物流基地建设；开通运营南京港龙潭港区等铁路专用线；建成启用安亭智能立体车库等项目。

3. 加快推进“短平快”项目建设

围绕提高货场仓储、卸车、集装箱作业能力，先后实施吴集货场集装箱场地应急改造、铜山货场扩能改造、无锡南货场新增新货5道、合肥北货场门吊基础改造等“短平快”项目，在安亭建成全路首个自动化、无人化存放的立体商品车库。

4. 加快推进专用线建设

针对铁路运输“前后一公里”衔接不畅问题，先后建成启用南京港龙潭港区、马鞍山郑蒲港、上合组织国际物流园、徐州港双楼作业区通用码头等铁路专用线，强化铁路场站与港口、企业、物流园区的联通功能。

9.5.2 货车提速工程取得的实效

随着普速线路技术改造、设备升级，现行普通货车最高80千米/小时的运行速度，已成为制约运输效率提升的重要因素。2019年，结合上海局管内二通道(徐州北—阜阳北，阜阳北—合肥东—芜湖东，芜湖东—乔司)电气化改造完成，在全路率先开展空重混编货车提速关键技术课题研究。通过对不同编组类型货车进行桥梁检定、脱轨系数、轮重减载率等一系列试验，二通道整列重车、整列空车90千米/小时、空重混编货车90千米/小时提速，有效缩短了货车运行时间，提高了机车车辆运用效率。其中，二通道“阜阳北—乔司区段”货车平均运行时间压缩12.5%，运行速度提高14.8%，综合运输效率提高近10%，并在东陇海线“连

云港东—徐州北区段”开展货车提速试验，最高运行速度由 85 千米/小时提至 90 千米/小时，全程平均节省运行时间 20 分钟，机车车辆及货物周转效率提升 11.4%。

9.5.3　编组站能力的科技保障

以阜阳北站编组站为例加以说明。该站地处京九大通道的中部“咽喉”地带，衔接京九、青阜、漯阜、阜淮、阜六 5 条铁路线，是路网“一主两翼”运输战略中华东二通道的重要节点，属于全国特大型路网性综合编组站，承担着运输关系国计民生的大宗物资货物列车的解编重任。作为华东二通道的主要枢纽节点，阜阳北编组站运量持续保持增长态势，2021 年 8 月，该站 CIPS 集控系统开通，行车指挥由原来的分散型变为集成化，构建起数字化编组指挥网络，实现对超限列车、多方向接发列车、客车固定径路的智能化卡控，作业效率提升有了科技保障。围绕货运增量目标，抓住电煤增运的有利时机，紧盯运输组织，以日班计划为核心，统筹安排线路使用，严格卡控列车到、解、编、发、取送挂运等作业环节，减少非生产时间，对不同方向列车，采取分股道停放、平行径路开车的方式，充分发挥 CIPS 集控系统作用，实现多接多发。发挥编组站综合自动化 CIPS 系统优势，精心做好车流无缝衔接，最大限度提高运输效率，释放枢纽能力，经受住了大车流考验。2021 年累计完成办理辆数 782.16 万辆，同比增长13.3%。详情如图 9.5 所示。

图 9.5　阜阳北站 CIPS 系统

参考文献

1. 崔艳萍,武靖宇,车探来.亚欧国际铁路联运[M].北京:中国铁道出版社,2014.
2. 段帅.铁路货物快运列车调度组织优化对策研究——以长三角地区为例[D].上海:同济大学,2015.
3. 樊桦.经济转型升级背景下的铁路货运需求研究[M].北京:中国市场出版社,2018.
4. 郜振廷,刘兆.现代物流管理[M].北京:高等教育出版社,2010.
5. 郭玉华.中国铁路货运营销[M].北京:中国铁道出版社,2012.
6. 刘伟华,刘希龙.物流服务运作与创新[M].北京:清华大学出版社,2017.
7. 曲思源.城际铁路运营组织与管理[M].北京:中国铁道出版社,2017.
8. 曲思源.高速铁路运营管理纵横[M].成都:西南交通大学出版社,2018.
9. 曲思源.铁路运输组织管理与优化[M].北京:中国铁道出版社,2016.
10. 曲思源.铁路运营组织与管理系统分析[M].北京:北京交通大学出版社,2019.
11. 徐菱,陈宁,易海燕.铁路物流概论[M].北京:中国铁道出版社,2014.
12. 尹传忠,王立坤.综合运输学概论[M].上海:上海交通大学出版社,2020.
13. 张诚.铁路物流发展理论及其支撑技术研究[M].北京:中国物资出版社,2010.
14. 张诚.中国铁路现代物流发展战略[M].北京:中国物资出版社,2008.
15. 赵克勤.集对分析及其初步应用[M].杭州:浙江科学技术出版社,2000.
16. 周茵,张超,陈娅娜.铁路货运收益管理系统架构研究[J].铁道货运,2018.
17. 邹安全,刘军,杨望成,等.集成化视角下钢铁物流流程再造与应用[M].北京:中国财富出版社,2018.